Rainer Schryen

Hong Kong und Shenzhen

MITTEILUNGEN
DES INSTITUTS FÜR ASIENKUNDE
HAMBURG

------------------------------------- Nummer 202 -------------------------------------

Rainer Schryen

Hong Kong und Shenzhen

Entwicklungen, Verflechtungen und Abhängigkeiten

Eine wirtschaftsgeographische Untersuchung

Hamburg 1992

Redaktion der Mitteilungsreihe des Instituts für Asienkunde:
Dr. Brunhild Staiger

Gesamtherstellung: Weihert-Druck GmbH, Darmstadt
Textgestaltung: Dörthe Riedel, Siegrid Woelk
Umschlaggestaltung: Constanze Schelenz

ISBN 3-88910-097-X
Copyright Institut für Asienkunde
Hamburg 1992

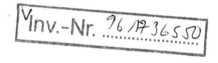

VERBUND STIFTUNG
DEUTSCHES ÜBERSEE-INSTITUT

Das Institut für Asienkunde bildet mit anderen, überwiegend regional ausgerichteten Forschungsinstituten den Verbund der Stiftung Deutsches Übersee-Institut.

Dem Institut für Asienkunde ist die Aufgabe gestellt, die gegenwartsbezogene Asienforschung zu fördern. Es ist dabei bemüht, in seinen Publikationen verschiedene Meinungen zu Wort kommen zu lassen, die jedoch grundsätzlich die Auffassung des jeweiligen Autors und nicht unbedingt des Instituts für Asienkunde darstellen.

Inhaltsverzeichnis

Verzeichnis der Tabellen		9
Verzeichnis der Abbildungen		11
Verzeichnis der Abkürzungen		12
Vorwort		15

I Einleitung — 17
1 Problemstellung, Zielsetzung und Aufbau der Arbeit — 17
2 Literaturstand und forschungswissenschaftliche Einordnung — 20
3 Methodische Grundlagen und Quellenmaterial — 23

II Wirtschaftliche Entwicklung und Struktur Hong Kongs — 25
1 Entrepot-Funktion Hong Kongs von 1842-1941 — 25
  1.1 Gründung Hong Kongs als britische Kronkolonie — 25
  1.2 Expansion des Handels — 27
  1.3 Industrieanfänge — 29
2 Dominanz der Industriewirtschaft von 1945-1976 — 30
  2.1 Impulse aus China und politisch-institutionelle Rahmenbedingungen (1945-1951) — 31
  2.2 Etablierung des Industriesektors (1952-1960) — 34
  2.3 Grundlegende Diversifizierung der Industrie (1961-1967) — 36
  2.4 Dezentralisierungsbestrebungen der Regierung (1968-1976) — 38
3 Transformation der Wirtschaft (1976-1984) — 40
  3.1 Modernisierungsversuche des Industriesektors — 40
  3.2 Aufstieg zum Finanz- und Bankenzentrum — 41
  3.3 Außenhandel — 44
4 Der China-Faktor (seit 1984) — 49
  4.1 Merkmale des Industriesektors — 49
    4.1.1 Bekleidungs- und Elektronikindustrie — 49
    4.1.2 Probleme des Industriesektors — 54
    4.1.3 Industriestandorte — 56
  4.2 Tendenzen des Chinahandels — 67
  4.3 Rolle der Regierung — 69
  4.4 Bedeutung des Dienstleistungssektors — 71
    4.4.1 Wachstumsindikatoren — 71
    4.4.2 Charakteristika des Finanz- und Bankensektors — 74
    4.4.3 Tourismus — 76

III Funktion und Realisierung der chinesischen Öffnungspolitik 79
1 Konzeption und Implementierung 79
  1.1 Die Öffnungspolitik als Teil des Wirtschaftskurses 79
    1.1.1 Innerer Machtwechsel und Ebenen der Öffnungspolitik 79
    1.1.2 Historische Erfahrungen und ideologische Begründung 83
  1.2 Räumliche Ausprägungen der Öffnungspolitik 84
    1.2.1 Die 14 Küstenstädte 84
    1.2.2 Die fünf Wirtschaftszonen 87
2 Charakteristika der Sonderwirtschaftszonen (SWZ) 95
  2.1 Entstehung, Funktion und Standortwahl 95
  2.2 Investitionsbedingungen für Auslandskapital 97
    2.2.1 Kooperationsformen und Direktinvestitionen 98
    2.2.2 Rechtliche Maßnahmen 100
  2.3 Vorläufer der SWZ-Konzeption 102
    2.3.1 Kennzeichen von Freihandels- und Exportverarbeitungszonen 103
    2.3.2 Unterschiede zwischen Sonderwirtschaftszonen (SWZ) und Exportverarbeitungszonen (EVZ) 105
3 Entwicklung der Sonderwirtschaftszonen (SWZ) 106
  3.1 Zhuhai 106
  3.2 Shantou 109
  3.3 Xiamen 113
  3.4 Hainan 115

IV Dynamik der Sonderwirtschaftszone Shenzhen - Problemorientierte Regionalanalyse unter Berücksichtigung des Einflusses Hong Kongs 120
1 Inhaltliche Vorüberlegungen 120
2 Geographische Rahmenbedingungen und Planungsvorstellungen 121
3 Bevölkerungs- und Arbeitskräfteentwicklung 126
4 Wirtschaft 128
  4.1 Agrarwirtschaft und Fischerei 128
  4.2 Industriewirtschaft 131
    4.2.1 Industriewachstum 131
    4.2.2 Industriestandorte 134
    4.2.3 Industriestruktur 139
  4.3 Ausländische Investitionen 142
  4.4 Außenhandel 145
  4.5 Bauwirtschaft 147
  4.6 Tourismus 148
  4.7 Finanzsektor 152
5 Infrastruktur 155
6 Probleme und Ausblick 159

**V Verflechtungen zwischen Hong Kong und der
    Sonderwirtschaftszone Shenzhen - Eine qualitative Analyse**   163
1   Theoretische Vorüberlegungen   163
2   Methodische Vorgehensweise   166
3   Hong Kongs Engagement in Shenzhens Wirtschaft   170
    3.1   Konzeptioneller Rahmen   170
    3.2   Klassifizierung der Industrie- und Handelsunternehmen   171
          3.2.1   Motivation zur Standortwahl   173
          3.2.2   Bedeutung von Durchführbarkeitsstudien und
                  Kostenanalysen   176
          3.2.3   Standortprobleme   177
          3.2.4   Merkmale der Beschäftigungsstruktur   179
          3.2.5   Herkunft und Rekrutierung der Arbeitskräfte   182
          3.2.6   Löhne   185
          3.2.7   Material- und Produktionsverflechtungen   187
          3.2.8   Absatz- und Beschaffungsverflechtungen   188
          3.2.9   Dienstleistungsverflechtungen   190
          3.2.10 Technologietransfer   192
    3.3   Aspekte betrieblicher Kooperation   195
          3.3.1   Verhandlungs- und Vertragsaspekte   195
          3.3.2   Konfliktsituationen und Organisationsprinzipien   198
          3.3.3   Motivation der Kooperationspartner   201
          3.3.4   Kooperationserfahrung und Kooperationsbewertung   203
    3.4   Bankensektor   204
          3.4.1   Hang Seng Bank   204
          3.4.2   Standard Chartered Bank   205
          3.4.3   Bewertung   206
4   Einfluß Shenzhens auf Hong Kong   207
    4.1   Organisationen und Unternehmen   207
          4.1.1   Shum Yip Holdings Company Limited   207
          4.1.2   China Merchants Holdings Company Limited   209
    4.2   Infrastruktur   212
    4.3   Wandel der Industriestruktur   215

**VI Hong Kongs Zukunft als Vermittler zwischen China
    und dem Ausland**   217
1   Wirtschaftliche Interdependenzen zwischen Hong Kong und China   217
    1.1   Hong Kongs Funktion für die VR China   217
          1.1.1   Hong Kongs Rolle als Devisenbringer   217
          1.1.2   Hong Kongs Kapital- und Technologietransfer   219
          1.1.3   Chinas Aktivitäten in Hong Kong   221
    1.2   Chinas Stellenwert für Hong Kong   227
    1.3   Bedeutung der Interdependenzen für Investoren   229

2   Die Herausforderung der Länder Ost- und Südostasiens   233
    2.1   Bedeutung der NIEs   234
          2.1.1   Wirtschaftliche Charakteristika   234
          2.1.2   Der Zweikampf Hong Kong - Singapur   238
    2.2   Verflechtungen zwischen den NIEs und den ASEAN-Staaten 241

VII   Konsequenzen und Ausblick   244
    1   Das Vertrauensproblem   244
        1.1   Bewertung der Gemeinsamen Erklärung und des Grund-
              gesetzes der Sonderverwaltungsregion (SVR) Hong Kong 244
        1.2   Auswirkungen des Beijinger Massakers vom 4. Juni 1989 248
        1.3   Die britische Position   251
        1.4   Verhalten der Hong Kong-Chinesen   253
    2   Chinas Modernisierungsdilemma   257
    3   Zukünftige Verflechtungschancen zwischen Hong Kong
        und der SWZ Shenzhen   260

Anmerkungen   263

Summary   272

Literatur- und Quellenverzeichnis   275
    1   Abhandlungen, Zeitschriften, Zeitungen und Statistiken   275
    2   Mündliche Auskünfte und Interviews in Hong Kong
        und der VR China   309

Anhang (Muster des Frageleitfadens)   311

9

Verzeichnis der Tabellen

Tab. 1: Einwohnerzahl Hong Kongs von 1841-1988   26
Tab. 2: Beschäftigungsentwicklung der Textilindustrie 1947-1951   32
Tab. 3: Anzahl der registrierten Industriebetriebe und Industrie-
         arbeiter in Hong Kong 1948-1960   34
Tab. 4: Direktexporte Hong Kongs nach Industriezweigen (in %)   36
Tab. 5: Anzahl der Industriebeschäftigten nach Industriezweigen (1984)   41
Tab. 6: Erwerbspersonen in ausgewählten Wirtschaftsbereichen
         (1978-1984)   42
Tab. 7: Anzahl der Banken und Zweigstellen   43
Tab. 8: Exporte Hong Kongs nach Hauptabsatzländern (in Mio.HK$)   45
Tab. 9: Herkunft der Hong Kong-Importe nach Hauptlieferländern (in %)   47
Tab.10: Anteil der größten Industrien am Export (in %)   50
Tab.11: Durchschnittliche Betriebsgröße in der Elektronikindustrie   52
Tab.12: Industrielle Bedeutung der New Towns im Jahre 1988   63
Tab.13: Index der Nominallöhne im Jahre 1988   73
Tab.14: Besucherankünfte ausgewählter Herkunftsländer und -regionen   76
Tab.15: Wirtschaftliche Kennziffern der 14 Hafenstädte (1987)   86
Tab.16: Verarbeitungsindustrie in Donguan (1979-1988)   89
Tab.17: Investitionen in der SWZ Shantou von 1981 bis März 1988
         (10.000 US$)   112
Tab.18: Hainans Handels- und Wirtschaftswachstum   119
Tab.19: Planungsregionen in der SWZ Shenzhen   124
Tab.20: Bevölkerungsentwicklung Shenzhens   127
Tab.21: Entwicklung der landwirtschaftlichen Bevölkerung   129
Tab.22: Wachstum der Bruttoindustrieproduktion in Mio. Rmb
         (in Preisen von 1980)   133
Tab.23: Anteil der einzelnen Verwaltungsbezirke (Municipalities)
         an der Bruttoindustrieproduktion in %   133
Tab.24: Investitionsstruktur nach Investitionsbereichen (1986)   136
Tab.25: Investitionsprojekte in der Industriezone Shekou   137
Tab.26: Anteil der Hauptindustrien am Bruttoproduktionswert (in %)   140
Tab.27: Anzahl der Vertragsabschlüsse mit ausländischen Direkt-
         investitionen in der SWZ Shenzhen (1979-1987)   143
Tab.28: Vertragsabschlüsse mit ausländischen Investoren in der
         SWZ Shenzhen   144
Tab.29: Realisierte Auslandsinvestitionen nach Wirtschaftssektoren
         (in 10.000 US$)   144
Tab.30: Außenhandel Shenzhens 1984-1987 (in Mrd. US$)   146
Tab.31: Entwicklung der Besucherankünfte in der Shenzhen Municipality   151
Tab.32: Standortmotivationen Hong Konger Unternehmer in der
         SWZ Shenzhen (Faktoren in der Reihenfolge ihrer Bedeutung)   175

Tab.33:   Merkmale der Beschäftigungsstruktur   181
Tab.34:   Containerumschlag der fünf wichtigsten Häfen der Welt in
           TEU (Twenty Feet-Equivalent Unit)   189
Tab.35:   Inanspruchnahme operativer und dispositiver Dienst-
           leistungen in Hong Kong und der SWZ Shenzhen   192
Tab.36:   Konfliktsituationen in Kooperationsunternehmen   200
Tab.37:   Präsenz der CMH in Hong Kong   210
Tab.38:   Art des ausländischen Kapitalzuflusses nach China
           (in Mio. US$)   219
Tab.39:   Hong Kongs Exporte und Re-Exporte ausgesuchter
           Technologiegüter (in Mio. HK$)   220
Tab.40:   Chinesische Firmengründungen in Hong Kongs Industriesektor   224
Tab.41:   Wachstum des Auslandsengagements in Hong Kongs
           Industriesektor   230
Tab.42:   Bruttoinlandsprodukt (BIP) und Pro-Kopf-Einkommen der NIEs   235
Tab.43:   Einwohnerzahl und Fläche der NIEs (1989)   237
Tab.44:   Investitionen in den ASEAN-Staaten (in Mio. US$)   242
Tab.45:   Zusammensetzung des Gesetzgebungsrats   246
Tab.46:   Beurteilungssystem für ausgesuchte Hong Konger Bürger   252
Tab.47:   Einwanderer aus Hong Kong   254
Tab.48:   Einwanderungsmodalitäten für Hong Kong-Chinesen in
           ausgewählten Ländern   256

Verzeichnis der Abbildungen

Abb. 1:	Grobgliederung Hong Kongs	27
Abb. 2:	Exportmärkte Hong Kongs 1984 (in %)	46
Abb. 3:	Re-Exporte Hong Kongs 1978-1984	48
Abb. 4:	Erwerbstätigenentwicklung in ausgesuchten Wirtschaftsbereichen	54
Abb. 5:	Aufschüttungsflächen im Stadtgebiet von Hong Kong	58/59
Abb. 6:	Betriebs- und Beschäftigtenanteil der wichtigsten Industriestandorte Hong Kongs (in %)	60
Abb. 7:	New Towns und ländliche Gemeinden in Hong Kong	62
Abb. 8:	Lage der Industrial Estates	65
Abb. 9:	Betriebe und Industriegruppenklassifizierung des Tai Po Industrial Estate	66
Abb.10:	Wachstum der Exporte und Re-Exporte (1984-1988)	68
Abb.11:	Anteil der Wirtschaftssektoren am BIP	73
Abb.12:	Lage der 5 Sonderwirtschaftszonen und 14 Küstenstädte in der VR China	81
Abb.13:	Wirtschaftssystem der VR China	82
Abb.14:	Wirtschaftszone Perlflußdelta	88
Abb.15:	Halbinsel Liaodong	94
Abb.16a:	Sonderwirtschaftszone Zhuhai 1980	107
Abb.16b:	Sonderwirtschaftszone Zhuhai (seit 1983)	108
Abb.17:	Sonderwirtschaftszone Shantou	111
Abb.18:	Sonderwirtschaftszone Xiamen	114
Abb.19:	Sonderwirtschaftszone Hainan	117
Abb.20:	Lage der Sonderwirtschaftszone Shenzhen	122
Abb.21:	Planungsregionen und Flächennutzungen in der SWZ Shenzhen	125
Abb.22:	Bruttoproduktionswert in der Agrarwirtschaft	130
Abb.23:	Flächennutzungsplan der Industriezone Shekou 1986-1995	135
Abb.24:	Jahresproduktion ausgewählter Elektronikgüter	141
Abb.25:	Bahnhofsbereich der SWZ Shenzhen (Luohu)	149
Abb.26:	Hafenstandorte der SWZ Shenzhen	156
Abb.27:	Planung des neuen Flughafens Chep Lap Kok	214
Abb.28:	Die bekanntesten chinesischen Unternehmen in Hong Kong	225
Abb.29:	Wirtschaftliches Kooperationssystem und Hong Kongs Vermittlerrolle	232
Abb.30:	Exportquote der Industriegüter in den NIEs	235

Verzeichnis der Abkürzungen:

ABC	China's Agricultural Bank
APEC	Asia-Pacific Economic Cooperation
ASEAN	Association of Southeast Asian Nations
BDTCs	British Dependent Territories Citizens
BIP	Bruttoinlandsprodukt
BOC	Bank of China
CITIC	China International Trust and Investment Corporation Ltd.
CJV	Contractual Joint Venture
CLP	China Light and Power Co., Ltd.
CMH	China Merchants Holdings Company
CMSN	China Merchants Steam Navigation Co., Ltd.
DTC	Deposit-taking Companies
EJV	Equity Joint Venture
ETDZ	Economic and Technological Development Zones
EVZ	Exportverarbeitungszonen
FAC	Foreign Affairs Committee
FAZ	*Frankfurter Allgemeine Zeitung*
FEER	*Far Eastern Economic Review*
GG	Grundgesetz der Sonderverwaltungsregion Hong Kong
GGPC	Guangdong General Power Company
GNPJV	Guangdong Nuclear Power Joint Venture Co., Ltd.
HKIEC	Hong Kong Industrial Estates Corporation
HKPC	Hong Kong Productivity Centre
HKS	*Hong Kong Standard*
HKSBC	Hongkong and Shanghai Banking Corporation
HKTA	Hong Kong Tourist Association
HKTDC	Hong Kong Trade Development Council
HK$	Hong Kong-Dollar (1 DM = 4 HK$; Stand: Oktober 1989)
HSB	Hang Seng Bank
ICBC	Industrial and Commercial Bank
IDB	Industry Development Board
KCR	Kowloon-Canton Railway
LRT	Light Rail Transit
MOFERT	Ministry of Foreign Economic Relations and Trade, China
MTR	Mass Transit Railway
NICs	Newly Industrialized Countries
NIEs	Newly Industrialized Economies
PBOC	People's Bank of China
PCBC	People's Construction Bank of China
Rmb	Renminbi (1 Rmb = ca. 2 HK$)

SAR	Special Administrative Region
SCMP	*South China Morning Post*
SDB	Shenzhen Development Bank
SEZ	Special Economic Zone(s)
SSEZCC	Shenzhen Special Economic Zone Construction Company
SSEZDC	Shenzhen Special Economic Zone Development Company
SSIP	Shenzhen Science and Industry Park
SVR	Sonderverwaltungsregion
SWZ	Sonderverwaltungszone(n)
SYHC	Shum Yip Holdings Company
SZ	*Süddeutsche Zeitung*
US$	US-Dollar (1 US$ = 7,80 HK$)
VTC	Vocational Training Council
XUDC	Xiamen United Development Company
YLD	Yiu Lian Dockyard Limited

Vorwort

Die vorliegende Studie basiert auf zwei längeren Aufenthalten in der britischen Kronkolonie Hong Kong in den Jahren 1983 und 1985. Die Anregung, gegenwartsbezogene Verflechtungsaspekte zwischen Hong Kong und der Sonderwirtschaftszone Shenzhen aus der unterschiedlichen wirtschaftspolitischen Ausrichtung beider Territorien zu untersuchen, gab mir Herr Prof. Dr. A. Mayr (Münster). Für sein reges Engagement und seine wertvollen Hinweise bei der Durchführung der Arbeit danke ich ihm herzlich. Aufgrund andersartiger Verhaltensnormen, administrativer, politischer und nicht zuletzt sprachlicher Differenzen erforderte die Feldarbeit in Hong Kong und in der VR China (März bis Oktober 1989) eine flexible Vorgehensweise. Informelle Kontakte, die mit Hilfe lokaler 'Fachleute' zustande kamen, erlangten - insbesondere in China - eine wichtige Bedeutung. Die Niederschlagung der Studentendemonstration am 4. Juni 1989 in Beijing führte zu einer ungeahnten Beeinträchtigung des Untersuchungsverlaufes. Durch die Unterstützung von Wissenschaftlern und Mitarbeitern verschiedener Institutionen in der britischen Kronkolonie konnten die negativen Auswirkungen auf die Datengewinnung relativ klein gehalten werden. Vor allem die stetige Förderung von Frau Dr. P.Y. Wong, Leiterin des China Special Economic Zones Programme an der Chinese University of Hong Kong, erwies sich als unentbehrlich. Ferner sei Herrn Dr. K.-Y. Wong vom Geographischen Institut der Chinese University sowie den Handelskammern und Wirtschaftsorganisationen gedankt. Nicht hoch genug kann der Einsatz der Übersetzerinnen eingeschätzt werden, die in schier unermüdlicher Arbeit chinesische Aufsätze und Statistiken transferierten sowie bei den zeitraubenden Interviews in der Sonderwirtschaftszone Shenzhen halfen. Alle Gespräche in Hong Kong und Shenzhen wurden - soweit der Interviewpartner der englischen Sprache mächtig war - eigenständig durchgeführt. Zu besonderem Dank verpflichtet bin ich der Graduiertenförderung, die mir über den üblichen Bewilligungszeitraum hinaus eine Ausnahmeverlängerung des Stipendiums gewährte. Der Auslandsaufenthalt in Hong Kong wurde zudem vom DAAD (Deutscher Akademischer Austauschdienst) finanziell gefördert. Herrn Prof. Dr. H. Hambloch (Münster) und Herrn Prof. Dr. H. Heineberg (Münster) danke ich für das freundliche Interesse und die zahlreichen Hilfeleistungen, die den Untersuchungsverlauf begleiteten. Des weiteren sei Herrn Prof. Dr. W. Taubmann (Bremen) für seine Unterstützung bei der Kontaktaufnahme mit der Chinese University of Hong Kong gedankt. Schließlich wäre diese Arbeit nicht ohne den mühevollen Einsatz von Freunden und Helfern zustande gekommen, für den ich mich stellvertretend bei A. Ernst und R. Knipping bedanken möchte. Bei der kartographischen Gestaltung half A. Wilbers.

Hamburg, Juni 1991   Rainer Schryen

I   Einleitung

1   Problemstellung, Zielsetzung und Aufbau der Arbeit

Chinas Wirtschaftspolitik zeichnet sich nach dem Ende der Mao-Ära durch eine Reihe reformerischer Maßnahmen aus. Im Zuge einer allgemeinen Niveauanhebung wird die Umgestaltung der Binnenwirtschaft ebenso forciert wie die Öffnungspolitik. Dabei kommt der Errichtung der 5 Sonderwirtschaftszonen (SWZ) in den Provinzen Guangdong (3), Fujian (1) und Hainan (1) besondere Bedeutung zu, da sie als das zentrale Kennzeichen des chinesischen Öffnungskurses nicht nur Kristallisationspunkte eines neuen Entwicklungsprogrammes darstellen, sondern auch als Impulsgeber für den Wirtschaftsaufschwung der übrigen Provinzen fungieren sollen. Diesem ehrgeizigen Projekt liegt die Idee einer Kooperation zugrunde, wobei der ausländische Partner durch Kapital, Technologie und Management die wirtschaftliche Dynamik beschleunigt, China hingegen den Investoren billige Arbeitskräfte, niedrige Steuern sowie ausreichendes Bauland anbietet.

Im Rahmen dieser Entwicklung verdient die SWZ Shenzhen als zweitgrößter Experimentierraum (nach Hainan) mit der höchsten Investitionstätigkeit besondere Beachtung. Hinzu kommt, daß die räumliche Nähe zu Hong Kong angesichts des 1997 auslaufenden Pachtvertrages sowie der Gemeinsamen Erklärung über die Zukunft Hong Kongs eine neue Dimension erfahren hat. So grenzen hier zwei Regionen aneinander, deren unterschiedlichen Wirtschafts- und Gesellschaftssystemen nicht mehr nur durch Koexistenz, sondern durch engagierte Kooperation Rechnung getragen werden soll. Verflechtungen und Abhängigkeiten prägen das neue Bild dieses Raumes.

Die SWZ Shenzhen wird damit in besonderer Weise zum Fallbeispiel für die Integration marktwirtschaftlicher Ausprägungen in einem sozialistischen System. Hong Kong bietet die Möglichkeit, bereits jetzt seine internationale Leistungsfähigkeit als bedeutender Industrie-, Handels- und Finanzplatz Ostasiens für eine Kooperation mit Shenzhen zu nutzen, um nach dem 30.Juni 1997 die Aufgaben einer chinesischen Sonderverwaltungsregion (SVR) mit einem auf 50 Jahre befristeten kapitalistischen System wahrnehmen zu können.

Da die wirtschaftlichen und politischen Voraussetzungen wichtige Rahmenbedingungen für das Verständnis der wechselseitigen Verflechtungen darstellen, gilt es zunächst, die Merkmale herauszuarbeiten, die den Charakter der jeweiligen Räume prägen. Für den Aufbau der Untersuchung bedeutet das eine Analyse der vier Stationen des wirtschaftlichen Funktionswandels Hong Kongs (Kapitel II). Dabei sollen die Entrepot-Funktion, die Dominanz der Industriewirtschaft sowie der Transformationsprozeß der Gesamtwirtschaft beleuchtet werden. Besonderes Augenmerk gilt dem China-Faktor. Hong Kongs 'Chinaorientierung' wird anhand verschiedener Wirtschaftssektoren nachgewiesen.

In Kapitel III erfolgt eine Einordnung der SWZ-Konzeption als raumordnungspolitisches Instrumentarium der VR China. Die Analyse zerfällt in drei Hauptpunkte. Zunächst werden die Grundzüge des Reformkurses in ihrer theoretischen und ideologischen Begründung gegenüber historischen Erfahrungen abgegrenzt und die räumlichen Ausprägungen der Öffnungspolitik illustriert (14 Küstenstädte und 5 Wirtschaftszonen). Der zweite Teil des Kapitels untersucht die speziellen Charakteristika der SWZ und stellt ihre essentiellen Unterschiede gegenüber Exportverarbeitungszonen heraus. Schließlich erfolgt eine Untersuchung der 4 SWZ, um die Erscheinungsformen dieser Räume für eine Regionalanalyse Shenzhens transparenter zu machen.

Das Kapitel IV beleuchtet die Entwicklungsgeschichte und die wirtschaftlichen Merkmale Shenzhens, wobei der Einfluß Hong Kongs besondere Beachtung verdient. Zu Beginn werden die physisch-geographischen und planerischen Aspekte dargestellt. Beide Faktoren erfüllen in ihrem Zusammenspiel zwei wichtige Voraussetzungen, da sie sowohl die Grundlage für eine umfassende Raumkenntnis bieten als auch die entscheidenden Merkmale bei der Implementierung der SWZ-Politik verkörpern. Im Mittelpunkt der Konzeption steht eine detaillierte Betrachtung der Industriewirtschaft, wobei andere Wachstumsbereiche, soweit sie in den letzten zehn Jahren den Aufbau der SWZ nachhaltig beeinflußt haben, das Bild der multisektoralen Dynamik ergänzen. Zusammenfassung und Bewertung der Ausführungen verdeutlichen die aktuelle Problematik Shenzhens.

Die Erfassung mikroräumlicher Verflechtungen in Kapitel V zielt auf das wechselseitige Wirtschaftsengagement und die daraus bedingten Folgewirkungen für Hong Kong und die SWZ Shenzhen ab. Da die Industriewirtschaft an beiden Standorten eine wichtige Bedeutung für die gesamtwirtschaftliche Entwicklung wahrnimmt, eignet sie sich in besonderer Weise zur Analyse. Darüber hinaus ist seit der Errichtung Shenzhens eine verstärkte Partizipation Hong Konger Investoren am industriellen Aufbau der SWZ zu beobachten. Mit Hilfe qualitativer Verfahren werden Motivationen und Erfahrungen Hong Konger Unternehmer untersucht, die sich in Shenzhen niedergelassen haben. Die aus einer Insiderperspektive gewonnenen Informationen führen zu drei Investitionsgruppen, deren unterschiedliche Herkunft und Unternehmensstrategien spezifische Verflechtungserscheinungen zwischen beiden Standorten hervorbringen.

Bei der Befragung von Kooperationsunternehmen werden zudem Merkmale der betriebswirtschaftlichen Zusammenarbeit erörtert. Entgegen der weitverbreiteten Ansicht, daß Kooperationsbetriebe mit Hong Kong-Chinesen und Chinesen aus der VR wenig Probleme aufwerfen, konnte nachgewiesen werden, daß die unterschiedlichen Gesellschafts- und Wirtschaftssysteme zu zahlreichen Unstimmigkeiten in der Unternehmenspolitik führen. Dem Wunschbild betrieblicher Zusammenarbeit steht somit die grundsätzliche Problematik differierender unternehmerischer Interessen entgegen. Fallbeispiele illustrieren und ergänzen diese Punkte.

Abgesehen von den in der SWZ niedergelassenen Industrie- und Handelsfirmen wurden auch Hong Konger Großbanken in Shenzhen nach wichtigen Erkenntnissen über Finanzabhängigkeiten und räumlichen Verflechtungsaspekten befragt.

Der letzte Abschnitt dieses Kapitels analysiert den Einfluß Shenzhens auf Hong Kong. Zwei chinesische Unternehmen dienen dabei als Repräsentanten einer Geschäftspolitik, welche die Kronkolonie bereits jetzt zum Informations- und Vermarktungszentrum Ostasiens auserkoren haben. Infrastrukturelle Veränderungen und ein allgemeiner industriestruktureller Wandel Hong Kongs sind weitere Belege für die Abhängigkeit beider Territorien.

Kapitel VI behandelt die zukünftige Funktionsbestimmung Hong Kongs. Für die britische Kronkolonie zeichnet sich immer deutlicher eine Vermittlerrolle ab, deren Funktionsfähigkeit sowohl von den wirtschaftlichen Abhängigkeiten mit der VR China als auch von der Wettbewerbsfähigkeit in Ost- und Südostasien entschieden wird. Ein Vergleich mit den drei anderen NIEs (Newly Industrialized Economies) Singapur, Taiwan und Südkorea beleuchtet diesen Sachverhalt. Insbesondere die sich andeutende funktionalräumliche Arbeitsteilung mit den ASEAN-Staaten weist darauf hin, daß Hong Kong Möglichkeiten besitzt, seine Wirtschaftsautonomie gegenüber der VR China auch weiterhin zu wahren.

Das Abschlußkapitel (Kapitel VII) bewertet anhand einer aktuellen Bestandsaufnahme die Entwicklungs- und Kooperationschancen Hong Kongs und Shenzhens. Angesichts der Niederschlagung der Studentendemonstration am 4.Juni 1989 in Beijing hat die Lösung der Vertrauensfrage für Hong Kong höchste Priorität erlangt. In diesem Zusammenhang werden das neue Grundgesetz der SVR Hong Kong, die britische Position, das Resultat des Beijinger Massakers sowie die Auswanderungsbereitschaft der Hong Kong-Chinesen untersucht.

Für den Fortbestand des gegenwärtigen Verflechtungsgrades ist schließlich der innenpolitische Kurs Chinas ausschlaggebend. Dabei werden die Widersprüche des Reformkurses ebenso diskutiert wie die zukünftigen Chancen einer intensiveren Zusammenarbeit.

2 Literaturstand und forschungswissenschaftliche Einordnung

In den bisherigen wissenschaftlichen Untersuchungen ist die Problematik einer wechselseitigen Verflechtung zwischen Hong Kong und der SWZ Shenzhen nur unzureichend behandelt worden. Folgende Faktoren sind dafür verantwortlich:

- Die SWZ Shenzhen existiert erst seit 1979 als eine vom übrigen Staatsgebiet Chinas abgegrenzte Wirtschaftsregion, die das Experiment mit dem Kapitalismus wagt.
- Erst seit dem Inkrafttreten der Gemeinsamen Erklärung über die Zukunft Hong Kongs (27.Mai 1985) ist das Schicksal der Kronkolonie unmittelbar mit der Entwicklung Shenzhens verknüpft.

Daraus folgt, daß der Schwerpunkt vieler Beiträge auf der isolierten Betrachtung bestimmter Einzelphänomene liegt und eine integrierte Analyse dieses Forschungsgegenstandes unter geographischer Fragestellung bislang fehlt.

So dominieren Veröffentlichungen, die sich mit der bevölkerungs- und stadtgeographischen sowie wirtschaftsorientierten Problematik der Kronkolonie befassen. Bezüglich der bevölkerungsgeographischen Arbeiten muß zwischen reinen Darstellungen von Bevölkerungbewegungen (vgl. Hambro 1955) und späteren Publikationen differenziert werden, die die Zuwanderungen in ihren räumlichen Auswirkungen untersuchen. Besonderes Verdienst gebührt der Arbeit von Buchholz (1978), der in seiner Habilitationsschrift die spezifischen Anpassungsprozesse der Immigranten an die für sie neuen Lebens- und Wohnformen beleuchtet. Damit setzt er sich bewußt über deskriptive Situationsaufnahmen hinweg und gelangt anhand empirischer Arbeiten zu einer prozessualen Sichtweise. Neuere Beiträge zur Stadt- und Bevölkerungsgeographie beschäftigen sich in erster Linie mit den Auswirkungen der New-Town-Politik (vgl. Yeh 1986) und des 'Public Housing' (vgl. Ho 1986).

Die im Rahmen dieser Studie interessierenden wirtschaftsorientierten Untersuchungen umfassen sowohl überblickshafte Darstellungen als auch vertiefende Analysen. Zur ersten Gruppe können die frühen Aufsätze von Slezak (1964), Gaertner (1966) und Auf der Heide (1970) gerechnet werden. Gleichzeitig entstanden Arbeiten, die sich eingehend mit den Ursachen und Folgen des Hong Konger Wirtschaftswachstums beschäftigen. Als beispielhaft sind die Veröffentlichungen von Szczepanik (1958), Chou (1966), Yu (1967) und der Sammelband von Hopkins (1971) zu bezeichnen. Jüngere Publikationen konzentrieren sich auf die Diversifizierungsmöglichkeiten des Industriesektors sowie den Bedeutungsgewinn Hong Kongs als internationales Finanz- und Bankenzentrum. Hervorgehoben werden soll hier die Monographie von Baumann (1983) und die Aufsatzsammlung von Lethbridge (1984).

Vor dem Hintergrund der chinesischen Öffnungspolitik erschienen in den letzten Jahren zudem eine Anzahl von Werken über die wirtschaftliche Kooperation Hong Kongs mit der VR China. Eine der wichtigsten Studien stammt von Youngson (1983), in der namhafte Hong Konger Wissenschaftler auf erste industrielle und finanzwirtschaftliche Verflechtungsaspekte eingehen. Der auf Initiative der University of Hong Kong entstandene Sammelband *The Economic System of Hong Kong* (Ho/Chau 1988) stellt in dieser Hinsicht einen der aktuellsten Beiträge dar.

Die Entstehung und Entwicklung von SWZ unter besonderer Berücksichtigung der SWZ Shenzhen ist seit Anfang der achtziger Jahre zum Gegenstand wissenschaftlicher Forschung geworden. Obwohl sich darin ein steigendes Interesse an der Dynamik eines raumordnungspolitischen Instrumentariums bekundet, haben die jeweiligen Einflüsse Hong Kongs auf Shenzhen noch wenig Aufmerksamkeit erfahren. In den vorliegenden Arbeiten wird versucht, den Standort Shenzhen in seiner gesamten Ausprägung zu erfassen. Als eine der ersten Analysen darf der von der Chinese University of Hong Kong verfaßte Band *Shenzhen Special Economic Zone: China's Experiment in Modernization* (1982) gelten. Der Herausgeber K.-Y. Wong präsentiert eine allgemeine geographische Darstellung der SWZ Shenzhen, wobei Verflechtungen mit Hong Kong nur im letzten Kapitel kurz angedeutet werden. Eine Aktualisierung dieses Bandes fand 1985 statt, als das Geographische Institut verstärkt politische und planerische Aspekte miteinbezog (Wong/Chu 1985a). An der University of Hong Kong entstand ein Jahr später eine Studie über die Probleme und Zukunft aller SWZ (Jao/Leung 1986). Einen sehr guten Überblick über die SWZ und ihre Einbindung in die chinesische Reformpolitik bietet schließlich die OECD-Veröffentlichung von Oborne (1986).

Erst in jüngster Zeit werden die aus der Nähe Shenzhens zu Hong Kong resultierenden Verflechtungen intensiv diskutiert. Besondere Beachtung verdient der vom Centre for Contemporary Asian Studies (Chinese University of Hong Kong) herausgegebene Band *Economic Relations between China's Pearl River Delta, Special Economic Zones, and Hong Kong* (Wong, P.Y. 1988). Zwar deutet der Titel auf eine Beschäftigung mit der Untersuchungsthematik hin, doch sprechen weder die beschönigende Sichtweise der chinesischen Autoren noch die vorwiegend deskriptiven Beiträge für eine kritische Auseinandersetzung. Dem Vorteil einer detaillierten Statistikaufbereitung steht im Falle Shenzhens entgegen, daß die genannten Zahlenwerte sich auf die Municipality (Regierungs- und Verwaltungsbezirk) und nicht auf die SWZ selbst beziehen. Hinzu kommt, daß alle Aufsätze bisher nur in chinesischer Sprache vorliegen.

Für die deutschsprachige Literatur ist der Sachverhalt ähnlich. So gibt es eine Anzahl von Aufsätzen, die sich mit der Entwicklung, den Zielen und einer vorläufigen Bewertung der SWZ Shenzhen beschäftigen, doch bleiben Veröffentli-

chungen, die das besondere Verhältnis zur britischen Kronkolonie herausarbei-
ten, eine Ausnahme. Einer der ersten Beiträge stammt von Louven (1983). Er
geht auf das allgemeine Phänomen der SWZ ein und skizziert die Probleme
einer regionalen Standortpolitik. Zwei Jahre später beurteilt Widmer (1985) die
SWZ als wichtigste Ebene der chinesischen Öffnungspolitik. Erste Ansätze zur
Erfassung der wirtschaftlichen Verflechtungen erfolgen in dem von Buchholz/
Schöller (1985) publizierten Werk zum Strukturwandel Hong Kongs. Ausgehend
von einer detaillierten Analyse, gelangen beide Autoren zu dem Resultat, daß
Shenzhen und Hong Kong voneinander profitieren können (vgl. Buchholz/
Schöller 1985, S.212). Für eine weitergehende Bewertung fehlt jedoch qualitati-
ves und quantitatives Aussagematerial.

Die von Göbbel (1986) erschienene Studie *Shenzhen-Hongkong. Offene Tür zum
chinesischen Markt* scheint der angesprochenen Thematik gerecht zu werden.
Allerdings liegt der Verfasserin weniger am räumlichen Beziehungsgeflecht als
an einer Analyse der ideologischen Grundstrukturen. Shenzhen und Hong Kong
werden isoliert betrachtet und die SWZ-Ausweisung als eine geschickte Vertrau-
enswerbung in die Modernisierungsbestrebungen der VR China eingeschätzt.

Eine empirisch und methodisch anspruchsvolle Untersuchung Shenzhens hat
Duscha (1987) vorgelegt. Als Teilaspekt seines Bandes über den Technologietransfer in die VR China versucht er die Entwicklung Shenzhens anhand von
Wirtschaftskooperationen zu überprüfen. Zahlreiche Statistiken ergänzen die
engagierte Feld- und Literaturforschung. Die bislang jüngste Veröffentlichung in
deutscher Sprache ist das im Auftrag des Bundesministeriums für Wirtschaft
erstellte Gutachten über *Freihandels- und Sonderwirtschaftszonen in osteuropäischen Staatshandelsländern und in der Volksrepublik China* (Bolz et al. 1989).
Den Schwerpunkt der Studie bilden die SWZ in China, deren "Wirtschaftspolitik
zur Erreichung bestimmter binnen- und außenwirtschaftlicher Ziele" (Bolz et al.
S.16) analysiert wird. So gesehen, untersucht das Gutachten den Einfluß Hong
Kongs nur im Rahmen der übergeordneten Zielsetzung. Eventuelle Auswirkungen Shenzhens auf die britische Kronkolonie werden nicht behandelt. Schließlich
sei noch auf die zahlreichen, hier im einzelnen nicht aufzählbaren Artikel aus
den verschiedenen deutschen, englischen und chinesischen Fachzeitschriften
verwiesen.

Aus der dargestellten Forschungssituation wird deutlich, daß die wechselseitige
Verflechtung zwischen Hong Kong und der SWZ Shenzhen sowie ihre Einbindung in die chinesische Öffnungspolitik bisher nur unzureichend aufgegriffen
worden ist. Nachdem in früheren Beiträgen überwiegend quantitative Methoden
der Standortanalyse Anwendung fanden, benutzt die vorliegende Studie darüber
hinaus qualitative Verfahren. Damit entspricht sie zugleich dem Anliegen einer
integrierten Regionalforschung, die die Handlungsebene der Akteure (Unter-

nehmer) in den Vordergrund rückt. Insbesondere die aus unternehmerischen Motivationen und Idiosynkrasien erwachsenen Raumverflechtungen lassen sich auf diese Weise besser untersuchen. Ziel der Arbeit ist es, Determinanten und Erscheinungsformen eines wirtschaftsgeographischen Prozesses zu erforschen, der zu Funktions- und Strukturveränderungen an beiden Standorten geführt hat. Grundlage bildet eine ausführliche Raumanalyse, um die wesentlichen Ansatzpunkte dieser Kooperation einschätzen und bewerten zu können.

Durch den aktuellen Bezug hofft der Autor mögliche Konsequenzen der augenblicklichen Situation zu thematisieren. In dieser Hinsicht wurde u.a. Wert auf sozial- und bevölkerungsgeographische Aspekte (Abwanderungsverhalten bestimmter Sozialgruppen) gelegt.

3 Methodische Grundlagen und Quellenmaterial

Angesichts des prekären politischen und wirtschaftlichen Verhältnisses beider Räume stützte sich der Verfasser zunächst auf eine intensive Literatur- und Datenauswertung. Neben zahlreichen Nachforschungen an Universitätsstandorten wurden verschiedene einschlägige Institute (Institut für Asienkunde, HWWA-Institut für Wirtschaftsforschung) besucht. Darüber hinaus bot ein längerer Aufenthalt im Hong Kong Government Office in London die Gelegenheit, aktuelle Beiträge aus Hong Konger Zeitungen (z.B. SCMP, HKS) und Zeitschriften für eine Bestandsaufnahme heranzuziehen.

Die Untersuchung in Hong Kong (März 1989-Okt.1989) setzte zwei Schwerpunkte:

- Befragungen von Unternehmern und Gespräche mit Wissenschaftlern, Behörden und Wirtschaftsorganisationen;
- Auswertung von Quellen und Statistiken sowie eigene Kartierungen.

Grundsätzliche Restriktionen ergaben sich in erster Linie aus folgenden Gründen:

- Der Verfasser verfügt über keine ausreichenden Chinesischkenntnisse.
- Die Niederschlagung der Studentendemonstration vom 4.Juni 1989 in Beijing behinderte den Untersuchungsverlauf in ungeahnter Weise.
- Trotz Öffnungspolitik und Annäherung an den Westen gestaltet sich die Informationssuche in der VR China äußerst schwierig.

Dem standen eine Reihe günstiger Rahmenbedingungen gegenüber, die die Durchführung des Projekts erleichterten. Erstens ist die freundliche Unterstützung der diversen Hong Konger Industrie- und Handelskammern zu nennen, die

ihr Datenmaterial zur Verfügung stellten (vgl. Kapitel V. 2). Zahlreiche Statistiken und Quellen lieferten das Census and Statistics Department und das Hong
Kong Trade Development Council. Zweitens bestanden schon frühzeitig Kontakte zu Wissenschaftlern der Chinese University of Hong Kong, die aufgrund ihrer
Forschungsschwerpunkte mit der Thematik vertraut sind. Sowohl die Chinese
University als auch die University of Hong Kong stellen zudem ergiebige Litera-
turstandorte dar. Drittens waren dem Verfasser die Gegebenheiten vor Ort
durch zwei frühere Hong Kong-Aufenthalte (1983 und 1985) sowie eine Arbeit
(1987) über die britische Kronkolonie vertraut. In Hong Kong-konnten zudem
wichtige Eindrücke in den SWZ Zhuhai und Hainan gesammelt werden.

Die wesentlichen Quellen zur SWZ Shenzhen liegen in chinesischer Sprache vor.
Soweit sie nicht bereits zum Gegenstand wissenschaftlicher Forschung an den
beiden Hong Konger Universitäten geworden sind, mußten sie mit Hilfe zweier
lokaler Fachkräfte übersetzt werden. Zu den wichtigsten Grundlagen zählen die
Jahrbücher Shenzhens (*Shenzhen SEZ Yearbook*), die alle wesentlichen Daten
und Fakten - aufgeschlüsselt nach Verwaltungsbezirk und SWZ - auflisten.
Durch Rücksprache mit Wissenschaftlern der Chinese University konnte zudem
sichergestellt werden, daß die Materialauswahl in Hong Kong und Shenzhen
eher systematisch denn zufällig erfolgte. Leider zeichnen sich viele chinesische
Beiträge durch fehlende Quellenangaben aus. Hinzu kommt die unterschiedliche
Interpretation kooperationsbezogener Termini (z.B. EJV, CJV), die zu differierenden Werten führt. In derartigen Fällen wurde jeweils die von offiziellen Behörden veröffentlichte Angabe als Basis genommen.

II Wirtschaftliche Entwicklung und Struktur Hong Kongs

1 Entrepot-Funktion Hong Kongs von 1842-1941

Bis zur japanischen Eroberung im Jahre 1941 war die Entwicklung der britischen Kronkolonie Hong Kong durch eine Dominanz des klassischen Entrepot-Handels (Zwischenhandel im Freihafen) gekennzeichnet. Die entscheidende Voraussetzung stellte das günstige geographische Lagepotential dar. Der leicht ausbaufähige Naturhafen, mit seiner von Bergen und Inseln geschützten Reede und dem geringen Tidenhub, bot ausgezeichnete Möglichkeiten für den Zwischenhandel mit China, das seinerseits nicht über die notwendigen Hafenstandorte verfügte, um den wachsenden Handelsverflechtungen gerecht zu werden.

Zugleich nahm Hong Kong die Funktion eines Flottenstützpunktes wahr (vgl. Schöller 1978, S.231), der die innere Sicherheit des Territoriums garantierte. Damit hatte Großbritannien die Rahmenbedingungen geschaffen, die dem Entrepot-Handel in einer von liberalistischem Wirtschaftsgeist geprägten Atmosphäre zugute kamen.

1.1 Gründung Hong Kongs als britische Kronkolonie

Die Annexion der Insel Hong Kong resultierte aus Ereignissen, die sich in der chinesischen Stadt Guangzhou (Kanton) vollzogen. Dort hatte sich zwischen britischen und chinesischen Kaufleuten ein für die Briten äußerst profitabler Handel ergeben. Die Grundlage bildete die Lieferung von Opium nach China, das in Bengalen billig erworben werden konnte und in Guangzhou mit beträchtlichem Gewinn verkauft wurde. Hinzu kam, daß die Briten mit chinesischen Waren (Tee, Seide, Porzellan) in Europa kräftige Gewinne erzielten.

Als mit der Ernennung Lin Zexus zum Spezialkommissar im März 1839 der gesamte Opiumhandel unterbunden wurde, sahen sich die Briten ihres überaus ertragreichen Chinahandels beraubt. Zur Untermauerung ihrer Ansprüche sandte der britische Außenminister einen Flottenverband nach China. Nach zahlreichen Verhandlungen und militärischen Feindseligkeiten zwischen beiden Parteien kam es am 20. Januar 1841 durch das Abkommen von Chuanbi (ein kleiner Ort im Perlflußdelta) zu einer vorläufigen Abtretung der Insel Hong Kong an Großbritannien. Da dieses Vertragswerk vom chinesischen Kaiser zunächst nicht anerkannt wurde, drohte Großbritannien mit einer Bombardierung Nanjings. Diesem Druck mußte China durch die endgültige Abtretung Hong Kongs nachgeben. Der Erste Opiumkrieg fand sein Ende durch den am 29.

August 1842 geschlossenen Vertrag von Nanjing (vgl. Buchholz 1986, S.511; *Hong Kong Annual Yearbook 1989*, S.335).

Durch die rasche Zuwanderung aus Großbritannien, Europa, den USA und China (vgl. Tab.1) und infolge der expandierenden Handelsfunktion Hong Kongs sah sich die britische Regierung mit dem Problem des Raummangels konfrontiert.

Tabelle 1:   Einwohnerzahl Hong Kongs von 1841-1988

Jahr	Einwohnerzahl
1841	5.650
1861	119.321
1881	160.402
1901	300.660
1941	1.639.000
1945	600.000
1947	1.750.000
1957	2.736.300
1977	4.583.700
1988	5.736.100

Quellen: Buchholz/Schöller 1985, S.11; *Hong Kong Annual Yearbook 1989*, S.328.

Darüber hinaus führte die Auslegung der früheren Verträge zu Spannungen. Wiederum waren es militärische Auseinandersetzungen, die im Zweiten (1856-1858) und Dritten (1859-1860) Anglo-Chinesischen Krieg China zur Abtretung der Halbinsel Kowloon bis zur Boundary Street und von Stonecutter Island zwangen. Die am 24.Oktober 1860 im Vertrag von Beijing beschlossene Erweiterung bedeutete aber noch nicht das Ende der flächenmäßigen Ansprüche Hong Kongs.

Die innenpolitischen Schwierigkeiten sowie der wachsende außenpolitische Druck durch die europäischen Mächte machten das chinesische Reich gegen Ende des 19. Jahrhunderts immer mehr zu einem Spielball fremder Interessen. Großbritannien nutzte die Gunst der Stunde, um der weiter wachsenden Bevölkerung und Wirtschaft genügend Entwicklungsmöglichkeiten einzuräumen, und pachtete das Gebiet der New Territories sowie 235 Inseln im Juni 1898 für 99 Jahre (vgl. Abb.1).

Abbildung 1:   Grobgliederung Hong Kongs

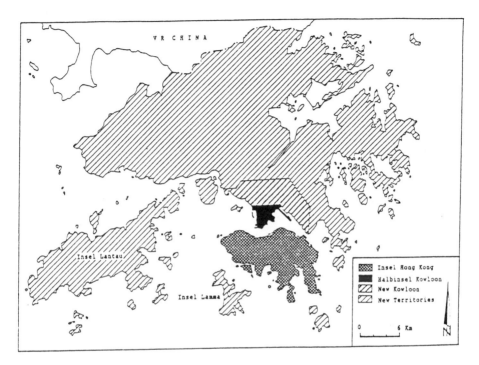

Quelle: Benzenberg 1977.

Mit dieser zweiten Hinterlandserweiterung und den im Laufe der Jahre vorge-
nommenen Landgewinnungsmaßnahmen hat die britische Kolonie heute eine
Fläche von 1.070 km² erreicht (vgl. Hambro 1955, S.9; Endacott/Hinton 1977,
S.76; Louven 1989, S.86).

Die Gründung Hong Kongs dokumentiert auf klassische Weise die imperialisti-
sche Politik des 19. Jahrhunderts, d.h. das Bestreben einer Großmacht, in diesem
Fall Großbritannien, ihren politischen, militärischen und wirtschaftlichen Einflußbereich auszudehnen. Alle drei Verträge spiegeln folglich nur die Interessenlage eines Verhandlungspartners wider, was China bis heute immer wieder
dazu veranlaßt, von 'Ungleichen Verträgen' zu sprechen.

1.2   Expansion des Handels

Mit steigender Bevölkerungszahl wuchs die Handelsfunktion Hong Kongs in den
folgenden Jahren. Die Kronkolonie entwickelte sich sowohl zum Versorgungszentrum britischer Güter nach China (vgl. Endacott/Hinton 1977, S.72) als auch

zu einem Mittelpunkt des Chinaexports nach Übersee. Auf diese Weise gelangten weiterhin chinesische Waren wie Tee, Seide und Porzellan nach Europa, während Industrieprodukte, aber auch Zucker und Salz, über Hong Kong in das chinesische Reich importiert wurden (vgl. Buchholz 1986, S.511). Wenngleich aufgrund fehlender Quellen über Importe und Exporte keine gesicherten Angaben vorliegen, belegt die Zahl der in Hong Kong ein- und auslaufenden Überseeschiffe, daß die britische Kronkolonie ihre Entrepot-Funktion enorm ausbauen konnte.[1]

Die Expansion des Handels wurde aber noch von anderer Seite angeregt. Durch die Vielzahl der einwandernden Chinesen, die aus politischen und wirtschaftlichen Gründen ihrem Heimatland den Rücken kehrten und an der wachsenden Prosperität der Kolonie partizipieren wollten, gelangte neben Geld auch die Vorliebe für westliche Güter und Produkte nach Hong Kong (vgl. Endacott/ Hinton 1977, S.75).

China blieb in diesen Jahren der wichtigste Handelspartner Hong Kongs. Die daraus resultierende Dominanz führte sogar soweit, daß Hong Kong 1862 den im chinesischen Reich verbreiteten Silberdollar als verbindliche Währungseinheit benutzte. In der Handelsbilanz zeigte sich diese einseitige Ausrichtung anhand der folgenden Zahlen. Im Jahre 1890 wurden 55% der chinesischen Importe und 37% der Exporte über die Kronkolonie abgewickelt (vgl. Endacott 1958, S.253).

Die Auswirkungen des Ersten Weltkrieges ließen auch Hong Kong nicht unbeeinflußt und zeigten sich in veränderten Handelsstrukturen. Obgleich die Importe Chinas weiterhin bedeutend für Hong Kong blieben, verringerten sich die Exporte dorthin in den Jahren 1921 bis 1931 um etwa die Hälfte. Neben dem wachsenden Bedeutungsschwund Großbritanniens als Zulieferland waren es in erster Linie politische Motivationen, die die über Hong Kong abgewickelten Exporte nach China beschränkten. Als Folge starker nationalistischer und ausländerfeindlicher Tendenzen - China war in der Versailler Friedenskonferenz eine Übernahme seiner zuvor von den Deutschen besetzten Gebiete in der Provinz Shandong verweigert worden - wurden u.a. ausländische Waren boykottiert. Hong Kong reagierte auf diese Situation mit der Ausweitung seiner Zwischenhandelsfunktion. Insbesondere der südostasiatische Raum gelangte nun verstärkt in den Einflußbereich der gestiegenen Handelstätigkeit.

Eng verknüpft mit der Entwicklung des Handels war der Ausbau von Transportmitteln und Transportwegen. Die Gründung von Schiffahrtslinien für den regionalen Handel mit China und Südostasien stand dabei ebenso im Vordergrund wie der Fernhandel mit Europa und den USA. Hinzu kam der Bau der Eisenbahnlinie von Hong Kong nach China. Durch einen Zusammenschluß der

Hongkong and Shanghai Banking Corporation (vgl. 3.2) mit Jardine, Matheson & Co., einer der bedeutendsten Gründerfirmen Hong Kongs, zur British Chinese Corporation begann 1898 der Bau der Kowloon-Canton Railway (KCR).

Mit der Besetzung Hong Kongs durch die Japaner am Weihnachtstag 1941 kam die Entrepot-Funktion zu einem vorläufigen Stillstand. Die unsichere Lage und die dürftige Nahrungsmittelversorgung ließen viele Chinesen nach Macao (seit 1557 portugiesisch) flüchten. Dennoch waren in diesen ersten 100 Jahren Strukturen geschaffen worden, die viele Geschäfts- und Handelshäuser dazu ermutigt hatten, ihren Standort in der britischen Kronkolonie zu wählen. Die steigende Konjunktur lockte auch zunehmend Finanzinstitute an oder führte zur Gründung derselben, wie im Falle der 1864 eröffneten Hong Kong and Shanghai Banking Corporation. Im Mittelpunkt der Wirtschaftstätigkeit stand aber der Hafen Hong Kongs, dessen Wachstum auch den Grundstein für die ersten Industrialisierungsversuche darstellte.

1.3   Industrieanfänge

In der Literatur wird der Industrialisierungsbeginn Hong Kongs zumeist mit der Zerstörung der Entrepot-Funktion gleichgesetzt. Diese Sichtweise vernachlässigt, daß es bis zur Besetzung durch die Japaner eine Reihe von Industrien gab, die nach dem Zweiten Weltkrieg unter Mithilfe von Kapital, Know-how und eines großen Arbeiterzustroms ausgedehnt werden konnten. Wenn auch die Industrieanfänge Hong Kongs noch stark von der Entrepot-Funktion geprägt waren, so bargen sie doch die Möglichkeit einer Weiterentwicklung in sich.

Aufgrund ihrer engen Verbindung mit dem Handel konnten sich der Schiffbau und die Schiffsreparatur als erste Industriezweige Hong Kongs entwickeln (vgl. Deutsche Bank 1959, S.9; Szczepanik 1958, S.133). Die Notwendigkeit dieser Industriesektoren wurde den Bewohnern Hong Kongs schon bald nach der Besetzung durch die Briten schmerzlich bewußt. Zwei Taifune hatten innerhalb einer Woche mehrere Schiffe völlig zerstört. Es folgte der Bau der ersten Werft und im Jahre 1843 der erste Bau eines Schiffes in Hong Kong (vgl. Endacott/ Hinton 1977, S.80).

Mit der Expansion des Handels in den folgenden Jahren vergrößerten sich auch die Möglichkeiten in der Schiffsindustrie. Während 1853 nur 240 Schiffshändler in Hong Kong tätig waren, wuchs ihre Zahl auf 427 im Jahre 1865 an (vgl. Endacott 1958, S.119). Weitere mit der Schiffsindustrie verknüpfte Tätigkeiten erstreckten sich auf die Herstellung von Tauwerk und das Gießen von Kanonen für Militärschiffe (vgl. Benham 1956, S.458).

Obwohl die Leichtindustrie schon vor dem Ersten Weltkrieg durch die "Gründung von Baumwollspinnereien, Webereien, Gerbereien" (Baumann 1983, S.7) in
Erscheinung trat, erfolgte der entscheidende Antrieb erst mit den kriegerischen
Auseinandersetzungen in Europa. Da sich Hong Kong seiner früheren Versor-
gungsquelle beraubt sah, entstand eine Vielzahl kleiner Manufakturen, die Be-
kleidungsartikel produzierten (vgl. Davis 1949, S.151; Brown 1971, S.2).

Durch die 1932 zwischen den Commonwealth-Mitgliedern in Ottawa vereinbarten 'Imperial Preferences' wurden den Industrialisierungsbemühungen darüber
hinaus Rahmenbedingungen geschaffen, die es erleichterten, neue Märkte mit
Produkten zu erobern sowie ausländische Investoren anzulocken (vgl. Baumann
1983, S.8). Hong Kong hatte somit schon vor dem Zusammenbruch seiner
Entrepot-Funktion Handelsmärkte für seine Produkte erschlossen, die sich in
der Nachkriegsphase als wachstumsfördernd für die Industriewirtschaft erwiesen.

Der Ausbruch des Zweiten Weltkrieges bedeutete den letzten industriellen
Boom Hong Kongs vor der Besetzung durch die Japaner. Insbesondere Kriegsar-
tikel bestimmten nun die Produktionsstruktur. So stieg aufgrund dieses Wachs-
tumsimpulses die Zahl der Fabriken von 948 (1939) auf 1.200 (1941) an (vgl.
Davis 1949).[2] Die japanische Besetzung führte zu einer Demontage vieler Indu-
strieanlagen und zu einer einseitigen Ausrichtung der industriellen Aktivitäten
auf die japanischen Bedürfnisse. Die Folge war eine wirtschaftliche Stagnation
und die Abwanderung großer Bevölkerungsteile (vgl. Tab.1).

2   Dominanz der Industriewirtschaft von 1945-1976

Nach dem Ende der japanischen Besetzung stellte sich die Wirtschaft in einem
katastrophalen Zustand dar. Der Entrepot-Handel, der zuvor die Haupteinnah-
mequelle der Kronkolonie bildete, hatte seine Funktion verloren, und die Industriebetriebe waren weitgehend zerstört. Zudem boten die zerfallenen und zer-
störten Häuser sowie die stark reduzierte Bevölkerungszahl wenig Hoffnung für
einen schnellen Wiederaufbau. Dennoch gelang es Hong Kong, in den folgenden
Jahren zu einem der wohlhabendsten Territorien Ostasiens aufzusteigen. Der
Hauptgrund lag in der bemerkenswerten Transformation von einer Handels- in
eine Industriewirtschaft.

Das folgende Kapitel wird diesen Funktionswandel analysieren, die Grundlagen
und Strukturen der 'industriellen Revolution' Hong Kongs beleuchten sowie die
Determinanten des Industrialisierungsprozesses in ihrer zeitlichen Abfolge her-
ausarbeiten.

2.1 Impulse aus China und politisch-institutionelle Rahmenbedingungen (1945-1951)

Obwohl die erste Industrialisierungsphase nach dem Zweiten Weltkrieg von Anfangsschwierigkeiten geprägt war, konnte Hong Kong "an eine industrielle Tradition anknüpfen, die bis hin zu den Anfängen der Koloniegründung zurückreicht" (Baumann 1983, S.124). Diese Grundlage allein genügte jedoch noch nicht, um den Wiederaufbau der Wirtschaft voranzutreiben. Es mußten Faktoren hinzukommen, die nicht nur die traditionelle Industriestruktur erneuerten, sondern ihr auch entscheidend neue, wachstumsfördernde Impulse geben konnten. Diese Faktoren mußten zudem den augenscheinlichen Nachteil, der aus der natürlichen Ressourcenarmut Hong Kongs erwächst, wieder ausgleichen.

Daß die Industrialisierung schließlich so erfolgreich verlief, widerlegt somit die Annahme, daß ausreichend mineralische Rohstoffe eine unabdingbare Voraussetzung für einen derartigen Wachstumsprozeß sind. Da Hong Kong außerdem nicht auf einem großen einheimischen Absatzmarkt aufbauen konnte, mußte die Industrie exportorientiert produzieren. Damit waren die Strukturen vorgezeichnet, mit denen sich die Wirtschaft auseinanderzusetzen hatte.

Der entscheidende Impuls für die Nachkriegsindustrialisierung stammte aus China. So brachte der Bürgerkrieg zwischen Nationalisten und Kommunisten, der 1949 mit der Gründung der Volksrepublik China endete, einen "gewaltigen Zustrom von arbeitsamen und lernbegierigen China-Flüchtlingen" (Auf der Heide 1970, S.92) nach Hong Kong und sorgte dafür, daß Ende 1947 mit 1,75 Millionen Einwohnern der Vorkriegsstand übertroffen wurde.

Diesem ersten Flüchtlingsstrom folgte in den Jahren 1948-1949 ein zweiter, der in der Geschichte Hong Kongs beispiellos ist und die Einwohnerzahl Mitte 1950 auf geschätzte 2,2 Mio. emporschnellen ließ (*Hong Kong Annual Yearbook 1989*, S.338). Mindestens ebenso bedeutend wie die große Zahl der Zuwanderer waren die folgenden Eigenschaften, die sie auszeichneten (vgl. Chen 1984 S.3; Benham 1956, S.163; Schöller 1967, S.116):

1. Sie waren jung und gewillt, jede Arbeit zu tun.
2. Sie brachten viel Kapital mit.
3. Sie stammten aus der Provinz Guangdong, aus Shanghai bzw. anderen kommerziellen Zentren und verfügten über genügend Know-how.
4. Sie waren risikobereit und besaßen Unternehmergeist.
5. Sie waren Angehörige gehobener und freier Berufe und konnten Hong Kong geistige Impulse geben.

Zudem mußten viele ehemalige chinesische Grundbesitzer, durch die Landarmut und schlechte Bodenqualität Hong Kongs gehindert, ihr Kapital an gewinnbringenderen Investitionsfeldern orientieren, und die versprach zunehmend die Industriewirtschaft. Yu schätzt die Gesamthöhe des in die verschiedenen Industriezweige geflossenen Flüchtlingskapitals für den Zeitraum 1947-1950 auf ca. 10 Mrd.HK$ (Yu 1967, S.67).

Der Zufluß von Kapital resultierte aber noch aus anderen Quellen. Überseechinesen und Unternehmer aus Großbritannien, Japan, den USA und Südostasien unterstützten die verschiedenen arbeitsintensiven Industriesektoren, da Hong Kong für sie einen wirtschaftlich und politisch sicheren Standort in Asien darstellte.

Die rasche Zunahme der wirtschaftlichen Bedeutung Hong Kongs kam in erster Linie der Textilindustrie zugute. Sie verdreifachte ihre Beschäftigtenzahl von 1947 bis 1951 und nahm damit die erste Position unter den Industriezweigen ein (vgl. Tab.2). Die mit dem Flüchtlingsstrom nach Hong Kong ausgewanderten chinesischen Unternehmer ließen zudem ihre in Großbritannien oder den USA bestellten Textilmaschinen in die Kronkolonie umlenken (vgl. Chiu 1973, S.95).

Begleitet wurde die Ausweitung des Textilsektors von einer generellen Expansion der Industriebetriebe und Beschäftigtenzahlen (vgl. Szczepanik 1958, S.159). Die daraus resultierenden größeren Produktionsraten gingen weit über die lokale Nachfrage hinaus und kamen der Ausweitung des Exports zugute.

Tabelle 2:   Beschäftigungsentwicklung der Textilindustrie 1947-1951

Jahr	Zahl der Beschäftigten
1947	9.328
1948	13.347
1949	15.575
1950	24.818
1951	29.409

Quelle: Baumann 1983, S.328.

Der chinesische Bürgerkrieg stellte aber nur einen Impuls für den raschen Aufbau der Industriewirtschaft dar. Es kamen historische, institutionelle und wirtschaftliche Faktoren hinzu, die Hong Kongs Industrialisierung vorantrieben.

Dazu muß in erster Linie der Niedergang des Entrepot-Handels gezählt werden, da sich die Wirtschaft nun mit verstärkten Bemühungen der Industrialisierung zuwenden konnte und die verfügbaren Vermarktungsmechanismen in Übersee dem Aufbau einer exportorientierten Industrie entgegenkamen. Obwohl die japanische Besetzung die Entrepot-Funktion fast völlig zerstört hatte, erlebte die Handelstätigkeit der Kronkolonie zunächst aber noch einen Auftrieb durch die Folgen der kommunistischen Machtübernahme. Infolge der von Nationalchina verhängten Blockade wurde ein Großteil der Chinaimporte über Hong Kong geleitet.

Der endgültige Verlust der Zwischenhandelsposition resultierte aus dem Beginn des Koreakrieges (1950), der 1951 zu einem von den Vereinten Nationen über die VR China verhängten Handelsembargo führte (vgl. Slezak 1964, S.123). Die Konsequenz mußte ein Funktionswandel sein, der auf der Grundlage von arbeitswilligen, kapitalkräftigen und technisch versierten Arbeitskräften und Unternehmern aufbaute. Dazu bedurfte es ferner der Neuorientierung zu solchen Industrien, die Beschäftigungsmöglichkeiten für die wachsende Bevölkerung schufen.

Neben den genannten politisch-historischen Determinanten waren es institutionelle Faktoren, die das industrielle Potential zur Entfaltung brachten. Unter ihnen genoß der Kolonialstatus besondere Bedeutung, da er die innere Sicherheit im politischen und wirtschaftlichen Bereich garantierte. Der Kolonialregierung kam die Aufgabe zu, durch die Aufrechterhaltung von Recht und Ordnung, der Bekämpfung von Korruption im öffentlichen Dienst und der Schaffung eines liberalen Wirtschaftssystems, ein Investitionsklima zu erzeugen, das die Kronkolonie mit ausreichendem Industriekapital versorgte.

Insbesondere die Laissez-faire-Politik[3] der Regierung ermutigte Geschäftsleute und Industrielle im In- und Ausland gleichermaßen, die verfügbaren Ressourcen und Möglichkeiten gewinnbringend zu nutzen. Die Politik der Nichteinmischung garantierte u.a. "einen uneingeschränkten Transfer von in Hong Kong erzielten Gewinnen" (Auf der Heide 1970, S.92), den Freihafenstatus, ein Minimum an Restriktionen und keine Protektionen. Hong Kong hatte somit binnen kürzester Zeit eine Wirtschaftsatmosphäre erzeugt, die dem freien Spiel der Kräfte keinen Riegel vorschob.

Die genannten Gründe führen zu der Erkenntnis, daß der wirtschaftliche Funktionswandel der Nachkriegsphase nicht das Ergebnis einer freien Handlungsentscheidung der Hong Konger Bürger darstellt. Ausschlaggebend waren vielmehr politische Ereignisse, auf die die Kronkolonie mit verstärkter Initiative zu reagieren wußte. Daß Hong Kong in den folgenden Jahren mit zweistelligen Wachstumsraten im Industriesektor aufwarten konnte, belegt nicht nur seine außergewöhnliche wirtschaftliche Stellung, sondern auch seine erstaunliche Wandlungs- und Anpassungsbereitschaft.

2.2   Etablierung des Industriesektors (1952-1960)

Auf den Niedergang des Entrepot-Handels reagierte Hong Kong mit der Umlenkung seiner Exportströme in die Industrieländer Westeuropas und Nordamerikas. Die Voraussetzungen für eine derartige Veränderung waren günstig. Einerseits konnte die britische Kronkolonie sehr billig produzieren, andererseits "hatte sich die Importneigung der Industrieländer bei steigendem Volkseinkommen beträchtlich erhöht" (Auf der Heide 1970, S.93). Getragen wurde die neue Exportoffensive von einem industriellen Aufschwung, der sich in einer wachsenden Zahl von registrierten Industriebetrieben und Industriearbeitern niederschlug (vgl. Tab.3).

Tabelle 3:   **Anzahl der registrierten Industriebetriebe und Industriearbeiter in Hong Kong 1948-1960**

Jahr	Industriebetriebe	Industriearbeiter
1948	1.160	61.714
1952	1.987	93.837
1956	3.145	138.818
1958	3.765	168.138
1960	5.135	228.999

Quelle: Cheng 1970, S.154.

Wie in der ersten Industrialisierungsphase stützte sich auch dieses Wachstum auf die Expansion der Textil- und Bekleidungsindustrie. Die Grundlagen der Nachkriegsjahre konnten für beide Sektoren erfolgreich genutzt werden und spiegelten sich am Ende der zweiten Industrialisierungsphase in einem Anteil von ca. 50% am Gesamtvolumen aller Industriebeschäftigten wider (vgl. Chou 1966, S.26 f.; Bissing 1962, S.72).

Der überragende Beitrag der Textilindustrie zum industriellen Aufstieg wurde von geflüchteten chinesischen Unternehmern vorbereitet. Den Anfang machte im Jahre 1947 die Errichtung der South China Textile Corporation mit der

Einführung von automatischen Webstühlen. Bis zu diesem Zeitpunkt wurden die Web- und Strickarbeiten lediglich mit Hilfe von handgetriebenen Maschinen verrichtet (vgl. *Economic Survey of Asia and the Far East 1954*, S.13).

Während dieser Phase deutete sich jedoch schon an, was sich im Verlauf des weiteren Industrialisierungsprozesses bestätigen sollte: der Bedeutungsverlust der Textilindustrie gegenüber der Bekleidungsindustrie. Dieser Niedergang war nicht zuletzt das Ergebnis verstärkter Handelsrestriktionen.

Erstmalig erfuhr Hong Kong 1959 die Gefahr einer einseitigen Orientierung, als dem rapiden Export von Textilien durch den 'Lancashire Pact' ein Riegel vorgeschoben wurde (vgl. Riedel 1974, S.26). Dieser Vertrag regelte die Begrenzung der Textilgüterexporte von der Kronkolonie ins Mutterland, da Großbritanniens Baumwollindustrie erheblichen Strukturschwankungen ausgesetzt war (vgl. Heineberg 1983, S.107 ff.).

Die Bekleidungsindustrie war von derartigen Beschränkungen nicht betroffen und konnte weiterhin auf den Commonwealth-Märkten den Vorzug des Präferenzsystems genießen, das bis hin zu völliger Zollfreiheit reichte. Beim Handel mit den USA kam ihr zudem "das japanische Selbstbeschränkungsabkommen zur Begrenzung des Bekleidungsexports" (Baumann 1983, S.27) zugute. Hinzu kamen Wachstumsfaktoren wie ein niedriges Lohnniveau und eine große Effizienz. So erreichten in Hong Kong im Jahre 1954 die Spindeln bei 8-Stunden-Schichten einen wöchentlichen Auslastungsgrad von 150 Stunden und lagen damit weit vor Japan (96 Std.) und Lancashire (56 Std.) (vgl. *Far Eastern Economic Review*, 13.8.1964).

Der Aufbau des Industriesektors führte in dieser Phase auch zu einem rapiden Aufschwung der Plastikindustrie. Ihr Wachstum erscheint um so bemerkenswerter, als es vor dem Zweiten Weltkrieg keine Ansätze zu einer derartigen Entwicklung gab. Im Jahre 1947 fand sich erst ein plastikverarbeitender Betrieb in Hong Kong, doch bis 1956 konnte sich die Anzahl auf 113 steigern (vgl. Szczepanik 1958, S.120). Aufgrund der fast unbegrenzten Möglichkeiten zur Herstellung von Plastikartikeln bildete dieser Industriezweig 1959 den drittgrößten Exportsektor der Kronkolonie (vgl. Tab.4).

Hong Kong hatte somit innerhalb weniger Jahre seine Produktionspalette ausgebaut und krankte nicht, wie so viele Entwicklungsländer, an einer industriellen Monostruktur. Bevölkerungsdruck und Exportzwang wirkten sich wachstumsfördernd aus und konnten sogar für eine Diversifizierung genutzt werden. Hinzu kam die Konkurrenz auf dem Weltmarkt, die Hong Kong trotz oder gerade wegen der genannten Restriktionen zu einer Qualitätssteigerung seiner Produkte antrieb.

Tabelle 4:　　Direktexporte Hong Kongs nach Industriezweigen (in %)

Jahr	Bekleidung	Textilien	Plastik	Elektronik
1959	34,8	18,1	7,0	-
1964	36,6	16,0	11,0	2,4
1970	35,1	10,3	11,3	9,5
1975	44,6	9,4	8,7	10,7

Quelle:　　Chen 1984, S.26.

2.3　　Grundlegende Diversifizierung des Industrie (1961-1967)

Auch die dritte Industrialisierungsphase zeichnet sich durch Wachstumsraten in der verarbeitenden Industrie aus und knüpft an die Erfolge der ersten beiden Perioden an:

- Steigerung der Exportquote von 48,6% auf 54%,
- Zunahme der Industriebeschäftigten von 216.000 auf 400.000.

Diese Wachstumsraten waren aber nur möglich, da es Hong Kong gelang, Veränderungen in der Industriestruktur durchzuführen, die sowohl auf die Diversifizierung der gesamten Industrie als auch auf die Diversifizierung einzelner Industriezweige, d.h. die Umstellung auf höherwertige Produkte, zielten. Die Anstöße zu diesem Strukturwandel kamen bereits am Ende der zweiten Phase in Form von Importrestriktionen für Textilwaren. Wenig später wurde durch das 1961 erlassene kurzfristige Baumwolltextilabkommen Hong Kongs Export in die USA einem besonderen Quotensystem unterworfen (vgl. Baumann 1983, S.46). Die Kronkolonie reagierte auf die Kontingentierung mit folgenden Maßnahmen:

1. Die Diversifizierung des Textil- und Baumwollsektors wurde beschleunigt und weitete sich auf neue Produkte aus. So begann Hong Kong 1962 mit der Verarbeitung synthetischer Fasern (vgl. Chen 1984, S.25; Auf der Heide 1970, S.94).

2. Die Umstellung auf Qualitätsprodukte und Weiterverarbeitung erlaubte den Herstellern eine Gewinnmaximierung bei festgesetzten Quotierungen. Während in den fünfziger Jahren vornehmlich ungebleichte Baumwollgarne und Gewebe exportiert wurden, verlängerte sich der Produktionsprozeß in den

sechziger Jahren und führte zur Herstellung qualitativ höherwertiger Waren wie bestickte Blusen, Strickjacken und Nachthemden (vgl. Cheng 1977, S.148; Wülker 1965, S.355).

3. Die Quotenregelung einiger Länder führte zum Ausweichen auf andere, leichter zugängliche Märkte. Der Diversifizierung der Produktionsprozesse entsprach somit eine Diversifizierung der Absatzländer, wobei in verstärktem Maße die europäischen Staaten Hong Kongs neue Exportoffensive zu spüren bekamen (vgl. Aschinger 1965, S.63).

4. Die Qualitätssteigerung der Hong Konger Textil- und Bekleidungsprodukte wurde im wesentlichen auch durch das gestiegene Know-how des Industriearbeiters getragen. Mit Hilfe von Weiterbildungskursen leitete die Industrie Maßnahmen ein, die die Qualität der Arbeitsleistungen steigern sollte. Diese Anstrengungen erschienen um so sinnvoller, als zwischen 1961 und 1967 Textilmaschinen im Wert von ungefähr 567 Mio.HK$ eingeführt wurden, die von geschulten Kräften bedient werden mußten (vgl. Baumann 1983, S.49; Aschinger 1965, S.55).

Da die Expansionschancen des Bekleidungs- und Textilsektors sich aber generell verminderten, kam es zum Ausbau zweier wachstumsträchtiger Industriezweige: der Elektro- und Elektronikindustrie sowie der Plastikindustrie. Die Entwicklung der Elektronikindustrie muß dabei als eine weitere Illustration der Hong Konger Anpassungsfähigkeit an sich verändernde Weltmarktverhältnisse angesehen werden.

Neben den genannten Handelsrestriktionen für Textilprodukte waren es in erster Linie folgende Faktoren der Elektronikindustrie, die das Wachstum dieses Sektors begünstigten:

1. Das japanische Selbstbeschränkungsabkommen für den Export von Transistorradios in die USA und nach Großbritannien bescherte der Elektronikindustrie schon im Juli 1960 zwei Absatzmärkte. Beide Länder nahmen insgesamt zwischen 80 und 90% (1964) der Hong Konger Elektronikexporte auf (vgl. *The Economist 1964*, S. 732).

2. Einen zusätzlichen Anstoß erhielt die Elektronikindustrie im Jahre 1962, als das japanische Ministerium für Handel und Industrie zur Festigung der eigenen Weltmarktposition die weitere Ausfuhr von Transistoren und Dioden nach Hong Kong untersagte. Die Kronkolonie verstand es aber, den Engpaß durch zwei Maßnahmen auszugleichen. So konnte diese Importlücke sowohl durch eine verstärkte Einfuhr aus den USA als auch zur Erweiterung des eigenen Produktionsprogramms genutzt werden (vgl. Göbbel 1986, S.114).

3. Der Beitrag ausländischer Investitionen, vorwiegend aus Japan und den USA, hatte in der dritten Industrialisierungsphase eine beträchtliche Höhe erreicht, an der nicht zuletzt die Elektronikindustrie partizipierte (vgl. Baumann 1983, S. 66).

Der Wachstumsboom dieser Phase kam auch der drittgrößten Exportindustrie, der Plastikindustrie, zugute. Ihre Beschäftigungszahl stieg auf rund 51.000 im Jahre 1967 (1960 = 15.000) und ihr Exportanteil auf 12,3%. Darüber hinaus zeigten sich die für diese Periode typischen Diversifizierungstendenzen. Fußte die Produktion bisher noch weitgehend auf der Herstellung von Plastikblumen und Plastikdekorationen, so wurde ab Mitte der sechziger Jahre mit forciertem Engagement der Aufbau einer Plastikspielzeugindustrie vorangetrieben.

Zusammenfassend läßt sich feststellen, daß die Diversifizierungsbestrebungen der Industrie sich in allen Wachstumssektoren bemerkbar gemacht haben. Der Diversifizierung der Industrie wurde zudem durch eine Ausweitung der Industriestandorte Rechnung getragen. Kwun Tong und Tsuen Wan, die beiden Industrieschwerpunkte Hong Kongs, die gegen Ende dieser Phase mehr als ein Fünftel der industriellen Arbeitsplätze anboten, sind aber nicht nur Entwicklungspole einer wachsenden Industriewirtschaft, sondern auch Ausdruck einer neuen Wirtschaftspolitik.

2.4   Dezentralisierungsbestrebungen der Regierung (1968-1976)

Die vierte Phase ist maßgeblich durch die 1972 hervorgerufene Industrialisierungspolitik der Regierung geprägt. Sie hatte sich zum Ziel gesetzt, die auch an Hong Kong nicht spurlos vorübergegangenen Auswirkungen der weltweiten Rezession zu lindern und darüber hinaus einen Strukturwandel zu ermöglichen, der den Aufbau der Investitionsgüterindustrie sowie verschiedener Spezialindustrien unterstützte. Da beide Bereiche einen großen Bedarf an Industrieland erforderten, begann Hong Kong seine Landpolitik zu modifizieren, um damit die Dezentralisierung früherer Jahre zu unterstützen.

Trotz der globalen Depression blieb Hong Kong auch in dieser Phase der Wachstumserfolg nicht versagt. Obwohl die vermehrte Produktion von Taschenrechnern, Uhren und Plastikspielzeug den steigenden Industrialisierungsgrad in den siebziger Jahren kennzeichnete, bildete die Bekleidungs- und Textilindustrie nach wie vor das Rückgrat der Industriewirtschaft. Mit 49% aller Industriebeschäftigten und 53% aller Exporte konnte sie ihre Spitzenstellung sogar noch ausbauen, und Italien 1975 als größten Bekleidungsexporteur der Welt ablösen (vgl. Beazer 1978, S.58). Erreicht werden konnte eine derartige Entwicklung jedoch nur als Antwort auf sich verändernde Weltmarkterfordernisse. Der Zwang, auf die Importrestriktionen reagieren zu müssen, führte zu einer Phase der Qualitätsaufwertung, in der billige Anzüge und Sweatshirts einen immer geringer werdenden Anteil der Bekleidungsproduktion einnahmen. Gefördert wurde dies von staatlicher Seite durch weitreichende Maßnahmen zur Verbesserung des modischen Designs und des Exportmarketings (vgl. Baumann 1983, S.97).

Eine Diversifizierung und Expansion der Produktion war auch für den mittlerweile zur zweitgrößten Exportindustrie (1976 = 11,4%) aufgestiegenen Elektroniksektor kennzeichnend. Der Bereich der Transistorindustrie, der sich in den sechziger Jahren vorwiegend auf den Import von Einzelteilen aus Japan stützte, konnte seine Produktion dahingehend ausdehnen, daß Hong Kong nun selbst in der Lage war, Einzelteile herzustellen und zusammenzubauen. Weiterhin bedeutend war auch der Zufluß ausländischen Kapitals, was durch folgende Charakteristika dokumentiert wird (vgl. Cheng 1977, S.165):

- Die Betriebe der Elektronikindustrie sind hauptsächlich Gemeinschaftsunternehmen (Joint Venture), die durch lokales und amerikanisches Kapital getragen werden.
- Sie zeichnen sich durch moderne Organisationsformen, gutes Management und Qualitätskontrollen aus.

Bei der Uhrenindustrie beruhte der Erfolg, wie auch die Entwicklung anderer Wachstumsindustrien verdeutlicht, auf der richtigen und schnellen Deutung der Weltmarktnachfrage. Zählte die Uhrenindustrie 1967 erst rund 1.400 Beschäftigte, so waren es neun Jahre später schon rund 10.600. Der Exportanteil konnte sich dementsprechend von 1,5% (1973) auf 3,7% (1976) steigern (vgl. Chen 1984, S.27). Die starke Nachfrage nach Digitaluhren förderte diesen Exportboom.

Die zu Beginn dieses Abschnitts angesprochene neue Landpolitik der Kolonialregierung bedeutete gleichzeitig eine teilweise Abkehr von der praktizierten Laissez-faire-Politik. Die Grundlage bildete eine neue Bestimmung für den Verkauf von Industrieland, das jetzt nicht mehr unbedingt von der Regierung an die finanzkräftigsten Unternehmer verpachtet wurde, sondern an jene, die mit dem Aufbau kapitalintensiver Industrien die Diversifizierung der Produktionsstruktur vorantrieben. Wesentliches Ziel war die Entwicklung der New Towns in den New Territories, da sich hier, aufgrund der Bodenknappheit in Kowloon und auf der Insel Hong Kong, die besten Möglichkeiten zur Diversifizierung der Produktion bieten. Zusätzlich wurden von der Regierung Infrastrukturverbesserungen eingeleitet, die die Attraktivität der Kronkolonie weiter sicherten.

3 Transformation der Wirtschaft (1976-1984)

Hong Kong erlebt seit Mitte der siebziger Jahre einen Strukturwandel, der alle Bereiche der Wirtschaft gleichermaßen erfaßt. Kennzeichen dieser Transformation ist ein allgemeiner Modernisierungsprozeß, der die Diversifizierung des Industriesektors weiter belebte und zu einem Bedeutungsgewinn der Kronkolonie als internationalem Finanz- und Bankenzentrum geführt hat.

Zudem hat die von China eingeleitete Öffnungspolitik die Handelsbeziehungen zu Hong Kong so sehr gestärkt, daß die Kronkolonie ihre alte Entrepot-Funktion wieder ausübt.

3.1 Modernisierungsversuche des Industriesektors

Die in den sechziger Jahren begonnene Diversifizierung der Industrie hat Mitte der siebziger Jahre durch zwei Faktoren besonderen Auftrieb erhalten. Zum einen bedeutete die wirtschaftliche Instabilität vieler westlicher Industriestaaten eine Bedrohung für Hong Kongs Exporte, da die Absatzmärkte zum Schutz der heimischen Industriezweige Handelsrestriktionen erließen. Zum anderen sah sich die Wirtschaft Hong Kongs immer stärker mit der wachsenden Konkurrenz der asiatischen Schwellenländer auf dem Weltmarkt konfrontiert, die aufgrund niedrigerer Bodenpreise, geringeren Lohnniveaus und stärkerer Regierungsunterstützung die Exportchancen Hong Kongs für preisgünstige Textil-, Elektronik- und Bekleidungswaren einschränkten.

Um auch weiterhin ein wirtschaftliches Wachstum für die Kronkolonie garantieren zu können, wurden im Rahmen einer allgemeinen Niveauanhebung sowohl die traditionellen Industriebranchen als auch kapitalintensivere Produktionsbereiche erfaßt. Wenngleich Hong Kong sich damit des Images der billigen Massenproduktion entledigen will, deutet die Industriestruktur in dieser Phase noch immer auf die Dominanz einer arbeitsintensiven Leichtindustrie hin. Im September 1984 waren über 68% der Industriebeschäftigten in den Bereichen Bekleidung, Textilien, Elektronik, Plastik und Uhren vertreten (vgl. Tab.5), die dazu beitrugen, daß diese Industriezweige 78% der Direktexporte Hong Kongs herstellten. Als spezifisches Merkmal konnte sich somit die Konzentration auf wenige Industriezweige erhalten, wobei die große Abhängigkeit von den Absatzmärkten weiterhin Bestand hat.

Aus diesen Tatsachen ergibt sich, daß Hong Kongs Modernisierungsprozeß bisher zum größten Teil in Form einer Produktdiversifizierung innerhalb der wichtigsten Bereiche erfolgte. Für den Textilzweig bedeutete das sowohl eine

Verschiebung im vertikalen als auch im horizontalen Sinne: von der Baumwoll-spinnerei zur Färberei und Stoffdruckerei einerseits sowie von der Baumwolle zur Seide und Kunstfaser andererseits (vgl. Rieger 1983, S.101). Innerhalb der Bekleidungsindustrie war wiederum die Entwicklung zu anspruchsvoller Oberbe-kleidung am auffälligsten (vgl. Buchholz 1986, S.516).

Tabelle 5: **Anzahl der Industriebeschäftigten nach Industriezweigen (1984)**

Industriezweig	Beschäftigte
Bekleidung	265.353
Textil	115.429
Elektronik	106.413
Plastik	92.355
Uhren	36.326
Sonstige	288.833
Insgesamt	904.709

Quellen: *Hong Kong Annual Digest of Statistics 1988*, S.37; *Hong Kong Annual Yearbook 1986*, S.309.

Mitte der achtziger Jahre stellte sich die Industriestruktur, trotz der aufgeführten Umschichtungen, noch relativ unverändert dar. Da aber jede Produktionsauswei-tung ihre Grenzen hat, muß Hong Kongs Industriewirtschaft durch den Ausbau kapital- und technologieintensiverer Bereiche gestützt werden.

3.2 Aufstieg zum Finanz- und Bankenzentrum

Mit der Entwicklung zum drittgrößten Finanzzentrum der Welt hat Hong Kong zweifellos einen wirtschaftlichen Funktionswandel vollzogen, der in seiner Be-deutung mit dem Aufstieg des Industriesektors gleichgesetzt werden kann. Dabei profitierte die Kronkolonie von Faktoren, die zu Beginn der kolonialen Entwick-lung die wirtschaftlichen Säulen der Entrepot-Funktion bildeten.

Zwar führte das traditionelle Zusammenspiel von Handel und Geld schon 1845 zur Gründung der ersten Bank in Hong Kong, doch bildete die Öffnung Chinas zum Westen eine besondere Voraussetzung für die Wahl Hong Kongs zum Finanzzentrum im ostasiatischen Raum. Das vergrößerte Handelsvolumen zwischen der Kronkolonie und China, das sich insbesondere auf den Umfang des Re-Exportgeschäfts auswirkte, verlangte notwendigerweise eine Expansion des Finanzwesens. Welch schnelle Entwicklung damit in Gang gesetzt wurde, belegt allein schon die expandierende Beschäftigtenzahl (vgl. Tab.6).

Tabelle 6:   Erwerbspersonen in ausgewählten Wirtschaftsbereichen
               (1978-1984)

Jahr	Industrie	Handel/Gastgewerbe	Finanzwesen
1978	816.683	384.702	47.599
1980	892.140	440.913	56.701
1982	856.137	498.723	76.029
1984	904.709	548.594	76.720

Quelle: *Hong Kong Annual Digest of Statistics 1988*, S.37.

Der Aufstieg Hong Kongs wurde aber nicht nur von außenpolitischen Faktoren begünstigt, sondern hing in großem Maße auch von den geographischen, infrastrukturellen und institutionellen Grundlagen der Kronkolonie selbst ab. Folgende Aspekte werden in diesem Zusammenhang wiederholt genannt (vgl. Jao 1985, S.35; Rowley 1980, S.52):

- liberale Regierung,
- sichere soziale und politische Situation,
- geringe Besteuerung,
- freier Devisenmarkt,
- hervorragende geographische Lage zwischen Japan und Europa bzw. den USA,
- leistungsfähiges Transport- und Kommunikationsnetz (u.a. Bau des Straßen- und U-Bahntunnels zwischen Hong Kong und Kowloon sowie des Containerhafens Kwai Chung).

Insbesondere die freie Beweglichkeit von Kapital bedeutete für die vielen ausländischen Finanzinstitute einen Anreiz, der es ihnen bei wirtschaftlicher Stagnation oder innenpolitischer Krise jederzeit ermöglichte, ihre Geldeinlagen abzuziehen. Die dadurch möglichen Fluktuationen im Kapitalgeschäft wurden der Kronkolonie spätestens im Jahre 1982 durch eine Vertrauenskrise in Verbindung

mit dem Auslaufen des Pachtvertrages schmerzlich bewußt. Fallende Grund-
stückspreise und Krisenerscheinungen im Bankwesen waren nur zwei der wichtigsten Folgen, so daß die Regierung sich gezwungen sah, am 17.Oktober 1983
eine amtliche Fixierung des HK$ gegenüber dem US$ einzuführen (1 US$ =
7,80 HK$). Die seit dieser Zeit wieder stabilen monetären Verhältnisse haben
sich nicht zuletzt auch auf den ausländischen Kapitalzufluß positiv ausgewirkt.

Eng verknüpft mit dem Aufstieg zu einem internationalen Finanzzentrum ist
Hong Kongs wachsende Bedeutung als Bankenstandort. Wenngleich die Kronkolonie schon 1954 94 lizensierte Banken zählte, kam es infolge der Bankkrise von
1965 zu einem starken Rückgang (vgl. Ghose 1987, S.10 ff.). Ausschlaggebend
war ein 1966 von der Regierung erlassenes Moratorium zur Begrenzung neuer
Banklizenzen, das erst im März 1978 aufgehoben wurde (vgl. Tai 1986, S.1). Seit
dieser Zeit hat die Zahl der lizensierten Banken kontinuierlich zugenommen
(vgl. Tab.7). Profitieren konnten davon in erster Linie ausländische Finanzinstitute, die nun verstärkt in die wachsenden lokalen und internationalen Banktätig-
keiten eingriffen. Der Konkurrenzdruck schlug sich in einer größeren Elastizität
des Kreditwesens nieder und kam damit der Gesamtwirtschaft zugute.

Tabelle 7:   Anzahl der Banken und Zweigstellen

Jahr	Lizensierte Banken	Zweigstellen
1954	94	3
1959	82	13
1964	88	204
1969	73	289
1974	74	557
1979	105	906
1984	140	1.407

Quelle: Tai 1986, S.2.

Da Hong Kong bis heute über keine Zentralbank verfügt, werden die Bankge-
schäfte der Regierung von zwei Geschäftsbanken ausgeübt: der Hongkong and
Shanghai Banking Corporation (HKSBC) und der Standard Chartered Bank.
Insbesondere die 1865 gegründete HKSBC, die als Notenbank der Kronkolonie
mehr als 80% des Bargeldes in Umlauf bringt (vgl. *The Hong Kong and Shanghai
Banking Corporation 1985*, S.3) und durch gelegentliche Darlehensvergaben die

Liquidität in Schwierigkeiten geratener Banken erhöht, hat sich sehr schnell als größte Bank etabliert. Als tragender Teil der Hongkong Bank, einer Vereinigung von Banken und Finanzierungsunternehmen, hat sie ihre Geschäftspolitik seit Mitte der siebziger Jahre erheblich erweitert. Im Mittelpunkt stehen zwei Entwicklungen (vgl. Wood/Clad/Kaye 1984, S.72 f.):

- die Zusammenarbeit mit China,
- die Expansion nach Übersee, da der heimische Markt nur begrenzte Wachstumsmöglichkeiten bietet.

Mittlerweile zählt die Hongkong Bank mit ihren 1.300 Niederlassungen in über 50 Ländern zu den 30 größten Bankengruppen der Welt (vgl. *The Hong Kong and Shanghai Banking Corporation Annual Report 1989*). Obwohl die Aktivitäten dieser Bank weit über die Grenzen Hong Kongs hinausgehen, bleibt ihre Zukunft doch aufs engste mit dem politischen Schicksal der Kronkolonie verknüpft. So muß die Fertigstellung des neuen Hauptquartiers im Jahre 1986 als vertrauensbildende Maßnahme für das wirtschaftliche Schicksal Hong Kongs verstanden werden.

Bezüglich des 1997 auslaufenden Pachtvertrages und der in der Gemeinsamen Erklärung erzielten Übereinstimmung über die Rückgabe Hong Kongs an China, verdienen die in der Kronkolonie ansässigen und von der Volksrepublik kontrollierten chinesischen Banken besondere Beachtung. An ihrer Spitze steht die Bank of China, die vor 1979 eine Filiale der People's Bank of China war und seitdem direkt dem Staatsrat unterstellt ist (vgl. Tung 1982, S.256 f.). Zusammen mit ihren zwölf Schwesterbanken[4] steuert sie seit Anfang der achtziger Jahre einen neuen und aggressiven Wirtschaftskurs,[5] der weit über das traditionelle Devisengeschäft hinausgeht. Ihre Aktivitäten erstrecken sich u.a. auf den Kreditsektor und den Immobilienmarkt, an dem die chinesischen Banken zwischen 1979 und 1981 zu 40% beteiligt gewesen sein sollen (vgl. Duscha 1987, S.86). Auch wenn die VR noch weit von den kapitalistischen Merkmalen des Hong Konger Banksystems entfernt ist, so bekundet ihr Engagement in der Kronkolonie doch einerseits den Wunsch, ihren Einflußbereich im Finanzsektor auszudehnen und andererseits, durch die Übermittlung wertvoller Informationen, die Finanzinstitute Chinas zu reformieren.

3.3   Außenhandel

Die bedeutendste Entwicklung im Außenhandel seit Mitte der siebziger Jahre ist sicherlich der Aufstieg Chinas zum größten Handelspartner der Kronkolonie. Grundlage bildete dabei die Öffnungspolitik, die den Willen der Volksrepublik zu einer stärkeren Handelsverflechtung mit dem Westen bekundet. Für den Handel Hong Kong - China hatte das weitreichende Konsequenzen, da China sowohl zum wichtigsten Lieferanten als auch zum zweitgrößten Exportmarkt der Kronkolonie avancierte. Überdies gelang es Hong Kong, seine alte Entrepot-Funktion für China wiederzuerlangen. Bei den Exporten erscheint das Auftreten der Volksrepublik deshalb so bemerkenswert, weil Hong Kong 1978 nur 0,2% seiner Ausfuhren nach China leitete (vgl. Tab.8). 1984 hatte sich die VR aber bereits von der siebenunddreißigsten auf die zweite Position der Exportmärkte Hong Kongs vorgeschoben. Durch die von der Öffnungspolitik ausgehenden Impulse kam es zu zwei Folgeerscheinungen. Zum einen initiiert der neue chinesische Wirtschaftskurs einen starken Bedarf an Industriegütern, die nicht im eigenen Land hergestellt werden können. Zum anderen ist Hong Kong in der Lage, diese Nachfrage durch ein großes Angebot an Industrieprodukten zu befriedigen.

Tabelle 8:   **Exporte Hong Kongs nach Hauptabsatzländern (in Mio.HK$)**

Jahr	USA	China	BRD	GB
1978	15.125	81	4.426	3.871
1980	22.591	1.605	7.384	6.791
1982	31.223	3.806	7.031	7.187
1984	61.374	11.283	9.522	10.497

Quellen: *Hong Kong Annual Digest of Statistics*, verschiedene Jahrgänge.

Hinsichtlich der Hauptabsatzmärkte und der Hauptwarengruppen hat es indes wenig Veränderungen gegeben. Die USA haben ihre führende Stellung behaupten können, wenngleich der Abstand zu China sich enorm verringert hat. Zusammen importierten beide Länder 1984 rund 53% der Hong Konger Exporte, so daß das Problem der Marktkonzentration weiterhin Bestand hat (vgl. Abb.2).

Bei den Importen der Kronkolonie hat China seine 1968 verlorene Position als Hauptlieferant wiedererlangt und führte 1984 ein Viertel aller Güter Hong Kongs ein (vgl. Tab.9). An erster Stelle standen Nahrungsmittel (Gemüse, Reis, Fleisch) und einfache Textilgüter, die aufgrund ihrer Preisgünstigkeit besonders attraktiv sind. Allein bei den Nahrungsmittelimporten dominierte China 1984 mit etwa der Hälfte aller Lieferungen (vgl. *Hong Kong Annual Digest of Statistics*, verschiedene Jahrgänge). Hinter China rangierten Japan und die USA an zweiter und dritter Position mit einem Übergewicht bei Kapitalgüterimporten (Industriemaschinen) nach Hong Kong. Damit hatte sich gegenüber den früheren Jahren eine Veränderung der Reihenfolge ergeben, die als Ergebnis einer aggressiveren und offeneren Wirtschaftspolitik der Volksrepublik gedeutet werden muß.

Abbildung 2:   Exportmärkte Hong Kongs 1984 (in %)

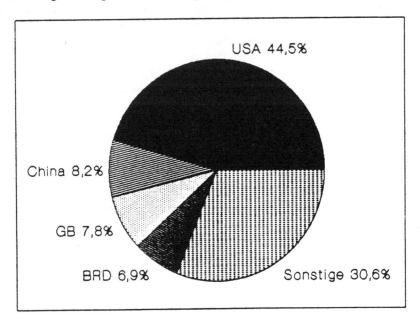

Quelle: *Hong Kong Annual Yearbook 1986.*

Seit Ende der siebziger Jahre hat China Hong Kong nicht nur als Markt für seine Exporte angesehen, sondern durch den eigenen Modernisierungsprozeß auch die Rolle der Kronkolonie als Zwischenhandelsplatz gestärkt. Ausschlaggebend für diesen neuerlichen Funktionswandel sind dabei Gründe, die physisch-geographischer, ökonomischer und handelstechnischer Natur sind:

1. Aufgrund seiner natürlichen Ausstattung und der im Laufe der Zeit vorgenommenen Erweiterungen können den Hong Konger Hafen Schiffe mit einem Tiefgang von 14,6 m und einer Länge von 305 m anlaufen (vgl. *Hong Kong Annual Yearbook 1989*, S.222). Shanghai, Chinas größter Hafen, bietet hingegen nicht diese Vorteile, so daß ein Großteil der Im- und Exporte der Volksrepublik über Hong Kong abgewickelt werden.

2. Als Folge ihrer vielfältigen Erfahrungen im Handelsverkehr eignet sich die Kronkolonie in besonderer Weise für die Abwicklung von Re-Exporten.[6] Hong Kong verfügt zudem über ein leistungsfähiges Transport- und Kommunikationsnetz, um seiner regionalen Verteilungsfunktion gerecht zu werden.

3. Trotz der chinesischen Öffnungspolitik erweist sich für viele Länder der Geschäftsverkehr mit der Volksrepublik als äußerst problematisch. In dieser Hinsicht bildet Hong Kong infolge seiner Nähe zu China, den wegfallenden Sprachbarrieren und der Erfahrung im Umgang mit der chinesischen Bürokratie den idealen Zwischenhandelsplatz.

Tabelle 9: **Herkunft der Hong Kong-Importe nach Hauptlieferländern (in %)**

Jahr	China	Japan	USA	Taiwan
1964	23,0	18,1	11,5	2,2
1968	19,5	21,8	13,8	3,3
1972	17,7	23,3	11,9	6,0
1976	17,9	21,6	12,3	7,1
1980	19,7	23,0	11,8	7,1
1984	25,0	23,6	10,9	7,8

Quelle: *Hong Kong External Trade*, verschiedene Jahrgänge.

Im Mittelpunkt der wiedergewonnenen Entrepot-Funktion steht dementsprechend das Re-Exportgeschäft mit China (vgl. Abb.3). Während zu Beginn der Öffnungspolitik (1978) die VR nur mit 1,6% am Zwischenhandel Hong Kongs partizipierte, wuchs ihr Anteil auf 33,6% im Jahre 1984. Gleichzeitig intensivierten in diesem Zeitraum die USA, Taiwan und andere südostasiatische Staaten den Re-Exporthandel mit Hong Kong.

Was die Warengruppen anbetrifft, verdeutlicht das große Sortiment der Hong Kong Re-Exporte, daß die Kronkolonie ein geeigneter Vermittler von Handelsgeschäften jeglicher Art ist. So wurden 1984 neben Textilien und Bekleidungsartikeln auch optische Geräte re-exportiert. Zu unterscheiden gilt es dabei zwischen Herkunfts- und Ziellländern. Während China sowohl Hauptabnehmer als auch Ursprungsland der meisten Re-Exporte ist, rangierte Japan 1984 bei den Herkunftsländern und die USA bei den Zielländern am zweiter Position (vgl. *Länderbericht Hong Kong 1986*, S.47).

Abbildung 3:   Re-Exporte Hong Kongs 1978-1984

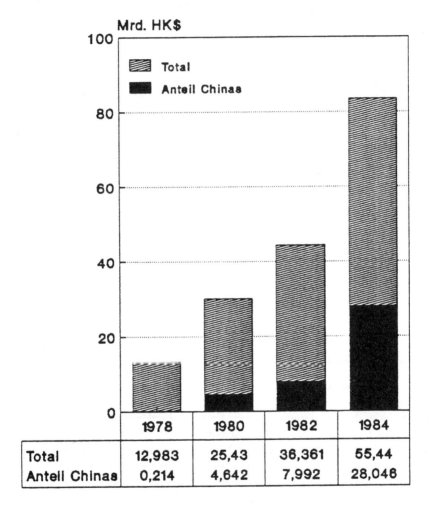

	1978	1980	1982	1984
Total	12,983	25,43	36,361	55,44
Anteil Chinas	0,214	4,642	7,992	28,046

Quelle: *Hong Kong Annual Digest of Statistics*, verschiedene Jahrgänge.

Ohne hier speziell auf die Warenstruktur des Re-Exporthandels zwischen China und Hong Kong einzugehen, sei vermerkt, daß die Kolonie in erster Linie Güter liefert, die dem Industrialisierungsprozeß der VR hilfreich sind (vgl. Jao 1983, S.23). Der Zwischenhandel über Hong Kong ermöglicht es China zudem, Warengeschäfte mit Staaten (Taiwan, Südkorea) abzuwickeln, deren politische Ausrichtung einen Direkthandel verhindern würde.[7]

4 Der China-Faktor (seit 1984)

Seit der Öffnung Chinas gelangt Hong Kongs Wirtschaft in immer stärkerem Maße in den Einflußbereich der Volksrepublik. War zunächst nur der wachsende Re-Exporthandel ein Indikator für das neue Zusammenspiel, so werden seit Mitte der achtziger Jahre auch der Industrie- und Dienstleistungssektor Hong Kongs in ihrer Entwicklung durch den chinesischen Reformkurs geprägt. Grundlage dieses Prozesses ist nicht zuletzt die am 19.Dezember 1984 von Großbritannien und der VR China unterzeichnete Gemeinsame Erklärung, nach der die Kronkolonie ab dem 1.Juli 1997 zur Sonderverwaltungsregion (Special Administrative Region) Chinas wird.

Hong Kongs Wirtschaftsstruktur hat sich somit auf die neuen politischen Realitäten einzustellen, die eine pragmatische Einschätzung der zukünftigen Rolle des Territoriums verlangen. Welche Auswirkungen bereits jetzt spürbar sind, soll im Lichte einer ausführlichen Analyse der gegenwärtigen Wirtschaftslage betrachtet werden.

4.1 Merkmale des Industriesektors

4.1.1 Bekleidungs- und Elektronikindustrie

Hong Kongs Industriesektor steht vor dem Zwang, die traditionell arbeitsintensiven Produktionsbereiche in technologie- und kapitalintensivere zu überführen, falls die Kronkolonie auch in Zukunft wettbewerbsfähig bleiben will. Die Anforderungen, die dabei an alle Industriebereiche gestellt werden, unterscheiden sich in erheblicher Weise von allen vorangegangenen industriellen Veränderungen, da nur qualitative Verbesserungen die schwindende Bedeutung der Industriebasis für Hong Kong zu stoppen vermögen. Anhand der beiden größten Exportindustrien soll dieser Umstrukturierungsprozeß näher untersucht werden.

Bekleidungsindustrie
Nach wie vor ist die Bekleidungsindustrie mit knapp 31% (1988) aller Ausfuhren die größte Exportindustrie Hong Kongs (Tab.10) und die Kronkolonie nach Italien der zweitgrößte Bekleidungsexporteur weltweit. Auch im Bereich der Beschäftigten- und Betriebszahlen hat die Bekleidungsindustrie bis heute ihre Spitzenposition behauptet, obwohl sie, wie fast alle Industriebereiche, in den letzten Jahren erhebliche Einbußen hinnehmen mußte. Insgesamt krankt dieser Industriesektor weiterhin an der in den siebziger Jahren erkannten Konzentration auf billige Massengüter.

Tabelle 10: **Anteil der größten Industrien am Export (in %)**

Jahr	Bekleidung	Textil	Elektronik	Plastik	Uhren
1976	43,8	9,4	11,4	7,8	3,7
1980	34,1	6,7	13,9	7,9	9,6
1984	33,8	6,3	18,4	8,6	6,4
1988	30,9	7,1	25,5	5,4	8,0

Quelle: *Hong Kong Annual Digest of Statistics*, verschiedene Jahrgänge; Hong Kong Government Industry Department 1985b.

Ein Blick auf die Produktkategorien verdeutlicht, daß billige Sweater, Hosen und Hemden 1988 65% der Bekleidungsexporte ausmachten (vgl. Hong Kong Trade Development Council 1989a, Appendix 5). Hinzu kommt, daß die Erfüllung dieser Großaufträge hauptsächlich mit Hilfe ausländischer Materialien und nach ausländischem Design erfolgt. Hong Kong hat es nicht verstanden, seine traditionelle Abhängigkeit durch eine eigene Entwicklung des Produktdesigns hinreichend zu ersetzen.

Behindert wird ein allgemeiner Modernisierungsprozeß vor allem durch die inflationären Lohn- und Mietsteigerungen. Da die Bekleidungsindustrie nicht mit den Löhnen in anderen Sektoren mithalten kann, sind die Hersteller sehr oft gezwungen, unter ihrem Kapazitätslimit zu arbeiten. Seit Mitte der achtziger Jahre weichen viele Unternehmer diesem Dilemma durch eine Auslagerung ihrer Betriebe nach Südchina aus. Aufgrund der dortigen niedrigen Land- und Lohnkosten erhoffen sie sich eine weitergehende Konkurrenzfähigkeit für billige Bekleidungsgüter. Für den notwendigen Modernisierungsprozeß ist dieser Schritt nur eine Scheinlösung, da er bestenfalls eine Zeitaufschiebung (*buying time*) und keine konkrete Maßnahme zur Behebung der innerstrukturellen Probleme darstellt.

Trotz der dargestellten Beschränkungen profitiert die Bekleidungsindustrie bis heute von ihrer Flexibilität. Als Hersteller nicht standardisierter Waren, die durch schnelle Bearbeitung einen Mehrwert erfahren, ist Hong Kongs Bekleidungsindustrie in der Lage, Europa und die USA mit relativ kleinen Produktmengen zu beliefern, die für beide Märkte aufgrund ihres höheren Automatisierungsgrades einfach unrentabel wären. Dieser Vorteil darf aber nicht als Bestätigung der jetzigen Struktur interpretiert werden. Flexibilität an sich ist noch keine geeignete Strategie, zumal andere südostasiatische Länder Hong Kongs Wettbewerbsfähigkeit zunehmend einschränken.

Um aber auch in Zukunft konkurrenzfähig bleiben zu können, müssen Hong Kongs Bekleidungshersteller zumindest zwei Strategien anwenden:

1. Verstärkte Produktion von Qualitätswaren (vgl. Hong Kong Trade Development Council 1989b),
2. Verbesserung der Produktivität und organisatorischen Effizienz.

Wenngleich die Produktion von Qualitätswaren eng mit der Automatisierung verknüpft ist, sollte der Schwerpunkt auf diesem Gebiet mehr auf die Entwicklung eines eigenen Modedesigns und dessen Vermarktung gelegt werden. Ein derartiger Schritt würde nicht nur die Abhängigkeit vom Ausland mindern, sondern auch das Image des Bekleidungsexporteurs heben. Daher ist die Schulung entsprechender Fachkräfte ausgesprochen wichtig. Die Hong Kong Polytechnic und die Swire School of Design bieten in dieser Hinsicht eine Reihe von Programmen an, deren Resultate aber noch nicht so zutage getreten sind, daß sie das internationale Vertrauen in den 'Modemarkt' Hong Kong geweckt hätten (vgl. Chan 1989, S.43).

Die Behebung organisatorischer Schwächen könnte zudem die Kosten erheblich senken. So wären Informationssysteme für die Produktplanung und Qualitätskontrolle äußerst hilfreich, um den Produktionsfluß zu optimieren. Erschwerend wirkt aber bis heute die mehr als unzureichende finanzielle Ausstattung vieler Firmen, die aufgrund ihres kleinbetrieblichen Charakters kaum Möglichkeiten zu einer qualitativen Verbesserung haben.[8] Auch das Fehlen eines eigenen Forschungs- und Entwicklungssektors muß als wachstumslimitierend angesehen werden.

Hong Kongs Bekleidungsindustrie sieht sich mit Problemen konfrontiert, die den Modernisierungsprozeß beeinträchtigen. Dennoch gibt es keine Alternative zu der skizzierten Umstrukturierung. Vor allem die verstärkte Verlagerung vieler Bekleidungsbetriebe in die chinesische Provinz Guangdong mag mehr als ein Hinweis darauf sein, daß Hong Kong vor der eigenen Tür ein Konkurrent heranwächst, der momentan die Standortvorteile aufweist, die die Kronkolonie nach dem Zweiten Weltkrieg wettbewerbsfähig machten. Die Bekleidungsindustrie muß folglich ihren qualitativen Abstand zu China ausbauen, um auch in Zukunft ihren komplementären Charakter gegenüber der Volksrepublik beizubehalten.

Elektronikindustrie

Obwohl sie ihren Exportwert ständig steigern konnte, bleibt die Elektronikindustrie auch Ende 1988 der zweitgrößte Industriesektor mit vornehmlich kleinbetrieblichem Charakter. Ein Blick auf Tab.11 verdeutlicht, daß bis Anfang der siebziger Jahre die Elektronikindustrie durchaus in Mittelbetrieben organisiert war.

Tabelle 11:   Durchschnittliche Betriebsgröße in der Elektronikindustrie

Jahr	Betriebszahl (A)	Beschäftigtenzahl (B)	B:A
1966	39	10.873	278,8
1970	173	36.552	211,3
1974	382	54.883	143,7
1984	2.503	143.867	57,4
1988	1.939	109.677	56,5

Quelle: *Hong Kong Labour Department*, verschiedene Jahrgänge.

Die Errichtung vieler Fabriken führte aber alsbald zu einer signifikanten Abnahme der Durchschnittsgröße. Parallel dazu vollzog sich eine Verlagerung von speziellen Arbeitsschritten zu Subkontraktoren, meist Familienbetrieben (vgl. Henderson 1987, S.145). Diese Aufspaltung erlaubte der Elektronikindustrie jedoch gleichzeitig eine Produktdiversifizierung, die sich von der Herstellung kleinerer Radios bis zur Fertigung von Faksimilemaschinen erstreckt.

Bei einer Betrachtung der Elektronikexporte gilt es zwischen zwei Kategorien zu unterscheiden. Die erste Gruppe umfaßt die sogenannten Modeartikel (*fads*), die einen kurzen, aber intensiven Lebenszyklus aufweisen und extrem sensibel auf wachsende Konsuminteressen reagieren (z.B. TV-Spiele, Digitaluhren etc.). Sie haben sich bis in die jüngste Vergangenheit als entscheidendes Rückgrat der Elektronikindustrie erwiesen und bekunden die Fähigkeit der Betriebe, äußerst schnell Markttendenzen zu erkennen und auszunutzen. Schwierigkeiten entstehen jedoch immer dann, wenn sich keine Modeartikel anbieten und die Hersteller in eine Rezession geraten.

In die zweite Gruppe fallen alle die Produkte, für die ein größeres Know-how, eine bestimmte Fertigungstiefe sowie ein verstärkter Einsatz in Industrie und Wirtschaft kennzeichnend sind. Typische Vertreter dieser Kategorie sind z.B. Personalcomputer und Registriermaschinen. Hong Kongs Elektronikbetriebe besitzen aber in den seltensten Fällen die Fähigkeit, diese Waren vom Entwurf bis zur Vermarktung zu begleiten (vgl. Tam 1986, S.83).

War Hong Kongs Elektronikindustrie noch Mitte der siebziger Jahre durch den Export von einfachen Konsumgütern gekennzeichnet, so stellten Computer und Periphergeräte im ersten Halbjahr 1988 die zweitgrößte Exportkategorie aller

Elektronikwaren dar. Trotz dieses ermutigenden Ausblicks ist dieser Industrie-zweig noch immer durch zwei Mängel geprägt (vgl. Rosby 1989, S.48):

1. Hong Kongs bedeutende Rolle als Exporteur resultiert aus dem hohem Montageanteil für Produkte, die einen langen Lebenszyklus aufweisen (z.B. Radios). Viele Klein- und Mittelbetriebe haben es aber nicht verstanden, ihre Wettbewerbsfähigkeit durch die Anhäufung von Kapital und Expertise zu sichern.

2. Die Rohmaterialien zur Verarbeitung stammen überwiegend aus Japan. Um diese Kosten durch Niedriglöhne aufzufangen, sind nach Schätzungen rund 90% der heimischen Elektronikbetriebe auch in China engagiert.

Ebenso wie die Bekleidungsindustrie muß der Elektronikbereich die Verlage-rung als Chance begreifen, andere Produktionsstufen weiterzuentwickeln. Eine Transformation verlangt aber sicherlich auch das Engagement, die neuen Tech-nologien anzuwenden. Bisher reagieren Hong Kongs Elektronikbetriebe noch relativ verhalten auf Innovationen, wie die Einführung der *surface mount techno-logy* (SMT) belegt.[9] Schließlich muß aber nicht nur die Bereitstellung neuester Technologien gewährleistet sein, sondern auch die fachgerechte Schulung und der Einsatz von Ingenieuren und Technikern.

Der Elektroniksektor besitzt das Potential, Hong Kongs bedeutendste Zukunfts-industrie zu werden. Voraussetzung ist jedoch, daß Hong Kongs Industrielle Ausbildung und Kapitaleinsatz als Langzeitinvestitionen zur Hebung des qualita-tiven Standards erkennen. Eine Strategie, die die Kronkolonie bislang noch nie angewendet hat.

Die Analyse der beiden wichtigsten Exportindustrien hat zutage gefördert, daß Hong Kong enorme Anstrengungen zur Umgestaltung seines Industriesektors machen muß. Seit 1984 machen sich Veränderungen bemerkbar, die sich rein äußerlich anhand folgender Merkmale zeigen:

- Abnahme der Industriebeschäftigtenzahl im Vergleich zu anderen Wirt-schaftsbereichen (vgl. Abb.4),
- stagnierender Anteil der verarbeitenden Industrie am Bruttoinlandsprodukt.

Neben der schon traditionellen Marktkonzentration auf wenige Abnehmerländer und der Dominanz bestimmter Exportgüter kommen nun Faktoren hinzu, die Indikatoren eines generellen Bedeutungsverlustes sind. Für ein Territorium, das bis heute 90% seiner Industrieproduktion exportiert, müssen dies mehr als Warnsignale sein. Welche Hauptursachen diesem Bedeutungsverlust zugrunde liegen, soll daher näher untersucht werden.

Abbildung 4: Erwerbstätigenentwicklung in ausgesuchten Wirtschaftsbereichen

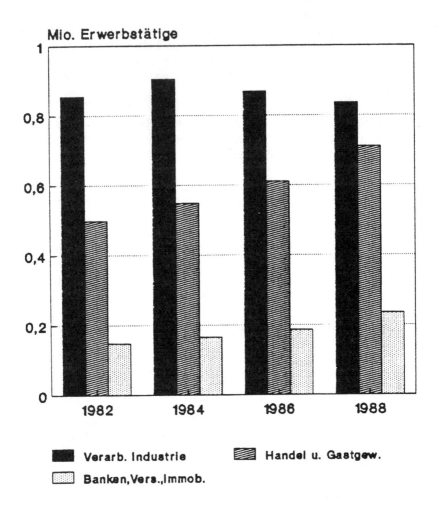

Quelle: Census and Statistics Department 1989; *Hong Kong Annual Digest of Statistics 1988.*

4.1.2   *Probleme des Industriesektors*

Die Probleme, die den Industriesektor in den letzten Jahren zunehmend belasten, lassen sich grob in drei Bereiche aufgliedern:

1. Arbeitskräftemangel

In der jüngsten Zeit wird Hong Kongs verarbeitende Industrie mit den Schwierigkeiten des Arbeitskräftemangels konfrontiert. Bei einer Arbeitslosenquote von 1,3% (*Hong Kong Standard*, 17.2.1989) werden momentan knapp 60.000 Arbeitstätige in diesem Wirtschaftsbereich gebraucht. Damit ist Anfang 1989 ein Maximum erreicht worden, das um ein Dreifaches höher liegt als 1984. Ein schwacher Trost mag es dabei sein, daß auch andere Wirtschaftssektoren unter erheblichem Arbeitskräftemangel leiden.[10] Wie gefährlich diese Situation eingeschätzt wird, verdeutlicht das Eingreifen der Hong Konger Regierung. Sie hat im Frühjahr 1989 ihre Zustimmung zu einem vieldiskutierten Arbeitskräfteimport aus der Volksrepublik gegeben,[11] der sich zunächst auf ca. 3.000 gelernte Arbeiter für den Industriebereich beschränkt. Die Zulassung chinesischer Arbeitskräfte scheint die ökonomischste Lösung zu sein, die aufgrund der gleichen Sprachherkunft zudem keine zusätzlichen Probleme verursacht. Der Arbeitskräftemangel resultiert aus zwei Faktoren. Zum einen führt die baldige Rückgabe Hong Kongs an China zur Abwanderung vieler qualifizierter Arbeitskräfte, die kein Vertrauen in die wirtschaftliche und politische Zukunft des Territoriums haben. Zum anderen drängen gerade viele Schulabgänger in die prestigeträchtigeren und besser bezahlten Berufe des Finanz- und Dienstleistungssektors.

2. Produktionskosten

Eng verknüpft mit dem Problem des Arbeitskräftemangels sind die steigenden Lohnkosten. So erhöhte sich der nominale Lohnindex im Industriesektor von 227,3 im März 1987 auf 297 im März 1989 (1980= 100). Steigende Löhne sind aber nur eine Ursache der eskalierenden Produktionskosten. Einen weiteren Grund bilden die wachsenden Mietpreise für industrielle Nutzungen. Obgleich viele Betriebe aus den dichtbevölkerten Zentren in die New Towns der New Territories zogen, kann bis heute die Nachfrage nach preiswertem Bauland nur unzureichend befriedigt werden. Der Quadratmeterpreis war 1988 rund fünfmal so hoch wie für Fabrikmieten in China (vgl. Peat Marwick 1989, S.3). Eine weiterhin prosperierende Wirtschaft wird dieses Problem eher noch vergrößern.

3. Betriebsverlagerungen nach China

Die Betriebsverlagerungen in die Provinz Guangdong sind in ihren Auswirkungen auf den Industriesektor differenziert zu betrachten. Zwar bietet dieser Raum momentan die komparativen Vorteile (billiges Land und Arbeitskräfte), die Hong Kong so nötig braucht, doch muß die Kronkolonie auf lange Sicht befürchten, daß Kunden ihre Aufträge in Zukunft direkt mit China tätigen, ohne Hong Kong vorher zu berücksichtigen. In welch großem Ausmaß Hong Kong bereits integraler Bestandteil des Industriesektors im Perlflußdelta ist, läßt sich an den Beschäftigtenzahlen ablesen. Schätzungen gehen davon aus, daß 1,5 bis 2 Mio. chinesische Arbeiter in dieser Region für die verarbeitende Industrie der Kronkolonie tätig sind. Das sind doppelt so viele Beschäftigte wie im Hong Konger Industriesektor.

Die Kronkolonie kann von dieser Verflechtung in idealer Weise profitieren, wenn sie die Auslagerungen im Sinne einer qualitativen Aufbesserung der eigenen Industriestruktur nutzt. Folgt Hong Kongs Industriewirtschaft jedoch der notwendigen Verbesserung, muß jeder Arbeitskräfteimport daraufhin untersucht werden, ob er nicht die Umstrukturierung von arbeits- in technologieintensivere Produktionsbereiche behindert.

4.1.3   Industriestandorte

Die Industriestandorte Hong Kongs sind bis heute durch eine generelle Zweiteilung gekennzeichnet. Während nach dem Kriegsende die industrielle Entwicklung hauptsächlich von den küstennahen Standorten in der Nähe der Hauptzentren getragen wurde, kam es in der Folgezeit zu einer Neuorientierung. Das lange industriell unterentwickelte Gebiet der New Territories erlebte durch die Entstehung der New Towns einen Bedeutungsaufschwung, der sich vor allem in der Ansiedlung kapitalintensiverer Industrien niederschlug.

4.1.3.1   Traditionelle Standorte

Obwohl die britische Kronkolonie sich seit jeher mit Standortproblemen (z.B. Mangel an ausreichendem und geeignetem Industriegelände) konfrontiert sah, verstand sie es nach dem Zweiten Weltkrieg sehr schnell, ihre positiven Standortfaktoren für einen raschen Industrialisierungsprozeß zu nutzen. Bereits in den ersten Nachkriegsjahren hatte sich die Industrie in den Küstenregionen angesiedelt, wobei sowohl die Betriebe sich an der Bevölkerungskonzentration orientierten, als auch die Bevölkerung die Nähe der Arbeitsplätze suchte. Für eine Standortwahl an der Küste sprachen aber noch eine Reihe anderer Gründe (vgl. Buchholz/Schöller 1985, S.132; Bissing 1962, S.74):

- Fühlungnahme mit der Konkurrenz,
- günstige Kontakte zu potentiellen Subkontraktoren,
- Nähe zu Versorgungseinrichtungen und Transportunternehmen,
- Nähe zur technischen Infrastruktur (z.B. Elektrizität).

Orientierte sich die Standortwahl in den fünfziger Jahren noch vorwiegend am Arbeitskräftereservoir in der Nähe des Hafens, so stand in den späten sechziger Jahren die Suche nach geeignetem Industrieland im Vordergrund der Überlegungen (vgl. Leung 1979, S.210 f.). Ein Umstand, der in verstärktem Maße die New Territories interessant machte.

Für die kleinen Industriebetriebe genoß aber nach wie vor der Küstenstandort in der Nähe des Hafens höchste Priorität. Aufgrund ihrer geringeren Kapitalausstattung, der unzureichenden Verkehrsverhältnisse und der mangelnden Möglichkeiten zur zwischenbetrieblichen Arbeitsteilung war eine Ansiedlung in den New Territories für sie ausgeschlossen. Hinzu kam, daß die New Territories bis 1968 nur über das Fernamt telefonisch zu erreichen waren und ein Standort in diesem Bereich Hong Kongs den Unternehmen ein geringeres Prestige gab (vgl. Küchler/Sut 1971, S.158 ff.).

Bis zum heutigen Tage hat sich die Küstenlage auf der Insel Hong Kong und in Kowloon als günstiger Standort behaupten können. Ausschlaggebend für diese Beharrungstendenz ist u.a. eine Planungspolitik, die Land auf neu gewonnenen Aufschüttungsflächen zur Verfügung stellt (vgl. Abb.5). Schwerpunkt der verarbeitenden Industrie ist nach wie vor der Küstenstreifen Kowloons, der sich von Tsuen Wan im Nordwesten bis Ngau Tau Kok (incl. Kwun Tong) im Osten entlang zieht (vgl. Abb.6). Beide Standorte verfügen mit zusammen 39,8% aller Beschäftigten und 37,2% aller Betriebe auch über die wichtigsten Exportindustrien, wobei in Tsuen Wan die Textil- und Uhrenindustrie und in Ngau Tau Kok die Plastik- und Elektronikindustrie dominieren. In Cheung Sha Wan, dem drittgrößten Industriestandort, befindet sich die dort vorherrschende Bekleidungs- und Textilindustrie überwiegend in *flatted factories*. Inmitten von Wohngebieten gelegen, zeichnen sich diese vielstöckigen Gebäude durch umlaufende Balkons aus, die zu den jeweiligen Industriebetrieben führen. Aufgrund ihres Platzmangels eignen sich diese Gebäude nicht für Großunternehmen. Hinzu kommt, daß viele *flatted factories* mittlerweile eine alte Baustruktur aufweisen.

Mit rund 15% aller Industriebetriebe und 12% der Beschäftigten spielt die Insel Hong Kong weiterhin eine untergeordnete Rolle im Industriesektor. Bevorzugte Standorte sind hier Aberdeen und Shau Kei Wan, die sich hinsichtlich ihrer Industriestruktur erheblich unterscheiden. Während in Shau Kei Wan die Plastikindustrie von Bedeutung ist, zeichnet sich Aberdeen darüber hinaus durch eine gewachsene Elektronik- und Uhrenindustrie aus.

Abbildung 5:   Aufschüttungsflächen im Stadtgebiet von Hong Kong

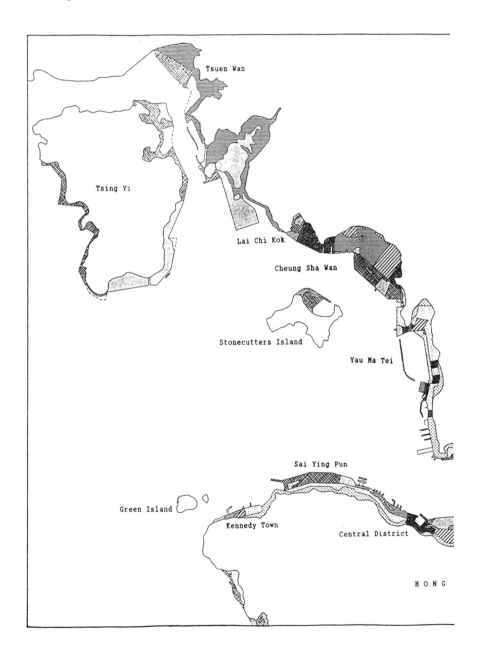

Abbildung 5:   Aufschüttungsflächen im Stadtgebiet von Hong Kong

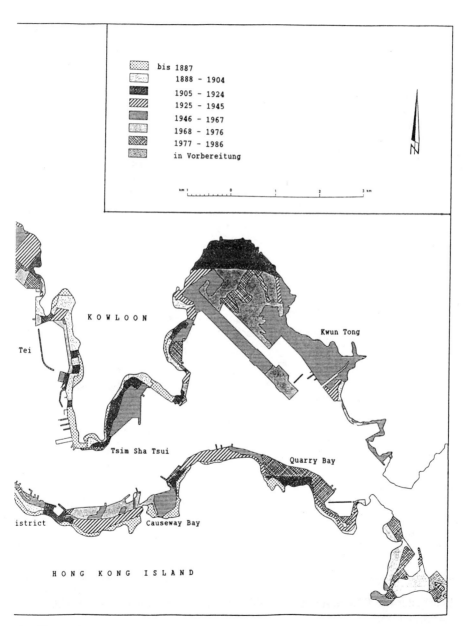

Quelle: Hong Kong Town Planning and Lands Department 1988.

Abbildung 6: **Betriebs- und Beschäftigtenanteil der wichtigsten Industrie-standorte Hong Kongs 1988 (in %)**

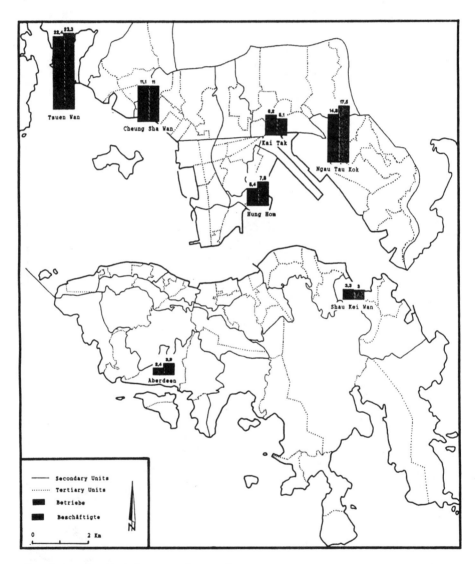

Bearbeitet von R. Schryen und A. Wilbers nach: *Employment and Vacancies Statistics 1988.*

4.1.3.2   New Towns

Ende der fünfziger Jahre stellte sich heraus, daß auch durch dauernde Landgewinnungsmaßnahmen in Hafennähe, d.h. durch Abtragung von Hügelzonen und
Auffüllung von Meeresbuchten, Industrieland nur noch in unzureichendem
Ausmaß vorhanden war. Als Folge wurden die New Territories, das traditionelle
Agrargebiet Hong Kongs, mit verbesserten Transport- und Infrastruktureinrich-
tungen ausgerüstet. Auf diese Weise konnte Raum für New Towns geschaffen
werden, um sowohl einer steigenden Bevölkerungszahl Wohnmöglichkeiten
einzuräumen, als auch den Erfordernissen einer wachsenden Industriewirtschaft
in Zukunft gerecht zu werden (vgl. Dwyer 1984, S.5).

1959 wurde Tsuen Wan zur ersten offiziellen New Town ernannt, der 1965 mit
Tuen Mun und Sha Tin zwei weitere folgen sollten. Der bedeutendste Aufschwung für die Entwicklung der New Towns kam 1972, als mit der Verabschiedung des "Housing Programme" in den folgenden zehn Jahren 1,8 Mio. Einwohner eine dauerhafte und ausreichende Wohnung zu einem günstigen Preis bekommen sollten (vgl. *Hong Kong Lands Department 1984*, S.4). Diese Dezentra-
lisierungsstrategie bot die Chance für eine Verlagerung und Expansion bestehender Industriebetriebe in die New Territories. Mittlerweile gilt es, zwischen
drei Entwicklungsstufen der New Towns zu unterscheiden (vgl. Abb.7):

1. Die erste Generation von New Towns umfaßt Tsuen Wan, Tuen Mun und
   Sha Tin (vgl. Wigglesworth 1971, S.52).

2. Zur zweiten Generation zählen die ehemaligen Marktorte Tai Po, Fanling,
   Sheung Shui und Yuen Long, die 1979 zu New Towns ernannt wurden (vgl.
   Yeh 1986, S.116).

3. Die jüngste Entwicklung repräsentieren die kleinen ländlichen Gemeinden
   wie Sham Tseng, Lau Fau Shan und Sai Kung. Zu dieser Gruppe muß auch
   Junk Bay gerechnet werden, das als New Town der dritten Generation am
   weitesten entwickelt ist (vgl. *Hong Kong Standard*, 12.9.1987). Bisher liegt
   aber für Junk Bay noch kein öffentlich zugänglicher Entwicklungsplan vor.[12]

Trotz der großen Anstrengungen seitens der Hong Konger Regierung spielen die
New Towns bis heute eine untergeordnete Rolle innerhalb des Industriesektors.
Sieht man einmal von Tsuen Wan ab, das aufgrund seiner rapiden Expansion
bereits mit der Bebauungszone Kowloons zusammengewachsen ist, muß die
Dezentralisierung bestehender industrieller Aktivitäten bisher als gescheitert
angesehen werden. Ende 1988 waren nur 9,2% aller Industriebetriebe der Kronkolonie und 8,5% aller Industriebeschäftigten in den New Towns der New Territories vertreten (vgl. Tab.12), die aber 20% der Gesamtbevölkerung Hong Kongs
auf sich vereinten und in den nächsten Jahren weiter wachsen sollen.

Abbildung 7:   New Towns und ländliche Gemeinden in Hong Kong

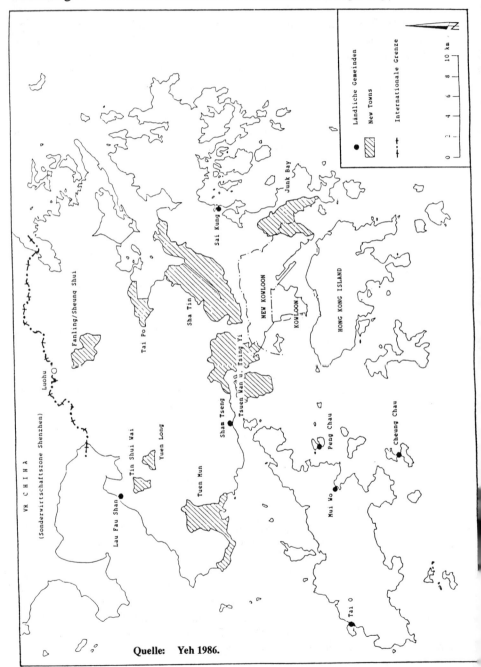

Quelle: Yeh 1986.

Augenscheinlichen Standortvorteilen steht eine Reihe von Faktoren gegenüber, die vielen Unternehmern eine Verlagerung als zu risikoreich erscheinen läßt. Eine Untersuchung des Hong Kong Productivity Centre förderte zutage, daß der Verlust von Managern, die Distanz zu Zulieferern, die schlechte Verbindung zu den Kunden sowie die unzureichende infrastrukturelle Erschließung (Straßen) den Entscheidungsprozeß negativ beeinflussen (vgl. *Hong Kong Productivity Centre 1983*, S.13).

Tabelle 12: Industrielle Bedeutung der New Towns im Jahre 1988

New Town	Beschäftigtenanteil (%)	Betriebsanteil (%)
Tuen Mun	3,4	3,7
Yuen Long	0,8	1,0
Sheung Shui	0,1	0,2
Fanling	0,3	0,3
Tai Po	1,4	0,4
Sha Tin	2,5	3,6
Insgesamt	8,5	9,2

Quelle: Errechnet aus Census and Statistics Department 1988.

4.1.3.3   Gewerbeparks (Industrial Estates)

Eine Neuorientierung der ursprünglichen Industriepolitik wurde 1977 durch die Gründung der Hong Kong Industrial Estates Corporation (HKIEC) eingeleitet. Bis zu diesem Zeitpunkt konnten Hong Konger Betriebe aufgrund ihrer Finanzknappheit kaum eigenständig Industrieland erwerben, da sie bei Landauktionen zumeist mit kapitalkräftigeren Immobilienhändlern konkurrieren mußten. Um diesem Dilemma abzuhelfen, faßte die Regierung 1976 den Entschluß, Industrieflächen in den New Territories anzubieten. Der HKIEC kommt dabei die Aufgabe zu, Industriebetriebe anzulocken, die zu einer Diversifizierung der Wirtschaft beitragen und folgenden Kriterien entsprechen:[13]

- Firmen, die angesichts ihres großen Flächenbedarfs nicht in den vielstöckigen Hochhausbauten der Verstädterungszone operieren können;

- Firmen, die keinem in den New Territories verbotenem Gewerbe nachgehen (vgl. Declaration of Offensive Trades in the New Territories);
- Firmen, die mit neuen Fertigungsprozessen verbesserte Produkte herstellen sowie ein hohes Maß an Technologie und Arbeitstechnik einbringen.

Zu diesem Zweck verkauft die HKIEC entweder die Grundstücke an Industriefirmen oder errichtet auf ihnen standardisierte Fabrikgebäude, die verpachtet werden. Bisher überwiegen aber eindeutig die Grundstücksverkäufe. So hat die HKIEC in zehn Jahren nur zehn Gebäude errichtet, da es sehr problematisch ist, den unterschiedlichen Unternehmenserfordernissen im vorhinein gerecht zu werden. Alle Landparzellen sind jedoch mit Wasser, Elektrizität und einem Abwassersystem ausgerüstet.

Momentan gibt es zwei Gewerbeparks in Hong Kong: Tai Po und Yuen Long. Der Gewerbepark in Tai Po liegt ca. 1,5 km von der New Town entfernt und kann sehr einfach mit der Eisenbahn oder über den Tolo Highway erreicht werden (vgl. Abb.8). Größtenteils auf Aufschüttungsflächen errichtet, umfaßt dieses Gelände heute 69 ha (1978 = 45 ha) mit 77 Unternehmen, deren Produktpalette sich von Tiefkühlkost über einfache Haushaltsgeräte bis hin zu Halbleitern für die CAD/CAM-Technologie erstreckt (vgl. Abb.9).

Der Yuen Long Industrial Estate hat eine Größe von 67 ha (20 Unternehmen) und befindet sich einen Kilometer nördlich der New Town. Eine Schnellstraße verbindet ihn mit dem Containerhafen Kwai Chung und eine Straßenbahn (LRT = Light Rail Transit) mit Tuen Mun. Aufgrund seiner Nähe zum gerade fertiggestellten Grenzübergang Lok Ma Chau eignet er sich in idealer Weise für Lieferungen von und nach China.

Im Unterschied zu Tai Po sind in Yuen Long erst 25% der Grundstücke vergeben, so daß die HKIEC frühestens 1992/93 mit einer vollständigen Auslastung rechnet. Eine weitere Differenz besteht in der Pachtgebühr. Während in Tai Po der Quadratmeter 301 DM kostet, sind es in Yuen Long 265 DM. Gemeinsamkeiten weisen beide Gewerbeparks jedoch in bezug auf ihre großräumliche Ausstattung auf. Breite Straßen, ausgedehnte Parkmöglichkeiten und Grundstücke, die in ihrer Größe zwischen 1.500 und 35.000 m² variieren, befinden sich in einer lärmfreien und umweltschonenden Umgebung.

Die HKIEC versucht sowohl lokale als auch ausländische Firmen für ihre Gewerbeparks zu gewinnen. Beide Gruppen haben einen Anteil von 50%, wobei aufgrund des starken Zuzugs zwischen 1984 und 1987 ein eindeutiges Übergewicht japanischer Betriebe bei den internationalen Unternehmen festzustellen ist. Als Gründe für eine Niederlassung in den Gewerbeparks lassen sich folgende herausfiltern:

Abbildung 8:   Lage der Industrial Estates

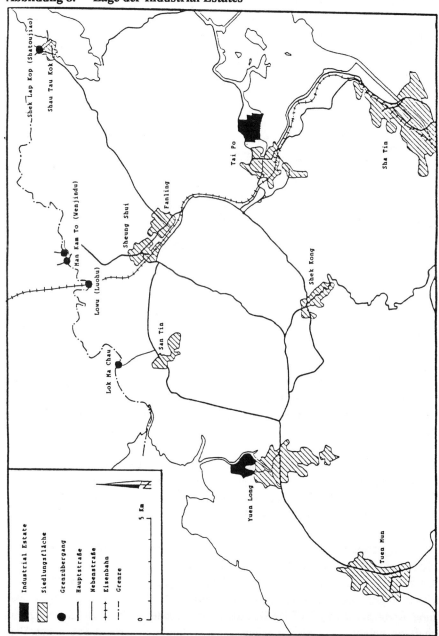

Quelle: Bearbeitet von R. Schryen und A. Wilbers nach: Hong Kong Town
          Planning and Lands Department 1988.

Abbildung 9:   **Betriebe und Industriegruppenklassifizierung des Tai Po Industrial Estate**

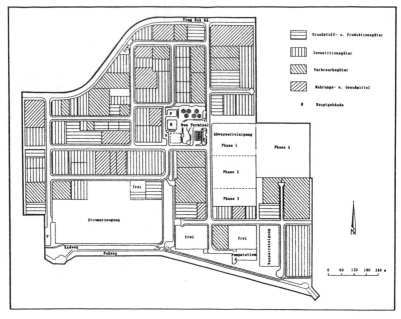

Quelle: Bearbeitet von R. Schryen und A. Wilbers nach: The Hong Kong Industrial Estates Corporation 1989.

- Gewerbeparks liegen unweit der VR China,
- ausländische Betriebe wollen von hier aus die ganze südostasiatische Region beliefern.

Da es augenblicklich mehr Bewerber als verfügbare Grundstücke gibt, muß eine Auswahl getroffen werden. Dies war nicht immer der Fall. Mitte der achtziger Jahre hatte die HKIEC die bis dahin sehr stringenten Auswahlkriterien gelockert und so eine Ansiedlung erleichtert.[14]

Sollte die jetzige Entwicklung andauern, wird es schon bald zur Ausweisung des dritten Gewerbeparks in Junk Bay, in den südöstlichen New Territories kommen. Der neue Gewerbepark liegt in der Nähe der gleichnamigen New Town der dritten Generation und wurde einem Grundstück in Tuen Mun vorgezogen (vgl. *Hong Kong Standard*, 14.5.1988). Ausschlaggebender Faktor ist die Nachbarschaft zur neuen University of Science and Technology, durch die man sich Verbindungen mit Hochtechnologiebetrieben im Gewerbepark erhofft.

Sicherlich fällt es nicht leicht, die Rolle der Gewerbeparks innerhalb des Hong Konger Industriesektors einzuschätzen. Wenngleich trotz steigender Unternehmenszahlen die quantitative Bedeutung eher gering ist, so darf man nicht vergessen, daß das Schwergewicht der Entwicklung auf der qualitativen Verbesserung der Industriebereiche liegt. Wie nötig dieser Schritt ist, hat die Analyse der Industriestruktur gezeigt. Folgt man dieser notwendigen Vorüberlegung, muß die jetzige Gewerbeparkentwicklung als geeigneter Schritt der Regierung verstanden werden, den Problemen der Zukunft offensiv zu begegnen. Gerade in bezug auf die Abwanderungstendenzen vieler arbeitsintensiver Unternehmen dienen die Gewerbeparks zur Wahrung und zum Ausbau des technologischen Vorsprungs. Eine Zusammenarbeit mit universitären Einrichtungen wäre somit ein wünschenswertes Ziel.

4.2 Tendenzen des Chinahandels

Der wichtigste Aspekt des gegenwärtigen Hong Konger Außenhandels ist zweifellos die Dominanz des Re-Exportgeschäfts mit China. Während Mitte der achtziger Jahre die einheimischen Exporte den Transithandel um mehr als das Eineinhalbfache übertrafen, verbuchten die Re-Exporte 1988 zum ersten Mal nach dem Zweiten Weltkrieg wieder einen höheren Wert als die Ausfuhren Hong Kongs (vgl. Abb.10).

Die Gründe liegen vor allem in den wirtschaftlichen Reformen der Volksrepublik (vgl. *Hang Seng Economic Monthly* 1988):

- Das vergrößerte Re-Exportvolumen der Kronkolonie ist sowohl ein Ergebnis der steigenden Güternachfrage Chinas als auch der Förderung des chinesischen Exports. Da aber die Transportbedingungen in der Volksrepublik nicht in gleichem Maße gewachsen sind, muß ein Großteil des Außenhandels über Hong Kong abgewickelt werden.

- Chinas Öffnungspolitik hat dazu geführt, daß viele Hong Konger Hersteller entweder Betriebsverlagerungen in die VR vornehmen oder Teile ihres Produktionsprozesses an chinesische Zulieferbetriebe weiterleiten. Während China somit die Fertigung übernimmt, organisiert Hong Kong die Vermarktung und den Transport. Nach Schätzungen machten diese Güter ca. 20% des Hong Konger Re-Exporthandels in den letzten Jahren aus.

Als Resultat dieser Entwicklung hat sich die Zusammenstellung der Re-Exporte nach China zugunsten einfacher Industriegüter verschoben, wobei Stoffe das größte Wachstum verzeichneten. Auch bei den Re-Exporten aus China zeigen sich Veränderungen. So haben mittlerweile Kleinartikel wie Kinderwagen, Spielzeug und Spiele die Vormachtstellung der Textil- und Bekleidungsgüter gebrochen (vgl. *Hong Kong Review of Overseas Trade 1988*, S.55).

Abbildung 10:   Wachstum der Exporte und Re-Exporte (1984-1988)

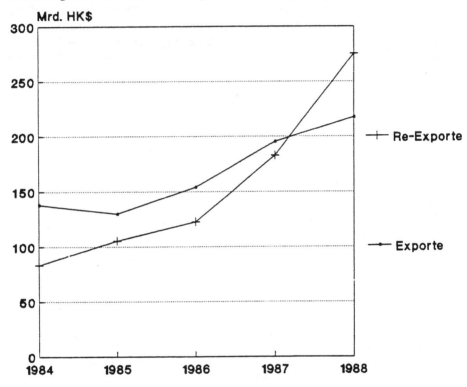

Quelle: *Hong Kong Annual Yearbook 1989*.

Obwohl der Reformkurs Chinas den wichtigsten Einzelfaktor der wiederauflebenden Re-Exportdominanz Hong Kongs darstellt, sind es die besonderen Qualitäten der Kronkolonie, die sie dazu befähigt haben, die gegenwärtigen Möglichkeiten auszunutzen. Im Unterschied zur früheren Entrepot-Funktion zeichnet sich Hong Kong heute durch eine Vielzahl wirtschaftlicher Standbeine aus. Hinzu kommt die strategische Position in der asiatisch-pazifischen Region, die, verbunden mit den Investitionen für den Hafenausbau, die Kronkolonie zu einem überregionalen Zentrum des Zwischenhandels wachsen ließ. Zwar ist China wieder der Haupthandelspartner geworden, doch unter geänderten Vorzeichen. Die neue Dimension des Re-Exporthandels offenbart eine wachsende Integration der chinesischen und der Hong Konger Wirtschaft, deren Kennzeichen eine klare Funktionsteilung ist. Hong Kong wird immer mehr zum Dienstleistungszentrum (z.b. Finanzierung, Vermarktung) für die industriellen Aktivitäten der Volksrepublik.

Das Import- und Exportgeschäft mit China läßt sich kurz zusammenfassen. In beiden Fällen kam es zu einer Handelsausweitung, wobei insbesondere bei den Ausfuhren China seinen Anteil gegenüber 1984 mehr als verdoppeln konnte. Hinsichtlich der Warenstruktur lieferte die VR 1988 fast die Hälfte aller Konsumgütereinfuhren Hong Kongs sowie ein Viertel aller Rohmaterialien und Halbfertigprodukte. Bei den Exporten in die VR kam es zu einer Bedeutungsverlagerung. So nehmen nicht mehr Textilgüter die erste Position ein, sondern Telekommunikations- und Aufzeichnungsgeräte (vgl. *Hong Kong Review of Overseas Trade 1988*, S.25).

4.3   Rolle der Regierung

Angesichts der dargestellten Veränderungen im Wirtschaftsgefüge Hong Kongs stellt sich die Frage, ob die Kronkolonie auch weiterhin an ihrer gleichermaßen chancenreichen wie erbarmungslosen Laissez-faire-Politik festhält. Besondere Bedeutung genießt dieser Gesichtspunkt für den Industriesektor, der, unter dem Zwang der qualitativen Verbesserung stehend, nicht über die notwendigen Mittel zur Umstrukturierung verfügt. Hong Kongs Regierung hat daher folgende Maßnahmen ergriffen:[15]

1. Bereitstellung der physischen Infrastruktur
   Neben dem Ausbau der Kommunikationseinrichtungen sind dies vor allem Projekte zur Transportverbesserung. Zu ihnen zählen die Vergrößerung des Straßennetzes, der Bau von Brücken und Tunnels (Mitte August 1989 wurde der zweite Tunnel zwischen der Insel Hong Kong und Kowloon fertiggestellt), der Ausbau des Containerhafens und die Planung eines zweiten Flughafens im Norden der Insel Lantau.

2. Verbesserung der Bildungseinrichtungen
   Hier gilt es, zwei Ebenen zu unterscheiden. Zum einen die Vergrößerung der bestehenden Universitäten (University of Hong Kong und The Chinese University of Hong Kong) sowie die Errichtung der Hong Kong University of Science and Technology, deren erster Abschnitt 1991 fertiggestellt wird. Zum anderen die Unterstützung der Berufsausbildungseinrichtungen des VTC (Vocational Training Council), das mit acht technischen Instituten und 16 Trainingszentren den Standard der Industriebeschäftigten anheben will.

3. Errichtung verschiedener Institutionen

Beispielhaft seien hier das Hong Kong Productivity Council (HKPC) und der Industry Development Board (IDB) genannt. Das HKPC bietet industrielle Beratung, Trainingsprogramme und Büroleistungen für verschiedene Industriebereiche an. Jüngste Entwicklung ist die Errichtung eines CAD/CAM-Zentrums (1987). Die Aufgaben des IDB liegen seit 1983 in der Förderung der Halbleiterforschung an beiden Universitäten Hong Kongs.

4. Ausweisung von Gewerbeparks (vgl. 4.1.3.3)

Der Überblick zeigt, daß die Regierung weniger eine führende als vielmehr eine unterstützende Rolle innerhalb der Industriewirtschaft wahrnimmt. Die dabei bereitgestellten Maßnahmen können aber nur von den Industriebetrieben ohne Schwierigkeiten genutzt werden, die schon jetzt über das notwendige Kapital und Know-how verfügen. Für die vielen Kleinbetriebe hat sich die Lage eher verschlechtert. Sie müssen mehr denn je ihre Initiative einsetzen, da sie mit keiner staatlichen Unterstützung rechnen können. Hong Kongs Regierung vertraut weiterhin einer 'positiven Nichteinmischungspolitik' und betrachtet folglich das Sterben vieler Industriebetriebe als Ausdruck eines natürlichen Marktmechanismus. Damit entspricht sie zugleich der Ansicht vieler Wirtschaftsführer, die in einem subventionierten Industriesektor eine einseitige Ausrichtung der Wirtschaft sehen.

Ebenso wie das Industrie- unterstützt auch das Handelsministerium vorbehaltlos die Laissez-faire-Politik. So gibt es abgesehen von Waren, die Sicherheits- und Gesundheitsbestimmungen unterliegen, keine Ein- oder Ausfuhrzölle. Hinzu kommt ein uneingeschränkter Kapitaltransfer und die Gleichbehandlung aller Handelsländer. Hong Kong versteht sich als Freimarkt für die ganze Welt, was angesichts der großen Außenhandelsbedeutung nur konsequent erscheint.[16]

Laissez-faire-Politik bedeutet aber für Hong Kongs Regierung nicht nur Rahmenbedingungen für eine wettbewerbsorientierte Wirtschaft bereitzustellen, sondern darüber hinaus ein Klima zu schaffen, daß es einheimischen wie ausländischen Unternehmen erleichtert, in der Kronkolonie Fuß zu fassen. In diesem Zusammenhang muß neben den relativ geringen Sicherheits- und Umweltschutzauflagen vor allem auf das niedrige Steuerniveau hingewiesen werden. Dieses setzt sich aus folgenden drei Sätzen zusammen (vgl. Ho 1988, S.24):

- Einkommen- und Lohnsteuer (16,5%),
- Körperschaftssteuer (18%) für in Hong Kong erzielte Gewinne,
- Grundsteuer für Immobilien, die sich aus dem tatsächlichen Pachtwert errechnet, wobei 20% aufgrund von Reparatur- und Instandhaltungskosten erlassen werden.

Die Kronkolonie hat somit ein wirtschaftliches Instrumentarium in der Hand, das es Investoren gestattet, bei geringer Besteuerung eine entsprechende Gewinnmaximierung zu erzielen.

Zweifellos läßt sich in den letzten Jahren ein verstärktes Eingreifen der Regierung konstatieren. Parallel zur wirtschaftlichen Entwicklung erhöhten sich die Ausgaben in fast allen sozialen Bereichen (Bildung, Häuserbau, medizinische Versorgung) (vgl. Sung 1986, S.121). Dennoch kann man auch dieses Engagement als unterstützende Maßnahme für das Wirtschaftswachstum verstehen, da nur eine in ihren Grundbedürfnissen ausreichend versorgte Bevölkerung den Aufgaben einer anspruchsvollen Leistungsgesellschaft gerecht wird. Alle Regierungsinterventionen orientieren sich damit an einer Wirtschaftsatmosphäre, die ungeachtet aller partikularen Interessen förderlich für Marktkräfte und Wachstum ist.

Es bleibt festzuhalten, daß Hong Kongs Kolonialregierung weiterhin an ihrem Glauben festhält, daß Wirtschaftsentscheidungen besser von Geschäftsleuten als von Bürokraten getroffen werden. Auch Eingriffe in die Banken- und Börsenaufsicht sollten nicht zu dem Fehler verführen, die augenblickliche Wirtschaftspolitik als Absage an die Selbstregulierungskräfte des Marktes anzusehen. Dazu sind einerseits die Charakteristika der Laissez-faire-Politik zu beeindrucken. Andererseits hat die Kolonialregierung richtigerweise erkannt, daß die Wettbewerbsvorteile der Billiglohnländer Südostasiens eine aktivere Wirtschaftspolitik erfordern, wie sie z.B. in der Bereitstellung der Infrastruktur zum Ausdruck kommt.

4.4 Bedeutung des Dienstleistungssektors

4.4.1 Wachstumsindikatoren

Hong Kongs Entwicklung spiegelt auf geradezu exemplarische Weise den Übergang von einer industriell orientierten Wirtschaft zu einer Dienstleistungsgesellschaft wider. War anfänglich der Industriesektor das Standbein der Wirtschaft, so entwickelte sich durch Markt- und Produktdiversifizierungen im Laufe der Jahre eine komplementäre Nachfrage nach Verteilungs- und Finanzierungsdiensten. Einher ging dieser Prozeß mit veränderten Ansprüchen der Bevölkerung, die aufgrund ihres besseren Verdienstes und der höheren Lebensqualität mehr soziale Dienstleistungen für sich einforderte. Dieser Entwicklung entsprechend hat der Wandel der Hong Konger Wirtschaft eher evolutionären als revolutionären Charakter. Überdies beschleunigt die Integration Chinas und Hong Kongs die Expansion eines Dienstleistungssektors, dessen Bedeutung anhand folgender Indikatoren deutlich wird:

1. Beschäftigungsentwicklung
   Seit 1984 hat der Dienstleistungssektor seinen Anteil an der Gesamtbeschäftigtenzahl von 38,2% auf knapp 54% steigern können. Im Jahre 1988 arbeite-
   te demnach jeder zweite Arbeitstätige in diesem Bereich (vgl. *Hong Kong
   Annual Digest of Statistics 1988*).

2. Anteil am Bruttoinlandsprodukt (BIP)
   Während der Anteil des Industriesektors am BIP zwischen 1984 und 1987 um
   2% abnahm, konnte der Dienstleistungssektor fast 4% zulegen (vgl. Abb.11).
   Allein der Handel und das Gastgewerbe tragen mehr zum BIP bei als die
   gesamte verarbeitende Industrie.

3. Lohnstruktur
   Die Attraktivität des Dienstleistungssektors liegt überdies in den nominalen
   Lohnsteigerungen begründet. Jeder Beschäftigte verdiente dort 1988 fast
   fünfeinhalbmal soviel wie im Juni 1980 (vgl. Tab.13).

Faßt man diese Wachstumsindikatoren zusammen, so wird die höhere Produktivität des Dienstleistungssektors gegenüber dem arbeitsintensiven Industriebereich deutlich. Hong Kong zeichnet sich aber nicht nur durch einen großen internen Bedarf an Dienstleistungen aus, sondern exportiert sie auch in Form von
Transport-, Versicherungs- und Finanzierungsgeschäften. Nach offiziellen Statistiken waren 1985 ca. 23% des Dienstleistungsoutputs für den Export bestimmt
(vgl. *Hang Seng Economic Monthly*, September 1988).

Obgleich die Kronkolonie damit bereits zu einem Dienstleistungszentrum aufge-
stiegen ist, das infolge seiner effektiven Gesetzgebung, seiner ausgezeichneten
Infrastruktur und seiner liberalen Wirtschaftspolitik überregionale Bedeutung
genießt, ist noch kein Ende dieses Prozesses erkennbar. Die Aussichten für einen
Wirtschafts- und Beschäftigtenzuwachs sind aufgrund der chinesischen Öffnungspolitik eher noch gestiegen. Da China einen immer größeren Anteil des
Hong Konger Industriesektors anzieht, bedarf es entsprechender Dienstleistungen bei der Vermarktung, über die die Kronkolonie verfügt. Die bestehenden
Lohndifferenzen zwischen Dienstleistungs- und Industriebereich werden zudem
diesen Trend verstärken.

Abbildung 11: Anteil der Wirtschaftssektoren am BIP

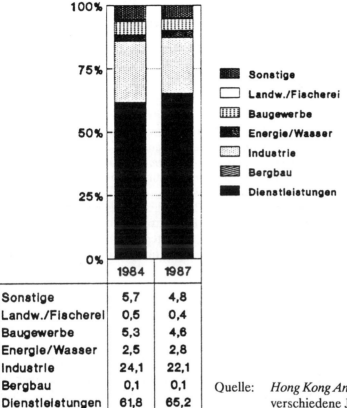

	1984	1987
Sonstige	5,7	4,8
Landw./Fischerei	0,5	0,4
Baugewerbe	5,3	4,6
Energie/Wasser	2,5	2,8
Industrie	24,1	22,1
Bergbau	0,1	0,1
Dienstleistungen	61,8	65,2

Quelle: *Hong Kong Annual Yearbook*, verschiedene Jahrgänge.

Tabelle 13:   Index der Nominallöhne im Jahre 1988

Wirtschaftszweig	Index (1980 = 100)
Industrie	277,9
Dienstleistungssektor	543,6
- Handel/Gastgewerbe	513,6
- Banken, Immob., Versicherungen	695,0
- Verkehrs- u. Nachrichtenwesen	557,5
soz. Dienstleistungen	408,3

Quelle: Census and Statistics Department 1989.

4.4.2   Charakteristika des Finanz- und Bankensektors

Das Hong Konger Finanzsystem bilden drei Arten von Instituten (vgl. Baker 1988, S.41):

- lizensierte Banken,
- lizensierte deposit-taking companies (DTC),
- registrierte DTC.

Die lizensierten Banken zerfallen in drei Gruppen. Es sind dies die lokalen, chinesischen und ausländischen Banken. Bei den ausländischen Banken handelt es sich größtenteils um Zweigstellen europäischer, amerikanischer und asiatischer Institute. Ihre Zahl hat in den letzten Jahren erheblich zugenommen, wobei sich insbesondere die japanische Bankengemeinschaft hervortat. Ende April 1987 gab es 21 amerikanische und 23 japanische Banken in Hong Kong (Guigo Wang 1987, S.20), die durch einen Kapitaltransfer aus ihren Heimatländern das Geldvolumen der Kronkolonie steigerten. Ebenso wie den lokalen Banken ist es ihnen dabei gestattet, Spareinlagen für die einheimische Bevölkerung zu verwalten.

Die chinesischen Banken und Finanzinstitute tragen durch ihre Präsenz in Hong Kong in substanzieller Weise zur finanziellen Unterstützung des chinesischen Reformkurses bei. So erzielten die von ihnen zwischen Juli 1985 und September 1986 veräußerten Wertpapiere einen Gewinn von 2,5 Mrd.HK$ (vgl. Guigo Wang 1987, S.21). Durch Institute wie die Bank of China und die CITIC (China International Trust and Investment Corporation Ltd.) können diese Summen für den Aufbau der heimischen Industriewirtschaft genutzt werden. Welche finanzielle Bedeutung den chinesischen Instituten schon jetzt zukommt, läßt sich anhand ihres stetig wachsenden Gesamtguthabens in der Kronkolonie ermessen (vgl. *Commissioner of Banking 1987*).

Die letzte Gruppe, die lokalen Banken Hong Kongs, umfaßte 1987 nur noch 34 der 154 in der Kronkolonie lizensierten Institute. Während der Entrepot-Funktion Hong Kongs entstanden, handelt es sich bei ihnen zumeist um Familienbanken, die durch längere Arbeitszeiten und bessere Lokalkenntnisse dem heimischen Kundenstamm dienen. Neben der Hong Kong and Shanghai Banking Corporation zählt auch die von ihr mehrheitsmäßig kontrollierte Hang Seng Bank zu dieser Gruppe, die ihre Aktivitäten in den letzten Jahren nach China ausgeweitet hat.

Um dem Finanzsektor Hong Kongs mehr stabilisierende und professionelle Züge zu verleihen, trat Mitte 1986 eine Banking Ordinance in Kraft, die Rechnungsprüfungen und Einschränkungen bei der Darlehensvergabe vorsieht. Des weiteren verfügt die Kronkolonie mit der Hong Kong Association of Banks über ein Gremium, das die Leitzinssätze festlegt. Dieser Körperschaft des öffentlichen Rechts gehören alle lizensierten Banken an.

Als Folge der Liberalisierung des Banksektors kam es seit Ende der siebziger Jahre zur Gründung der sogenannten deposit-taking companies (DTC). Ihre Aufgaben ähneln bis zu einem gewissen Grad denen der lizensierten Banken. Abgesehen von der Führung von Bankkonten, konzentrieren sich diese Finanzinstitute jedoch auf den Verleih von zuvor beschafften Darlehen. Damit sie dieser Funktion in gewissenhafter Weise gerecht werden können, müssen sie bestimmte Bedingungen erfüllen. Eine lizensierte DTC darf nach den jetzigen Regelungen, bei einem vorgeschriebenen Mindestkapital von 75 Mio.HK$, nur Einlagen über mehr als 500.000 HK$ bei unbeschränkter Laufzeit hereinnehmen (vgl. Jao 1988, S.53).

Die registrierten DTC zeichnen sich hingegen durch andere Merkmale aus. Bei einer Mindestsumme von 10 Mio.HK$ ist es ihnen erlaubt, Termingelder von mehr als 100.000 HK$ bei einer Laufzeit von mindestens drei Monaten einzunehmen (vgl. Hsu 1986, S.18).

Seit Anfang der achtziger Jahre hat sich die Zahl der DTC entscheidend verringert. War zunächst noch eine Zunahme von DTC zu beobachten, da auch lizensierte Banken durch die Gründung von Tochter-DTCs in diesen Teil des Kreditgeschäfts vordringen wollten, kam es infolge der Bankkrise von 1982 bis 1986 zu einem Umschwung. Diese Abnahme wurde noch durch eine Begrenzung des Zweigstellennetzes verstärkt.

Abschließend lassen sich zwei Gesichtspunkte herausfiltern, die in Zukunft von großer Wichtigkeit für die Bedeutung des Hong Konger Finanzzentrums sein werden:

1. Die Internationalität des Finanz- und Bankensektors, dem Anfang 1987 120 Banken (78%), 215 DTC (81%) und 152 Versicherungen (57%) in ausländischem Besitz angehörten und Hong Kong in dieser Hinsicht zum drittgrößten Finanzzentrum hinter London und New York machen (vgl. Jao 1988, S.69). Hinzu kommen die zahlreichen Investmentgesellschaften und privaten Geldverleihinstitute, die ihr Engagement allerdings auf den lokalen Bereich beschränken.

2. Die Rolle Chinas für Hong Kongs Finanzsektor erscheint aus zwei Gründen beachtenswert. Zum einen beweist die seit dem Reformkurs gewachsene Zahl chinesischer Finanzinstitute in der Kronkolonie das Interesse der VR, Hong

Kong als Investitions-, Vermarktungs- und Informationszentrum zu benutzen. Zum anderen bieten der chinesische Öffnungskurs und die Gemeinsame Erklärung über die Zukunft Hong Kongs die Möglichkeit zum Ausbau eines chinaorientierten Finanzsektors.

Ausgangspunkt bleibt jedoch das politische Klima der VR, das insbesondere ausländische Finanzinstitute im Hinblick auf Hong Kongs Souveränität kritisch prüfen werden.

4.4.3   Tourismus

Als drittgrößter Devisenbringer Hong Kongs erweist sich der Tourismus, der der Kronkolonie 1988 Einnahmen in Höhe von 33,3 Mrd.HK$ bescherte und bis zum heutigen Tag immer wieder die Handelsbilanzdefizite auszugleichen vermag (vgl. *Hong Kong: The Facts, Tourism 1989*). Grundlage bildet eine Besucherzahl, die mit 5,6 Mio. im Jahre 1988 fast ebenso groß war wie die einheimische Bevölkerung. Welche ungeheuren Wachstumsraten diesem Sektor zugrunde liegen, mag ein Blick auf die Tourismusentwicklung seit 1983 belegen, in deren Verlauf die Besucherankünfte um mehr als 100% stiegen (vgl. Tab.14). Bedeutendstes Herkunftsland ist dabei Japan mit 22,2% aller Touristen vor Taiwan mit 19,6%. Insbesondere Taiwans Entwicklung erscheint bemerkenswert, da es gegenüber 1987 seine Besucherzahl nach Hong Kong erheblich ausbauen konnte. Die Kronkolonie profitierte als Zwischenstation von einer gelockerten Einreiseerlaubnis der taiwanesischen Regierung, die ihren Bürgern den Besuch von Verwandten und Freunden in der VR China nur über Hong Kong gestattete (vgl. *Hong Kong Standard*, 28.12.1988).

Tabelle 14:   Besucherankünfte ausgewählter Herkunftsländer und -regionen

Jahr	Total (Mio.)	Japan	Taiwan	USA
1983	2,77	502.175	156.600	451.566
1985	3,44	635.767	176.617	638.168
1987	4,50	1.033.525	354.195	793.341
1988	5,58	1.240.470	1.094.004	749.244

Quelle: *Hong Kong Annual Yearbook*, verschiedene Jahrgänge; Hong Kong Tourist Association 1989.

Für die meisten Touristen waren jedoch andere Gründe ausschlaggebend. So kann sich Hong Kong auf eine Reihe von Voraussetzungen stützen, die seiner Attraktivität als Touristenplatz sehr förderlich ist. Neben der unvergleichlichen Lage und Schönheit der Inselwelt bietet die Kronkolonie dem Reisenden preisgünstige Einkaufsmöglichkeiten in einer Angebotsvielfalt, die er zu solchen Konditionen wohl nirgendwo auf der Welt wiederfindet.

Gefördert wird die Tourismusentwicklung von der Hong Kong Tourist Association (HKTA), die als halbstaatliche Gesellschaft nicht nur in zahlreichen Großstädten der Welt vertreten ist, sondern auch durch die Förderung lokaler Touren zur Verbesserung des Angebots beiträgt. Schwerpunkt der letzten Jahre ist jedoch der Ausbau Hong Kongs zu einem Kongreß- und Tagungszentrum im südostasiatischen Raum. Die Anstrengungen in dieser Hinsicht sind bemerkenswert. Die HKTA hat zu diesem Zweck eigens eine Organisation ins Leben gerufen, die sich der Entwicklung dieses lukrativen Sektors annehmen soll (Hong Kong Convention and Incentive Travel Bureau). Allein 1988 gab es in der Kronkolonie 460 internationale Konferenzen, Versammlungen und Ausstellungen. Die jüngsten Beispiele in dieser Richtung sind das im November 1988 fertiggestellte Hong Kong Convention and Exhibition Centre an der Nordküste der Insel Hong Kong und das neue Hong Kong Cultural Centre an der Südspitze Kowloons.

Darüber hinaus kann Hong Kong auf Hotels der Spitzenklasse zurückgreifen, die dank ihrer großräumigen Ausstattung, ihres Komforts und ihrer Organisation zu den besten der Welt gehören. Ende 1988 verfügte Hong Kong über 22.934 Zimmer in 66 Hotels, bei einer durchschnittlichen Belegungsrate von 92%. Die sich daraus ergebenden Auslastungsengpässe für eine ständig wachsende Touristenzahl hofft man durch neue Projekte zufriedenstellend lösen zu können. Nach Schätzungen der HKTA rechnet die Touristikbranche bis Ende 1991 mit einer Ausweitung der Bettenkapazitäten auf 38.000 (vgl. *Hong Kong Business 1989*, S.129).

Die meisten Touristen erreichen Hong Kong mit dem Flugzeug und bleiben durchschnittlich 3,5 Tage. Seit Ende der siebziger Jahre hat sich damit die Aufenthaltsdauer auf einen Wert verkürzt, der maßgeblich durch folgende drei Besucherkategorien gebildet wird:

1. Die 'neue' Gruppe der Wirtschaftsreisenden und Kongreßteilnehmer.
2. Die Masse der Taiwanesen, die über Hong Kong in die VR China einreisen.
3. Die Chinabesucher aus Übersee, die vor einem Aufenthalt in der VR die Attraktivität und Einzigartigkeit der britischen Kronkolonie kennenlernen wollen.

Insbesondere die letzte Kategorie konstituiert sich immer mehr aus Besuchern, die aufgrund ihrer Finanzknappheit billige Unterkünfte bevorzugen. Hong Kong stellt in dieser Hinsicht eine wachsende Zahl kleinerer Beherbergungsbetriebe zur Verfügung, deren Einfluß mittlerweile auch die größeren Hotels zu spüren bekommen. So mußten trotz Rekordbesucherzahl und hoher Auslastungsquote die dem HKTA angeschlossenen Hotels einen tendenziellen Nachfragemangel feststellen.

Die Analyse des Hong Konger Tourismus hat gezeigt, daß der unumstößliche Glaube an weitere Expansionsmöglichkeiten die Zukunftsplanungen beeinflußt. Ausgegangen wird dabei von einem positiven Wachstumseffekt, den nicht zuletzt die VR China infolge ihrer Öffnung auf den Reiseverkehr der Kronkolonie ausübt. Zahlreiche Reiseveranstalter bieten daher Chinareisen an und übernehmen zugleich die zeitraubenden Visaformalitäten. Die Durchführung und Organisation dieser Reisen erfolgt aber jeweils durch den China Travel Service, der in seinen Hong Konger Zweigstellen sowohl Kurzaufenthalte in die Provinz Guangdong als auch mehrtägige Reisen nach Nordchina durchführt.

Ebenso wie in vielen anderen Wirtschaftsbereichen sind die Wachstumsaussichten des Tourismussektors durch einen Arbeitskräftemangel getrübt. Bei weiterer Entwicklung rechnet die Hotelbranche mit ca. 19.000 fehlenden Beschäftigten in den nächsten drei Jahren (vgl. *South China Morning Post*, 5.4.1989).

III Funktion und Realisierung der chinesischen Öffnungspolitik

1 Konzeption und Implementierung

1.1 Die Öffnungspolitik als Teil des Wirtschaftskurses

Der Tod Mao Zedongs im Jahre 1976 beendete eine historische Ära in der VR China, deren wirtschaftspolitische Charakteristika mit der Devise 'Unabhängigkeit, Selbständigkeit und Vertrauen auf die eigene Kraft' umrissen wurden. Im Zuge einer grundlegenden Neuorientierung löste die Führungsspitze diese Konzeption zugunsten einer Synthese aus "binnenwirtschaftlicher Reform und außenwirtschaftlicher Öffnung" (Olle/Choi 1986, S.387) auf. Standen bisher Klassenkampf und Massenmobilisierung im Vordergrund, so sollte nun die von Deng Xiaoping als 'zweite Revolution' apostrophierte Wirtschaftsreform mit Hilfe ausländischen Engagements zur Modernisierung beitragen. Aus dieser Vorüberlegung folgt, daß Chinas Öffnungspolitik zwar nur eine wirtschaftspolitische Initiative des Reformkurses darstellt, jedoch gleichzeitig die entscheidend neue Bedingung bei der Integration marktwirtschaftlicher Prinzipien ist.

1.1.1 *Innerer Machtwechsel und Ebenen der Öffnungspolitik*

Bereits 1964 hatte der damalige chinesische Ministerpräsident Zhou Enlai auf dem 3. Nationalen Volkskongreß ein Konzept präsentiert, das aus der richtigen Beziehung zwischen Selbständigkeit und internationaler Kooperation der Wirtschaft Wachstumsimpulse verleihen sollte (vgl. Zhou 1964). Durch das Scheitern der Wirtschaftspolitik während der Kulturrevolution (1966-1976) wurde diese Vorstellung auf der Tagung des 4. Nationalen Volkskongresses im Januar 1975 von Zhou Enlai wieder aufgegriffen und in eine längerfristige Entwicklungsstrategie eingebunden. Ziel war die gleichzeitige Modernisierung von Landwirtschaft, Industrie, Verteidigung sowie Wissenschaft und Technologie (vgl. Kosta/Meyer 1978, S.352).

Ehe es jedoch zu einer Realisierung dieser Konzeption kam, bedurfte es eines innenpolitischen Führungswechsels. Nach dem Tode Mao Zedongs und der Zerschlagung der Viererbande war es vor allem der politisch rehabilitierte Deng Xiaoping, der die 'Vier Modernisierungen' nun förderte und ihre Integration in die neue Verfassung der VR China vorantrieb.

Parallel zur politischen Neuorientierung wurden Maßnahmen zur adäquaten Durchsetzung der Modernisierungsstrategie ergriffen. So erfuhr der Zehnjahresplan (1976-1985) Hua Guofengs wegen überzogener und ungleichgewichtiger Wachstumsraten zwischen den einzelnen Wirtschaftssektoren eine Absage. Die Leitlinien der neuen Wirtschaftspolitik lauteten "Readjustierung, Umstrukturierung, Konsolidierung und Niveauanhebung" (vgl. Kraus 1985, S.4), wobei der Transfer ausländischen Kapitals und Know-hows aus den entwickelten Industrienationen ein wesentliches Element dieses Prozesses darstellt. China hatte somit auf binnenwirtschaftlicher Ebene eine Reform eingeleitet, die gezielt ausländische Kooperation mit einbezog und sie auch rechtlich zu manifestieren suchte. Als Folge der nun gelockerten Eigentumsbestimmungen kam es bereits 1979 zur Verabschiedung des Joint Venture-Gesetzes zwischen ausländischen und chinesischen Betrieben sowie Organisationen (vgl. China's Foreign Economic Legislation, Bd.I, 1986, S.1-7).

Dieser binnenwirtschaftlichen Öffnungspolitik entsprach auf räumlicher Ebene zunächst die Errichtung von Sonderwirtschaftszonen (SWZ), die als Kristallisationspunkte eines neuen Entwicklungsprogramms sowohl für den Wirtschaftsaufschwung sorgen sollen als auch das Bindeglied zwischen Kapitalismus und Sozialismus darstellen. Mit der Gründung von SWZ wollte die chinesische Führungsspitze zudem zwei Faktoren miteinander verbinden:

1. Die Nutzung ausländischen Kapital- und Technologiezuflusses ermöglicht eine verbesserte Produktion bei gleichzeitiger Integration in die Weltwirtschaft.

2. Durch die Ausweisung von SWZ in abgegrenzten Arealen sollten kontrollierbare und überschaubare Wirtschaftsgebiete unter der Jurisdiktion der VR China entstehen (vgl. Böhn 1987, S.103).

Wurden die 1979 und 1980 ausgewiesenen SWZ (Shenzhen, Zhuhai, Shantou und Xiamen) noch alle im Süden Chinas, in den Provinzen Guangdong und Fujian errichtet, so zielte die weitere Öffnungspolitik auf die Erschließung der Küstenzonen ab. Aufgrund ihrer guten Infrastruktur eigneten sich die Küstenprovinzen in besonderer Weise für eine Wachstumspolitik, die den seit 1984 geöffneten 14 Küstenstädten und der Insel Hainan (vgl. Abb.12) die Funktion von Impulsgebern für das Hinterland zuwies, während den Inlandsprovinzen die Rolle von Rohstoff- und Energielieferanten zufiel (vgl. Louven 1987, S.63). Mit der Ausdehnung der Öffnungspolitik sollten überdies zwei Strategien verfolgt werden. Zum einen die Absorption von Direktinvestitionen, Know-how und Management aus den westlichen Industriestaaten (vgl. Weggel 1986b, S.446), die bisher nur unzureichend in den SWZ engagiert waren. Zum anderen die Förderung des Industriesektors, der gerade in den wirtschaftsstarken Küstenstädten, allen voran Shanghai, sehr gute Möglichkeiten zur Entfaltung besaß.

Abbildung 12: Lage der 5 Sonderwirtschaftszonen und 14 Küstenstädte in der VR China

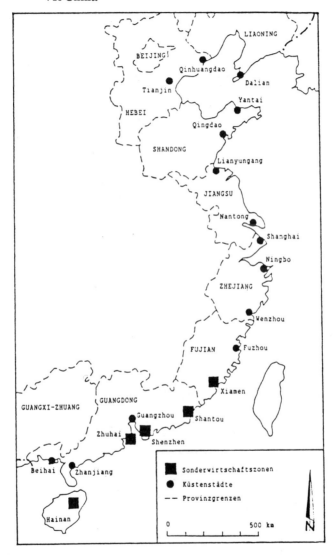

Bearbeitet von R. Schryen und A. Wilbers nach: Buchholz/Schöller, 1985.

Die dritte Entwicklungsebene stellte 1985 die Öffnung dreier Deltaregionen dar: Jangtsedelta, Perlflußdelta und Xiamen-Zhangzhou-Quanzhou-Delta. Ähnlich wie bei den Küstenstädten greift die chinesische Führung damit auf die Konzeption zurück, bereits entwickelte Regionen für die Verwirklichung ehrgeiziger Wirtschaftsziele zu nutzen. Alle drei Deltagebiete verfügen neben ihren günstigen physisch-geographischen Bedingungen über eine traditionell gute Wirtschaftsstruktur, die über dem Landesdurchschnitt liegt (vgl. Chen Yegeng 1987, S.28).

Das bislang letzte Glied der Öffnungspolitik bilden die Ausdehnung der Deltakonzeption auf die Halbinseln Liaodong und Shandong sowie die am 4.Mai 1988 erfolgte Aufwertung der Insel Hainan zur fünften SWZ.

Der Verlauf des Öffnungskurses belegt, daß China in den letzten zehn Jahren in zweifacher Hinsicht eine Präferenzpolitik betrieben hat:

1. Das bestehende Wirtschaftsmodell fördert die entwicklungsstärksten Regionen im Osten Chinas und nimmt somit eine bewußte Unterentwicklung der westlichen Gebiete in Kauf. Die lange praktizierte Politik "von der Selbstgenügsamkeit aller quasi-autarken Raumzellen und der zumindest angestrebten ausgewogenen räumlichen Entwicklung im ganzen Land" (Buchholz/Schöller 1985, S.196) wird damit verlassen.

2. Die seit 1979 geöffneten Wirtschaftsgebiete unterscheiden sich hinsichtlich ihrer Privilegien. So genießen ausländische Investoren in den SWZ die meisten Rechte, gefolgt von den Küstenstädten und Deltaregionen. Da der Öffnungsgrad der Wirtschaftsgebiete sich diametral zu ihrer Flächengröße verhält, ergibt sich für die VR China ein vierstufiges Wirtschaftssystem (vgl. Abb.13).

Abbildung 13:   Wirtschaftssytem der VR China

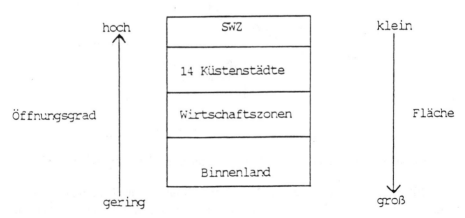

Eigener Entwurf nach: Wong, P.Y. 1988.

1.1.2 *Historische Erfahrungen und ideologische Begründung*

Trotz des Machtwechsels und der Implementierung der Reformen wird die Frage nach der Richtigkeit des Öffnungskurses innenpolitisch immer wieder aufgeworfen. Will man diese Debatte heutzutage richtig einordnen, so müssen die chinesischen Erfahrungen mit den Vertragshäfen des 19. Jahrhunderts in ihrem historischen Kontext erläutert werden.

Als die Insel Hong Kong an Großbritannien fiel, mußte China gleichzeitig fünf Häfen (Guangzhou, Xiamen, Fuzhou, Ningbo und Shanghai) für den ausländischen Handel öffnen. Unter dem Druck der Kolonialländer unterzeichnete China 1843/44 drei weitere Verträge, die den Briten, Franzosen und Amerikanern eine 'Meistbegünstigungsklausel' einräumte. Damit war festgelegt, daß jegliches von einer Nation den Chinesen entlockte Vorrecht automatisch auch den beiden anderen zukam. Wie groß die Mißachtung der einheimischen Macht dabei ausfiel, geht aus dem kontroversen Aspekt der Exterritorialität hervor, den alle Ausländer in den Vertragshäfen genossen und der sie nur noch den eigenen Konsulaten gegenüber verantwortlich machte (vgl. Oborne 1986, S.33).

Das zweite Vertragssystem setzte um 1850 ein und erzwang für die westlichen Länder weitere Handelsprivilegien. Neben der Öffnung von Hafenstädten[1] für den Außenhandel konzentrierten sich die ausländischen Mächte aber auch auf den Passagierverkehr und den Binnenhandel. Obgleich nicht explizit in den Verträgen aufgeführt, wurde der Opiumhandel während dieser Phase sogar legalisiert. China mußte schmerzhaft mitansehen, wie es seine selbstzuerkannte Überlegenheit an Imperialländer verlor, deren Profitinteressen an die Stelle kultureller Neugier getreten waren.

Bei der Übernahme der Regierungsgeschäfte im Jahre 1949 war sich die chinesische Führung unter Mao Zedong dieser demütigenden Epoche durchaus bewußt. Als Antwort auf die Ausbeutungsversuche der westlichen Welt wurde das Heil in einer zunehmenden Abschließungspolitik gesucht. Wenngleich Anfang der fünfziger Jahre noch zahlreiche Wirtschaftskooperationen mit der Sowjetunion getroffen wurden, so zielte die neue Denkweise - spätestens seit Beginn der Kulturrevolution - auf eine Autarkie hin (vgl. Brown 1982, S.44).

Angesichts der historischen Erfahrungen ist die jetzige Öffnungspolitik eine überaus pragmatische Lösung. Einerseits hat China erkannt, daß es das Ziel der 'Vier Modernisierungen' nur mit Hilfe ausländischer Kooperation erreichen kann. Andererseits sollen nicht die Fehler der Vergangenheit wiederholt werden, die zu einer übergroßen Abhängigkeit vom Ausland führten. Folgerichtig sind in den eingerichteten SWZ oder Küstenstädten westliche Aktivitäten nur insofern erwünscht, als sie nicht das chinesische Gesellschafts- und Wirtschaftssystem überfremden. Chinas Eigenständigkeit soll weiterhin erhalten bleiben, doch nicht als Synonym für wirtschaftliche Isolation. Da durch die grundsätzliche Entsprechung der Küstenstädte und SWZ mit den Vertragshäfen des 19. Jahrhunderts der Rückgriff auf ein wirtschaftspolitisches Erbe getätigt wurde, unterlag die Kommunistische Partei Chinas gleichzeitig dem Zwang, diesen Wandel auch ideologisch zu legitimieren. Gerade vor dem Hintergrund der fast dreißigjährigen Abgrenzungsbestrebungen galt es, den Parteikadern eine theoretische Grundlage zu vermitteln, die nicht im Widerspruch zur bisherigen Orthodoxie stand. Eine der ersten Erklärungen in dieser Richtung wurde im Juli 1980 im Hinblick auf die SWZ gegeben.[2] Demzufolge hatte schon Lenin in den frühen zwanziger Jahren Ausländern Konzessionen beim Aufbau des eigenen Wirtschaftssystems zugestanden (vgl. Prybyla 1984, S.40 f.). Da nach Lenins Vorstellung der Sozialismus wegen seiner Überlegenheit im Laufe der Geschichte unweigerlich an die Stelle des Kapitalismus tritt, werden Elemente des kapitalistischen Systems die Gesamtentwicklung weder beeinträchtigen noch behindern (vgl. Lai 1985, S.67).

Für viele Parteifunktionäre Chinas erschien die Übernahme dieses Gedankenmodells noch aus anderer Sicht stichhaltig. Als Lenin in den zwanziger Jahren Zugeständnisse an westliche Investoren machte, befand sich der Sozialismus der Sowjetunion noch im Anfangsstadium. Nach dreißig Jahren sozialistischen Aufbaus in der Volksrepublik vertrat man auf offizieller Ebene die Ansicht, daß China jeglicher kapitalistischer Überfremdung zumindest gestärkter gegenüberstehe als der kommunistische Nachbar (vgl. Chan et al. 1986, S.94).

War zu Beginn der Öffnungspolitik die Referenz an Lenin die einzige Legitimierung des neuen Kurses, so vollzog sich Anfang 1984 ein Wandel. Durch die Bestätigung der SWZ-Politik und die Ausweisung der 14 Küstenstädte kam es zu einer Aufwertung dieser Präferenzregionen, deren Status immer mehr mit dem Namen Deng Xiaopings und seiner pragmatischen Reformer assoziiert wurde.

1.2   Räumliche Ausprägungen der Öffnungspolitik

1.2.1 Die 14 Küstenstädte

Als China am 6. April 1984 die Öffnung von 14 Küstenstädten proklamierte, sah man darin eine Erweiterung der bisherigen Reformpolitik. Ähnlich wie die SWZ sollen die geöffneten Küstenstädte ihre wirtschaftliche Aktivität in Zusammenarbeit mit dem Ausland entfalten, wobei sie den Investoren eine Reihe wirtschaftspolitischer Anreize bieten (vgl. Xinhua News Agency, 12.7.1984):

1. Die Körperschaftssteuer für technologieintensive Projekte beträgt 15%. Dabei ist es unerheblich, ob sich das Unternehmen im Alleineigentum des ausländischen Investors befindet oder ob es eine Kooperation zwischen der chinesischen und und ausländischen Seite darstellt.

2. Exportierte Güter unterliegen keinen Zollvorschriften.

3. Ein gewisser Teil der mit fortschrittlicher Technologie und Ausrüstung hergestellten Produkte kann auf dem chinesischen Binnenmarkt verkauft werden.

4. Ausländische Investoren, die sich in den sogenannten Entwicklungszonen (ETDZ= Economic and Technological Development Zones) der geöffneten Hafenstädte niederlassen, genießen weitere Vorrechte.

Dem wirtschaftlichen Öffnungsgrad entsprechend verfügen die Küstenstädte auch über größere, weil autonome Entscheidungsbefugnisse. Außerhalb der staatlichen Pläne können sie, je nach Bedeutungsgrad, unterschiedliche Investitionssummen im produktiven Bereich frei einsetzen (vgl. Louven 1987, S.69; Chu 1986, S.35):

- bis 30 Mio.US$: Tianjin und Shanghai,
- bis 10 Mio.US$: Dalian und Guangzhou,
- bis 5 Mio.US$: alle anderen Städte.

Welche generelle Leistungskraft die Küstenstädte dabei auf sich vereinigen, macht ein Blick auf die wirtschaftlichen Kennziffern deutlich (vgl. Tab.15). Obwohl nur ca. 8% der Gesamtbevölkerung Chinas in den geöffneten Städten leben, beträgt ihr industrieller Bruttoproduktionsanteil 18% und ihr Exportanteil 40% des Landeswertes. Mindestens ebenso bedeutend ist die Verflechtung mit dem Ausland. So entfielen 1987 über 23% aller neu unterzeichneten Verträge in der VR auf die Küstenstädte, die zudem 100% des nationalen Hafenumschlags bewältigen (vgl. *Statistical Yearbook of China 1988*, S.67).

Zentrum der Investitionen sollen die ETDZ der Küstenstädte sein. Für ausländische Investoren bieten sich in diesen vom Rest des Stadtgebietes abgegrenzten Zonen mehr Möglichkeiten zur Entfaltung. Wichtigster Faktor ist der leichtere Zugang zum chinesischen Binnenmarkt, der in erster Linie technologieintensiven Betrieben zukommt. Des weiteren haben ausländische Investoren hier die Gelegenheit, neue Projekte in Kooperation mit der chinesischen Seite zu erschließen. Ein Umstand, der angesichts der vielfältigen Schwierigkeiten bei einer Zusammenarbeit nicht oft genug betont werden kann.[3] Rein steuerliche Vorteile genießen darüber hinaus all jene Betriebe, deren Laufzeit zumindest 10 Jahre beträgt. Sie werden in den ersten beiden Jahren von der Steuerlast befreit und können vom dritten bis zum fünften gewinnbringenden Jahr eine Steuerhalbierung wahrnehmen.

Die bisherige Entwicklung weist jedoch darauf hin, daß die Küstenstädte nicht frei von Problemen geblieben sind. Anfänglich sorgte vor allem eine fast euphorische Modernisierungswelle für einen ungebremsten Importboom, der die Handelsbilanz negativ beeinflußte. Die Shanghai Investment and Trust Corporation spricht von einer fünffachen Steigerung der Industrieimporte Shanghais zwischen 1979 und 1984, während die Exporte stagnierten (vgl.Olle/Choi 1986, S.396). Im Laufe der Zeit zeigten sich zudem Unzulänglichkeiten im Aufbau der Zonen, die sowohl von einer mangelhaften infrastrukturellen Erschließung als auch von unklaren industriepolitischen Zielsetzungen herrührten.

Zur Straffung der Küstenstädtenpolitik konzentriert die Regierung ihre Prioritäten daher neuerdings auf die Entwicklung Shanghais, Tianjins, Dalians und

Tabelle 15:   Wirtschaftliche Kennziffern der 14 Hafenstädte (1987)

	Industrielle Bruttoproduktion (100 Mio.Yuan)	Eisenbahn-transport (Mio.t)	Straßen-transport (Mio.t)	Hafen-umschlag (Mio.t)	Anzahl neuer Verträge	Investiertes Kapital (10.000 US$)
Dalian	132.6	28.53	86.01	46.10	43	27.011
Qinhuangdao	17.5	8.12	3.80	53.79	6	219
Tianjin	372.3	25.44	146.18	17.21	60	36.179
Yantai	95.5	3.20	20.49	10.83	21	900
Qingdao	156.8	6.77	49.48	30.70	20	4.365
Lianyungang	34.6	5.95	18.53	8.94	6	889
Nantong	134.9	-	10.98	-	14	1.779
Shanghai	979.7	13.43	269.62	128.33	97	48.568
Ningbo	163.0	3.37	34.26	19.40	16	981
Wenzhou	60.3	-	10.43	4.54	4	108
Fuzhou	64.4	1.77	38.70	4.79	56	3.464
Guangzhou	214.9	8.65	99.47	26.21	139	8.647
Zhanjiang	30.6	4.83	31.09	16.17	35	2.266
Beihai	6.2	-	4.15	0.74	13	138

Quelle: *Statistical Yearbook of China* 1988, S.67-68.

Guangzhous. Für die kleineren Hafenstädte wird aufgrund ihrer unzureichenden Ausstattung hingegen eine vorsichtigere Gangart bei der Kooperation mit dem Ausland empfohlen (vgl. Louven 1987, S.96).

1.2.2 Die fünf Wirtschaftszonen

Im Februar 1985 bestätigte das Zentralkomitee der KP Chinas und der Staatsrat die Errichtung des Perlfluß-, des Jangtse- und des Xiamen-Zhangzhou-Quanzhou-Deltas als offene Wirtschaftszonen. In Einklang mit der Öffnungspolitk haben diese Regionen die Aufgabe, wachstumsfähige Produktionsstandorte für Handel, Industrie und Landwirtschaft zu bilden, wobei die Regierung diese Zonen u.a. aus zwei Gründen favorisierte (vgl. Ai 1985a, S.9):

1. Als Zentren der Wirtschaftszonen fungieren die geöffneten Küstenstädte Shanghai (Jangtsedelta) und Guangzhou (Perlflußdelta) sowie die SWZ Xiamen für das Gebietsdreieck im südlichen Teil der Provinz Fujian.

2. Neben ihren wirtschaftlichen Voraussetzungen verfügen die Zonen über gute natürliche Bedingungen. Alle drei Deltas befinden sich in Küstenregionen mit reichen Bodenschätzen und hohen Niederschlagswerten.

Anfang März 1988 wurde die Küstenentwicklung als Hauptziel einer exportorientierten Wirtschaft festgeschrieben und den bisherigen Zonen zwei weitere hinzugefügt: die Halbinseln Liaodong und Shandong. Während die ausgewiesenen Deltaregionen vornehmlich den südlichen und mittleren Küstenteil erschließen, zielt die Entwicklung der beiden Halbinseln auf die Förderung der nördlichen Provinzen ab (vgl. Abb.12). Schritt für Schritt hat sich damit eine Konzeption ausgebreitet, die von räumlich begrenzten Standorten zu einer flächenhaften Erschließung der Küstenregion führte. Folgt man den nationalen Auswirkungen dieser Strategie, so sind die Wirtschaftszonen, neben ihren erwünschten internationalen Verflechtungen, jedoch zugleich auch Innovationszentren, die dem Binnenland Impulse verleihen sollen.

In der folgenden Kurzanalyse werden die Hauptcharakteristika der fünf Zonen überblicksmäßig dargestellt.

Perlflußdelta

Das Perlflußdelta in der südlichen Küstenregion der Provinz Guangdong umfaßt mehr als 40 Städte und Gemeinden auf einer Gesamtfläche von 22.700 km², auf der momentan rund 10 Millionen Menschen leben (vgl. Abb.14). Obwohl es damit weniger als 20% der Fläche Guangdongs einnimmt, stammen 50% der Agrarerzeugnisse aus diesem Gebiet (vgl. Wong/Tong 1983, S.6).

Abbildung 14:   Wirtschaftszone Perlflußdelta

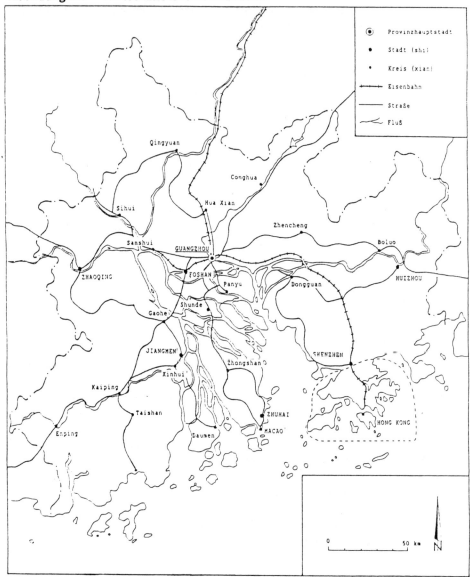

Bearbeitet von R. Schryen und A. Wilbers nach: Wong/Tong 1983.

Bedeutendste Anbauprodukte sind seit jeher Zuckerrohr und Reis. In den letzten Jahren hat es jedoch deutliche Umverlagerungen zugunsten von Gemüse und Zitrusfrüchten gegeben. Gerade in der Nähe größerer Städte, z.B. Guangzhou,

dominiert der Gemüseanbau, da mit ihm auf den freien Märkten weit höhere
Preise erzielt werden können als bei den staatlichen Abnahmestellen. Beim
Reisanbau läßt sich ein allgemeiner Bedeutungsverlust feststellen, der u.a. durch
den Import von Reis aus anderen Provinzen kompensiert wird. Die jüngste
Tendenz stellt der verstärkte Anbau und Export von Zitrusfrüchten (z.B. Litchi)
dar, der ebenso wie die Teeproduktion auf günstige klimatische Voraussetzungen
angewiesen ist.

Aufgrund der besseren Verdienstmöglichkeiten im sekundären Sektor hat das
Perlflußdelta seit Anfang der achtziger Jahre Tausende von Arbeitskräften ange-
zogen, die z.T. aus der eigenen Landwirtschaft, überwiegend jedoch aus anderen
Provinzen stammen. Während vor der Öffnungspolitik in vielen Städten (z.B.
Foshan) noch traditionelles Kunsthandwerk bestimmend war, finden die vielen
Zugewanderten jetzt in der Leichtindustrie Arbeit. Im Mittelpunkt stehen dabei
die Verflechtungen mit Hong Kong, Macao und den vielen Überseechinesen,
deren finanzieller Einfluß in verschiedenen Regionen zu einem Hochwachstum
geführt hat.

Donguan
Das zwischen Shenzhen und Guangzhou gelegene Donguan hat sich auf die
Verarbeitung eingeführter Halbfertigwaren konzentriert, die fast ausnahmslos
aus dem nahegelegenen Hong Kong stammen und zwischen 1980 und 1987 zu
einer jährlichen Steigerung des Industrieproduktionswertes von 20% führten (vgl.
Han 1988, S.10). Ein Blick auf die Betriebs- und Beschäftigtenzahl belegt dieses
Wachstum (vgl. Tab.16).

Tabelle 16:   **Verarbeitungsindustrie in Donguan (1979-1988)**

Jahr	Unternehmen	Beschäftigte
1979	140	11.520
1980	569	34.225
1982	1.125	60.029
1984	1.265	76.621
1986	2.008	140.606
1988 (Sept.)	3.199	168.800

Quelle: Wong 1989a, S.11 ff.

Baoan

Der Kreis Baoan, der unter der Verwaltung der Shenzhen Municipality steht, ist der Geburtsort von ca. 230.000 jetzt in Hong Kong und Macao ansässigen Chinesen. Ihrem Investitionswillen ist es zuzuschreiben, daß der industrielle Output von 1979 bis 1988 jährlich um 59% stieg (vgl. Wong 1989a, S.12).

Jiangmen

Der im Westen des Perlflußdeltas gelegene Kreis Jiangmen verdankt seinen Aufschwung dem ständigen Kapitalzufluß von Überseechinesen, die verwandtschaftliche Kontakte zur Mehrheit der 3,36 Millionen Einwohner pflegen (vgl. *South China Morning Post*, 26.4.1988).

Als äußerst notwendig hat sich bisher der Ausbau der Verkehrsinfrastruktur erwiesen. Zwar steht der Industrie an den vielen Flußläufen eine natürliche und billige Transportmöglichkeit zur Verfügung, doch läßt die Straßenqualität noch sehr zu wünschen übrig. Das Schwergewicht liegt auch hier auf der Verflechtung mit Hong Kong, so daß vornehmlich der östliche Teil des Perlflußdeltas in den Genuß von Infrastrukturinvestitionen gerät (z.B. Autobahnbau Hong Kong-Shenzhen-Guangzhou).

Angesichts der regional ungleichen Entwicklung spiegelt das Perlflußdelta eine klare Zweiteilung wider:

1. ein östlicher Teil, der aufgrund seiner Nähe zu Hong Kong Vorteile aus der wirtschaftlichen Potenz der Kronkolonie zieht. Er ist Guangdongs Speerspitze bei der Verwirklichung ökonomischer Reformen;

2. ein westlicher Teil, der mehr zum Binnenland orientiert ist und sein Investitionskapital aus Bankkrediten schöpft (vgl. Wong 1989a, S.11).

Xiamen-Zhuangzhou-Quanzhou-Delta

Die Ausweisung dieses im Süden der Provinz Fujian gelegenen Deltas ist der bewußte Versuch der chinesischen Regierung, die traditionellen Kontakte zu Taiwan und den Überseechinesen für eine Wirtschaftsförderung zu nutzen. Schon im 17. Jahrhundert war die Insel Taiwan der wichtigste Handelspartner Quanzhous. Durch den wirtschaftlichen Abstieg und die politischen Unruhen des Bürgerkrieges wanderten große Bevölkerungsteile von hier ins Ausland ab. Neben Taiwan waren das in erster Linie die Länder Südostasiens, die laut Statistik heute mehr als 2 Millionen Chinesen aus dieser Region auf sich vereinigen (vgl. Chen Yegeng 1987, S.31).

Das 13.000 km^2 große Deltagebiet besitzt eine lange Küstenlinie mit vielen Häfen. Aufgrund seines hügeligen Charakters verfügt es über eine relativ kleine landwirtschaftliche Nutzfläche, die jedoch den entscheidenden Ansatzpunkt für den Aufbau der Industrie bildet. Mit Hilfe ausländischer Technologie und Ausrüstung ist es so zur Entwicklung einer Nahrungsmittelindustrie gekommen, in deren Mittelpunkt die Verarbeitung von Früchten und Gemüse steht. Die engen Verwandtschaftsbeziehungen zu Überseechinesen haben in diesem Delta zudem eine exportorientierte Wirtschaft auf der Grundlage der Textilindustrie entstehen lassen. Quanzhou konnte auf diese Weise sein Exportvolumen seit 1979 verdoppeln und 1988 allein 62% mehr Projekte mit ausländischem Kapital verbuchen als in den vorangegangenen neun Jahren (vgl. Lu 1989b, S.17).

Verglichen mit den übrigen Zonen ist das Wirtschaftspotential dieses Deltas jedoch sehr gering. Insofern erstaunt es auch nicht, wenn im Vordergrund die Entwicklung der ländlichen Strukturverbesserung steht (vgl. Chen Yegeng 1987, S.31). Mindestens ebenso wichtig erscheint aber die Einbindung taiwanesischen Kapitals zum Abbau politischer Spannungen.

Jangtseflußdelta

Das Jangtseflußdelta ist das größte aller drei Deltaregionen mit einer Fläche von 75.000 km^2 und 50 Millionen Einwohnern (vgl. Chen 1987, S.29). Neben ihrem Zentrum Shanghai schließt diese Wirtschaftszone die Provinzen Jiangsu, Zhejiang, Anhui und Jiangxi ein (vgl. Abb.12). Für die Wirtschaftskraft dieser Region sprechen folgende Indikatoren (vgl. Dürr 1986, S.33; Oborne 1986, S.81):

- 20% aller Exportwaren Chinas stammen von hier,
- 26,6% aller Industriebetriebe finden sich in diesem Delta,
- 26,5% des Bruttoproduktionswertes von Industrie und Agrarwirtschaft werden in dieser Region erwirtschaftet, die günstige geographische Lage an der Mündung des Jangtseflusses und in der Mitte der chinesischen Küstenlinie haben die Zone zum Zentrum des Binnenverkehrs und des Außenhandels werden lassen.

Dabei kann sich die Deltaregion nicht nur auf die Entwicklung der regierungsunmittelbaren Stadt Shanghai, sondern auch auf die Bedeutung anderer Räume stützen. Ende 1987 rangierten Suzhou und Wuxi (Provinz Jiangsu) nach Shanghai, Beijing und Tianjin an vierter und fünfter Stelle der wirtschaftsstärksten Städte Chinas (vgl. Yue 1988, S.17). Beide Städte haben sich auf die Leichtindustrie spezialisiert. Führend ist der Textilbereich, wobei die traditionelle Seidenherstellung durch den Mangel an einheimischen Kokons erhebliche Einbußen erlitten hat.[4]

Bisher fehlen jedoch Ansätze für größere Auslandsinvestitionen. Abgesehen von Shanghai muß die internationale Wirtschaftsverflechtung des Jangtseflußdeltas noch als bescheiden beurteilt werden. So konnten 1987 Suzhou erst 31 und Wuxi

28 Gemeinschaftsunternehmen aufweisen. Größtes Problem stellt der Informations- und Erfahrungsmangel im Hinblick auf das Ausland dar, so daß fast alle Geschäfte über Mittelsmänner in Hong Kong getätigt werden. Zudem behinderten sich die Provinzen in jüngster Vergangenheit durch eine Überbietung ihrer Präferenzen für ausländische Investoren.

Sicherlich muß die gesamte Deltaregion noch einen langen Weg zurücklegen, um ihre ganze Wirtschaftskraft entfalten zu können. Ansätze dazu finden sich in der Elektronikindustrie sowie in dem noch keineswegs ausgeschöpften Potential des Fremdenverkehrs.

Halbinsel Shandong

Im Frühjahr 1988 wurde die Ostküste Shandongs zur offenen Wirtschaftszone erklärt. Das 57.666 km^2 große Gebiet hat 26,7 Millionen Einwohner und eine Küstenlänge von 3.024 km, was einem Sechstel der Gesamtküste Chinas entspricht (vgl. Abb.12). Wie bei den zuvor geöffneten Deltaregionen liegt der Schwerpunkt auf der Entwicklung einer exportorientierten Wirtschaft, der sich in Shandong folgende Ansatzpunkte bieten (vgl. Lu 1989a, S.27 f.):

- Shandong ist reich an Bodenschätzen,
- die Hochseeschiffahrt verfügt über mehr als 20 Häfen,
- die Verkehrserschließung ist besser als in anderen Landesteilen,
- die große Halbinsel bietet durch die Vielzahl ihrer Städte den ausländischen Investoren verschiedene Möglichkeiten zur Einbringung ihres Kapitals.

Bei Ausnutzung dieses Potentials wendet die Regierung die Strategie eines östlichen Wachstumspols an, von dem aus der Westen der Provinz Shandong erschlossen werden soll.

Für die Wirtschaftskraft der Halbinsel spricht nicht nur ein Außenhandelsvolumen von 70% des Gesamtwertes der Provinz, sondern auch ein günstiges Investitionsklima. Der Gouverneur Shandongs zählt dazu u.a. die Verbesserung der Häfen Qingdao,[5] Weihai und Yantai sowie den Aufbau der Shandong International Trust and Investment Co., die als staatliche Behörde die Nutzung ausländischen Kapitals mit den speziellen Bedingungen der Finanz- und Handelswirtschaft Shandongs koordinieren soll. Zudem hat die Regierung eine Reihe von Präferenzregelungen für Verarbeitungsindustrien getroffen, die in den ersten drei Jahren keine Steuern zu zahlen brauchen. Die dabei importierten Maschinen können von einer Zollgebühr entbunden werden. Erlaubt sind alle Formen der internationalen Kooperation (vgl. Jiang 1988, S.2).

Im Mittelpunkt der Öffnungspolitik steht die Umstrukturierung der großen Städte sowie der Ausbau ihrer Entwicklungszonen. Bei der 6,33 Millionen Einwohner zählenden Küstenstadt Qingdao sind drei Planungsabschnitte vorgesehen. Im Süden soll der Dienstleistungs- und Tourismusbereich entstehen, in der Mitte eine Agglomeration von verarbeitenden Betrieben und in der nördlichen Region eine Ansiedlung umweltbelastender Unternehmen aus dem Bereich der Schwer- und chemischen Industrie. Die Gesamtausdehnung beträgt 30 km in nord-südlicher Richtung und 1 - 10 km in ost-westlicher Richtung.[6]

Für die Entwicklungszone Huangdao steht die Förderung der Leichtindustrie (Elektronik, Bekleidung und Textil) und der Feinchemie im Vordergrund (vgl. Kai 1988, S.17). Nach längeren Erschließungsarbeiten konnte die Zone bis März 1987 96 Verträge über Kooperationen mit dem Ausland tätigen. Daß sich bei der Implementierung der Planungsvorstellungen auch widersprüchliche Nutzungen gegenüberstehen, macht das ungewöhnliche Aufeinandertreffen der Industriezone mit einem Tourismusgebiet deutlich.

Falls die Halbinsel Shandong in Zukunft Wachstumserfolge verbuchen will, muß sie neben den notwendigen Kapital- und Managementmethoden aus dem Ausland vor allem die Heranbildung von Fachkräften unterstützen. Eine Maßnahme, die gerade die immer wieder betonte Eigenständigkeit der chinesischen Wirtschaft beflügeln sollte.

Halbinsel Liaodong
Die nördlichste der offenen Wirtschaftszonen ist die Halbinsel Liaodong, die durch ihre Lage zum angrenzenden Korea und der Nähe zu Japan eine wichtige Funktion für die außenwirtschaftlichen Beziehungen der Provinzen Jilin, Heilongjiang, der Inneren Mongolei sowie Liaoning wahrnimmt. Sie umfaßt eine Fläche von 54.210 km^2 und hat rund 21,6 Millionen Einwohner (57% der Provinz Liaoning) (vgl. Abb.15). Ähnlich wie Shandong zeichnet sie sich durch reiche Bodenschätze aus, wobei allein die Erdöl- und Gasvorräte von Liaohe 10% bzw. 15% der Gesamtreserven Chinas ausmachen.

Zur Förderung des Investitionsklimas wendet die Provinzregierung folgende Richtlinien für die Halbinsel an (vgl. Li Changchun 1988, S.13 f.):

1. Während Städte Projekte mit einem Investitionsvolumen bis zu 30 Mio.US$ selbständig abwickeln können, liegt das Limit auf Kreisebene bei 2 Mio.US$.

2. Alle Betriebe erhalten eine Steuerermäßigung von 20%. Ausgenommen sind ausländische Projekte aus den Bereichen Energie, Verkehrswesen und Hafenausbau, die bei Investitionen über 30 Mio.US$ nur eine Ermäßigung von 15% bekommen.

3. Eine Reihe von Waren ist für fünf Jahre von Gebühren und Einfuhrzöllen befreit. Zu ihnen zählen u.a. Meßgeräte sowie Ausrüstungsteile zur Umstrukturierung alter Betriebe.

4. In der Entwicklungszone Dalians, der größten Stadt der Halbinsel, ist eine zeitlich begrenzte Grundstücksüberschreibung an Ausländer erlaubt.

Abbildung 15:   Halbinsel Liaodong

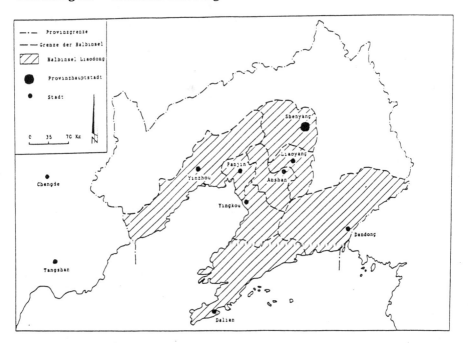

Bearbeitet von R.Schryen und A. Wilbers nach: Li Changchun; China Handbook Series, Geography 1983.

Bis Mitte 1988 konnten auf der Halbinsel 250 Betriebe mit ausländischem Kapital errichtet werden. Durch einen Bürokratieabbau will man diese Zahl in den nächsten Jahren erheblich steigern. Momentan sind elf Genehmigungen zur Errichtung eines Joint Venture erforderlich (vgl. Li Rongxia 1988, S.16).

Liaoning verfügt über eine große industrielle Leistungskraft und nahm 1987 hinter Shanghai und Jiangsu die dritte Position unter allen Provinzen ein, wobei die Halbinsel Liaodong fast 75% des Bruttoproduktionswertes erwirtschaftete (vgl. *Statistical Yearbook of China 1988*, S.279). Obwohl der Maschinenbau und die petrochemische Industrie bisher den Schwerpunkt darstellten, soll auch auf der Halbinsel eine exportorientierte Verarbeitungsindustrie Fuß fassen. Wie sehr dabei die Verkehrsinfrastruktur Berücksichtigung findet, zeigt der Ausbau der fünf bedeutendsten Häfen Liaodongs, die nach ihrer Fertigstellung 1990 eine Umschlagskapazität von 70 Mio.t jährlich haben werden (vgl. Li Rongxia 1988, S.16).

2 Charakteristika der Sonderwirtschaftszonen (SWZ)

2.1 Entstehung, Funktion und Standortwahl

Die Idee zur Entwicklung von SWZ geht auf einen Vorschlag des damaligen chinesischen Transportministers Ye Fei zurück. Nach einer Auslandsreise im Herbst 1978 empfahl er der China Merchants Steam Navigation Co. Ltd. (CMSN), ihre Aktivitäten in Hong Kong und Macao für den Aufbau der Industriezone Shekou in Shenzhen einzusetzen. Für das außerhalb der Volksrepublik operierende chinesische Unternehmen bedeutete dieser Schritt zwar eine Ausweitung seiner bisherigen kapitalistischen Tendenzen, doch war es gleichzeitig nur die logische Konsequenz einer neuen Politik, die ausländisches Kapital für die Förderung ihrer Wirtschaft benötigte (vgl. Chan et al. 1986, S.89).

Eine neue Dimension erhielt die Öffnungspolitik, als Anfang März 1979 zunächst der Provinz Guangdong und im April der Provinz Fujian ein Sonderstatus zugestanden wurde. Zu einer rechtlichen Festsetzung kam es im Juli 1979, als die Zentralregierung den genannten Provinzen erlaubte, eine spezielle Wirtschaftspolitik in den 'Sonderexportzonen' Shenzhen, Zhuhai, Shantou und Xiamen auszuprobieren (vgl. Chu 1986, S.22).

Nach Ausgliederung dieser vier Gebiete erfolgte im Mai 1980 eine Umbenennung. Mit dem neuen Terminus Sonderwirtschaftszonen versuchte man, dem komplexen Charakter der Regionen Rechnung zu tragen, die eben nicht nur Industrieareale für ausländische Wirtschaftsunternehmen darstellen, "sondern eher integrierte Entwicklungsgebiete, in denen neben Industrie auch Handel, Tourismus und das Immobiliengeschäft durch ausländisches Kapital und Knowhow aufgebaut werden" (Widmer 1985, S.55).

Von Beginn an zeichnete sich jedoch eine unterschiedliche Bewertung der SWZ auf regionaler und zentraler Ebene ab. Für die zentralen Behörden war die SWZ-Konzeption vornehmlich ein lokales Experiment mit geringer nationaler Bedeutung. Erst 1982 kam es mit der Errichtung eines Staatsratsbüros für SWZ-

Angelegenheiten zu einer gewissen Aufwertung auf zentraler Ebene (vgl. Chan et al. 1986, S.91). In völligem Gegensatz dazu beurteilen Guangdong und Fujian die SWZ seit jeher als Katalysatoren für den Aufbau einer leistungsfähigen Provinzwirtschaft. Da jegliche Präferenzpolitik der SWZ schließlich auch den Provinzen zugute kommt, sind sie sehr am Erfolg des Öffnungskurses interessiert. Institutioneller Ausdruck ist daher die Schaffung eines speziellen Komitees (Administrative Committee for the Special Economic Zones of Guangdong Province) zur Integration der SWZ-Entwicklung auf regionaler Ebene.

In der Ausweisung von SWZ sieht die chinesische Regierung eine Reihe von Funktionen. Im Vordergrund steht eine wirtschaftliche Liberalisierung, die auf bestimmte isolierte Areale beschränkt ist und den Gebrauch marktwirtschaftlicher Methoden zum Inhalt hat. Aufgrund ihres Experimentiercharakters besitzen die SWZ zugleich eine Vorreiterrolle in dem Bestreben, Kapitalismus und Sozialismus miteinander zu verbinden. Neben der wirtschaftlichen Sonderstellung sind es somit nicht zuletzt politische Gründe, die den Zweck der SWZ determinieren. Zu den generellen Zielen zählen dabei folgende Punkte (vgl. Martellaro/Sun 1987, S.38; Zwetsloof 1987, S.30; Stoltenberg 1984, S.639; Prybyla 1984, S.34):

1. Import ausländischer Investitionen und ausländischer Technologie,
2. Erwirtschaftung von Devisen durch eine florierende Exportwirtschaft und durch den Tourismus,
3. Erlernen von Management- und Marketingmethoden,
4. Weiterbildung von Arbeitskräften,
5. Stimulierung der heimischen Industrie,
6. Experimente mit neuen Wirtschaftsformen zur Verbesserung der chinesischen Wirtschaft,[7]
7. Vertrauensbilung für die Übernahme Hong Kongs und Taiwans.

Zu diesen übergeordneten Funktionen gesellt sich auf lokaler Ebene zumindest noch ein Aspekt. Die wirtschaftliche Sonderstellung der SWZ manifestiert sich in letzter Zeit in einem Wunsch nach größerer politischer Unabhängigkeit, der jedoch im Widerspruch zur nationalen Zielsetzung steht.

Die Standortwahl der SWZ resultiert aus einer Präferenzbehandlung der Provinzen Guangdong und Fujian, die spezielle Ansatzpunkte zur Implementierung der SWZ-Konzeption bieten.[8] Insbesondere geographische und wirtschaftliche Aspekte haben die Standortwahl bestimmt:

- Alle vier Zonen haben Zugang zum Meer, was den Import von Materialien und Rohstoffen sowie den Export verarbeiteter Waren sehr erleichtert (vgl. Stas 1981, S.14).

- Die geographische Nähe Shenzhens und Zhuhais zu Hong Kong und Macao begünstigt enge Verflechtungen. Für die chinesische Regierung waren die wirtschaftliche Erfahrung und Leistungsfähigkeit der beiden Kolonien entscheidende Argumente bei der Errichtung der SWZ.

- Für Xiamen bietet sich aufgrund seiner Lage zu Taiwan die Möglichkeit, die Handelsbeziehungen zu der prosperierenden Insel zu intensivieren.

- Beide Provinzen verfügen über eine lange Erfahrung im außenwirtschaftlichen Bereich, die aus der Verbindung mit den Kolonialländern des 19. Jahrhunderts resultiert (vgl. Zhou 1984 S.86).

Eine weitere Ebene der Standortwahl stellen die ethno-kulturellen und politischen Kriterien dar:

- Die Provinzen Guangdong und Fujian sind Heimat von mehr als 2 Millionen Auslandschinesen in Südostasien (vgl. Olle/Choi 1986, S.86). Infolge ihrer oftmals exponierten Stellung im Wirtschaftsleben und der engen Beziehungen zu ihren Verwandten in der VR werden sie als wichtige Devisenbringer für den Aufbau der SWZ angesehen.

- Das SWZ-Experiment soll Hong Kong und Macao verdeutlichen, daß die Formel 'ein Land, zwei Systeme' praktikabel ist.[9] Im Hinblick auf die Übernahme der Kolonien in den Jahren 1997 und 1999 sind die SWZ daher zugleich der politische Gradmesser für die zukünftige Einbindung der beiden kapitalistischen Enklaven.

Die in den beiden Provinzen angesiedelten vier SWZ nehmen aufgrund ihrer Funktion und Standortwahl die wichtige Rolle eines Verbindungsgliedes wahr, das unter Ausnutzung seiner reformerischen Intensität die notwendigen Impulse für die Modernisierung Chinas anbietet. Als wichtigstes Element der Öffnungspolitik müssen sie sich aber zugleich einer ständigen Evaluierung unterziehen, da nur erfolgreiche Praktiken der SWZ auch Einlaß in das gesamtchinesische Wirtschaftssystem finden sollen.

2.2   Investitionsbedingungen für Auslandskapital

Mit der Ausweisung von SWZ begann für die VR China die Notwendigkeit, den 'selbständigeren' Territorien ein adäquates Wirtschaftsrecht an die Hand zu geben. Die bis zu diesem Zeitpunkt zentralisierte Wirtschaftsordnung verlangte grundlegende Änderungen, die sich in den letzten zehn Jahren in einer nahezu unüberschaubaren Flut gesetzgeberischer Aktivitäten niedergeschlagen haben. Allein bis 1985 hatte die VR über 300 Wirtschaftsgesetze verabschiedet (vgl. Hiemenz/Li 1986, S.10).

Für die drei SWZ Shenzhen, Zhuhai und Shantou ist nach wie vor das jetzt zehn Jahre alte Gesetz der Provinz Guangdong vom 26. August 1980 maßgeblich. Doch ist es jeder Region möglich, die auf sie zugeschnittenen Regelungen selbst zu ergänzen. Die SWZ Xiamen in Fujian bezieht sich auf das Provinzgesetz vom 24. Februar 1985, wobei die spezielle Beziehung und Nähe zu Taiwan besondere Berücksichtigung findet. Die am 13. April 1988 ausgewiesene SWZ Hainan genießt als neue Provinz wirtschaftliche Sonderrechte, die in einigen Punkten über die Regelungen der anderen Zonen hinausgehen.

Aus diesem Überblick läßt sich ersehen, daß die fünf SWZ kein einheitliches Wirtschaftsrecht besitzen. Dennoch erzielen alle Territorien ungeachtet der Anwendung und Durchsetzung bestimmter Detailinteressen einen Grundkonsens in der Vorzugsbehandlung ausländischer Investoren.

2.2.1   Kooperationsformen und Direktinvestitionen

Die Erkenntnis, daß die Modernisierung der VR China besonderer finanzieller Aufwendungen bedarf, hat zur Ausprägung von Kooperationsformen zwischen chinesischen und ausländischen Unternehmen geführt. In den fünf SWZ finden sich vorrangig folgende Formen der Zusammenarbeit:

- Verarbeitungsbetriebe (*processing and assembling*)
Diese Unternehmensform basiert auf der Bereitstellung von Land, Arbeitskräften und Infrastruktur von chinesischer Seite. Der ausländische Investor liefert hingegen die zu verarbeitenden Waren, die technische Ausrüstung und das Know-how. Zwar entlohnt die ausländische Seite die Arbeitskräfte, doch hat sie aufgrund ihrer Marketingerfahrungen auch die Möglichkeit, die hergestellten Waren mit Mehrgewinn auf dem Weltmarkt zu verkaufen (vgl. Chu Baotai 1986, S.26 f.). Da sich diese Kooperationsform durch ihren arbeitsintensiven Charakter auszeichnet, ist der Technologietransfer aus dem Ausland generell sehr gering.

- Kompensationshandel ((*compensation trade*)
Beim Kompensationshandel liegt eine besondere Form des Kreditgeschäfts vor, bei der die chinesische Seite ihre vom ausländischen Partner gekauften Anlagen und Waren innerhalb eines bestimmten Zeitraumes bezahlt. Entsprechend der vertraglichen Vereinbarung kann die Rückzahlung entweder in Form hergestellter Güter oder als Mischung von Kapital und Güterlieferungen erfolgen (vgl. Lo 1986, S.185).

Für beide Seiten ergeben sich dabei Vorteile. So kann China mit dem Erwerb ausländischer Maschinen eine Modernisierung seiner Industrie betreiben, ohne gleichzeitig wertvolle Devisen einzubüßen. Dem ausländischen Investor bietet sich die Möglichkeit, den chinesischen Markt durch eine relativ risikolose Unternehmensform kennenzulernen. Kompensationsgeschäfte haben nur eine Laufzeit von drei bis fünf Jahren, ein geringes Investitionsvolumen und entledigen den ausländischen Partner oft zeitraubender Verhandlungen im Management (vgl. Brown 1982, S.30; Duscha 1987, S.99).

- Gemeinschaftsunternehmen (*Equity Joint Venture = EJV*)
Die wohl anspruchsvollste Form der wirtschaftlichen Zusammenarbeit stellt das EJV dar. Entsprechend der Kapitalbeteiligung der beiden Seiten werden Gewinne und Verluste aufgeteilt, wobei der ausländische Investor mindestens 25% der Gesamtsumme einbringen muß. Die in der Rechtsform einer GmbH vorliegende Kooperation wird von einem Board of Directors verwaltet, dessen Vorsitzender ein Chinese sein muß. Der Board of Directors repräsentiert die Interessen beider Parteien und regelt wichtige Aspekte des Unternehmens (Produktionsausbau, Haushaltsplanung, Arbeitskräfterekrutierung usw.). Bestimmte Entscheidungen müssen sogar einstimmig getroffen werden. Dazu zählen u.a. folgende Punkte: Erhöhung des registrierten Gesamtkapitals, Terminierung der Kooperation und Zusammenschluß mit einem weiteren Unternehmen (vgl. Chu Baotai 1986, S.76).

Aufgrund der gut dokumentierten Rechtssituation bietet das EJV den beiden Partnern die größtmögliche Sicherheit bei der Realisierung ihrer Interessen. Erschwerend wirken jedoch in vielen Fällen die Entscheidungsprozesse im Board of Directors sowie die bürokratischen Schritte zur Errichtung eines EJV.[10]

- Vertragskooperation (*Contractual Joint Venture = CJV*)
Im Gegensatz zum EJV ist das CJV gesetzlich nicht festgelegt, was es zu einem flexibleren Instrument in der Hand der Investitionsparteien macht. Beide Partner sehen diese Kooperationsform sehr häufig als Vorläufer eines EJV, da sie den Beteiligten in relativ kurzer Zeit Erkenntnisse über eine Zusammenarbeit vermittelt, die "von kleinen Produktionsbetrieben bis hin zu größeren Bauprojekten" (Duscha 1987, S.101) reichen. Der wesentliche Unterschied zum EJV besteht darin, daß Gewinne und Verluste auf der Basis einer vertraglichen Vereinbarung aufgeschlüsselt werden.

Die andersartige Handhabung dieser Kooperationsform zeigt sich überdies in einer unbürokratischeren Organisation. So gibt es beispielsweise kein festgelegtes Exekutivgremium, was die Parteien immer wieder zu eigenständigeren Entscheidungen ermutigt, die z.T. zu Unsicherheiten und Zweideutigkeiten in der Geschäftspolitik führen.

- Unternehmen im ausländischen Besitz (*wholly-owned foreign enterprises*)
Obwohl es sich bei dieser Unternehmensform nicht um eine Kooperation im eigentlichen Sinne handelt, wird sie in der chinesischen Statistik, neben EJV und CJV, als dritte Form ausländischer Direktinvestitionen aufgeführt. Die Hauptcharakteristika zeichnen sich für den ausländischen Investor in einer großen Entscheidungsfreiheit ab, die von der Unternehmensführung über die Kapitalbeteiligung und Ausrüstung bis zum Marketing reichen (vgl. Chu 1985a, S.12).

Sicherlich stellen die durch das Gesetz vom 12. April 1986 erlaubten hundertprozentigen Auslandsunternehmen das größte Zugeständnis der chinesischen Plan- und Zentralwirtschaft an finanzkräftige Fremdinvestoren dar. Schwerpunkte dieser Entwicklung sind seit jeher die SWZ, da in ihnen bereits vor dem generellen Erlaß eine Ansiedlung derartiger Unternehmen erlaubt war:

The special economic zones shall encourage foreign citizens, overseas Chinese and compatriots from Hongkong and Macao and their companies and enterprises to set up factories and establish enterprises and other undertakings, with their own investment or in joint ventures with our side ... (Regulations on Special Economic Zones in Guangdong Province, 26. August 1980, Artikel 1).

2.2.2   Rechtliche Maßnahmen

Zölle und Steuern
Im Rahmen ihrer Wirtschaftsordnung gewähren die SWZ sowohl die freie Einfuhr von Rohstoffen, Halbfertigwaren und Ausrüstungsgegenständen aus dem Ausland als auch die zollfreie Ausfuhr von Waren, die für den Export bestimmt sind (vgl. Klingst 1986, S.66). Für Lieferungen aus dem oder in das chinesische Binnenland gelten hingegen andere Bedingungen. Jegliche Einfuhr von Rohstoffen und Produkten aus der VR China muß von den ausländischen Unternehmen mit Devisen bezahlt werden. Zur Unterstützung einer exportorientierten Zonenwirtschaft unterliegt ferner jeder Verkauf im Binnenland einer Sondergenehmigung. Sollte der Betrieb diese Genehmigung erhalten, muß er im Regelfall eine bestimmte Zollgebühr entrichten (vgl. Regulations on SEZ in Guangdong Province, Artikel 9). Aufgrund der Zollfreiheit bei Im- und Exporten mit dem Ausland genießen die Unternehmen in der SWZ dennoch mehr Vergünstigungen als an anderen Standorten innerhalb Chinas.

Bei den steuerlichen Regelungen ist die Präferenzposition der SWZ ähnlich ausgeprägt. Chinesisch-ausländische Joint Ventures sowie Unternehmen im ausländischen Besitz müssen lediglich eine Körperschaftssteuer von 15% gegenüber den üblichen 30-40% im Binnenland entrichten (vgl. Thoburn 1986, S.45). Überdies sind die ersten beiden profitbringenden Jahre steuerfrei; im dritten bis fünften Jahr ist eine Ermäßigung von 50% vorgesehen. Für Unternehmen, die fortschrittliche Technologie einbringen, ihren Gewinn reinvestieren oder aus Taiwan kommen, sieht das Gesetz zusätzliche Erleichterungen vor. Insbesondere Reinvestitionen können, wenn sie mehr als fünf Jahre in den SWZ gebunden sind, zu einer völligen Steuerbefreiung führen (vgl. Regulations on SEZ in Guangdong Province, Artikel 16).

Arbeiterrekrutierung und Löhne

In den SWZ haben ausländische Unternehmer die Möglichkeit, die für sie geeigneten Arbeitskräfte selbst auszusuchen. Dazu bedürfen sie jedoch der Zustimmung zweier Behörden: der Labour Service Company und einer speziellen Verwaltungsbehörde (Guangdong Province Committee for Administering Special Economic Zones). Die Labour Service Company vermittelt u.a. selbst Arbeitskräfte, genehmigt Belegschaftszahlen und registriert die vom Verwaltungsbüro überprüften und beglaubigten Arbeitsverträge (vgl. Gutowski/Merklein 1984, S.25 f.).

Nachdem die Arbeiter entweder von der Labour Service Company vermittelt oder vom ausländischen Investor getestet und ausgesucht wurden, müssen sie eine Probezeit von sechs Monaten durchlaufen, ehe es zu einer Unterzeichnung des Arbeitsvertrages kommt. Sollte der Arbeitnehmer jedoch nicht den Ansprüchen der Unternehmensleitung genügen, darf er ohne weiteres entlassen werden. Eine Entlassung kann unter gewissen Umständen auch vor dem Vertragsende erfolgen,[11] wobei der Arbeitnehmer eine Abfindung von einem Monatslohn pro Beschäftigungsjahr erhält.

Ohne hier auf die speziellen Ausprägungen der Lohnstruktur einzugehen, müssen ausländische Unternehmen in den SWZ ein um 20% höheres Lohnniveau vorweisen als im chinesischen Binnenland. Begründet wird diese Verordnung mit der zu erwartenden größeren Produktivität und der geringeren Arbeitsplatzsicherheit (vgl. Gutowski/Merklein 1984, S.29). Generell bestehen die Löhne aus einem festen (Basislohn) und einem variablen Teil, wobei nach dem Leistungsprinzip verfahren wird (vgl. Chen 1987, S.14). Der Staat behält sich vor, 25% des Bruttolohns als Sozialleistung einzubehalten. Weitere 5% sind für den Sozialfonds des jeweiligen Unternehmens bestimmt.

Pachtgebühren und Pachtdauer

In den SWZ können ausländische Unternehmer zwar Landnutzungsrechte, nicht aber Eigentumsrechte an Land und Boden erwerben. Die dabei zu zahlenden Pachtgebühren richten sich nach der Lage des Grundstücks sowie der jeweiligen

Nutzungsart. Insgesamt sieht die Preisstaffelung vor, daß Industrieunternehmen die geringsten und Tourismuseinrichtungen bzw. andere Dienstleistungsprojekte die höchsten Bodenpachten entrichten müssen.

Welche Vorstellung dieser Differenzierung zugrunde liegt, ist nicht eindeutig auszumachen. Wahrscheinlich wollen die SWZ-Verwaltungen lediglich mehr Industrie- als Tourismusprojekte anlocken (vgl. Gutowski/Merklein 1984, S.24). Eine derartige Pachtpolitik erscheint zumindest fragwürdig, wenn man bedenkt, daß durch geeignete Flächennutzungspläne eine Gewichtung gewisser Wirtschaftssektoren erzielt werden kann, ohne gleichzeitig einer Funktionszersiedlung Vorschub zu leisten.

Ebenso wie die Pachtgebühr richtet sich die Pachtdauer nach der Nutzungsart. Abgesehen von der SWZ Hainan, für die Bodennutzungsrechte für bis zu 70 Jahren erworben werden können, beläuft sich die Nutzungsdauer auf 20 (z.b. für Restaurants) bis 50 Jahre (z.b. für technologische Einrichtungen).

Mit diesen Bestimmungen besitzen die SWZ das umfassendste Regelwerk der gesamten VR China. Obwohl die Landnutzungsbebühren niedriger als in vielen anderen südostasiatischen Staaten liegen, sind sie im Hinblick auf das chinesische Hinterland mit Vorsicht zu beurteilen. Da für die anderen Regionen Chinas keine festgesetzten Pachtgebühren gelten, besteht für den ausländischen Investor immerhin die Möglichkeit, durch eigenes Verhandlungsgeschick einen besseren Preis als in den SWZ zu erzielen (vgl. Bolz/Lösch/Pissulla 1989, S.120). Hinzu kommt, daß aufgrund der z.T. mangelhaften infrastrukturellen Ausstattung der SWZ dem ausländischen Investor Mehrkosten entstehen, die nicht durch die Standortgunst kompensiert werden können.

2.3   Vorläufer der SWZ-Konzeption

Die SWZ sind nicht nur ein wichtiges Glied der Öffnungspolitik, sondern stellen in ganz entscheidendem Maße auch die Weiterentwicklung bereits erprobter Konzeptionen in anderen Regionen der Welt dar. So handelt es sich auch bei Freihandels- und Exportverarbeitungszonen um Areale, die zur Ankurbelung der eigenen Wirtschaft besondere Vergünstigungen anbieten. Dennoch gibt es essentielle Unterschiede in Struktur und Strategie. Anhand der folgenden Analyse sollen die Merkmale ähnlicher raumordnungspolitischer Konzeptionen herausgestellt werden, um die spezielle Ausformung der SWZ einordnen zu helfen.

2.3.1   Kennzeichen von Freihandels- und Exportverarbeitungszonen

Der älteste Vorläufer der jetzigen SWZ-Konzeption ist die sogenannte Freihandelszone, die es seit Beginn des 18. Jahrhunderts gibt. Sie wurde ausschließlich an den Haupthandelswegen der Schiffahrtslinien errichtet und zeichnete sich durch zollfreie Im- und Exporte aus. Üblicherweise entstanden diese Zonen als eng definierte Areale in der Nähe eines Hafens, wobei die Förderung des Re-Exportgeschäfts im Vordergrund stand. Berühmteste Vertreter dieser Konzeption im ostasiatischen Raum sind Singapur und Hong Kong, die seit 1819 bzw. 1842 ihren Freihafenstatus ausüben. Da diese Freihandelszonen im Laufe der Geschichte eine diversifizierte Wirtschaftsstruktur entwickelt haben, die neben dem Entrepot-Handel auch andere Funktionen im Raum miteinschließt, gehen sie streng genommen über die ursprüngliche Klassifizierung hinaus (vgl. Wong/Chu 1985a, S.2; Currie 1979, S.1).

Eine Modifizierung und Weiterentwicklung der Freihandelszonen-Konzeption stellt die Idee des exportorientierten Industrieareals dar. Das unter dem Namen Exportverarbeitungszone (EVZ) bekanntgewordene wirtschaftspolitische Element gelangte in den siebziger Jahren nach Asien (vgl. Basile/Germidis 1985, S.21). Dort dient es insbesondere zwei Gruppen von Ländern (vgl. Zwetsloof 1987, S.27):

- Die eine Ländergruppe sieht EVZ als Industrieareale an, in denen sich ausländische Unternehmen niederlassen, ohne allzuviel Einfluß auf die Binnenwirtschaft auszuüben (z.B. Indonesien).

- Bei der zweiten Ländergruppe werden die EVZ als Katalysatoren einer insgesamt exportorientierten Wirtschaft angesehen. Vielerorts ist dieser Entwicklung eine nicht erfolgreiche Importsubstitutionspolitik vorausgegangen (z.B. Malaysia, Südkorea).

Trotz der recht unterschiedlichen Effekte für die Gesamtwirtschaft, verfolgen beide Ländergrupen mit der Errichtung von EVZ die gleichen Ziele (vgl. Wang/Chen 1985/86, S.9; Vittal 1977, S.3; Simko 1985, S.153):

1. Einführung ausländischen Kapitals,
2. Vergrößerung des Exporthandels,
3. Schaffung von Arbeitsplätzen und Produktionsstandorten,
4. Import fortschrittlicher Technologie,
5. Einführung moderner Managementmethoden,
6. Nutzung lokaler Rohstoffe.

Da bei der Realisierung dieser Ziele der Export im Vordergrund steht, lokalisie-
ren sich viele EVZ in der Nähe von See- und Flughäfen (z.B. EVZ in Taiwan),
oftmals durch einen Zaun vom Umland abgetrennt. Ausgesprochen beliebt sind
bei ausländischen Kapitalanlegern die EVZ, die unweit der Wachstumszentren
liegen und bezüglich der infrastrukturellen Ausstattung bereits vollentwickelt
sind. Für die Heimatländer steht hingegen die Förderung ländlicher Regionen
vornan, so daß EVZ in diesen Gebieten das Wirtschaftsgefälle zum industriali-
sierten Ballungsraum minimieren sollen. Um diesen Zielkonflikt auszuräumen
und die Attraktivität von EVZ in ländlichen Gebieten zu steigern, genießen
ausländische Unternehmer dort ein höheres Maß an Investitionspräferenzen.
Insgesamt stützen sich alle EVZ auf ein allgemeines Instrumentarium, das
Steuervergünstigungen, zollfreie Ein- und Ausfuhr, günstigen Landerwerb sowie
freien Devisenfluß einschließt.

Die bisherigen Erfahrungen haben gezeigt, daß die Attraktivität der EVZ vor
allem in der großen Verfügbarkeit billiger Arbeitskräfte besteht. So ist es auch
nicht erstaunlich, wenn ausländische Unternehmer ihr Investitionsmuster dieser
Struktur anpassen und in erster Linie arbeitsintensive Produktionsbereiche mit
geringer fortschrittlicher Technologie errichten. Hinzu kommt, daß das vorder-
gründige Ziel der Exportsteigerung nicht erreicht werden konnte. Die EVZ
erwirtschafteten weniger als 5% des Gesamtexports ihrer Heimatländer (vgl.
Oborne 1986, S.79).

Nimmt man die wenigen Indikatoren als Merkmale eines qualitativen und quantitativen Umstrukturierungsprozesses, so muß die bisherige Rolle der EVZ als
nicht bedeutsam beurteilt werden. Gescheitert ist aber nicht nur die erwünschte
Integration in die Weltwirtschaft, sondern auch die wichtige Verflechtung der
EVZ mit ihrem Umland. Vielfach können die Gastländer den ausländischen
Investoren nicht die Materialien und Rohstoffe anbieten, die sie zur Herstellung
billiger und qualitativ wettbewerbsfähiger Produkte benötigen. Darüber hinaus
entsteht durch die ständig wachsende Zahl von EVZ in Ostasien eine Konkurrenzsituation, in der Unternehmer die Investitionsanreize voll auszuschöpfen
vermögen.

Daß aber auch positive Entwicklungen zu vermelden sind, verdeutlichen die
Beispiele der taiwanesischen EVZ (Kaohsiung, Nantze und Taichung).[12] So
konnten die drei EVZ bei der Devisenbeschaffung, Arbeitsplatzsicherung und
technologieorientierten Produktion die ihnen gesteckten Ziele erreichen (vgl.
Böhn 1987, S.114; Oborne 1986, S 80). Viel wichtiger erscheint jedoch, daß die
VR China sich bei der Ausprägung ihrer SWZ nicht zuletzt auf die taiwanesischen Erfahrungen gestützt hat (vgl. Fitting 1982, S.732; Widmer 1985, S.50).

2.3.2 Unterschiede zwischen Sonderwirtschaftszonen (SWZ) und Exportverarbeitungszonen (EVZ)

Bei der Gegenüberstellung von chinesischen SWZ und asiatischen EVZ treten eine Reihe von Unterschieden auf, die über die vordergründigen Gemeinsamkeiten hinausgehen. Zwar bieten beide raumordnungspolitischen Instrumentarien ähnliche Investitionsbedingungen zur Nutzung ausländischen Kapitals und Knowhows an (vgl. Sit 1985, S.72 ff.), doch gibt es in der Konzeption z.T. erhebliche Differenzen:

1. Während die VR China ein sozialistisches Land mit dominanter Planwirtschaft ist, repräsentieren die SWZ marktwirtschaftliche Merkmale eines kapitalistischen Staates. Bei den asiatischen EVZ kann man eine stärkere wirtschaftspolitische Einbindung in das Umland konstatieren.

2. Die SWZ stellen ein umfassendes Experiment zur Entwicklung aller Wirtschaftsbereiche dar. Diesem multisektoralen Zuschnitt steht in den EVZ nur die Förderung einer exportorientierten Industriewirtschaft gegenüber.

3. Aufgrund ihres umfassenden Charakters sind SWZ wesentlich größer und bevölkerungsreicher als EVZ.

4. China stellt den ausländischen Investoren keine völlig bezugsfertigen Wirtschaftsgebiete zur Verfügung, sondern erwartet, daß die Unternehmer sich am Bau der Infrastruktur beteiligen (vgl. Stepanek 1982, S.39).

5. Im Gegensatz zu den ausschließlich exportorientierten EVZ erlaubt die chinesische Regierung den Verkauf von Waren aus der SWZ im Binnenland. Damit setzt die VR auf den Wunsch vieler Investoren, die ihren Standort in der SWZ u.a. deshalb gewählt haben, um von hier aus den größten Binnenmarkt der Welt zu erobern.

6. Während bei vielen asiatischen EVZ kurzfristige Beschäftigungs- und Devisenerfolge dominieren, zielt die SWZ-Konzeption auf allgemeine Wachstumseffekte ab, die im Rahmen der Öffnungspolitik Impulse für die binnenwirtschaftliche Entwicklung geben sollen. Die Nutzungserwartungen sind dementsprechend höher anzusetzen als bei den EVZ (vgl. Duscha 1987, S.206).

3   Entwicklung der Sonderwirtschaftszonen (SWZ)

3.1   Zhuhai

Im Oktober 1980 wurde Zhuhai als kleinste von vier SWZ mit einer Fläche von 6,8 km^2 ausgewiesen. In dieser ursprünglichen Ausdehnung umfaßte sie drei unzusammenhängende Landstriche mit unterschiedlicher Funktionszuteilung: Jida und der nordöstliche Küstenteil waren für die Entwicklung des Bau- und Dienstleistungssektors vorgesehen, Gongbei für die industrielle Nutzung und Wanzai sowie der Küstenstreifen südwestlich von Macao für die Förderung von Industrie und Tourismus (vgl. Abb.21a). Sehr schnell stellte sich jedoch heraus, daß die meisten Investitionen außerhalb der SWZ getätigt wurden und eine Expansion von daher unausweichlich blieb. Mitte 1983 erfolgte die notwendige Vergrößerung auf zunächst 14,1 und 1984 auf 15,16 qkm. Die vormals isolierten Regionen Jida und Gongbei wurden miteinander verbunden, während Wanzai nach wie vor durch eine Brücke mit dem Rest der SWZ verbunden ist (vgl. Abb. 21b) (vgl. Fong 1985, S.9).

Trotz der territorialen Ausdehnung verzichtete die chinesische Regierung auf eine bewußte Einbeziehung der Stadt Xiangzhou. Einerseits sollten die Einflüsse der SWZ auf die lokale Bevölkerung so gering wie möglich gehalten werden und andererseits versprach man sich von möglichen Verflechtungen mit Macao mehr Wirtschaftsimpulse. Die am südlichen Ende des Perlflußdeltas gelegene SWZ befindet sich in einer der fruchtbarsten Regionen Chinas, in der seit Jahrhunderten Reis- und Gemüseanbau sowie Fischfang betrieben werden. Da diese Merkmale auch bis 1980 noch raumprägend waren, mußten anfänglich enorme Anstrengungen unternommen werden, um den multisektoralen Charakter der SWZ-Konzeption zu verwirklichen. So sah der Entwicklungsplan für Zhuhai vor, daß China bis zum Jahre 2000 über 627,5 Mio.Rmb in den Aufbau der SWZ investieren sollte. Ende 1984 war dieser ehrgeizige Plan jedoch schon von der Realität eingeholt worden, weil grundlegende Infrastruktur- und Baumaßnahmen bereits 500 Mio.Rmb des Etats verschlungen hatten (vgl. Oborne 1986, S.105). Neben dem notwendigen Straßenbau galt es vor allem, Abwasser- und Kanalsysteme sowie Elektrizitätsleitungen zu legen. Die SWZ Zhuhai war eine der ersten Städte Chinas, die diese Versorgungseinrichtungen unterirdisch verlegte (vgl. *China Daily*, 15.2.1988).

Nach Vorgaben des Master Plan zerfällt die gesamte SWZ in drei Industriezonen (Beiling, Xiawan, Nanshan), einen administrativen Bereich (Gongbei), einer touristisch orientierten Region (Jida) und in einen Hafenbereich (Shihuandan) (vgl. Fong 1985, S.2 ff.). Aufgrund der anfänglich unzureichenden Ausstattung ist es nur zu verständlich, daß ausländische Investoren sich zunächst auf die Errich-

Abbildung 16a: Sonderwirtschaftszone Zhuhai 1980

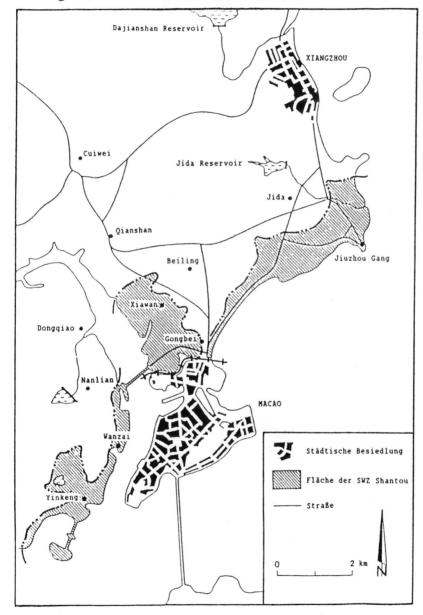

Bearbeitet von R. Schryen und A. Wilbers nach: Fong 1985a und Wong J. 1988.

Abbildung 16b: Sonderwirtschaftszone Zhuhai (seit 1983)

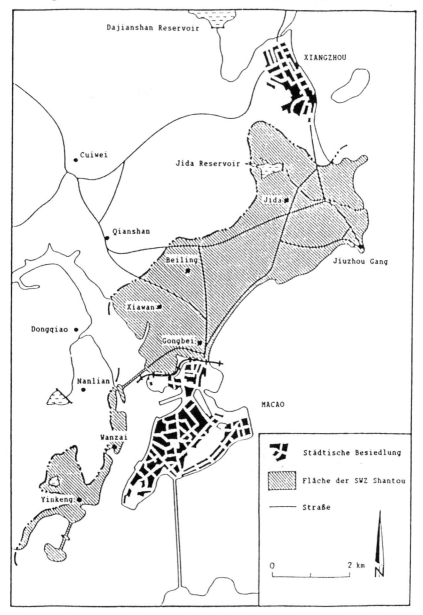

Bearbeitet von R. Schryen und A. Wilbers nach: Fong 1985a und Wong J. 1988.

tung von Wohnanlagen konzentrierten. Hinzu kam ein großer Arbeitskräftemangel, der in erster Linie den sekundären Sektor behinderte. In den letzten Jahren versucht die SWZ-Verwaltung dieses Ungleichgewicht durch eine stärkere Berücksichtigung von Industrieinvestitionen auszugleichen. Diese für alle SWZ charakteristische Entwicklung wird durch industrielle Wachstumsraten belegt. So konnte 1987 der Wert des industriellen Outputs auf 1,2 Mrd.Rmb gesteigert werden, was einer Verdreifachung gegenüber dem Vorjahr entspricht (vgl. *China Daily*, 15.2.1988).

Wie die industrielle Produktions stieg auch das Exportvolumen in den letzten Jahren erheblich an und betrug 1987 fast viermal so viel wie 1986. Mittlerweile kann Zhuhai rund 2.600 Industrieunternehmen vorweisen, die den Großteil ihrer Waren in über 16 Länder der Welt exportieren, wobei Hong Kong nicht zuletzt aufgrund seiner Zwischenhandelsfunktion über 77% der Gütermenge entgegennimmt (vgl. Editorial Board 1988, S.407).

Für den Fremdenverkehr sind erhebliche Planungsdefizite festzustellen. Zwar tauchen in der Touristenstatistik der SWZ steigende Wachstumsraten auf, doch stellten nach Aussagen des Bürgermeisters von Zhuhai Geschäftsleute und Touristen aus Hong Kong bzw. Macao den Großteil (1987: 20 Mio.) dieses Potentials dar (vgl. *South China Morning Post*, 27.4.1988). Da sie angesichts der Nähe ihrer Wohnorte nur für kurze Zeit - sehr oft nur einen Tag - in Zhuhai bleiben, nehmen sie die neu erbauten Hoteleinrichtungen nicht in Anspruch. Nach der Befragung der lokalen Reiseleiter konnten die beiden größten Hotels Zhuhais Ende Mai 1989 nur eine Auslastung von 50% aufweisen.

Die Entwicklung Zhuhais zeigt, daß der langsame Aufbau der SWZ nicht ohne Erfolg geblieben ist. Ob jedoch eine multisektorale Entwicklung wirklich sinnvoll ist, muß im Rahmen des Tourismusausbaus kritisch überprüft werden. Zhuhai sollte frühzeitig erkennen, daß Hotel- und Freizeiteinrichtungen nicht zwangsläufig den erwünschten Geldsegen bringen, zumal in Macao und dem nördlicher gelegenen Zhongshan (ehemalige Residenz des Dr. Sun Yat-Sen) entsprechende Touristikschwerpunkte ausgebaut werden. Zweifellos liegt das größte Potential der SWZ in der Förderung einer exportorientierten Industrie, die unter Ausnutzung ihrer günstigen Lage im Perlflußdelta zunächst preisgünstige Waren in den arbeitsintensiven Produktionsbereichen der Leichtindustrie herstellt.

3.2   Shantou

Im Unterschied zu Shenzhen und Zhuhai war Shantou anfänglich nur für die Entwicklung von Exportverarbeitungsindustrien und Tourismus vorgesehen. Dem ehemaligen Vertragshafen, der aufgrund seiner traditionellen Handelsver-

bindungen und ausgedehnten Beziehungen zu Überseechinesen den Status einer
SWZ erhielt, wurde daher auch nur eine Fläche von 1,6 km² zugewiesen, die in
zwei Phasen entwickelt werden sollte. In der ersten Phase standen arbeitsintensive Produktionsbereiche mit einem durchschnittlichen Investitionskapital bis zu
1 Mio.HK$ im Vordergrund, während man in der zweiten Phase kapitalintensive
Industrien und Investitionspakete bis 8 Mio.HK$ realisieren wollte (vgl. Zwets-
loof 1987, S.33).

Die sich aus der geringen Größe Shantous ergebenden Investitionshemmnisse
hatten bis Mitte Mai 1983 erst zu acht Vertragsabschlüssen mit ausländischen
Gesellschaften geführt, die bis auf eine aus Hong Kong stammten. Da die SWZ
funktional auch das Recht besaß, ausländische Investitionen außerhalb ihres
ausgewiesenen Territoriums zu genehmigen, wurde das Gebiet auf 52,6 km²
ausgedehnt. Mit dieser Hinterlanderweiterung besitzt die SWZ bessere Möglichkeiten zur Verwirklichung ihrer Ziele. Ähnlich wie bei Zhuhai und Xiangzhou wurde aber auch hier auf eine territoriale Eingliederung der nächstgröße-
ren Stadt (Shantou) verzichtet (vgl. Chu 1986, S.33).

Die SWZ Shantou zerfällt in zwei Regionen (vgl. Abb.17). Die eine ist der Distrikt Longhu, dessen Ziel die umfassende Entwicklung aller Wirtschaftsbereiche
auf einer Fläche von 22,6 km² ist. Neben der Förderung exportorientierter Industrien sollen in sechs abgegrenzten Funktionsräumen auch die Bereiche Landwirtschaft, Transport und Kommunikation, Tourismus sowie Bauwesen eine
adäquate Unterstützung erhalten (vgl. Administration of Shantou SEZ).

Die zweite Region ist der Distrikt Guangao, der infolge seiner Nähe zum Chinesischen Meer zum Schwerpunkt der Petrochemie ausgebaut wird. Ausschließlich
mit ausländischem Kapital finanziert, soll diese Region u.a. als Versorgungszentrum für Öltanker mit einer Kapazität von bis zu 50.000 t fungieren (vgl. Shantou
Municipal Office 1986, S.77). Darüber hinaus ist der kleinere Teil im Norden
dieses Distrikts für Wohn- und Erholungszwecke vorgesehen.

Im Mittelpunkt der multisektoralen Entwicklung steht aber auch in Shantou der
sekundäre Sektor. Zwar sind die Anfangsjahre durch eine generelle Dominanz
arbeitsintensiver Leichtindustrien gekennzeichnet, doch gibt es im Gegensatz zu
den anderen SWZ regionalspezifische Ausprägungen. Durch eine Nutzung lokaler landwirtschaftlicher Produkte erhofft sich die SWZ-Verwaltung beispielsweise den Aufbau einer exportorientierten Nahrungsmittelindustrie. Ein weiterer
Schwerpunkt soll die Keramikindustrie werden, die unter Mithilfe ausländischer
Technologie u.a. im Bausektor sowie bei der Herstellung von Präzisionsgeräten
Verwendung finden kann (vgl.Cai/Xiao 1986, S.29).

Seit Beginn der SWZ-Entwicklung dominiert der Anteil des ausländischen Engagements (vgl. Tab.17). Von 1981 bis März 1988 waren ausländische Unternehmer mit rund 72% an allen vertraglich vereinbarten Investitionen beteiligt, wobei absolut das meiste Kapital in Landwirtschaft und Fischerei floß. Insgesamt gleicht Shantou nach mehr als acht Jahren einer überwiegend vom Ausland getragenen Wirtschaftszone, die verstärkt anspruchslosere und kapitalextensivere Kooperationsformen auf sich vereint. Die SWZ will daher in Zukunft die Zusammenarbeit mit dem Hinterland berücksichtigen.

Abbildung 17: Sonderwirtschaftszone Shantou

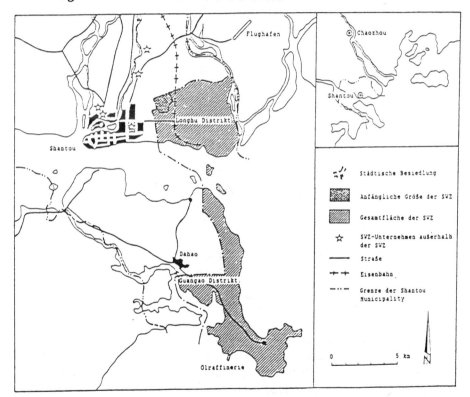

Bearbeitet von R. Schryen und A. Wilbers nach: Wong J. 1988.

Ungeachtet dieser Absicht hat der ausländische Einfluß zu einem starken Wachstum des Bruttoproduktionswertes in Industrie und Agrarwirtschaft beigetragen. Die sich generell durch eine höhere Effizienz auszeichnenden ausländischen Betriebe genießen dabei Investitionsbedingungen, die ihnen in den geographisch günstiger gelegenen SWZ Shenzhen und Zhuhai nicht gewährt werden.

Beispielhaft seien hier die längeren Pachtzeiten, die geringere Pachtgebühr bei kapitalintensiven Industrieprojekten und die spezifischen Bedingungen für den Export ins chinesische Binnenland genannt (vgl. Oborne 1986, S.117 f.).

Tabelle 17:   Investitionen in der SWZ Shantou von 1981 bis März 1988 (10.000 US$)

	Verträge	Gesamtinvestitionen	Ausl. Investitionen
Insgesamt	474	18.730	13.467
EJV	48	7.471	3.842
CJV	32	3.529	2.578
ausl. Besitz	36	1.759	1.759
Kompensationshandel	18	5.642	4.962
Verarbeit.-betriebe	340	328	328
Industrie	438	7.331	5.075
LW/Fischerei	18	6.547	5.668
Transp./Kommunikation	3	318	188
Dienstleistungsbereich	6	1.128	700
Sonstige	9	3.406	1.838

Quelle: Liu Feng 1988, S.10.

Größter Problembereich der SWZ Shantou ist nach wie vor die infrastrukturelle Erschließung. Der Schiffstransport wird durch eine zunehmende Verschlammung des Hafenbeckens behindert, gleichzeitig sind die Straßen- und Eisenbahnverbindungen ins Hinterland sehr schwach ausgeprägt. Limitierend wirkt auch die Elektrizitätsversorgung, die zwischen 1981 und 1984 nur ca. 50% des täglichen Bedarfs befriedigen konnte. Zur Zeit wird daher über den Bau zweier Wärmekraftwerke mit jeweils 350.000 KW verhandelt (vgl. *China Market* 1989/3, S.51). Da Shantou nicht wie Shenzhen und Zhuhai über zwei leistungsfähige Wirtschaftsstandorte (Hong Kong und Macao) in seiner Nähe verfügt, muß, über den lokalen Nutzen hinaus, die Entwicklung der SWZ als Stimulus für das östliche Guangdong verstanden werden.

3.3   Xiamen

Im Oktober 1980 entschied die Zentralregierung, eine 2,5 km^2 große SWZ in Xiamen auszuweisen. Die in der Provinz Fujian gelegene SWZ war damit zunächst identisch mit dem Distrikt Huli, der ausschließlich als Industriepark intendiert war (vgl. *Stas* 1981, S. 19). Um die begrenzten Investitionsmöglichkeiten besser ausnützen zu können, erweiterte man im April 1984 das bisherige Territorium auf das gesamte Inselgebiet (131 qkm) (vgl. Abb.18). Die Ausdehnung war zugleich als eine Konzession an ausländische Unternehmer zu verstehen, die nun die von ihnen beabsichtigten Hotel- und Tourismusinvestitionen tätigen konnten.

Organisatorisch verlangte die Erweiterung eine Neustrukturierung der SWZ-Verwaltung. So entstanden im Planungsbereich zwei unterschiedliche Entwicklungsebenen. Zum einen werden die Aufgaben der Gesamtorganisation von Regierungsseite erfüllt. Zum anderen ist mit der Xiamen United Development Company (XUDC) eine Gesellschaft ins Leben gerufen worden, die nur für die Belange des Distrikts Huli zuständig ist. Die XUDC ist insofern ein interessantes Phänomen, als sie ein EJV zwischen einem staatlichen Unternehmen in Xiamen und fünf Hong Konger Schwesterbanken der Bank of China darstellt. Insbesondere durch die Verflechtung mit der britischen Kronkolonie kommt der Industriezone eine kontinuierliche finanzielle Unterstützung zu (vgl. Oborne 1986, S.112; Zwetsloof 1987, S.32).

Wie in allen anderen SWZ, so bildet auch in Xiamen die infrastrukturelle Ausstattung eines der größten Probleme, wobei die Energieengpässe die nachhaltigste Sorge der ausländischen Investoren verkörpern. Trotz noch weitgehend inadäquater Verkehrs- und Transportbedingungen kann die SWZ jedoch auch einige Erfolge vorweisen. Der kürzlich fertiggestellte Containerhafen Dongdu besitzt vier Liegeplätze für Schiffe mit einer Kapazität bis zu jeweils 50.000 t. Für den Passagierverkehr stehen regelmäßige Routen nach Shanghai, Guangzhou und Hong Kong zur Verfügung (vgl. *A Guide for Investment in Xiamen SEZ 1988*, S.7). Überdies kann Xiamen seit 1983 auf einen internationalen Flughafen zurückgreifen, der die SWZ mit Hong Kong, Singapur und den Philippinen verbindet. Bislang jüngstes Projekt in dieser Liste ist die Errichtung einer Autobahn nach Zhangzhou und Quanzhou (vgl. 1.2.2).

Auch im Bereich der Telekommunikation kann Xiamen durchaus einem Vergleich mit anderen SWZ standhalten. So ist seit 1985 eine Direktwahl nicht nur innerhalb des sehr überlasteten chinesischen Telefonnetzes möglich, sondern auch in andere Länder (vgl. *China Pictorial Publications 1988*).

In den letzten Jahren scheinen ausländische Investoren den Wert der SWZ erkannt zu haben. Während 1985 nur 18,5% der Bruttoindustrieproduktion von
ausländischen Betrieben erwirtschaftet wurde, waren es 1988 bereits 42,2% (vgl.
Far Eastern Economic Review, 27.7.1989, S.57). Als Ursache dieses Wachstums
können vornehmlich zwei Faktoren ausgemacht werden:

Abbildung 18:   Sonderwirtschaftszone Xiamen

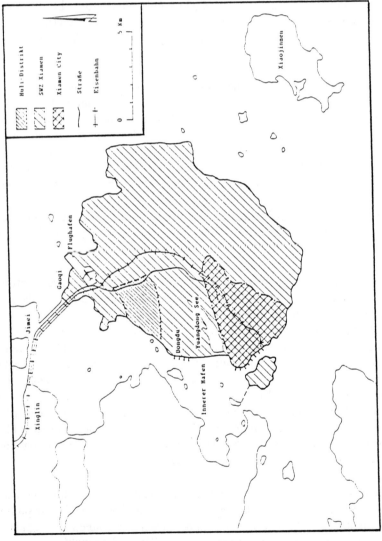

Quelle: Wong, J. 1988.

1. die im Vergleich mit den zentraler liegenden SWZ Shenzhen und Zhuhai allgemein besseren Investitionsbedingungen (vgl. *Hong Kong Standard*, 15.7.1983; Oborne 1986, S.111),

2. die gerade auf die taiwanesischen Investoren zielenden Präferenzen,[13] die, unter Ausnutzung der engen familiären Bindungen vieler Taiwan-Chinesen an ihre Heimatprovinz Fujian, diese Gruppe zum größten Auslandsinvestor Xiamens werden ließen.

Mit einem Anteil von rund 60% (1988) an allen ausländischen Kapitalbeteiligungen hat Taiwan den traditionellen Spitzenreiter Hong Kong auf die zweite Position verdrängt (vgl. Cheng 1989, S.56).

In den meisten Fällen fließen die Gelder in Klein- und Mittelbetriebe, die zu 70% eine Investitionssumme von weniger als 1 Mio.US$ aufweisen. Weitere Charakteristika des taiwanesischen Engagements in Xiamen zeigen sich anhand folgender Zahlen (vgl. *China Economic News* 1989, März):

- 89% aller Investitionen entfallen auf Industrie und Fischzucht,
- 85% der hergestellten Güter werden exportiert.

Für die Industrieproduktion Xiamens wirkte sich die verstärkte Einbeziehung Taiwans sehr positiv aus. So wuchs der industrielle Output zwischen 1986 und 1988 von 2,4 auf 4,5 Mrd.Rmb an (vgl. Bolz et al. 1989, S.159), wobei hauptsächlich Elektronik- und Textilgüter gefertigt werden. Dem wachsenden Verflechtungsgrad zwischen Xiamen und Taiwan versucht die SWZ zudem dadurch Rechnung zu tragen, daß eine spezielle Industriezone für taiwanesische Investoren ausgewiesen werden soll. Viel hängt jedoch davon ab, ob die im Mai 1989 getroffene Entscheidung zur Vergrößerung Xiamens auch nach der Niederschlagung der Studentendemonstration noch Bestand hat.

Im Gegensatz zu den anderen SWZ muß Xiamen in naher Zukunft seine Hotel- und Büroflächen erheblich vergrößern. Obwohl man von offizieller Seite nicht den Fehler der Überbauung und der Überkapazitäten wiederholen wollte, hat der taiwanesische Zustrom eine Veränderung der bisherigen Sichtweise notwendig gemacht. Geplant sind 3.000 weitere Hotelzimmer, die bis 1991 fertiggestellt sein sollen (vgl. Cheng 1989b, S.57).

3.4 Hainan

Die erst im April 1988 zur einunddreißigsten Provinz und fünften SWZ ernannte Insel Hainan unterscheidet sich zumindest in zwei Faktoren von den Territorien in Guangdong und Fujian:

- Hainan hat eine Gesamtfläche von 34.000 km^2 und ist damit weitaus größer als jede andere SWZ.
- Hainan verfügt über reiche Bodenschätze wie Eisenerz, Kupfer, Erdgas und Erdöl (vgl. Zhang Huimin 1988, S.4).

Gemeinsamkeiten mit den übrigen SWZ weist die 500 km südwestlich von Hong Kong gelegene Insel jedoch in bezug auf ihr Klima und das daraus resultierende Nutzungspotential auf. So dient neben einer tropisch orientierten Land- und Fischwirtschaft auch der Tourismus als wichtige Erwerbsquelle. Hinzu kommt die strategische Lage, die Hainan eine Mittlerrolle zwischen dem chinesischen Festland und den südostasiatischen Staaten zumißt.

Trotz dieser guten Standortfaktoren und der Ausweisung zu einem geöffneten Küstengebiet im Jahre 1984 hat Hainan bisher eine unzureichende wirtschaftliche Entwicklung genommen. Die Aufwertung zur SWZ muß daher als ein entscheidender Wendepunkt in der Bewertung der Insel verstanden werden. Um die unkoordinierten Entwicklungsaspekte besser erfassen zu können, wurden auf administrativer Ebene wichtige personelle Veränderungen vorgenommen. Zum Gouverneur der Provinz Hainan ernannte man Liang Xiang, den in Planungsfragen erfahrenen früheren Bürgermeister der SWZ Shenzhen, der die marode Wirtschaft in drei zeitlichen Phasen wettbewerbsfähig machen will (vgl. Deng 1988, S.9):

1. Phase
Die ersten drei bis fünf Jahre sind dem Aufbau der Infrastruktur gewidmet. Daneben soll eine Förderung des primären Sektors und die Erneuerung bestehender Unternehmen erfolgen. Während dieser Phase hofft Hainan, das durchschnittliche Wirtschaftswachstum der VR China zu erreichen.

2. Phase
In den darauffolgenden fünf bis sieben Jahren soll mit den wirtschaftlich fortschrittlichsten Regionen Chinas gleichgezogen werden.

3. Phase
Die letzte Phase umfaßt einen Zeitraum von zehn Jahren und wird der Erprobung der eigenen Leistungsfähigkeit auf den internationalen Märkten dienen.

Wichtigstes Entwicklungsglied ist somit die Infrastruktur, die, abseits der beiden Ballungsräume Haikou im Norden und Sanya im Süden der Insel, bisweilen als katastrophal beurteilt werden muß (vgl. Abb.19).

Abgesehen von der kaum vorhandenen Elektrizitätserschließung im ländlichen Raum, ist auch im städtischen Bereich die Energieversorgung nicht ausreichend. Geradezu typisch ist daher die Vielzahl der kleinen Generatoren in der Hauptstadt Haikou, die in den Abendstunden die einzige Stromquelle der Geschäfte darstellen. Bis 1987 war der Energieanteil pro Kopf um etwa ein Drittel geringer als im nationalen Durchschnitt. Entsprechende Maßnahmen zur Behebung dieser Misere sind u.a. in den Bau zweier Gasgeneratoren mit jeweils 25.000 KW und zweier kohlebetriebener Generatoren mit je 50.000 KW gemündet. Ende März 1989 betrug die lokale Energieerzeugung 290.560 KW (vgl. *China Economic News*, 17.7.1989, S.2). Wie weit Hainan jedoch von einer befriedigenden Energieversorgung entfernt ist, läßt sich daran ermessen, daß erst 1995 mit der Lösung aller Stromprobleme gerechnet wird (vgl. Yang 1988, S.16).

Abbildung 19:   Sonderwirtschaftszone Hainan

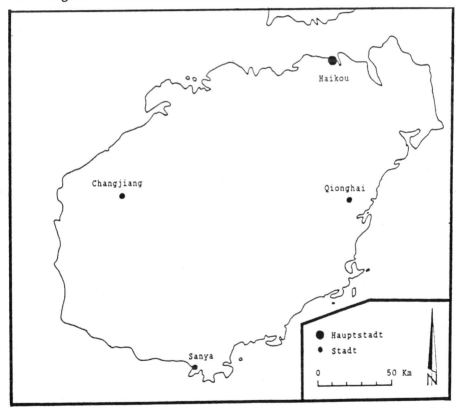

Quelle: PTAK 1990.

Im Transportbereich gibt es ähnliche Hindernisse. Sowohl das Straßen- als auch das Eisenbahnnetz müssen in den nächsten Jahren erheblich ausgebaut werden, falls man den selbstgestellten Aufgaben in der Zukunft gerecht werden will.

Bislang gibt es z.B. keine durchgehende Bahnlinie, die den Süden der Insel Hainan mit der Hauptstadt Haikou verbindet. Für die Hafenentwicklung hat die Regierung nach vielfältigen Diskussionen sogar auf die Hilfe des Auslandes zurückgegriffen.[14] So ist die Verpachtung des 30 km^2 großen Tiefseehafens Yangpu an ein japanisches Konsortium unter der Leitung des Baugiganten Kumagai Gumi bereits beschlossen. Während die chinesischen Behörden weiterhin für Grenz- und Zollkontrollen zuständig sind, sollen die Japaner den Aufbau, das Management und den Export innerhalb des Hafenterritoriums überwachen (vgl. Cheng 1989a, S.59).

Angesichts dieser drängenden Probleme im Infrastrukturbereich betreibt Hainan eine Begünstigungspolitik, die z.T. über die Investitionspräferenzen der anderen SWZ hinausreicht. Als Beispiel sei hier das Bodennutzungsrecht erwähnt, das in Hainan für 70 Jahre gewährt werden kann (vgl. Yang 1988, S.14). Insgesamt unterscheiden sich die verschiedenen Regularien jedoch nicht von den Bedingungen, die auch in der SWZ Shenzhen gelten (vgl. Lin 1988, S.6). Vielmehr ist es so, daß die liberale Öffnungspolitik Hainans zusätzliche Schwierigkeiten schafft. Das nachhaltigste Problem stellt die erlaubte, aber unkontrollierte Arbeitskräftezuwanderung dar, die allein von Februar bis Mai 1989 mehr als 100.000 Immigranten nach Hainan führte (vgl. Cheng 1989a, S.58). Im Straßenbild Haikous schlägt sich dieser Arbeitskräfteüberschuß in einer wachsenden Zahl von Beschäftigten im informellen Sektor nieder (z.B. Früchteverkäufer, Geldwechsler).

Eine erfolgreichere Bilanz kann Hainan bei der Realisierung ausländischer Investitionen vorweisen. So wuchs deren Kapitalsumme von 17,8 Mio.US$ im Jahre 1984 auf 114,2 Mio. im Jahre 1988. Des weiteren kam es zu einer enormen Außenhandelserweiterung (vgl. Tab.18), wobei die Hälfte aller Exporte in die VR China gelangten (vgl. Cheng 1989a, S.58). Trotz der großen Zunahme ausländischer Investitionen, die in den anderen SWZ zu einer Dominanz der Industriewirtschaft führten, bleibt Hainan auch im Jahre 1988, zumindest was den Bruttoproduktionswert anbetrifft, primär agrarwirtschaftlich geprägt. Dennoch liegt das Wachstumspotential auch hier in der Förderung einer exportorientierten Verarbeitungsindustrie. Im Sinne einer diversifizierten Wirtschaftsstruktur sollten aber weiterhin Agrarwirtschaft, Fischerei und Tourismus entwickelt werden. Insbesondere der Fremdenverkehrssektor bietet die Möglichkeit, eine der Hauptstützen der Wirtschaft zu bilden, falls das Potential der südlichen Region (z.B. die Stadt Sanya und der Badestrand Dadonghai) richtig ausgeschöpft wird.

Alle Zukunftsaussichten Hainans hängen nicht zuletzt aufgrund der Inselgröße von den materiellen Zuwendungen Beijings bzw. des Auslandes ab. Zwar hat die Zentralregierung bereits 53,7 Mio.US$ in die Entwicklung gesteckt, doch wird dieser Betrag gleichzeitig als einmalige Aufwendung verstanden, da das augenblickliche Sparprogramm keine zusätzlichen Finanzspritzen vorsieht. Um so wichtiger erscheint es daher, daß ausländische Investitionen den Entwicklungsgang beschleunigen und ihm neue Impulse verleihen. Vor diesem Hintergrund muß die Entlassung des Gouverneurs Liang Xiang, eines Vertrauten des ehemaligen Parteichefs Zhao Ziyang und engagierten Verfechters der Öffnungspolitik (vgl. Rosario 1989, S.10), geradezu als eine bewußte Behinderung des bisherigen Reformkurses verstanden werden.

Tabelle 18:   Hainans Handels- und Wirtschaftswachstum

	1984	1985	1986	1987	1988
Industr. Bruttoprod. (Rmb Mio.)	1.110	1.457	1.548	1.924	2.404
Agrarw. Bruttoprod. (Rmb Mio.)	2.184	2.222	2.457	2.638	2.660
Außenhandel (US$ Mio.)	41.1	81.1	38.4	115.4	770.0
Realisierte ausl. Investitionen (US$ Mio.)	17.8	26.4	2.5	8.9	114.2

Quelle: Cheng 1989a, S.58.

IV Dynamik der Sonderwirtschaftszone Shenzhen - problemorientierte Regionalanalyse unter Berücksichtigung des Einflusses Hong Kongs

1 Inhaltliche Vorüberlegungen

Anhand der folgenden Analyse soll untersucht werden, welchen Entwicklungsverlauf die SWZ Shenzhen bisher genommen hat und was ihre besonderen Charakteristika sind. Da durch den 1997 auslaufenden Pachtvertrag und die Gemeinsame Erklärung die räumliche Nähe zwischen Shenzhen und der britischen Kronkolonie eine neue Dimension erfahren hat, wird in besonderer Weise den wirtschaftlichen Einflüssen Hong Kongs auf die SWZ Rechnung getragen. Vor dem Hintergrund der folgenden qualitativen Untersuchung (Kapitel V) geht es hier vor allem um die quantitativen Grundlagen für das Verständnis raumwirksamer Verflechtungen.

Zu Beginn erfolgt eine Darstellung physisch-geographischer und planerischer Rahmenbedingungen. Beide Aspekte erfüllen in ihrem Zusammenspiel zwei wichtige Voraussetzungen. Zum einen bieten sie die Gelegenheit für eine grundlegende Raumkenntnis und zum anderen verkörpern sie die entscheidenden Merkmale bei der Implementierung der SWZ-Politik.

Im Mittelpunkt der Konzeption stehen ökonomische Strukturfragen. Da der sekundäre Sektor die wirtschaftliche Führungsposition Shenzhens einnimmt, erscheint eine detaillierte Betrachtung der Industriewirtschaft angebracht. Überdies werden die Wachstumsbereiche untersucht, die in den letzten zehn Jahren den Aufbau der SWZ nachhaltig geprägt haben. Als Indikatoren einer multisektoralen Wirtschaftsentwicklung dienen ferner Analysen des Bevölkerungs- und Arbeitskräftewachstums sowie der notwendigen Infrastrukturmaßnahmen.

Der Schlußteil befaßt sich mit Problemen, die aus der widersprüchlichen SWZ-Politik resultieren. In diesem Zusammenhang wird auch auf die Rolle der geöffneten Küstenstädte und Wirtschaftszonen Bezug genommen, da sie die Wettbewerbsfähigkeit und Bewertung Shenzhens beeinflussen können.

2   Geographische Rahmenbedingungen und Planungs-
       vorstellungen

Vor dem Beginn der Öffnungspolitik hatte Shenzhen lediglich die Funktion eines
Kreises, der unter dem Namen Baoan Xian bekannt war und vom Bezirk Hui-
yang verwaltet wurde. Durch die Errichtung der SWZ erhielt Shenzhen selbst
den Status eines Bezirkes und war von nun an direkt der Provinzregierung
Guangdongs unterstellt. Ursprünglich sollte der ganze Verwaltungsbezirk Shenzhen (2.020 km^2) SWZ werden, doch begrenzte man nach vielfältigen Diskussionen[1] im September 1980 das Gebiet der SWZ auf den südlichen Teil der administrativen Einheit (Shenzhen Municipality) (vgl. Abb.20).

Die SWZ Shenzhen hat eine Fläche von 327,5 km^2 und erstreckt sich von der
Dapeng-Bucht im Osten bis zum Perlfluß im Westen auf einer Länge von 49 km.
Ihre Nord-Süd-Ausdehnung beträgt 7 km, wobei sie im Süden an die New Territories grenzt und im Norden durch einen 84 km langen Zaun vom Rest des
chinesischen Staatsgebiets getrennt ist.

Das Relief spiegelt eine generelle Zweiteilung wider. Der Nordosten besteht aus
Hügel- und Bergland mit einer maximalen Erhebung von 944 m in Wutong,
während der Südwesten flach ist und sich aufgrund seiner günstigen topographischen Situation eine Raumerschließung erleichtert. Zudem dominieren in dieser
Region Alluvialböden, die der agrarwirtschaftlichen Nutzung zugute kommen.

Durch ihre Lage am 22. Breitengrad wird die SWZ Shenzhen von einem subtro-
pischen Maritimklima mit kühlen und trockenen Wintern (Oktober-März) und
regenreichen Sommermonaten (April-September) geprägt. Die jährliche Durch-
schnittstemperatur beträgt 22,4 Grad Celsius. Die Niederschläge im Sommer
(80% des Jahresniederschlags) sind das Ergebnis örtlicher Gewitterfronten und
tropischer Orkanwirbel (Taifune) (vgl. *China's Open Cities and SEZ 1986*, S.1).
Insbesondere die aus der Südchinesischen See oder dem westpazifischen Ozean
stammenden Taifune bringen an wenigen Tagen mehr Niederschläge als während des gesamten Winters, wobei die Niederschlagsverteilung von West nach
Ost von knapp 1.700 mm auf über 2.000 mm ansteigt (vgl. *Atlas of Natural Resources and Economic Development of Shenzhen 1985*). Angesichts einer ständig
wachsenden Bevölkerungszahl und den vielfältigen Anforderungen von Agrar-
und Industriewirtschaft hat Shenzhen die Wasserversorgung zu einem ihrer
wichtigsten Aufgabenbereiche erklärt.

Um die Ziele der SWZ-Politik in Einklang mit den natürlichen Voraussetzungen
zu bringen und denEntwicklungsvorgang zu beschleunigen, wurden auf lokaler
Ebene zwei Gesellschaften ins Leben gerufen: die Shenzhen Special Economic
Zone Construction Company (SSEZCC) und die Shenzhen Special Economic

Abbildung 20:   Lage der Sonderwirtschaftszone Shenzhen

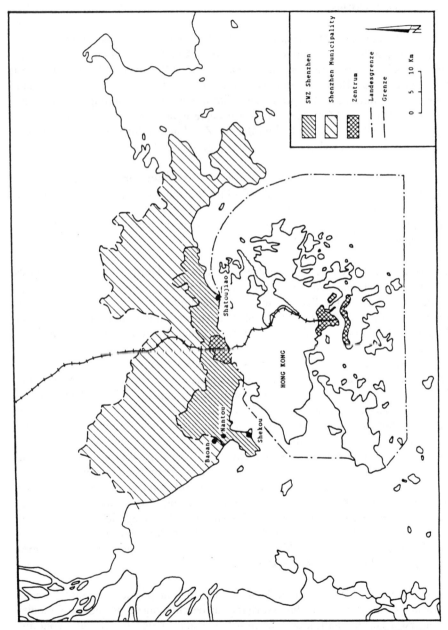

Quelle: *Atlas of Natural Resources and Economic Development of Shenzhen
           1985.*

Zone Development Company (SSEZDC). Beide Gesellschaften unterstehen direkt dem Bürgermeister und sind staatseigene Organisationen. Ihrem Status zufolge handelt es sich um Unternehmen, die eigenverantwortlich für Profite und Verluste aufkommen und so den Willen zur Öffnungspolitik bekunden.

Die SSEZDC wurde 1981 zu dem Zweck gegründet, ausländisches Kapital nach Shenzhen zu holen und die SWZ zu entwickeln (vgl. Peng Guohua et al. 1987, S.7). Ihr Funktionsbereich umfaßt die Förderung und Überwachung folgender Ressorts:[2]

1. Bau- und Immobiliensektor,
2. Industriesektor,
3. Import und Export,
4. Tourismus,
5. Finanzierungsgeschäfte und Währungstransaktionen.

Die SSEZDC ist zugleich der größte Konzern der SWZ, der ca. 200 Tochtergesellschaften in verschiedenen Wirtschaftssektoren unterhält, unter denen alle Kooperationsformen vertreten sind. Als eines der vordringlichsten Ziele wird die Wahl entsprechender chinesischer Betriebe für Joint Ventures betrachtet. In dieser Hinsicht versteht sich die SSEZDC als ein Vermittler zwischen interessierten und kapitalkräftigen ausländischen Investoren auf der einen Seite sowie wachstumsorientierten chinesischen Unternehmen auf der anderen Seite.

Als zweites Standbein der Entwicklung Shenzhens stellt die SSEZCC die eigentliche Planungseinheit dar. Während die SSEZDC für die Vertragsunterzeichnung verantwortlich ist, verhandelt die SSEZCC mit den Unternehmen über die Landvergabe und die infrastrukturelle Ausstattung (z.B. Gas, Wasser, Verkehrsanbindung).

Dieses Idealbild einer geordneten Durchführung der Planung wird jedoch dadurch getrübt, daß Entscheidungen über größere Projekte in den seltensten Fällen von den lokalen Organisationen, sondern auf höherer Ebene getroffen werden (vgl. Kwok 1986, S.45). Auf diese Weise degradiert man beide Gesellschaften zu ausführenden Organen einer Landpolitik, auf die sie relativ wenig Einfluß haben. Hinzu kommt, daß die Industriebezirke Shekou und Shahe, die sowohl geographisch als auch administrativ Teil der SWZ Shenzhen sind, von der China Merchants Holdings Co., Ltd. und der Overseas Chinese Affairs Co. geleitet werden (vgl. Wong/Chu 1985d, S.177). Dem potentiellen Investor bietet sich damit ein Bild äußerster Komplexität, das zumeist zu unnötigen Verwirrungen und Verzögerungen bei Neuansiedlungen führt.

Trotz der genannten Defizite richtet sich die Gesamtplanung nach den Vorgaben des Master Plan, der unter Berücksichtigung der topographischen Situation und der geographischen Nähe Shenzhens zu Hong Kong das Territorium in drei Regionen gliedert (vgl. Tab.19; Abb.21):

Tabelle 19:   Planungsregionen in der SWZ Shenzhen

Region	Distrikt	Hauptfunktion	Zielbevölkerung
Osten	Shatoujiao	Wohnen, Dienstl.;	n.v.
	Yantian	Fischerei, Agrarwirtschaft, Industrie;	30.000
	Dameisha u. Xiaomeisha	Tourismus; Fischerei;	n.v.
Zentral	Luohu (Lowu)	Wohnen, Dienstl., Industrie;	110.000
	Stadt Shenzhen	Wohnen, Dienstl., Industrie;	40.000
	Reservoir	Tourismus, Wohnen;	30.000
	Shangbu	Industrie, Wohnen;	60.000
	Futian	multifunktional;	300.000
	Chegongmiao	multifunktional;	25.000
Westen	Shekou	Industrie;	50.000
	Shahe	Industrie;	40.000
	Chiwan	Industrie; Versorgungszentrum für Offshore-Ölsuche.	30.000

n.v.   = nicht verfügbar
Quelle: Yeh 1985, S.115.

1. Östliche Region

Aufgrund ihres hügeligen Charakters eignet sich die östlich des Shenzhen-Reservoirs gelegene Region nicht für eine größere städtische Bebauung. Ziel ist es, die vorhandenen natürlichen Ressourcen (Wasser, Strände, Reservoirs) nutzbar zu

**Abbildung 21:   Planungsregionen und Flächennutzungen in der SWZ
Shenzhen**

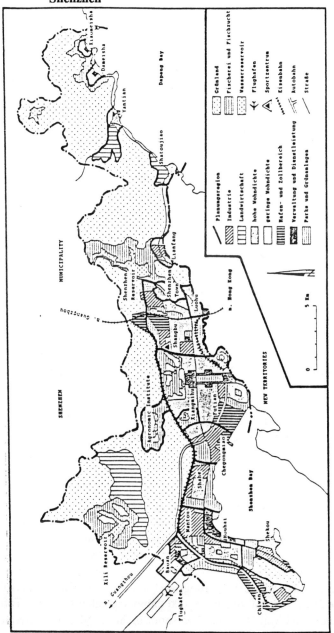

Bearbeitet von R. Schryen und A. Wilbers nach: Yeh 1985; Chu 1985c.

machen und vordringlich den Tourismus entlang der Dapeng-Bucht zu fördern. Gerade vor dem Hintergrund der extremen Bevölkerungsdichte und Landarmut Hong Kongs sollen viele Einwohner der Kronkolonie hierher gelockt werden.

2. Zentralregion

Sie wird vom Shenzhen-Reservoir im Osten und von Chegongmiao im Westen begrenzt. Im Mittelpunkt steht die städtische Entwicklung sowie die Forcierung der Leichtindustrie. Bisher sind die meisten Anstrengungen in den Ausbau Luohus geflossen, das das Geschäftszentrum der gesamten SWZ bildet und mit dem Shenzhen International Trade Centre (53 Stockwerke) auch über das höchste Gebäude Chinas verfügt. Luohu ist zugleich der wichtigste Grenzübergang nach Hong Kong.

Den Schwerpunkt der Leichtindustrie stellt Shangbu dar. Die anderen Distrikte sind noch weitgehend unterentwickelt.

3. Westliche Region

Die westliche Region erstreckt sich von Chegongmiao bis zur Perlflußmündung im Westen. Im Vordergrund steht der Ausbau der Halbinsel Nantao, die mit Shahe, Nantou und Shekou bereits über drei Industriestandorte verfügt. Daneben wird Chiwan zu einem Versorgungshafen für die Ölförderungen im Südchinesischen Meer ausgebaut.

Seit der Ausarbeitung des Master Plan hat es immer wieder Korrekturen bei der Implementierung gegeben. Vielfach werden Planungsvorhaben dahingehend geändert, daß man ausländischen Investoren Freiräume bei der Durchsetzung ihrer Wirtschaftsziele zugesteht. Ein Beispiel ist die Stadt Futian. Nachdem eine Hong Konger Immobilienfirma ihr Interesse an der Entwicklung Futians bekundet hatte, wurde die geplante Einwohnerzahl auf 300.000 erhöht (vgl. Yeh 1985, S.125).

3 Bevölkerungs- und Arbeitskräfteentwicklung

Vor 1978 war die SWZ Shenzhen ein vorwiegend agrarwirtschaftlich geprägter Raum. Die größten städtischen Siedlungen stellten Shenzhen und der Marktort Nantou mit insgesamt 27.366 Einwohnern dar (vgl. Chu 1985b, S.135). Seit dieser Zeit gab es ein enormes Bevölkerungswachstum, das die Einwohnerzahl innerhalb von neun Jahren auf knapp 600.000 emporschnellen ließ (vgl. Tab.20). Bei einem Flächenanteil von 16% entfallen somit mehr als 50% der Gesamtbevölkerung der Shenzhen Municipality auf die SWZ.

Tabelle 20:   **Bevölkerungsentwicklung Shenzhens**

Jahre	SWZ Shenzhen	Shenzhen Municipality
1979	70.900*	312.600*
1980	84.100*	320.090*
1981	98.300*	333.900*
1982	207.600	354.500*
1983	285.000	595.200
1984	337.500	435.200*
1985	469.800	881.500
1986	488.700	935.600
1987	599.600+	1.154.000

*)   = ortsansässige Bevölkerung
+)   = Information der Shenzhen University
Quellen: *Shenzhen SEZ Yearbook 1986* und *1987*; Chan 1986b, Tab.1.

Die große Anziehungskraft der SWZ Shenzhen resultiert dabei in erster Linie aus dem höheren Lohnniveau. Überdies bietet dieser Raum den Arbeitskräften ein Waren- und Freizeitangebot, das aufgrund seiner Nähe zu Hong Kong sehr stark von der Kronkolonie geprägt ist und in dieser Hinsicht keine Konkurrenz mit den Millionenstädten Chinas zu fürchten braucht. Gleichzeitig konnten durch die Auflösung landwirtschaftlicher Einheiten (z.B. Volkskommunen) und die fortschreitende Mechanisierung im primären Sektor Arbeitskräfte freigesetzt werden, die verstärkt in die arbeitsintensiven Bereiche der Leichtindustrie drängen. Obwohl ein Teil der Industriebeschäftigten aus der lokalen Landwirtschaft stammt, müssen viele Unternehmen ihren Bedarf aus anderen Regionen Guangdongs bzw. anderen Provinzen decken (vgl. Yeh 1985, S.128).

Da viele Arbeitskräfte nur für einen bestimmten Zeitraum (2-4 Jahre) von ihrer lokalen Arbeitseinheit freigestellt werden,[3] zählt die Statistik der SWZ sie gesondert auf. Für Shenzhen ergibt sich hieraus ein bemerkenswerter Aufbau der Bevölkerungsstruktur, nach dem etwa die Hälfte aller Einwohner nur vorübergehend in der SWZ ansässig sind. Innerhalb dieser Gruppe wiederum ist der Anteil der jungen und unverheirateten Frauen außergewöhnlich hoch. Sollte die jetzige Entwicklung weiterhin andauern, so dürfte die nach dem Master Plan für das Jahr 2000 vorgesehene Einwohnerzahl von 800.000 schon Anfang der neunziger Jahre erreicht werden (vgl. Chu 1985b, S.133). Welch relativ geringen Anteil die Geburtenrate an der Bevölkerungszunahme der SWZ hat, mag ein Vergleich mit der VR China verdeutlichen. So kann Shenzhen seit 1983 durchweg Werte vor-

weisen, die nicht nur um mindestens fünf Promille unter dem Landesdurch-
schnitt liegen, sondern zugleich der Geburtenrate Europas entsprechen (vgl.
Bähr 1990, S.48; *Shenzhen SEZ Yearbook 1984-1987*). Während die Zahlen der
VR China das Ergebnis einer teilweise rigorosen Bevölkerungspolitik seitens der
Regierung darstellen, sind für Shenzhen zumindest zwei Faktoren ausschlaggebend. Zum einen die besseren Verdienstmöglichkeiten in der SWZ, die in vielen
Fällen zu einer zeitlich begrenzten Trennung vom Ehepartner und der Familie
geführt haben. Zum anderen scheint der höhere Verstädterungsgrad und der
wachsende Wohlstand ein generatives Verhalten hervorzubringen, das die Kin-
dererziehung als Schmälerung des eigenen Lebensstandards begreift (vgl. Kuls
1980, S.122 ff.).

Schließlich lockt die SWZ aber nicht nur Arbeitskräfte aus den verschiedenen
Teilen Chinas an, sondern auch aus Hong Kong und anderen Regionen. Wenngleich ihre Anzahl aufgrund fehlender Statistiken und ständiger Fluktuationen
schwer zu quantifizieren ist, so deutet die gegenwärtige Investitionsstruktur
Shenzhens jedoch auf keine unwichtige Rolle dieser Gruppe hin. Im Stadtbild
zeigt sich diese Bedeutung anhand der zahlreichen Wohnhäuser und Mietwoh-
nungen, die für chinesische Arbeitskräfte unerschwinglich sind.

Faßt man die Bevölkerungsmerkmale der SWZ zusammen, so handelt es sich um
einen Raum mit einer sehr heterogenen Bevölkerungsstruktur. War Shenzhen
Ende der siebziger Jahre noch spärlich bewohnt, spiegelt das heutige Bevölkerungswachstum eine Wirtschaftsentwicklung wider, die zunehmend Arbeitskräfte
anzieht (vgl. Yeh 1985, S.128). Die sich daraus ergebenden großen Unterschiede im Lebensstandard führten zwar bisher noch nicht zu sichtbaren Integrations-
problemen, doch für die Zukunft stellen sie eine wichtige planerische und politische Herausforderung dar.

4 Wirtschaft

4.1 Agrarwirtschaft und Fischerei

Ehe Shenzhen zur SWZ ernannt wurde, nutzte man dieses Gebiet im wesentlichen als landwirtschaftliche Anbaufläche, die neben ihrem Eigenbedarf auch
Reis und Getreide in andere Regionen Chinas exportierte (vgl. Zheng et al. 1985,
S.102). Mit der Industrieansiedlung änderte sich die räumliche Struktur aber
derart, daß die SWZ heute kaum noch das Bild einer bäuerlich geprägten Region
bietet. So hat trotz des rapiden Einwohnerzuwachses die landwirtschaftliche
Bevölkerung nur mäßig zugenommen (vgl. Tab.21). Statt zu einer Ausweitung ist
es vielmehr zu einer Kommerzialisierung und Spezialisierung gekommen. Im

Vordergrund steht die Orientierung am Hong Konger Markt, die bisher zu einer
Konzentration auf hochwertige und leicht verderbliche Obst- und Gemüsesorten
im Osten der SWZ geführt hat. Darüber hinaus werden aber auch Hühner,
Schweine und Fisch in die Kronkolonie exportiert.

Tabelle 21:   Entwicklung der landwirtschaftlichen Bevölkerung

Jahre	Einwohnerzahl
1979	35.600
1980	37.900
1981	39.400
1982	50.500
1983	46.100
1984	38.800
1985	42.300
1986	41.800

Quelle: *Shenzhen SEZ Yearbook 1984-1987.*

Jede Analyse sollte eine genaue Unterscheidung zwischen der SWZ und der
weitaus größeren Shenzhen Municipality treffen. In der Literatur wird diese
Sichtweise zumeist vernachlässigt und der gesamte Exportanteil des Verwaltungsbezirks auf die SWZ bezogen (vgl. Bolz et al. 1989, S.162). Daß beide Territorien jedoch erhebliche Differenzen in ihrer agrarwirtschaftlichen Bedeutung
aufweisen, belegt die Entwicklung des Bruttoproduktionswerts. Während die
Attraktivität des Industriesektors und der Anpassungsprozeß in der Landwirtschaft zu einer generellen Abnahme in der SWZ führten, zeichnet sich die Municipality durch ein stetiges Wachstum aus (vgl. Abb.22).

Glaubt man den Angaben der chinesischen Seite, so deckte der Verwaltungsbezirk Shenzhen (1987) 17,2% des Gemüse-, 42% des Hühner- und 42% des
Milchbedarfs Hong Kongs ab (vgl. Shenzhen Municipal Foreign Propaganda
Office, Agriculture). Zwar hofft die Lokalregierung, diese Anteile durch eine
stärkere Kooperation mit Hong Konger Geschäftsleuten erhöhen zu können,
doch bilden insbesondere Anbau- und Produktionsprobleme noch limitierende
Faktoren (vgl. Ji 1988, S.9).

Wenngleich für die SWZ Shenzhen keine offiziellen Zahlen über den Export
nach Hong Kong vorliegen, deutet die Reformierung der Agrarstruktur auf eine
devisenorientierte Landwirtschaft hin. So profitierte in erster Linie der Gemüseanbau von einer seit 1979 um 50% gesunkenen landwirtschaftlichen Nutzfläche.
Im Unterschied zu allen anderen Produkten konnte dessen Anbaufläche von nur

Abbildung 22:   Bruttoproduktionswert in der Agrarwirtschaft

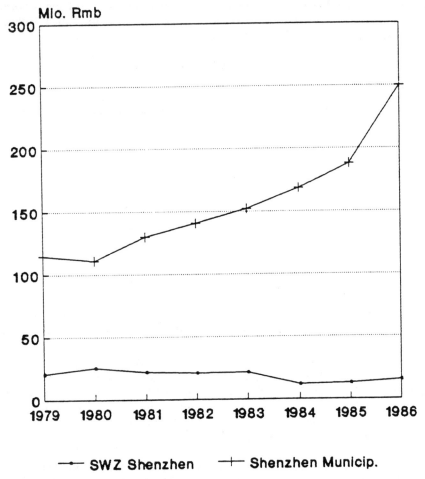

—•— SWZ Shenzhen   —+— Shenzhen Municip.

Quelle: *Shenzhen SEZ Yearbook 1984-1987*; Chan 1986b, Tabelle 2.

3% (1979) auf 78% (1986) gesteigert werden (vgl. *Shenzhen SEZ Yearbook 1985-1987*). Ergänzt wird dieses Bild durch den Reisanbau im Osten sowie den im Westen der SWZ dominierenden Litchianbau, dessen Ernte in den Sommermonaten zum großen Teil nach Hong Kong gelangt. In diesem Zusammenhang muß darauf hingewiesen werden, daß neben dem expandierenden Handel mit der britischen Kronkolonie auch der täglich stattfindende Freimarkt eine Abnahmequelle darstellt, die den Bauern ein vergleichsweise hohes Einkommen sichert.

Innerhalb der Viehzucht dominieren nach wie vor die Hühner- und die Schweinehaltung, die aber ebenso wie der Reisanbau einer zunehmenden Spezialisierung Tribut zollen müssen. Als weitaus lebensfähiger hat sich dagegen der Fischereisektor erwiesen. Aufgrund der unterschiedlichen natürlichen Bedingungen und der differenzierten Zielsetzung, die in Verbindung mit Hong Konger Kapital schon relativ frühzeitig zu zahlreichen Kompensationsgeschäften geführt haben (vgl. Wong 1982, S.32), gilt es grundsätzlich zwischen zwei Bereichen zu unterscheiden:

- Ein vorwiegend auf Fischzucht (z.B. Karpfen) ausgerichteter Bereich im Osten der SWZ Shenzhen (Shatoujiao, Yantian); jüngste Entwicklungen deuten jedoch darauf hin, daß die Tiefseefischerei entlang der Dapeng Bucht ein immer größeres Gewicht bekommt;

- die Tiefseefischerei in der Nähe Shekous, die im Distrikt Nantou durch Krabben-, Hummer- und Austernzucht ergänzt wird (vgl. *Atlas of Natural Resources and Economic Development of Shenzhen 1985*, S.185 ff.).

Beide Bereiche haben ihre Bedeutung so sehr ausbauen können, daß ihre Gesamtproduktion Ende 1986 80% über der von 1979 lag (vgl. *Shenzhen SEZ Yearbook 1985* und *1987*, S.586 bzw. 329).

Es bleibt festzuhalten, daß sowohl die SWZ als auch der Verwaltungsbezirk ihre Agrarstruktur nach den Bedürfnissen Hong Kongs ausgerichtet haben. Angesichts der großen Landarmut und des geringen Selbstversorgungsgrades der übervölkerten Kronkolonie sicherlich eine richtige Entscheidung, die insbesondere den südlichen Regionen Shenzhens zugute kommt. So besitzen gerade sie einen unschätzbaren Standortvorteil, der sich in niedrigen Transportkosten und geringen Ausschußmengen äußert (vgl. Zheng et al. 1985, S.102).

4.2 Industriewirtschaft

4.2.1 Industriewachstum

Obwohl die SWZ Shenzhen im Gegensatz zu den EVZ Asiens als integriertes Entwicklungsgebiet geplant war, sollte von Beginn an die Förderung der industriellen Produktion die Basis der Zonenwirtschaft darstellen (vgl. Wong 1985b, S.57). Anfänglich deutete jedoch nichts darauf hin, daß diese Zielvorstellung auch realisiert werden könnte. Die SWZ verfügte über eine sehr schlechte industrielle Ausstattung, die überdies auf die Bedürfnisse der lokalen Landwirtschaft abgestimmt war (vgl. Jing Wei 1989a, S.20). Für die potentiellen Investoren stellte sich daher die Frage, ob die traditionell hohen Kapitalsummen im Industriesektor auch gewinnbringend angelegt sein würden. Hinzu kam das Fehlen eines effizienten administrativen, rechtlichen und finanziellen Systems, das viele Interessenten abschreckte.

Seit 1981 haben indes eine Reihe von Veränderungen zum Bedeutungsgewinn der Industrie beigetragen (vgl. Wong 1985b, S.59):

- Die Verabschiedung von vier Gesetzen zur Regelung von Ein- und Ausreise, Arbeit und Lohn, Firmenregistrierung sowie Landverwaltung verliehen dem Industriesektor stabilisierende Züge.

- Die Anfang 1982 erfolgte Reorganisierung der Verwaltungsstruktur führte zu einer größeren administrativen Effizienz.

- Die mit Hilfe von Hong Konger Experten im September 1982 vorgenommene Überarbeitung der Entwicklungspläne resultierte in einer verbesserten Investitionsgrundlage.

Unterstützung erhielten diese Maßnahmen schließlich auch von Regierungsseite. So wurde auf einer Arbeitstagung Ende 1985, an der sowohl verantwortliche Kader aus Beijing als auch die Leiter der vier SWZ teilnahmen, "die Reorientierung aller Wirtschaftssonderzonen auf Industrie und Export für die Periode des chinesischen 7. Fünfjahresplanes (1986-1990) beschlossen" (Nieh 1987, S.62). Shenzhens Industriesektor übernimmt damit eine Führungsposition in der gesamtwirtschaftlichen Entwicklung, die in Verbindung mit dem Außenhandel wachstumsfördernd sein soll (vgl. Yu Guoyao 1986, S.7). Die Vorrangstellung der Industriewirtschaft spiegelt sich auch in den statistischen Zahlen wider. Zwischen 1979 und 1986 wuchs die Zahl der Fabriken in der SWZ von 68 auf 730 an, wobei die meisten Betriebe (539) auf die Leichtindustrie entfielen. Im gleichen Zeitraum kam es zu einer enormen Steigerung der Industrieproduktion. Während die SWZ ihren Wert um das 105fache steigern konnte, belief sich der Zuwachs der Shenzhen Municipality auf das 58fache (vgl. Tab.22).

Obwohl von offizieller chinesischer Seite keine Daten über die jüngste Entwicklung in der SWZ vorliegen, dürfte nach dem bisherigen Wachstumsprozeß davon auszugehen sein, daß die Industrieproduktion beider Räume ähnlich verlaufen ist. Ein Vergleich mit den anderen Verwaltungsbezirken der SWZ zeigt zudem, daß Shenzhen mit knapp 40% nicht nur den höchsten Anteil am industriellen Output hat, sondern seine Führungsposition seit 1986 sogar noch ausbauen konnte (vgl. Tab.23).[4]

Tabelle 22:   **Wachstum der Bruttoindustrieproduktion in Mio.Rmb (in Preisen von 1980)**

Jahre	SWZ Shenzhen	Shenzhen Municipality
1979	29.66	60.61
1980	51.21	84.44
1981	202.53	242.82
1982	299.12	362.12
1983	577.02	720.41
1984	1.474.75	1.812.52
1985	2.350.00	2.674.00
1986	3.111.04	3.565.08
1987	n.v.	5.763.00
1988	n.v.	8.881.10

n.v. = nicht verfügbar
Quellen: *Shenzhen SEZ Yearbook 1985-1987*; Zhu 1988, S.18; Bolz et al. 1989, S.154.

Tabelle 23:   **Anteil der einzelnen Verwaltungsbezirke (Municipalities) an der Bruttoindustrieproduktion in Prozent**

	1986	1987	1988
Shenzhen	35,1	38,7	39,5
Zhuhai	6,7	8,2	10,9
Xiamen	23,6	21,3	20,0
Shantou	34,6	31,9	29,5
Insgesamt	100	100	100

Quelle: Bolz et al. 1989, S.156.

Auf nationaler Ebene muß die quantitative Bedeutung der SWZ jedoch relativiert werden. So erzielen die vier Zonen weniger als 2% (1987) der Industrieproduktion Chinas und nur 9% (1988) des industriellen Outputs der Küstenstädte (vgl. Bolz et al. 1989, S.157). Dennoch sind die Wachstumserfolge insofern bemerkenswert, als alle Zonen von einem sehr niedrigen Ausgangsniveau starten mußten.

4.2.2   Industriestandorte

Aufgrund der topographischen Gegebenheiten und der Möglichkeiten zur infrastrukturellen Erschließung sieht der Master Plan die Ausweisung von Industrieflächen in der Zentralregion und im Westen der SWZ vor. Auf 15 km² sollen
zehn Industriebezirke entstehen, von denen bisher sechs weitgehend entwickelt
sind: Shekou, Shahe, Shangbu, Bagualing, Nantou, Shuibei.[5]

Shekou
Rund 30 km von der Stadt Shenzhen und 20 Seemeilen von Hong Kongs "Central
District" entfernt liegt auf der Halbinsel Nantao der Distrikt Shekou. Er besteht
aus drei Wirtschaftsregionen, die von verschiedenen Gesellschaften verwaltet
werden (vgl. Abb.23):[6]

- Die Industriezone Shekou, die von der Shekou Industrial Zone Company,
  einem Tochterunternehmen der China Merchants Holdings Co., Ltd., verwaltet wird, ist mit 8,2 km² zugleich die größte Region des gesamten Distrikts.

- Das westlich der Industriezone gelegene Gebiet umfaßt die Häfen Chiwan und
  Mawan. Während Chiwan der Planungseinheit der Nanshan Development
  Company untersteht, wird der nördliche Teil um Mawan von der South China
  Sea Oil Exploration Company verwaltet. Die Nanshan Development Company
  stellt ihrerseits ein Joint Venture dar, an dem neben der Bank of China und
  der Shenzhen Municipality die China Merchants Holdings Co., Ltd. mit 38%
  die größten Anteile besitzt.

- Im Osten der Industriezone befindet sich das ehemalige Fischerdorf Shekou,
  dessen Ausbau von der General Company for Agricultural Industry and Trading vorgenommen wird.

Verglichen mit allen übrigen Standorten Shenzhens ist die Industriezone Shekou
seit ihrer Gründung in vielerlei Hinsicht ein Ausnahmegebiet. Zunächst war
Shekou die erste Industriezone in der VR China, die ausländisches und Hong
Konger Kapital anlocken sollte. Zweitens wurde diese vor Ausweisung der SWZ
Shenzhen gegründet und konnte somit ihre eigenen Investitionsbedingungen
festlegen. Die ihr eingeräumten Vorrechte beinhalteten z.B. eine zehnprozentige
Körperschaftssteuer. Gemäß der SWZ-Regelungen müssen aber alle Unternehmen, die nach dem 26.August 1980 nach Shekou kamen, ebenfalls eine Steuer
von 15% entrichten (vgl. *South China Morning Post*, 8.4.1982).

Das wichtigste Unterscheidungsmerkmal, Shahe ausgenommen, ist die Verwaltung durch die China Merchants Holdings, da Shekou zwar einerseits geographischer Teil der SWZ Shenzhen ist, aber "andererseits eine administrativ weitgehend selbständige Zone" (Göbbel 1986, S.84) darstellt. Seitens der chinesischen
Regierung setzt man beim Aufbau Shekous insbesondere auf die langjährigen

Abbildung 23:   Flächennutzungsplan der Industriezone Shekou 1986-1995

Quelle: Master Plan der China Merchants Holdings.

Managementerfahrungen der China Merchants Holdings. Hinzu kommt, daß das vom chinesischen Ministerium für Kommunikation geleitete Unternehmen durch seinen Standort in Hong Kong wichtige Verbindungen knüpfen kann. Nach mehr als zehn Jahren kann die Entwicklung Shekous durchaus als Erfolg bezeichnet werden. Den anfänglichen Aufbauarbeiten, die die Einebnung der als Gewerbegebiete ausgewiesenen Flächen ebenso vorsahen wie andere Infrastrukturmaßnahmen, folgte alsbald ein verstärktes Bevölkerungs- und Industriebeschäftigtenwachstum. So konnte Shekou seine Einwohnerzahl von 39 (1979) auf 38.516 (1988) steigern. Im gleichen Zeitraum wuchs der Anteil der Industriebeschäftigten auf 74% an (vgl. China Merchants Holdings 1989, S.14), wobei jährlich Tausende von Arbeitskräften aus den anderen Provinzen Chinas nach Shekou transferiert wurden. Führend ist in dieser Hinsicht die Provinz Guangdong, aus der zwischen 1985 und 1987 mehr als 60% aller neuen Arbeitskräfte stammten (vgl. Zhang/Zhou 1987, S.19). Von Beginn an stand die Förderung kapital- und technologieintensiver Betriebe im Vordergrund. Dieses Ansiedlungskriterium führte gleichzeitig zum Verbot von Unternehmen, die eine der folgenden Eigenschaften besitzen:

- Betriebe mit veralteten Maschinen,
- Betriebe, die umweltverschmutzend sind,
- Betriebe, deren Waren eine Konkurrenz für die Exportprodukte der VR China darstellen,
- Betriebe, die einen Kompensationshandel oder die Verarbeitung importierter Rohstoffe und Materialien anstreben.

Ende 1988 hatten sich in Shekou 85 Betriebe angesiedelt, deren Produktionspalette überaus weit gestreut war. Neben der dominanten Elektronikindustrie (z.B. Sanyo) gab es u.a. ein Stahlwerk, eine Schuhfabrik, einen Betrieb zur Herstellung von Kunstdünger und als größten Arbeitgeber eine Glasfabrik. Welchen Stellenwert der gesamte Industriesektor im Rahmen der exportorientierten Wirtschaft genießt, wird anhand der Investitionsstruktur deutlich (vgl. Tab.24). Nach Angaben der China Merchants Holdings werden 63% aller Industrieprodukte ins Ausland exportiert.

Tabelle 24:   Investitionsstruktur nach Investitionsbereichen (1986)

	Prozent		Prozent
Industrie	76.5	Tourismus	4.1
Transport	3.0	Ölförderung	3.1
Bauwirtschaft	4.7	Wissenschaft und	
Dienstl. und		Technologie	1.3
Finanzsektor	6.1	Sonstige	0.8

Quelle: China Merchants Holdings 1987, S.42.

Hinsichtlich der Kooperationsform berücksichtigt die Industriezone ausschließlich Joint Ventures und Firmen, die 100%ige Direktinvestitionen in Shekou tätigen. Bisher konnten von 291 Investitionsprojekten 209 mit Hilfe ausländischen Kapitals geschlossen werden (vgl. Tab.25). Für den Industriesektor beläuft sich der Anteil ausländischer Investitionen für das Jahr 1988 auf knapp 70%. In diesem Zusammenhang muß darauf hingewiesen werden, daß die China Merchants Holdings mit der Einbeziehung ausländischer Hilfe zwei Ziele verfolgt. Zum einen soll der technologische Stand der Industriezone betont und zum anderen der Vorbildcharakter Shekous bei der effektiven Abwicklung von Kooperationsgeschäften unterstrichen werden. Obwohl diese Sichtweise ein Wunschdenken auf chinesischer Seite widerspiegelt, haben die strengen Investitionsvorschriften zu einer reibungsloseren Implementierung der Zielvorstellungen geführt als an anderen Industriestandorten.

Tabelle 25:   Investitionsprojekte in der Industriezone Shekou

Jahre	Investitionsprojekte	Projekte mit ausländ. Kapital
1984	148	107
1985	209	142
1986	237	159
1987	245	172
1988	291	209

Quelle: China Merchants Holdings 1989, S.14.

Darüber hinaus muß auf die günstigen Landnutzungsgebühren hingewiesen werden. Besondere Vergünstigungen genießen exportorientierte Unternehmen, die technologieintensiv wirtschaften. Sie werden in der Aufbauphase von jeglichen Steuer- und Gebührenzahlungen befreit und müssen in den ersten beiden Produktionsjahren nur die Hälfte der üblichen Belastungen entrichten (vgl. *South China Morning Post*, 19.9.1986). Für eine Industriezone, die dank eines mehrmals täglich stattfindenden Schnellbootverkehrs nur knapp eine Stunde von Hong Kongs 'Central District' entfernt liegt, sind dies Voraussetzungen, die neben vielen lokalen Geschäftsgrößen auch ausländische Investoren anlocken.[7] Nach Aussagen des Vizedirektors der Entwicklungs- und Forschungsabteilung der China Merchants Holdings erzeugt der bisherige Erfolg Shekous jedoch gleichzeitig ein Konkurrenzdenken der anderen Industriezonen, das sich in den letzten Jahren in einem verstärkten Kampf um attraktive Investoren niedergeschlagen hat.[8] Als einzige Industriezone besitzt Shekou allerdings den Vorteil, daß es im Rahmen einer umfassenden Industrieentwicklung genügend Raum für Unternehmen der Schwerindustrie bereitstellt.

Shahe

Die zweite Industriezone, die nicht direkt der Verwaltung der SWZ Shenzhen unterliegt, ist Shahe. Als Teil der Overseas Chinese Enterprise Company hat sie die Entwicklung von Produkten der Leicht-, insbesondere der Elektronikindustrie zum Ziel. Trotz verschiedener Diversifizierungsbestrebungen wird das Bild der Elektronikindustrie noch weitgehend durch die Fertigung einfacher Güter (Radios, Kassettenrecorder) geprägt. In den nächsten Jahren rechnet man jedoch mit einer qualitativen Verbesserung zu Gunsten von Präzisionsinstrumenten. Noch weitgehend unbedeutend sind bislang die Ansätze anderer Industriezweige. Aufgrund seiner geographischen Randlage im Vergleich zu den verkehrsgünstigeren Industriezonen Shekou und Shangbu wird Shahe momentan eine moderate Entwicklung prophezeit.

Shangbu

Als Teil des Distrikts Shangbu liegt die gleichnamige Industriezone nur gut 2 km von Luohu entfernt. Laut Planungsvorstellungen soll Shangbu das Elektronikzentrum der gesamten SWZ werden, das in erster Linie Kooperationsprojekte mit ausländischen Investoren verfolgt. Bisher haben diese Bemühungen zur Ansiedlung zahlreicher Hong Konger und japanischer Elektronikfirmen geführt, die u.a. Joint Ventures mit Betrieben aus dem chinesischen Binnenland abschließen. Ein Beispiel ist die Lan Hai Electronic Ltd., die 1983 als EJV zwischen der Overseas Welfare Company (Hong Kong-Partner) und dem Electronical Bureau of Ganzu Province (chinesischer Partner) gegründet wurde.[9] Überdies gibt es in jüngerer Zeit Ansätze zum Ausbau weiterer Verarbeitungsbetriebe. Neben dem Elektronikzweig sind dies vor allem Firmen der Spielzeug- und Textilindustrie. Shangbu ist zugleich Sitz der amerikanischen Getränkefirma Pepsi Cola (vgl. Moser 1984, S.146).

Bagualing

Nördlich von Shangbu befindet sich Bagualing. Die erst seit 1982 entwickelte 1,1 km² große Industriezone richtet ihr Augenmerk bislang auf die Errichtung standardisierter Gewerbegebäude, die mit allen infrastrukturellen Einrichtungen ausgerüstet werden. Geplant sind 50 Fabriken unterschiedlicher Größe. Nach Informationen des Verwaltungsbezirks Shenzhen soll die dominierende Leichtindustrie durch Hochtechnologie ergänzt werden (vgl. Shenzhen Municipal Industrial Development Service Corporation 1986).

Nantou

Nantou ist als arbeitsintensive Elektronikzone vorgesehen, die in erster Linie Hong Konger Investoren anlockt und ihnen Grundstücke für einen Zeitraum von 25 Jahren bereitstellt. Bei ihrer Fertigstellung hofft man, 10.000 Arbeitskräfte beschäftigen zu können. Bisher werden die weiteren Entwicklungen aber noch von grundsätzlichen Differenzen über die Investitionseffekte behindert.

Shuibei

Die kleinste und jüngste aller bisherigen Industriestandorte ist Shuibei mit 0,4 km². Nach Angaben der Shenzhen University steht die Ansiedlung der Textilindustrie im Vordergrund.[10]

Die Analyse hat gezeigt, daß die SWZ Shenzhen Industriestandorte mit völlig unterschiedlichem Wirtschaftspotential besitzt. Den Schwerpunkt bildet die Industriezone Shekou, die sowohl im Produktionsvolumen als auch in der Beschäftigtenzahl klar vor Shangbu führt. In Zukunft sollen vier weitere Standorte (Chegongmiao, Meiling, Futian und Shatoujiao) hinzukommen, wobei Shatoujiao die erste Industriezone im Osten der SWZ darstellt.

4.2.3 Industriestruktur

Wenngleich die bisherige Darstellung auf die eindeutige Dominanz der Leichtindustrie hinweist, müssen in der Entwicklung dieses Sektors verschiedene Stadien differenziert werden. So gab es anfänglich ein eindeutiges Übergewicht der Nahrungsmittelindustrie, die aufgrund der ländlichen Struktur rund zwei Drittel des industriellen Outputs erwirtschaftete (vgl. Wong 1985b, S.61). Im Zuge des industriellen Ausbaus erlangte indes der Elektronikbereich eine weitreichende Bedeutung. Nicht zuletzt ausländisches Kapital sorgte für eine Industriestruktur, die unter Ausnutzung der lokalen Standortvorteile der Elektronikindustrie die eindeutige Führungsrolle zuwies (vgl. Tab.26).

Folgende Gründe sind in diesem Zusammenhang ausschlaggebend:

1. Die geographische Nähe zu Hong Kong bedeutet, daß Expertise und Kapital schnell nach Shenzhen gelangen können.
2. Da Hong Kongs Elektronikindustrie sich mittlerweile auf technologieintensivere Güter konzentriert, können simplere Produktionsprozesse verlagert werden.
3. Die Elektronikindustrie erlaubt eine Produktion auf verschiedenen Ebenen und wird daher den Erfordernissen der SWZ gerecht.
4. Die Shenzhen General Electronics Industry Company wurde gegründet, um als Dachverband der Elektronikindustrie Shenzhens die internationale Wettbewerbsfähigkeit dieses Sektors zu heben (vgl. *Annals of China's Enterprise Register*, Shenzhen SEZ 1984, S.4).

Die Erfolge sind nicht ausgeblieben und zeigen sich sowohl auf qualitativer wie auf quantitativer Ebene. Stand zu Beginn der SWZ-Entwicklung die Verarbeitung und Montage einzelner Komponenten im Vordergrund, so kommt es in jüngster Zeit auch immer häufiger zur Fertigung des gesamten Produkts. Als

ausgesprochen wachstumsfähig erweisen sich Elektronikgüter aus dem Unterhal-
tungsbereich sowie Computer (vgl. Abb.24). Allein die Zahl der hergestellten
Kassettenrecorder entspricht 50% der nationalen Produktion (vgl. Zhu 1988,
S.20).

Zweitgrößter Industriesektor ist die Textilindustrie, die ebenso wie der Elektronikbereich vorwiegend in arbeitsintensiven Klein- und Mittelbetrieben fertigt.
Wie rasant auch hier die Produktionsausweitung verlief, deutet die Zahl der
Spinnereien an. Während 1979 erst eine Spinnerei im ganzen Stadtgebiet produ-
zierte, waren es Ende 1987 bereits 341. Der überwiegende Teil der Güter (90%)
wird exportiert und gelangt dabei nach Hong Kong, Thailand sowie in andere
Länder Südostasiens. Für eine weitere Expansion der Textilindustrie spricht die
geplante Errichtung von 38 neuen Spinnnereien bis Ende 1990 (vgl. Zhang Xian
1988a, S.1).

**Tabelle 26:   Anteil der Hauptindustrien am Bruttoproduktionswert
(in Prozent)**

	1985	1986	1987
Elektronik	51,4	45,9	45,0
Textil	3,0	5,4	6,6
Mechanik	4,0	5,1	4,6
Chemie	3,7	4,0	3,4
Plastik	2,3	3,5	3,5

Quelle: Zhu 1988, S.21.

Obschon weniger spektakulär in ihrer Gesamtentwicklung, so basiert die SWZ-
Industrie doch noch auf einer Reihe anderer Branchen: Nahrungsmittel- und
Maschinenindustrie sowie Petrochemie. Die weitaus besten Wachstumsmöglichkeiten bietet die Petrochemie, deren Basis die Ausbeutung der natürlichen Rohstoffe im Südchinesischen Meer darstellt. Bislang sind die Explorationsversuche
allerdings noch nicht so erfolgreich verlaufen, als daß dieser Bereich eine Führungsposition einnimmt. Zentrum der Petrochemie wird der westlich von Shekou
gelegene Hafen Chiwan sein (vgl. 5, Infrastruktur).

Vielfach wird der SWZ vorgeworfen, daß ihre Wachstumserfolge im wesentlichen mit veralteten Maschinen aus dem Ausland erzielt wurden. Wer sich einer
solchen Kritik vorbehaltlos anschließt, sollte zunächst bedenken, daß die Industriestruktur anfänglich denkbar schlecht war und jede Möglichkeit zur Realisie-

Abbildung 24:   Jahresproduktion ausgewählter Elektronikgüter

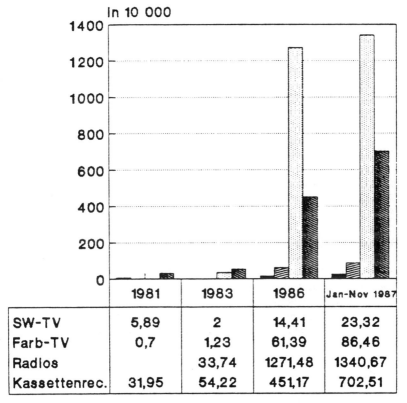

In 10 000

	1981	1983	1986	Jan-Nov 1987
SW-TV	5,89	2	14,41	23,32
Farb-TV	0,7	1,23	61,39	86,46
Radios		33,74	1271,48	1340,67
Kassettenrec.	31,95	54,22	451,17	702,51

■ SW-TV   ▨ Farb-TV
▨ Radios   ▨ Kassettenrec.

Quelle: Zusammengestellt aus Zhu 1988, S.22.

rung einer exportorientierten Industriewirtschaft genutzt werden mußte. Die
importierten Industrien hatten daher weniger kapital- und technologie- als
vielmehr arbeitsintensiven Charakter. Mittlerweile befindet sich Shenzhen aber
in der Ausbauphase, in der die Produktdiversifizierung innerhalb der etablierten
Industriezweige vorrangig ist. Besonderer Wert sollte in diesem Stadium auf die
Selektion der Industrien gelegt werden, die sowohl ein hohes Maß an Technologie aufweisen als auch durch ihre Kooperationsform einen Know-how-Transfer
ermöglichen.

Im Sinne einer progressiven Weiterentwicklung strebt die SWZ eine dreiteilige Industriestruktur an, die der Bürgermeister von Shenzhen, Li Hao, wie folgt umrissen hat (vgl. Li Hao 1986, S.1):

1. Die technologieintensiven Produktionsbereiche sollen 25% des gesamten Industrieoutputs erwirtschaften. Zu ihnen zählen die Bereiche Mikroelektronik, moderne Kommunikationstechnologie, pharmazeutische Industrie und angewandte Biomechanik.
2. Die mit fortschrittlicher Technologie aufgewerteten traditionellen Industrien (Textil, Elektronik) werden mit 55% den höchsten Anteil des Industrieoutputs erzielen. Während die technologieintensiven Bereiche der SWZ hauptsächlich die teuren Importe aus dem Ausland ersetzen, steht bei dieser Industriekategorie der Export im Vordergrund.
3. Die arbeitsintensiven und veralteten Industrien sollen künftig nur noch mit 20% am Gesamtwert beteiligt sein.

4.3   Ausländische Investitionen

Die mit der Errichtung der SWZ Shenzhen verbundene Werbung um ausländische Investoren führte schon frühzeitig zu einer Reihe von Investitionsanreizen. Ein wesentlicher Gesichtspunkt war, daß Shenzhen als 'Nachzügler' bessere Konditionen aufweisen mußte, als Chinas Nachbarländer Taiwan, Hong Kong, Südkorea usw., die ebenfalls "durch Auslandsinvestitionen ihr Wachstum erreicht haben" (Park 1982, S.67). Als Folge der zahlreichen Präferenzbedingungen kam es seit 1981 zu einem vermehrten Kapitalengagement ausländischer Investoren in der SWZ Shenzhen.

Bei der Interpretation des Zahlenmaterials ist zu beachten, daß die chinesischen Statistiken z.T. erhebliche Unterschiede in der Erfassung von Unternehmen mit ausländischer Kapitalbeteiligung aufweisen. Während bei manchen Zahlenwerten nur die ausländischen Direktinvestitionen in Form von Joint Ventures (EJV und CJV) sowie Unternehmen im ausländischen Alleinbesitz herangezogen werden, führen andere Statistiken auch einfachere Kooperationsformen wie den Kooperationshandel und die Verarbeitungsbetriebe auf. Da in der SWZ Shenzhen ein Großteil des investierten Kapitals auf anspruchslosere Wirtschaftsverbindungen entfällt, ist eine derartige Differenzierung in höchstem Maße sinnvoll. Bis Ende 1987 konnte die SWZ Shenzhen 1.609 Verträge mit ausländischen Wirtschaftspartnern schließen, die ihr Kapital in Form von Direktinvestitionen einbrachten (vgl. Tab.27). Bemerkenswert ist die erfolgte Präferenzverschiebung von CJV zu EJV, die den Wunsch beider Seiten nach verstärkter Zusammenarbeit bekundet. Die für alle ausländischen Direktinvestitionen vertraglich festgesetzte Kapitalsumme konnte allerdings noch nicht realisiert werden. So stellen die bisher verwendeten 1,3 Mrd.US$ (1987) nur etwa ein Drittel des gesamten Investitionsvolumens dar (vgl. China Trade and Investment 1988, S.28).

Tabelle 27:   **Anzahl der Vertragsabschlüsse mit ausländischen Direktinvestitionen in der SWZ Shenzhen (1979-1987)**

Jahre	Total	EJV	CJV	Unternehmen in ausländischem Alleinbesitz
1979	37	7	30	0
1980	33	4	24	5
1981	70	13	39	18
1982	66	11	47	8
1983	253	92	149	12
1984	334	188	134	12
1985	282	192	73	17
1986	224	152	64	8
1987	310	231	62	17
Total	1.609	890	622	97

Quellen: Errechnet aus *Shenzhen SEZ Yearbooks 1979-1987*; China Trade and Investment, Juli 1988.

Für eine Evaluierung der Gesamtsituation müssen Kooperationshandel und Verträge über Verarbeitungsbetriebe als konstituierende Teile des ausländischen Engagements hinzugezählt werden (vgl. Tab.28). Welche Bedeutung den beiden Kooperationsformen in der SWZ zukommt, zeigt sich bei einem Vergleich mit den Direktinvestitionen. Demzufolge entfielen Mitte Juni 1988 von den 5.828 in der SWZ abgeschlossenen Verträgen zwar knapp 69% auf diese relativ anspruchslosen Wirtschaftskooperationen, doch konnten sie gleichzeitig nur 6% der vertraglich festgesetzten Investitionssumme und 8% des bisher genutzten Auslandskapitals auf sich vereinigen (vgl. Shenzhen Municipal Foreign Propaganda Office). Die SWZ Shenzhen zeichnet sich somit durch eine Dominanz von Wirtschaftsprojekten aus, für die eine geringe ausländische Kapitalbeteiligung charakteristisch ist.

Größter Nutznießer des gewachsenen ausländischen Investitionsvolumens ist der sekundäre Sektor. Insbesondere gegenüber dem Immobilienbereich konnte er seinen Investitionsanteil ständig steigern (vgl. Tab.29). Verglichen mit der gesamten VR China, in der nach wie vor das Hotel- und Dienstleistungsgewerbe den größten Investitionsanteil an sich bindet, hat sich die SWZ Shenzhen vorrangig zu einer Industriezone entwickelt, die in ganz entscheidendem Maße von Fremdkapital getragen wird.

Tabelle 28:　Vertragsabschlüsse mit ausländischen Investoren in der SWZ Shenzhen

Jahre	Zahl	Jahre	Zahl
1979	170[a]	1984	3.382[b]
1980	473[a]	1985	4.708[c]
1981	1.051[a]	1986	4.947[d]
1982	1.634[a]	1987	5.485[e]
1983	2.512[a]	1988	6.179[f]

Quellen:　a = *Renmin Ribao* (*People's Daily*), 29.3.1984;
　　　　　b = Xinhua News Agency, 29.3.1985;
　　　　　c = China International Economic Consultants 1986, S.95;
　　　　　d = Xinhua News Agency, 6.1.1987;
　　　　　e = Li Chaoqi 1988, S.2;
　　　　　f = Jing Wei 1989a, S.17.

Tabelle 29:　Realisierte Auslandsinvestitionen nach Wirtschaftssektoren (in 10.000 US$)

Sektor	1979	1980	1982	1984	1986
Industrie	219	1.015	2.820	9.963	33.547
Bauwesen	523	1.110	2.509	2.747	n.v.
Tourismus	31	65	148	1.665	n.v.
Handel u. Dienstl.	122	344	873	5.243	960
Landw. u. Fischerei	5	10	22	38	122
Sonstige	10	48	171	125	15.356

n.v. = nicht verfügbar
Quelle: *Shenzhen SEZ Yearbook 1985-1987.*

Ohne hier auf die speziellen Ausprägungen des Hong Konger Engagements in der SWZ einzugehen (vgl. Kapitel V, 3), sei jetzt schon erwähnt, daß die britische Kronkolonie infolge ihrer diversen Standortvorteile erwartungsgemäß der bedeutendste Investor in Shenzhen ist. Allein 1987 konnten 85% aller Vertragsabschlüsse mit Geschäftsleuten aus Hong Kong getätigt werden, die aber gleichzeitig nur ein Viertel der gesamten ausländischen Kapitalsumme einbrachten (vgl. *Almanach of China's Foreign Economic Relations and Trade 1988*, S.406). Damit deutet sich eine wichtige Korrelation zwischen Hong Kongs Engagement und finanziell anspruchslosen Kooperationsformen an.

Hinter Hong Kong rangieren Japan, die USA und Singapur als nennenswerte Investitionsländer, wobei aufgrund eigener Erfahrungen darauf geschlossen werden muß, daß viele ausländische Unternehmen ihre Investitionen in Shenzhen über eine Hong Konger Filiale leiten. In der Statistik tauchen diese Kapitalsummen dann häufig als Hong Konger Investitionen auf, was eine entsprechende Differenzierung nach Herkunftsregionen unmöglich macht.[11] Die für die SWZ Shenzhen geltende Bedeutung der Hong Konger Investitionen läßt sich mit gewissen Einschränkungen auch auf China übertragen. Zwar unterstützte Japan die VR 1987 mit mehr Kapital als jedes andere Land, doch beruhte diese Führungsposition im wesentlichen auf dem hohen Anteil von Kreditgeldern. Nimmt man hingegen nur die in den verschiedenen Kooperationsformen gebundenen ausländischen Direktinvestitionen als Basis, bietet sich ein ganz anderes Bild. Hier stellten Hong Kong und Macao den größten Anteil mit 69%, gefolgt von den USA (11,3%) und Japan (9,5%) (vgl. *Statistical Yearbook of China 1988*, S.656).

Abschließend muß darauf hingewiesen werden, daß die Unterstützung aus dem chinesischen Binnenland einen unverzichtbaren Faktor der SWZ-Entwicklung darstellt. Wenngleich das Zahlenmaterial der SWZ keine exakten Rückschlüsse auf die finanziellen Hilfen seitens der chinesischen Regierung zuläßt, deutet das Engagement von 27 Ministerien und Abteilungen sowie 28 Provinzen (vgl. Shenzhen Municipal Foreign Propaganda Office) auf zahlreiche "Linkage-Effekte" hin. Insbesondere der Aufbau der SWZ machte eine Kooperation mit dem Binnenland unentbehrlich. Nach offiziellen Angaben bestand die Unterstützung nicht nur in der Bereitstellung von technischen Arbeitskräften, sondern auch in einer Kapitalbeteiligung von ca. einem Sechstel der anfänglich aufgebrachten Geldsumme (vgl. Wei Xiutang 1985, S.25). Sicherlich darf das weitgehende Stillschweigen der SWZ-Regierung über staatliche Zuwendungen nicht als Beweis für eine gescheiterte Wirtschaftspolitik verstanden werden. Dazu ist das Investitionsvolumen aus dem Ausland einfach zu beeindruckend. Die SWZ Shenzhen ist aber auch ein außerordentliches Prestigeobjekt, das nicht durch eine Überbetonung binnenwirtschaftlicher Subventionen in Frage gestellt werden soll.

4.4 Außenhandel

Spätestens seit der Verabschiedung des 7. Fünfjahresplans im Jahre 1985 ist die Förderung der Exportwirtschaft zu einem Hauptziel der SWZ-Entwicklung geworden. Die dazu notwendige Voraussetzung bildet die Steigerung der industriellen Bruttoproduktion, die vor allem in der jüngeren Zeit den Charakter Shenzhens ganz maßgeblich geprägt hat. Folgt man dieser Vorüberlegung, so überrascht es wenig, wenn der Export eine starke Zunahme aufweist. Gleichzeitig stiegen die Importe, da die SWZ aufgrund ihrer schlechten industriellen Ausgangsbasis ständig neuer Maschinen, Rohstoffe und Halbfertigwaren bedarf. Shenzhen scheint sich damit noch am Anfang einer industriellen Entwicklung zu befinden, "in der steigende Exporte mit steigenden Importen einhergehen" (Bolz/Lösch/Pissulla 1989, S.189) (vgl. Tab.30). Dennoch lassen die jüngsten Zahlen darauf schließen, daß die SWZ ihre Handelsbilanz 1987 zum ersten Mal positiv gestalten konnte.[12] Dieser Trend kann in den nächsten Jahren um so mehr ausgebaut werden, falls ausländische Unternehmer die für ihre Produktion notwendigen Importe aus Devisenerlösen finanzieren. Da aber die SWZ trotz ihres bisherigen Wachstums noch weitere Anstrengungen im Infrastrukturbereich benötigt, wird die Handelsbilanz auch in Zukunft durch Einfuhren belastet.

Tabelle 30:   Außenhandel Shenzhens 1984-1987 (in Mrd.US$)

Jahre	Importe	Exporte
1984	0,802	0,265
1985	0,743	0,563
1986	1,121	0,726
1987	1,144	1,414

Quellen: Chan 1986b, Tab.4; *Almanach of China's Foreign Economic Relations and Trade 1988*, S.404-405.

Was die Exportstruktur anbelangt, so hat der sekundäre Sektor mittlerweile seinen Anteil von 60,1% (1986) auf 73% (1987) steigern können, wobei 51,3% auf die Ausfuhr von Gütern der Leichtindustrie entfielen. Im gleichen Zeitraum sank der Export agrarwirtschaftlicher Produkte von 22,7% auf 18%. Größter Markt ist Hong Kong, das 1987 über 96% des Gesamtexports Shenzhens aufnahm (vgl. *Almanach of China's Economic Relations and Trade 1988*, S.404). Beim Hauptanteil der Lieferungen (ca. 70%) handelt es sich um Re-Exporte, die die angrenzende britische Kronkolonie in andere Länder transferiert. Jegliche Aussagen von chinesischer Seite, daß die SWZ ihre Handelsbeziehungen auf 32 Länder und Regionen ausgedehnt hat (vgl. Li Chaoqi 1988, S.1), sollten daher mit Vorsicht interpretiert werden. Hong Kong hat nicht nur auf nationaler, sondern auch auf lokaler Ebene eine Vermittlerfunktion für die VR China eingenommen. Eine ähnlich bedeutende Rolle behauptet die britische Kronkolonie bei den Importen Shenzhens. Mit 94,3% aller Einfuhren nahm sie unangefochten die erste Position unter allen Lieferländern ein, wobei allerdings 60% der Waren nicht aus Hong Kong stammen. Bezüglich der Importstruktur dominieren Industriemaschinen, Ersatzteile und Halbfertigwaren für die Elektronikindustrie. Produkte des primären Sektors stellten 1987 nur noch 33% des Gesamtimports dar.

Daß das Importwachstum in der letzten Zeit so gering war, muß als Antwort auf die bis dahin exzessiven Konsumgütereinfuhren verstanden werden, die schon Anfang der achtziger Jahre die Handelsbilanz negativ beeinflußten. Viele Geschäftsleute versuchten schon kurz nach Ausweisung der SWZ, die geographische Nähe Hong Kongs dahingehend auszunutzen, daß sie die in der britischen Kronkolonie erworbenen Güter gegen Aufpreis in Shenzhen oder auf dem chinesischen Binnenmarkt verkauften (vgl. Duscha 1987, S.230). Überdies hat der lukrative Konsumgüterhandel zu zahlreichen Schmuggel- und Schiebereigeschäften geführt (vgl. Lai 1985, S.74; Lockett 1987, S.30). Angesichts dieser Ereignisse hat die SWZ Shenzhen ihre Kontrollen durch zwei Maßnahmen verstärkt. Zum einen durch eine Verbesserung der Grenzanlagen, die im Norden der SWZ zur Errichtung eines 84 km langen Drahtzaunes geführt hat. Die am 1.4.1986 vollendete "zweite Linie" verfügt über 29 Kontrollpunkte und soll den Schmuggel sowie die illegale Einwanderung aus der VR nach Shenzhen unterbinden (vgl. Zhu Ling 1986, S.1). Die zweite Maßnahme zielt auf die Restriktion von Konsumgüterlieferungen ab, die nicht im produktiven Bereich genutzt werden können (vgl. Li Chaoqi 1988, S.1). Eine endgültige Beurteilung der Außenhandelsentwicklung Shenzhens ist nicht leicht zu erzielen. Zwar steht fest, daß die SWZ nach Jahren eindeutiger Importdominanz den Anteil ihrer Exportwirtschaft ständig steigern konnte, doch fehlen für eine umfassende Bewertung Angaben über Verflechtungen mit dem Binnenland. So wird vermutet, daß ein bestimmter Exportanteil Shenzhens in Wirklichkeit Re-Exporte aus der VR China sind.

4.5 Bauwirtschaft

In den Anfangsjahren der SWZ war die Bauwirtschaft der florierendste Sektor. Aufgrund ihrer relativ kurzen Amortisationsphase, die "schnelles" Geld versprach (vgl. Lingelsheim-Seibicke 1985, S.156), eignete sie sich besonders für ausländische Investoren. So erstaunt es auch wenig, daß der Immobilienmarkt zunächst den größten Investitionsanteil verbuchen konnte. Hervorgetan haben sich dabei Hong Kongs Investoren, die bereits 1981 durch fünf Immobiliengesellschaften in Shenzhen vertreten waren (vgl. Wong 1982 S.54 f.) und angesichts ihrer langjährigen Erfahrungen von einer Liberalisierung der Bauwirtschaft profitierten. Während kurz nach der Ausweisung Shenzhens zur SWZ die Errichtung von Wohnhäusern und Appartements vorrangig war, erhielten Investoren wenig später auch das Recht, Fabrikgebäude und Einkaufszentren zu bauen oder zu

erwerben (vgl. Duscha 1987, S.221). Auf diese Weise entstand schon sehr frühzeitig ein Immobilienmarkt, der die finanziellen Interessen Hong Kongs wider-
spiegelte. Neben den genannten Investitionsschwerpunkten war dies auch anhand
der zahlreichen Hotels und Tourismuseinrichtungen ersichtlich (vgl. Sit 1986,
S.233). Im Zuge einer Reorientierung zu Gunsten der Industrie- und Exportpoli-
tik kam es seit Mitte der achtziger Jahre zu einer Einschränkung der Bautätig-
keit. Dennoch sind die Ergebnisse bis zum heutigen Tage beachtenswert. Von
vielen Seiten wird Shenzhen auch als die chinesische Stadt mit den meisten
Hochhäusern bezeichnet. Weithin sichtbares Merkmal dieser Hochhausbauweise
ist das Shenzhen International Trade Centre, das mit 53 Stockwerken und 160 m
zugleich das höchste Gebäude Chinas ist. Dieses Gemeinschaftsprojekt zwischen
Provinz- und Zentralregierung dient insbesondere der Handelsverflechtung mit
dem Ausland. Ende Juli 1989 hatten 122 Gesellschaften, darunter zehn Provinzen, ihre Repräsentanzbüros hier,[13] um Kontakte mit chinesischen und ausländischen Investoren zu knüpfen. Wie sehr Shenzhens Reformpolitik bereits westliche Züge angenommen hat, wird am Beispiel der Landauktionen deutlich. So
fand am 1.Dezember 1987 die erste Landauktion der VR China in Shenzhen statt
(vgl. Roberti 1988, S.16). Ziel soll es sein, die weitverbreiteten Spekulationen
einzudämmen und neue Finanzquellen zu erschließen. Wenngleich bei der ersten
Landauktion nur chinesische Unternehmen zugelassen waren, werden nach einer
Gesetzesänderung zukünftig auch Ausländer mitbieten können (vgl. Lai 1988,
S.3). Für die gegenwärtig 33 Immobiliengesellschaften Shenzhens bedeutet dieser
Schritt eine verstärkte Konkurrenz, die zwangsläufig zu einem Ausscheiden der
finanzschwächeren Firmen führen wird.

Insgesamt weisen viele Gebäude Shenzhens schon heute sehr große Abnutzun-
gen auf. Die Ursache liegt weniger in einer schlechten Materialausstattung, als
vielmehr in der mangelnden Pflege der Bauten. Besonders auffällig zeigen sich
diese Verfallserscheinungen in einer indifferenten Einstellung gegenüber hygie-
nischen Zuständen.

4.6 Tourismus

Ein wichtiges Standbein der wirtschaftlichen Entwicklung Shenzhens stellt die
Förderung des Fremdenverkehrs dar. Waren vor der Ausweisung zur SWZ die
touristischen Einrichtungen noch überaus limitiert und vorrangig in der Stadt
Shenzhen sowie in dem heutigen Geschäftsviertel Luohu zu finden (vgl. Wong
1982, S.68), so zielt das neue Tourismuswachstum vorwiegend auf den Osten der
SWZ. Im Mittelpunkt steht die Nutzung von fünf Wasserreservoirs bzw. Seen
(Shenzhen-Reservoir, Xili-Reservoir, Silver Lake, Honey Lake, Shiyan Lake) und
vier Stränden (Dameisha/Xiaomeisha, Shatoujiao, Shenzhen Bay und Shekou)

Abbildung 25: Bahnhofbereich der SWZ Shenzhen (Luohu)

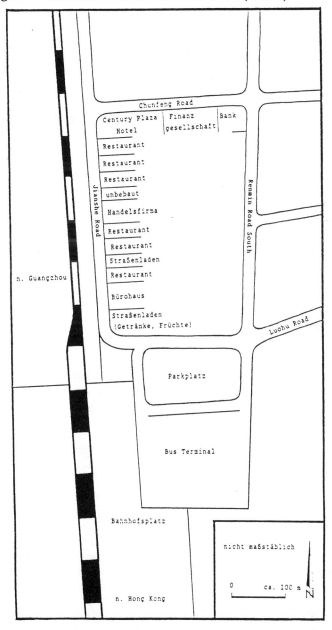

Kartierung vom 13.8.1989.

(vgl. Shenzhen Travel).[14] Zwar wies der Master Plan dem Fremdenverkehr nur eine Landfläche von 4 km[2] zu, doch zeigt schon die heutige Entwicklung, daß durch die generelle Attraktivität dieses Sektors ein weit größeres Areal beansprucht wird. Grundsätzlich erreichen Shenzhen vier Besucherkategorien, die aufgrund ihrer Spezifika das Potential der SWZ unterschiedlich belasten:

1. Da alle Landreisenden von Hong Kong nach China - sollten sie nicht den teureren Direktzug von Kowloon nach Guangzhou vorgezogen haben - die Einreise über Shenzhen wählen müssen, wird die SWZ zwangsläufig von einer großen Zahl von Transitreisenden frequentiert. Angesichts ihrer kurzen Aufenthaltsdauer, die normalerweise nur einige Stunden beträgt, kann die Tourismusindustrie nur durch ein verstärktes Angebot an Dienstleistungen (Restaurants, Straßenläden) in Bahnhofsnähe von ihnen profitieren (vgl. Abb.31). Insbesondere der weitere Ausbau des Geschäftsviertels Luohu erhält in diesem Zusammenhang eine große Bedeutung.

Abgesehen von ausländischen Touristen setzt sich diese Besuchergruppe überwiegend aus Hong Kong- und Überseechinesen zusammen, die ihre Verwandten und Bekannten in der Provinz Guangdong besuchen wollen. Sie sind leicht an den zahlreichen, z.T. überdimensionierten Geschenken zu erkennen (z.B. Fernseher, Klimaanlagen und Kühlschränke). Die gute verkehrstechnische Erschließung auf Hong Konger Seite ermöglicht es ihnen, mit der Kowloon-Canton Railway (KCR) bis zur Endstation Lowu zu fahren, ehe sie nach Erledigung der Grenzformalitäten ihre Reise auf chinesischem Territorium fortsetzen können.

2. Die SWZ wird von einer zunehmenden Zahl von Inlandschinesen aufgesucht. Besonders beliebt sind die von verschiedenen Provinzen nach Shenzhen angebotenen Tagesreisen, die in vielen Fällen von der jeweiligen Arbeitseinheit bezahlt werden (vgl. Rosario 1987b, S.105). Neben den Erholungsmöglichkeiten bietet die SWZ diesen Besuchern in erster Linie ein überaus reichhaltiges Warenangebot, das trotz seiner höheren Preisstruktur gern wahrgenommen wird.

3. Eine große Einzelgruppe stellen ferner die Geschäftsleute ausländischer und chinesischer Unternehmen dar. Obwohl sie aufgrund von Vertragsabschlüssen oder zur Regelung bestimmter Detailfragen manchmal nur einen Tag in der SWZ verweilen, werden sie von der Statistik als Touristen erfaßt. Angesichts der bestehenden und weiter wachsenden Verflechtungen zwischen Hong Kong und Shenzhen wird ihre Zahl in den nächsten Jahren zunehmen. Eine Quantifizierung ist zwar bislang noch nicht erfolgt, doch dürfte der Hotelausbau in der SWZ auch ihren Interessen entgegenkommen.

4. Immer zahlreicher wird zudem die Gruppe von Hong Kong-Chinesen und ausländischen Touristen, die aufgrund fehlender Erholungsmöglichkeiten in der Kronkolonie in Shenzhen Entspannung suchen. Für sie stellt der Ausbau der

Touristenstandorte eine gelungene Ergänzung der gegenwärtigen Fremdenver-
kehrssituation dar (vgl. Oborne 1986, S.122).

Ein Blick auf die Besucherankünfte verdeutlicht, daß Shenzhen bis zum Jahr
1985 seine Touristenzahl ständig steigern konnte (vgl. Tab.31).

Tabelle 31:   Entwicklung der Besucherankünfte in der Shenzhen Municipality

Jahre	Total	Ausländer	Überseechinesen	Compatriots
1979	153	118	-	35
1981	4.834	971	35	3.828
1983	426.697	3.831	2.325	420.541
1985	778.536	34.930	1.529	742.077
1987	846.500	41.100	n.v.	n.v.

n.v.   =   nicht verfügbar
Quellen: *Shenzhen SEZ Yearbook 1985-1987; Statistical Yearbook of China
1988,* S.663.

Besonders auffällig ist die sehr große Gruppe der sogenannten *compatriots,*
worunter chinesische Landsleute aus Hong Kong, Macao und Taiwan verstanden
werden. Trotz gewisser Zunahmen der ausländischen Besuchergruppe sowie der
Überseechinesen ist ihre Dominanz so eindeutig, daß sie 96% (1986) der An-
künfte auf sich vereinten. Insgesamt nimmt Shenzhen damit an einer Entwicklung teil, die im Rahmen der Öffnungspolitik zunehmend mehr *compatiots* nach
China führte. Im nationalen Vergleich konnte Shenzhen bei den Besucheran-
künften des Jahres 1987 hinter Beijing und Guangzhou, aber noch vor Shanghai,
die dritte Position unter allen chinesischen Städten einnehmen (vgl. *Statistical
Yearbook of China 1988,* S.663). Aufgrund ihrer Größe, ihrer Bevölkerungszahl
und nicht zuletzt ihrer geringen touristischen Ausgangsbasis muß dies als ein
weiterer Indikator für die Dynamik der SWZ gedeutet werden. Ende 1987 gab es
in Shenzhen 30 Reiseunternehmen, die in 280 Hotels und 200 Beherbergungsbe-
trieben 2.200 Touristen Platz bieten konnten (vgl. *China Daily Supplement,*
28.4.1988). Die im gleichen Jahr erreichte Besucherzahl von knapp drei Millionen konnte aber nur erzielt werden (vgl. Shenzhen Municipal Foreign Propaganda Office, Tourism), weil viele Reisende lediglich einige Stunden bzw. wenige
Tage in Shenzhen verweilten. So überrascht es auch nicht, daß Shenzhen mit 1,1
Tagen eine sehr geringe durchschnittliche Aufenthaltsdauer aufweist (vgl. Mayr
1987, S.437). Die augenblickliche Tourismusplanung zielt neben dem Ausbau der
bestehenden Erholungsstandorte aber auch auf die Nutzung historischer Zeug-

nisse, wie die Restauration der Befestigungsanlage in Chiwan, ab. Im Sinne eines
diversifizierten Tourismussektors erscheint eine derartige Orientierung sinnvoll,
zumal dieser Wirtschaftsbereich arbeitsintensiv ist und Shenzhen 1987 Einnahmen in Höhe von 400 Mio.Rmb bescherte (vgl. Shenzhen Municipal Foreign
Propaganda Office, Tourism).

4.7 Finanzsektor

Im Rahmen der SWZ-Entwicklung hat die Analyse des Finanzsektors bislang
relativ wenig Beachtung gefunden. Dieser Aspekt erstaunt um so mehr, als die
vielfältigen Wachstumserfolge erst durch die Bereitstellung diverser Finanzie-
rungsmöglichkeiten erzielt werden konnten. Zudem gehört der Finanzsektor zu
den Wirtschaftsbereichen, die aufgrund ihrer engen Kooperation mit dem Ausland Reformen und Innovationen für eine spätere Diffusion ins Hinterland
erproben. In diesem Abschnitt soll daher untersucht werden, welchen Stellenwert
der Finanzsektor in der SWZ Shenzhen hat und wie sich die besonderen Bedingungen der SWZ-Politik auswirken. Zur besseren Verdeutlichung wird eine
Abgrenzung zum chinesischen Banken- und Finanzsystem vorgenommen.

Glaubt man den Informationen der Finanzexperten Shenzhens, so liegt der
Anteil der Bankkredite an allen absorbierten Geldmitteln bei mehr als 60% (vgl.
Du Sha 1989, S.7). Im Vergleich mit größeren chinesischen Städten, wo staatliche
Zuwendungen die dominierende Kapitalquelle bilden, ist der Aufbau der SWZ
folglich höchst abhängig von einem effizienten Finanzsektor. Die Ursachen
dieser Differenz sind in den unterschiedlichen Finanzstrukturen zu finden. Die
chinesische Planwirtschaft organisiert ihr Kreditwesen über mehrere Spezialbanken,[15] die in ihrem Wirtschaftsbereich eine absolute Monopolstellung einnehmen. Wirtschaftliche Transaktionen sowie Kreditvergaben zwischen den Banken
sind ausdrücklich verboten. Fast zwangsläufig führt dies zu einer starren Finanz-
struktur, in der Kapital von oben nach unten delegiert wird, ohne den jeweiligen
wirtschaftlichen Anforderungen Rechnung zu tragen.

Die SWZ Shenzhen zeichnet sich hingegen durch ein Finanzsystem aus, dessen
flexiblere und liberalere Handhabung den lokalen Bedürfnissen eher entspricht.
So wurde für die gesamte SWZ eine Kreditquote festgelegt, die der Kontrolle
der lokalen Niederlassung der PBOC untersteht. Die Spezialbanken sind für ihre
Kreditvergabe nun nicht länger ihrem Hauptsitz in Beijing verantwortlich. Überdies besteht keine Verpflichtung mehr, die Depositen der Zentralbank vorzule-
gen (vgl. Du Sha 1989, S.8).

Der zweite wichtige Unterschied ist die Zulassung ausländischer Banken. Dieser
Schritt wurde notwendig, da aufgrund fehlender Finanzinstitute anfänglich nur
größere ausländische Unternehmen mit ausreichender Kapitalquelle bzw. Be-

triebe aus dem benachbarten Hong Kong den Weg nach Shenzhen fanden (vgl. Wong/Chu 1985d, S.190). Seit 1982 hat sich das Bild grundlegend geändert. Nachdem zunächst die vier Spezialbanken Shenzhens das Recht erhielten, Überseeinvestoren mit Krediten zu versorgen, konnten später auch ausländische Banken Filialen in der SWZ eröffnen. Heutzutage besteht das Finanzsystem Shenzhens aus fünf Kategorien (vgl. Du Sha 1989, S.8; *China Market 1987*, S.53):

1. die Zentralbank der SWZ Shenzhen: die Filiale der PBOC;
2. die Spezialbanken: die Filialen der BOC, ICBC, PCBC und ABC;
3. die regierungsunabhängigen Banken: die Shenzhen Development Bank (SDB) als in dieser Hinsicht erste Bank Chinas, die Privatpersonen den Besitz von Aktien gestattet;
4. die ausländischen Banken: 15 ausländische Bankfilialen;
5. Finanzinstitute: die Mehrzahl spezialisiert sich auf die Finanzierung von Großhandelsgeschäften.

Insbesondere die Entwicklung der ausländischen Bankfilialen erscheint bemerkenswert, da es 1985 erst ein einziges Finanzinstitut in Shenzhen gab. Bis zu diesem Zeitpunkt war es ausländischen Banken lediglich möglich, Repräsentationsbüros in der SWZ zu eröffnen. Trotz gleicher Regularien bei der Errichtung gibt es erhebliche Differenzen im Tätigkeitsbereich. Während die Repräsentationsbüros im wesentlichen Kontaktpflege mit Kunden betreiben, wirtschaftliche Ad-hoc-Analysen erstellen und relevante Informationen nach Hong Kong oder Übersee übermitteln (vgl. Kwok 1986, S.164), sind Filialen auch in der Lage, Devisengeschäfte abzuwickeln und Kredite zu vergeben. Verboten ist ihnen jedoch jegliches Engagement in chinesischer Währung, da seitens der SWZ-Regierung eine zu starke Beeinflussung des Finanzsektors befürchtet wird.[16] Ausgesprochen selektiv geht die Regierung auch im Hinblick auf ausländischen Banken vor. So werden zumeist nur die drei bedeutendsten und kapitalkräftigsten Finanzinstitute des jeweiligen Landes für eine Ansiedlung in Shenzhen in Betracht gezogen, wobei das spezielle Geschäftsgebaren nicht im Widerspruch zur lokalen Finanzsituation stehen darf.[17] Zu den z.Z. in der SWZ vertretenen ausländischen Banken zählen u.a. Finanzinstitute aus Hong Kong (Hong Kong and Shanghai Banking Corporation, Standard Chartered Bank, Hang Seng Bank), Japan (z.B. Bank of Tokyo, Sanwa Bank, Fuji Bank, Hokkaido Tokushoku Bank) und Frankreich (Société Générale, Crédit Lyonnais). Durch den Aufschwung des Finanzsektors gab es in der gesamten Shenzhen Municipality 1987 bereits 285 Bankniederlassungen (1979: 58) sowie 187 Versicherungsgesellschaften und Kreditunternehmen. Entsprechend hat sich die Angestelltenzahl von 300 (1979) auf 5.800 (1987) erhöht (vgl. Shenzhen Municipal Foreign Propaganda Office, Finance). Die Fülle einheimischer und ausländischer Finanzinstitute hat in der SWZ zu einer Wettbewerbssituation geführt, die beispiellos für die VR

China ist. Monopole existieren kaum noch, Banken konkurrieren miteinander
und tragen durch ihre verbesserten Kreditkonditionen schließlich zum wirtschaftlichen Wachstum Shenzhens bei. Dennoch findet dieser Diversifizierungsprozeß
in einer seltsamen Atmosphäre von Bürokratie und freiem Unternehmertum
statt. Während insbesondere westliche Banken fehlende Gesetze für ihre Interessen ausnutzen, erwarten die Regierungsbeamten auf chinesischer Seite, daß
ausländische Institute in erster Linie vorsichtig agieren, wenn keine speziellen
Verordnungen vorliegen.

Spricht man mit Hong Konger Bankexperten über das Finanzsystem Shenzhens,
so wird immer wieder auf das Währungsproblem hingewiesen. Als Exponent der
chinesischen Öffnungspolitik ist die SWZ zugleich ein Gebiet mit drei Währungen, die einen unterschiedlichen Attraktivitätsgrad besitzen. Die geringste Bedeutung hat dabei der Renminbi (Rmb), die offizielle Währung der VR China.
Da er im internationalen Währungssystem nicht konvertierbar ist, sind seine
Gebrauchsmöglichkeiten im wesentlichen auf den Binnenhandel beschränkt.
Diese Limitierung führt dazu, daß ausländische Investoren von ihren chinesi-
schen Geschäftspartnern eine Bezahlung in einer attraktiveren Währung fordern.
Höher bewertet als der Renminbi wird das Devisenzertifikat oder FEC (Foreign
Exchange Certificate). Seit April 1980 gibt die Bank of China dieses Zahlungs-
mittel an alle Ausländer heraus, die die Grenze nach Shenzhen überqueren (vgl.
Jao 1986, S.168). Aufgrund ihrer größeren Kaufkraft eignen sich FECs insbeson-
dere für den Erwerb bestimmter Qualitätswaren. Zahlreiche Geschäfte und
Dienstleistungsunternehmen haben sich darauf eingestellt und akzeptieren von
ihren ausländischen Kunden keine Renminbi mehr. Die weitaus attraktivste
Währung ist jedoch der HK$. Mit diesem Zahlungsmittel können nicht nur alle
Waren in der SWZ erstanden, sondern Devisen jeglicher Art eingetauscht wer-
den. Folglich trägt der HK$ ganz entscheidend zur Abwertung der anderen
Währungen bei. Nach Beobachtungen des Verfassers müssen Ausländer in
zahlreichen Läden des Geschäftsviertels Luohu mit höheren Preisen rechnen,
wenn sie in HK$ und nicht in der offiziellen chinesischen Währung zahlen. Die
Präferenz des HK$ bestimmt somit nicht unwesentlich das Preissystem der SWZ.
Unter Mißachtung der staatlich fixierten Wechselkurse entsteht gleichzeitig ein
Schwarzmarkt, dem verschiedene Anbieter angehören:

- "Bürger von Hongkong und Macao, die zwar in den Ausländerhotels und
  -restaurants mit Devisengutscheinen oder HK-Dollar bezahlen müssen, aber
  gleichwohl am günstigen Erwerb von Inlandsrenminbi interessiert sind, um
  damit den Lebensunterhalt von Verwandten zu subventionieren" (Gutowski/
  Merklein 1984, S.42),

- Ausländische Touristen, die aus Hong Kong und Macao kommen und nach
  einem Kurzaufenthalt in Shenzhen ihre zu einem günstigen Kurs erworbenen
  Renminbi im Hinterland ausgeben,

- Einwohner der SWZ Shenzhen, die aufgrund ihrer Geschäftstätigkeit die britische Kronkolonie besuchen können und auf diese Weise in den Besitz von HK$ gelangen.

Da durch die Präferenz des HK$ soziale Diskrepanzen öffentlich zutage treten, hat die Regierung ernsthaft die Einführung einer Sonderzonenwährung in Betracht gezogen. Bislang ist die Entscheidung jedoch verschoben worden. Zwar könnte eine eigene Währung die genannten Mängel beheben, doch sind die Folgewirkungen schwer überschaubar. Geht man z.b. davon aus, daß die neue Währung an den HK$ gekoppelt wird, würde jeder Vertrauensverlust der britischen Kronkolonie auf die SWZ zurückstrahlen. Welche Implikationen das haben könnte, läßt sich angesichts des blutigen Massakers im Juni 1989 in Beijing nur erahnen. Ein währungspolitischer Sonderweg Shenzhens würde zudem die Abkopplung vom Hinterland beschleunigen. Schließlich wäre es auch nicht unwahrscheinlich, wenn die anderen SWZ ebenfalls eine eigene Währung für sich einforderten.

5 Infrastruktur

Da Shenzhen vor seiner Ausweisung zur SWZ praktisch eine unbedeutende Grenzstadt war, mußte die zur wirtschaftlichen Entwicklung notwendige Infrastruktur erst geschaffen werden. Bisher hat der Ausbau zu knapp 100 Straßen mit einer Gesamtlänge von 208 km geführt. Während in Nord-Süd-Richtung bereits wichtige Straßenverbindungen in die Provinz Guangdong und nach Hong Kong fertiggestellt werden konnten, stellt die Erschließung in Ost-West-Richtung nach wie vor ein Problem dar. Besonders überlastet und überwiegend in schlechtem Zustand ist die Strecke zwischen der Stadt Shenzhen und dem Industriestandort Shekou. Dennoch deuten die momentanen Arbeiten entlang dieser Verbindung darauf hin, daß man diesen Engpaß zumindest erkannt hat. Das ehrgeizigste Straßenbauprojekt stellt die Autobahnstrecke Guangzhou-Shenzhen-Zhuhai dar. Dieses zwischen der Guangdong Province Highways Construction Company und der Hopewell China Development Company aus Hong Kong geschlossene Joint Venture begann Ende April 1987 mit dem Bau (vgl. Chen Zhisong 1987, S.1). Geplant ist eine 302 km lange Autobahn, die in drei Abschnitten bis Ende dieses Jahrhunderts fertiggestellt werden soll. Bislang haben finanzielle Schwierigkeiten den Ausbau jedoch so sehr behindert, daß die erste Teilstrecke von Guangzhou nach Shenzhen (120 m) frühestens 1990 dem Verkehr übergeben wird (vgl. Uchida 1989, S.7).

Im öffentlichen Nahverkehr verfügt Shenzhen über ein gutes Infrastrukturangebot. So gab es Ende 1986 ca. 24 Busverbindungen, die von 245 Linien (zumeist Kleinbussen) bedient wurden (vgl. Shenzhen Municipal Foreign Propaganda

Abbildung 26:   Hafenstandorte der SWZ Shenzhen

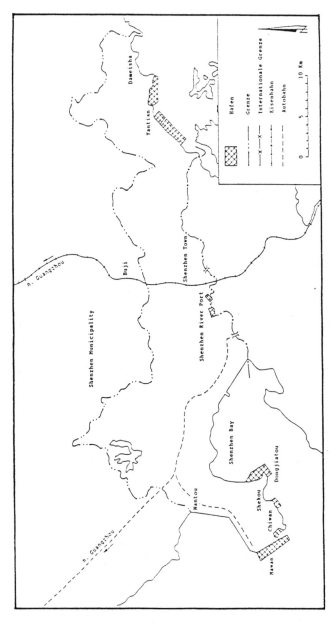

Quelle: Wong J. 1988.

Office, Transportation). Durch die wachsende Attraktivität der Touristenstandorte Shenzhens ist es in jüngster Zeit zudem zu einem verstärkten Ausbau der Fahrwege im Osten der SWZ gekommen.

Am 25.März 1987 wurde die 147 km lange, elektrifizierte Eisenbahnstrecke (Doppeltrasse) zwischen Guangzhou und Shenzhen in Betrieb genommen. Infolge dieser Anbindung ist die SWZ zu einem wichtigen Verkehrsknotenpunkt innerhalb des Perlflußdeltas geworden, von dem aus das Zentrum Hong Kongs in 40 Minuten und die Provinzhauptstadt Guangzhou in ca. 2,5 Stunden erreicht werden können. Allein 1987 betrug die Zahl der über Shenzhen abgefertigten Passagiere über sechs Millionen.[18] Gleichzeitig kam es zu einer Ausweitung der Frachtkapazitäten.

Da die Küstenlage Shenzhens ein wichtiges Kriterium für die Standortwahl der SWZ darstellte, verdient die Entwicklung der Seehäfen besondere Beachtung. Ursprünglich besaß Shenzhen nur zwei Hafenregionen: Shekou und Shenzhen River Port. Als 1981 der Ausbau des Frachthafens in Shekou erfolgte, wurde zunächst der gesamte Export der SWZ hierüber abgewickelt (vgl. Kwok 1986, S.51). Angesichts der zunehmenden Konzentration auf andere Standorte sowie der Verschlammung des Hafenbeckens sind die Expansionschancen Shekous jedoch begrenzt (vgl. Wong, J.C. 1988, S.69). So verfügt der Hafen zwar über mehrere Liegeplätze, doch konnten bei einer Maximalkapazität von 4 Mio.t nur ca. 1,65 Mio.t im Jahre 1987 umgeschlagen werden (vgl. Uchida 1989, S.12). Abgesehen vom traditionellen Zwischenhandel für die SWZ dient Shekous Hafen in jüngster Zeit vor allem der Versorgung der eigenen Industriezone. Die Hafengebiete entlang des Shenzhen River (z.B. Buji, Shangbu) sind vergleichsweise unbedeutend und nicht für Überseeschiffe geeignet.

Um dem wachsenden Außenhandel weiterhin Rechnung tragen zu können, bestand für die SWZ die Notwendigkeit, Tiefseehäfen einzurichten, die keine physisch-geographischen ungünstigen Faktoren aufweisen. Das Interesse richtet sich dabei auf die Entwicklung von Yantian, Chiwan und Mawan (vgl. Abb.32). Nach der Erstellung zweier Durchführbarkeitsstudien begann im Dezember 1987 der Ausbau des Tiefseehafens Yantian im Osten Shenzhens. Der augenblickliche Plan sieht vor, daß Yantian über acht Liegeplätze mit einer Gesamtkapazität von 2,8 Mio.t verfügen wird, wobei bereits Vorkehrungen für einen Containerumschlagplatz getroffen worden sind (vgl. Uchida 1989, S.8). Zusätzlich erfolgt der Bau einer 24 km langen Eisenbahnlinie, die den Tiefseehafen mit der KCR (Kowloon-Canton Railway) verbindet.

Unweit der Industriezone Shekou liegt im Westen der Halbinsel Nantou der Hafen Chiwan. Aufgrund seiner von Inseln geschützten Lage bietet er ideale Voraussetzungen für den Ausbau eines Tiefseehafens, der überdies das Versorgungszentrum für die Offshore-Ölsuche darstellt. Von Beginn an wurde Chiwan ohne Regierungshilfe konzipiert und finanziert. Während die aus acht Unternehmen gebildete China Nanshan Development Corporation den im September 1985 fertiggestellten Tiefseehafen überwacht, ist die Chiwan Oil Base Corporation für die Ölexploration verantwortlich (vgl. Dai 1986, S.1).[19] Mittlerweile verfügt Chiwan über 15 Liegeplätze, deren größte Hafenanlage Schiffe bis zu 50.000 t aufnehmen kann. Im Bereich der Offshore-Ölsuche wird z.Z. ein Gebiet um die Stadt Nantou zu einem Petrochemiekomplex ausgebaut. Die jüngste Entwicklungsstufe des gegenwärtigen Hafenausbaus repräsentiert Mawan. Der nordwestlich von Chiwan gelegene Tiefseehafen untersteht der South China Sea Nanhai Service Company und soll nach seiner Fertigstellung vornehmlich als Frachthafen dienen. Aufschüttungsflächen und Einebnungsmaßnahmen lassen darauf schließen, daß erst Anfang der neunziger Jahre mit der Inbetriebnahme gerechnet werden kann. Ausgeschlossen wird nicht, daß zu einem späteren Zeitpunkt auch Be- und Entladevorrichtungen für den Ölumschlag hinzukommen. Nach Aussagen der China Merchants Holdings soll aber eine unnötige Konkurrenz zu Chiwan vermieden werden.[20]

Neben den genannten Tiefseehäfen verfügt die SWZ noch über eine Vielzahl kleinerer, wenngleich nicht unbedeutender Häfen, von denen sie Passagierlinien nach Europa, Japan, den USA, China und Hong Kong unterhält. So besteht z.B. eine tägliche Schnellbootverbindung von Hong Kongs Macao Ferry Terminal nach Shekou (nur eine Stunde Fahrzeit).

Seit 1983 besitzt Shenzhen einen Hubschrauberflughafen, der die Ölfelder im Südchinesischen Meer versorgt. Angesichts der wachsenden Wirtschaftsverflechtungen bestand darüber hinaus die Notwendigkeit, den Bau eines Großflughafens ins Auge zu fassen. Nachdem unter mehreren möglichen Standorten Huangtian wegen seiner Nähe zur neuen Guangzhou-Shenzhen-Autobahn ausgewählt worden war, erstellten zwei US-amerikanische Beraterfirmen eine Durchführbarkeitsstudie, die den chinesischen Behörden Ende Februar 1986 vorgelegt wurde (vgl. Sham/Mayerson 1986, S.1). Diese Studie sieht vor, daß der westlich der eigentlichen SWZ gelegene Flughafen in zwei Phasen entwickelt werden soll. Zunächst entsteht eine 2,8 km lange und 60 m breite Runway für Flugzeuge des Typs Boeing 737. In der zweiten Phase wird die Runway auf 3,4 km verlängert, um auch Jumbo Jets (Boeing 747) aufnehmen zu können (vgl. *South China Morning Post*, 4.6.1986; Xinhua News Agency, 3.6.1986).

Da man erst im September 1988 die erste Bauphase in Angriff nahm, ist frühestens 1990 mit der Fertigstellung und ein Jahr später mit der Eröffnung des Flughafens zu rechnen (vgl. Uchida 1989, S.9). Obwohl zu Beginn des Projekts eine Fremdfinanzierung kategorisch abgelehnt worden war (vgl. Cheung 1988,

S.8), deuten die letzten Informationen darauf hin, daß ausländische Hilfe bei der Errichtung der verschiedenen Flughafengebäude nicht unerwünscht ist (vgl. *China Economic News*, 15.5.1989, S.3). Sollte der anfänglich nur für Inlandsflüge konzipierte Flughafen Huangtian den chinesischen Anforderungen gerecht werden, kann er auf längere Sicht auch eine Konkurrenz für Guangzhous Baiyun Airport darstellen.

Wie in der gesamten Volksrepublik, so ist auch in der SWZ Shenzhen die Energieversorgung eines der nachhaltigsten Probleme. Besonders einschneidend wirken die Sparmaßnahmen, wenn die Produktivität der Wirtschaftssektoren ebenso darunter leidet wie die Lebensqualität der Bürger. Aus diesem Grund hat die Regierung Guangdongs schon 1979 mit der Hong Konger Elektrizitätsfirma China Light and Power Co. Ltd. den Plan zur Errichtung eines Atomkraftwerkes in Daya Bay entworfen (vgl. *South China Morning Post*, 7.8. 1988). Bis zur Inbetriebnahme im Jahre 1992 wird der Reaktor über eine Kapazität von 900 MW verfügen. Ein weiterer Reaktorblock mit 900 MW soll 1993 hinzukommen und die Lösung aller gegenwärtigen Versorgungsengpässe bewirken.[21] Momentan kommt ein Großteil der Elektrizität (700 MW) aus dem Kraftwerk Shajiao in Donguan, das wie Daya Bay zwar in der Shenzhen Municipality, nicht aber in der SWZ liegt.

Im Gegensatz zur Energieversorgung ist die Wasserkapazität der SWZ Shenzhen mehr als ausreichend. So gibt es fünf Reservoirs, die neben dem Eigenbedarf auch die britische Kronkolonie mit Wasser versorgen. Jeder Einwohner Shenzhens kann täglich bis zu 500 Liter verbrauchen (vgl. Shenzhen Municipal People's Government Industry Office 1988, S.13). Durch eine intensivere Nutzung des Dongjiang (East River) hofft man zudem, die wachsenden Ansprüche von Wohnbevölkerung und Industriewirtschaft befriedigen zu können. Nach offiziellen chinesischen Angaben scheint das Problem der Wasserverschmutzung durch die Installierung der größten Kläranlage des Landes bereits gelöst zu sein (vgl. Huang Guobin 1988). Ein Blick auf die tatsächlichen Verhältnisse zeigt jedoch, daß durch Industrieabwässer verseuchte Flußläufe nicht selten sind.[22] Wachstum fordert somit auch hier seinen Preis, wenngleich Shenzhen als wirtschaftliches Prestigeobjekt beweisen könnte, daß die Harmonisierung von Ökologie und Ökonomie keinen Widerspruch, sondern eine Notwendigkeit für jede verantwortungsvolle Gesellschaft bedeutet.

6 Probleme und Ausblick

Die bisherige Entwicklung Shenzhens hat die vielfältigen Ansätze der SWZ-Politik auf eindrucksvolle Weise aufgezeigt. War jedoch bis zum Sommer 1985 noch von einer euphorischen Grundstimmung auszugehen, so zeigt sich im zweiten Verlauf der achtziger Jahre eine kritischere und distanziertere Bewertung der SWZ. Verdeutlicht wird dieser Wandel durch die Worte Deng Xiaopings:

- Januar 1984: "Shenzhen's development and experience prove that our policy for setting up Special Economic Zones is correct." (*Atlas of Natural Resources and Development of Shenzhen 1985*)

- Juni 1985: "Shenzhen is merely an experiment and if it fails, we can draw lessons from it." (Wong 1987, S.80).

Grundlage dieses Bewußtseinswandels waren z.T. immer deutlicher auftretende Probleme, vor denen die reformorientierten Politiker nun nicht länger ihre Augen verschließen konnten. Abgesehen von den genannten Schwierigkeiten der einzelnen Wirtschaftssektoren offenbart Shenzhen eine Reihe allgemeiner Probleme. Einer der wichtigsten Kritikpunkte ist die Devisenwirtschaft Shenzhens. So wird der SWZ vorgeworfen, daß sie jährlich mehr Devisen ausgibt als einnimmt. Obwohl die Handelsbilanz 1987 und 1988 positiv war, darf daraus nicht geschlossen werden, dieses Problem gehöre der Vergangenheit an. Nach wie vor sehen viele chinesische Unternehmer aus dem Binnenland die SWZ als Handelszentrum an, das aufgrund seines speziellen Status leichter Konsumgüter und andere nachgefragte Waren einführen kann als jede andere Region Chinas (vgl. Wong 1987, S.75). Das übergeordnete Ziel einer exportorientierten Zone wird somit durch eine spezielle Entrepot-Funktion für das Hinterland unterlaufen. Zudem gelangen nach Expertenmeinung viele SWZ-Erzeugnisse nach China, da sie nicht den Qualitätsanforderungen des internationalen Marktes genügen.

Der zweite Problembereich Shenzhens betrifft den Faktor der Kosteninoffizienz. Bei der Errichtung und dem Ausbau der SWZ war Shenzhen auf große Kapitalsummen angewiesen, die von außerhalb des Territoriums stammten. Nachdem die Zentralregierung schon frühzeitig eine finanzielle Unterstützung - zumindest öffentlich -ablehnte, stellten Kredite lokaler und insbesondere ausländischer Banken die einzige Geldquelle dar. Zwar ermöglichten diese Finanzspritzen das weitreichende Wachstum der SWZ, doch nur mit dem Resultat einer Schuldenwirtschaft (vgl. Chan 1987, S.7 ff.). Chinas Vorgehensweise, die SWZ nicht nur räumlich, sondern auch finanziell zu isolieren, hat damit zu einer Abhängigkeit vom Ausland geführt, die nie beabsichtigt war.

Die marktwirtschaftlichen Merkmale der SWZ bieten Unternehmen und Einzelpersonen die Chance, ihre Aktivitäten im Hinblick auf eine Profitmaximierung zu entfalten. Von Regierungsseite wird dieses Engagement aber oftmals durch Bürokratismen eingeschränkt. Ausschlaggebend ist ein äußerst komplexes Entscheidungsgremium, dem Vertreter der lokalen Regierung, der Provinz Guangdong und des Staatsrats angehören (vgl. Rosario 1987a, S.103). Der unklaren Verteilung der Kompetenzen auf diesen Ebenen sind aber nicht nur ausländische Investoren, sondern auch Chinesen ausgeliefert. Die marktwirtschaftliche

Ausrichtung wird somit ernsthaft in Frage gestellt. Das entscheidende Dilemma Shenzhens, wie auch aller anderen SWZ, besteht jedoch in der Evaluierung der Gesamtkonzeption, die sich aus der kapitalistischen Orientierung der SWZ und der sozialistischen Ausrichtung der chinesichen Planwirtschaft ergibt. Auf der einen Seite bedeutet jeder Mißerfolg Shenzhens einen Prestigeverlust der reformorientierten Politiker. Auf der anderen Seite wirft aber selbst eine gelungene Entwicklung der SWZ Probleme auf, da sie die Überlegenheit des sozialistischen Systems im Binnenland anzweifelt. Während die SWZ Shenzhen nicht zuletzt wegen der Übernahme Hong Kongs außenpolitisch ein wirtschaftliches Prestigeobjekt darstellen soll, hat sie auf innenpolitischer Ebene eher experimentellen Charakter. Unter Berücksichtigung dieser Gesichtspunkte repräsentiert Shenzhen ein eigenartig ambivalentes Territorium, dessen wirtschaftliche und soziale Probleme (z.B. Schwarzhandel, Korruption) folglich nichts anderes als Symptome einer widersprüchlichen SWZ-Politik sind. Jegliche Bewertung Shenzhens sollte daher nicht bei einer oberflächlichen Kritik der lokalen Ausprägungen verharren, sondern die genannten Schwierigkeiten als Manifestation eines allgemeinen Reformprozesses begreifen, der durch seine dualistische Struktur auch nach über zehn Jahren zu Unsicherheiten und Unstimmigkeiten führt.

Neben der widersprüchlichen SWZ-Politik hängt die Zukunft Shenzhens sicherlich auch von der Rolle der 14 geöffneten Küstenstädte und fünf Wirtschaftszonen ab. In der Literatur wird dieser Aspekt sehr kontrovers diskutiert, wobei es zwischen zwei Grundströmungen zu unterscheiden gilt. Die eine Gruppe rechnet aufgrund der ausgedehnten Präferenzpolitik mit einem Bedeutungsverlust Shenzhens. Da der "spezielle" Charakter der SWZ verlorengeht, entsteht ein verstärkter Konkurrenzkampf um die knappen ausländischen Investitionen, bei dem die bessere infrastrukturelle Ausstattung und die geschulteren Arbeitskräfte der Millionenstädte Shanghai, Tianjin und Guangzhou den Ausschlag geben (vgl. Ng/Chu 1985, S.55; Oborne 1986, S.152). Bestenfalls erhält Shenzhen eine Ergänzungsfunktion innerhalb des Perlflußdeltas. Das ursprüngliche Ziel einer insulären Marktwirtschaft wird ebenso wie die "politisch-ideologische Bedeutung der Zonen relativiert" (Duscha 1987, S.234; vgl. Leung 1986, S.11).

Bei der zweiten Gruppe von Autoren handelt es sich hingegen um ausgesprochene Befürworter des jetzigen Öffnungskurses. Spill-over-Effekte und die Konkurrenzsituation zwischen SWZ, Küstenstädten und Wirtschaftszonen werden als notwendige und wachstumsfördernde Impulse angesehen, um auf dem Weltmarkt bestehen zu können (vgl. Yu Guoyao 1986, S.5). Hinzu kommt, daß eine negative Entwicklung der SWZ schon deshalb nicht in Betracht gezogen wird, da in den Präferenzregionen unterschiedliche Zielgruppen angesprochen werden sollen. Als Beweise dienen der multisektorale Charakter der SWZ, die durch den

Marktmechanismus geprägten Gesetze sowie das besondere Interesse an Shenzhens Technologietransfer ins Inland. Im Zuge dieser Differenzierung wird
schließlich eine Arbeits- und Funktionsteilung angestrebt, wobei die SWZ
Shenzhen die dominante Rolle bei der Realisierung des Modernisierungsprozesses einnimmt.

Angesichts der dargestellten Polarisierung darf nicht vergessen werden, daß die
Zukunft Shenzhens nicht zuletzt von zwei Faktoren beeinflußt wird, die in der
Argumentation bisher zu kurz gekommen sind. Zum einen sind dies die Entwicklungsvorstellungen der SWZ-Regierung und zum anderen die Auswirkungen der
geographischen Nähe Hong Kongs. Li Hao, der Bürgermeister Shenzhens, strebt
bis Ende dieses Jahrhunderts eine wirtschaftliche Gleichstellung mit den Schwellenländern der Welt an (vgl. Li Hao 1988, S.1). Im Rahmen dieser Planung soll
ab 1990 eine neue Phase eingeleitet werden, in deren Verlauf eine Transformation von arbeits-zu technologieintensiven Industriezweigen stattfindet. Wichtigste Einflußgröße für die Entwicklung Shenzhens wird jedoch die Kooperation
mit der britischen Kronkolonie Hong Kong sein, die bereits jetzt als größter
Auslandsinvestor die Dynamik der SWZ nachhaltig prägt. Gegenüber allen anderen geöffneten Wirtschaftsregionen verfügt Shenzhen damit über einen Wachstumspol, der die Führungsrolle im Reformprozeß unantastbar macht. Welche
besonderen Einflüsse, Beziehungen und Strukturen diese Zusammenarbeit
bisher kennzeichnen und welche Konsequenzen sich aus diesen Verflechtungen
ergeben, soll anhand einer qualitativen Analyse im nächsten Kapitel erörtert
werden.

V Verflechtungen zwischen Hong Kong und der Sonderwirtschaftszone Shenzhen - eine qualitative Analyse -

1 Theoretische Vorüberlegungen

Spätestens seit Mitte der 70er Jahre hat sich in der sozialwissenschaftlichen Methodendiskussion "ein Perspektivenwechsel vollzogen" (Alber 1984, S.113), der anstelle von Experimenten, Tests und standardisierten Interviews neue Analyseformen in den Vordergrund rückt. Grundlage ist die generelle Kritik an einer quantitativen Orientierung, an einer empiristischen Fleißarbeit, die ihre wissenschaftstheoretische Ausrichtung von den Naturwissenschaften erhielt (vgl. Mayring 1988, S.7) und die Lebensrealität aus dem Blickfeld zu verlieren schien. Bemängelt wurde die große Diskrepanz zwischen der Entwicklung der technischen Möglichkeiten (EDV und Computer) und dem damit nicht adäquat gestiegenen Verständnis gesellschaftlicher Zusammenhänge (vgl. Niedzwetzki 1984, S.66).

Als Folge dieser Situation hat eine Verlagerung zu qualitativen Forschungsansätzen stattgefunden, die auch als 'weiche' Erhebungsmethoden bezeichnet werden. Dieser Abgrenzung entspricht zumeist ein anderes Selbstverständnis des Wissenschaftlers, der Prozesse und Zusammenhänge nicht mehr nur untersuchen will, sondern sie durch seinen lebensweltlichen Ansatz nachvollzieht. Während die quantitative Wissenschaft sehr häufig an allgemeinen Gesetzen, an der statistischen Überprüfung von A-priori-Erkenntnissen interessiert ist und deduktiv vorgeht, setzt die qualitative Methodik am Einzelfall, am Individuellen an und versteht sich als induktive Wissenschaft (vgl. Mayring 1988, S.16). Bevorzugtes Forschungsmittel der qualitativen Analyse ist das Intensiv- oder Tiefeninterview. Seine Vorzüge resultieren vornehmlich aus dem freien Gespräch, das aufgrund nicht vorfixierter Kategorien die "individuelle Qualität jeder einzelnen Antwort im Gegensatz zur typisierten Antwort des formellen Fragebogens betont" (König 1972, S.145). Da zudem keine strikten Fragereihen vorgegeben sind, verfügt das Intensivinterview über eine ausgesprochene Flexibilität. So erfolgt durch eine "Anpassung des Vorgehens an den einzelnen Befragten und die jeweilige Situation" (Scheuch 1973, S.166) eine bessere, weil gründlichere Erforschung des Untersuchungsgegenstandes. Vorgefaßte Meinungen des Forschers werden auf diese Weise im Idealfall eliminiert und überraschende Einsichten bzw. Ideen vom Befragten übernommen. Der Interviewte erlangt in diesem Kontext die Bedeutung eines Experten, der angesichts seiner Situationskenntnis mehr als nur "gleichberechtigter Partner" (Niedzwetzki 1984, S.66) des Forschers ist. Voraussetzung ist jedoch, daß der Befragte den Anforderungen der offenen Fragen in

Hinblick auf seine Sprachkompetenz genügt. Sollte dieser methodische Schritt gelingen, bietet sich dem Interviewer die einzigartige Möglichkeit, die nach Auffassung des Verfassers fälschlicherweise als objektiv bezeichnete 'Outsiderperspektive' durch eine subjektive 'Insiderperspektive' abzulösen (vgl. Buttimer 1979, S.157 ff.). Der Elastizität des Intensivinterviews entspricht jedoch keine inhaltliche Planlosigkeit. Um sicherzustellen, daß die Angaben, Erfahrungen und Motive der Befragten trotz ihres Individualcharakters auch vergleichbar sind, wird ein allgemeiner Leitfaden angelegt. Der Gebrauch dieses Frageleitfadens stellt höchste Ansprüche an den Interviewer. Zum einen soll ein völlig durchstrukturierter Interviewaufbau, der der Vergleichbarkeit der Interviews höhere Priorität einräumt als dem möglichen Erkenntnisfortschritt und der Spontaneität des Verfahrens, vermieden werden (vgl. Hopf 1978, S.97 ff.). Zum anderen darf die Interviewführung nicht dem Befragten übertragen werden, da man ansonsten viele irrelevante Informationen anhäuft, die weder für das Thema noch für den Vergleich mit anderen Fällen nützlich sind. Der Interviewer bewegt sich demnach auf einem äußerst schmalen Pfad, wobei er neben den allgemeinen Schlüsselfragen je nach Gesprächsverlauf zu entscheiden hat, welche Zusatzfragen sinnvoll erscheinen. Diese Schwierigkeit verlangt, daß der Interviewer im vorhinein mit seinem Forschungsgegenstand vertraut sein sollte, um nicht nur an die Äußerungen der Befragten anzuknüpfen, sondern dem Gespräch darüber hinaus weitere Impulse geben zu können.

Abgesehen von den genannten Problemen der Datengewinnung werden beim qualitativen Ansatz auch die Datenauswertung sowie die Repräsentativität der Ergebnisse kritisiert. Sicherlich fehlt bis zum heutigen Tage eine allumfassende und systematische "Anleitung zur Auswertung komplexeren, sprachlichen Materials" (Mayring 1988, S.8), doch sollte dieser Mangel nicht zu dem Fehler verführen, das qualitative Verfahren als subjektive Interpretationswissenschaft abzuwerten. Um die aus qualitativen Ansätzen gewonnenen Daten nicht der Kritik der willkürlichen Auswertung auszusetzen, müssen aber zumindest zwei Wege beschritten werden:

1. Zur Interpretation sprachlichen Materials müssen sich Wissenschaften wie die Geographie noch stärker mit den Analysetechniken der Nachbardisziplinen (z.B. Literaturwissenschaft und qualitative Sozialforschung) vertraut machen.

2. Bis eine allseits befriedigende Technik entwickelt ist, müssen die Auswerter im Sinne der intersubjektiven Evaluierung bereit sein, die Gesichtspunkte, unter denen das Datenmaterial betrachtet wurde, klar darzulegen (vgl. Niedzwetzki 1984, S.69).

Ein ständiger Kritikpunkt der qualitativen Methode betrifft schließlich die Repräsentativität. Da aufgrund des hohen Arbeits- und Zeitaufwandes zur Durchführung sowie Auswertung vergleichsweise wenig Fälle untersucht werden können, stellt sich die Frage, inwieweit die analysierten Interviews ein repräsentatives Abbild der Grundgesamtheit darstellen. Dem Vorwurf mangelnder Vereinbarkeit der Ergebnisse kann durch eine Verknüpfung mit sekundärstatistischem Material entgangen werden. Auf diese Weise wird sichergestellt, daß besonders spektakuläre Interviews keine Überbewertung erfahren. Darüber hinaus versteht sich der qualitative Ansatz aber auch nicht als Instrumentarium zur Datensammlung,[1] sondern als kritisches Frageinstrument, bei dem die Problemstellung im Vordergrund der wissenschaftlichen Betrachtung steht. Aus diesen Vorüberlegungen folgt, daß auch das qualitative Verfahren Vor- und Nachteile beinhaltet. Welche methodische Vorgehensweise bei einer empirischen Untersuchung schließlich zum Tragen kommt, hängt nicht zuletzt von der Beschaffenheit des Gegenstandes (vgl. Volmerg 1983, S.125), dem zu erwartenden Erkenntnisfortschritt[2] und dem Selbstverständnis des Wissenschaftlers ab. Für die Ermittlung der bestehenden Verflechtungen zwischen Hong Kong und der SWZ Shenzhen sind qualitative Intensivinterviews mit der Firmenleitung von Unternehmen durchgeführt worden, die über ihren Hauptstandort hinaus eine Niederlassung jenseits der Grenze errichtet haben. Diese Vorgehensweise bietet in dem Untersuchungsraum folgende Vorteile:

1. Intensivinterviews mit der Firmenleitung (Managerebene) führen zu wirklichen Experteninterviews, die die grundsätzlichen Standortüberlegungen und Entscheidungen widerspiegeln.

2. Durch die nicht standardisierte Art der qualitativen Untersuchung können Diskrepanzen zwischen Erwartung und Realität besser beleuchtet werden. Eine kontinuierliche Übermittlung der Standortsituation ist somit gewährleistet.

3. Aufgrund der prekären politischen Situation zwischen Hong Kong und China bieten insbesondere Intensivinterviews mit der Firmenleitung die Möglichkeit, unternehmerische Entscheidungen als Resultate veränderter wirtschaftspolitischer Rahmenbedingungen zu verstehen. Ein derartiger Einblick gewährt ein besseres Verständnis des wachsenden regionalen Verflechtungsgrades.

4. Nur durch eine genaue Kenntnis der Firmenprofile sowie den Determinanten der Unternehmenspolitik entsteht ein umfassendes Bild der Industriewirtschaft Shenzhens, die in maßgeblicher Weise von Hong Kongs Investoren beeinflußt wird.

5. Wie aus der Regionalstudie Shenzhens hervorgeht, bilden Kooperationsbetriebe ein wichtiges Standbein der wirtschaftlichen Entwicklung. Insbesondere die Offenheit des qualitativen Interviews schafft die Voraussetzung, die Aspekte des Zusammenspiels mit Hong Kong herauszuarbeiten, die nach dem 30.Juni 1997 von der regionalen auf die nationale Ebene übertragen werden können.

Ergänzt werden die Unternehmensbefragungen durch Gespräche mit Behörden, Banken und Wissenschaftlern der Chinese University of Hong Kong sowie der Shenzhen University. Im Mittelpunkt der Untersuchung steht die Handlungsebene der Akteure, die maßgeblich die Raumverflechtungen zwischen Hong Kong und der SWZ Shenzhen prägen. Gerade vor dem Hintergrund zweier so gänzlich verschiedener Wirtschafts- und Gesellschaftssysteme gewinnt dieser Ansatz seine besondere Bedeutung.

2 Methodische Vorgehensweise

Aus den wissenschaftstheoretischen Vorüberlegungen sowie den strukturellen Gegebenheiten der Untersuchungsregion ist deutlich geworden, daß die qualitative Methode ein adäquates Instrumentarium zur Ermittlung räumlicher Verflechtungen darstellt. Dennoch soll in der Analyse auf sekundärstatistisches Material nicht verzichtet werden. Eine bewußte Ausklammerung wichtiger Zahlenwerte würde schließlich nur zu einer unnötigen Dichotimisierung beider Ansätze führen, die im Sinne des Erkenntnisfortschritts zu vermeiden ist.

Im Zentrum der Arbeit stehen 46 Intensivinterviews, die mit Industrie- und Handelsunternehmen (32), Wirtschaftsorganisationen und Handelskammern (5), Großbanken (3), Regierungsstellen (2) und Wissenschaftlern (4) von März bis Ende September 1989 in Hong Kong und der SWZ Shenzhen durchgeführt wurden. Da der sekundäre Sektor in beiden Räumen eine wirtschaftliche Führungsrolle einnimmt, galt es, vor allem industrielle Verflechtungen zu berücksichtigen. Die zu diesem Zwecke erforderlichen Vorbereitungen konnten mit Hilfe Hong Konger Handelskammern bereits in der BR Deutschland beginnen. Auf Anfrage lieferten das Hong Kong General Chamber of Commerce, das Chinese General Chamber of Commerce sowie die Federation of Hong Kong Industries Adressenlisten von Hong Konger Unternehmen, die gleichzeitig Produktionsstandorte bzw. Niederlassungen in Shenzhen besitzen. Die von den Handelskammern übermittelten Anschriften und Investitionsschwerpunkte entstammen dem *Directory of Resident Offices of Foreign, Overseas, Chinese, Hong Kong and Macao Enterprises 1986/87*. Angesichts des Quellenmaterials sowie ergänzender Hinweise des Hong Kong Government Information Service und der Vereinigung der Deutschen Kaufmannschaft in Hong Kong konnten nun Betriebe und Einrichtungen angeschrieben werden.

Ziel der schriftlichen Anfrage war es, die Zustimmung für ein Interview im Rahmen des Dissertationsprojektes zu bekommen. Dazu wurden vor allem Betriebe in den Branchen angeschrieben, die sowohl in Hong Kong als auch in Shenzhen die Industriestruktur nachhaltig prägen. Besondere Berücksichtigung fanden dabei Unternehmen des Elektronikbereichs, da sie nicht nur einen Anteil von knapp 50% am Bruttoproduktionswert von Shenzhens Industriesektor haben, sondern auch als wachstumsträchtige Wirtschaftsbranche für einen Technologietransfer von Hong Kong nach Shenzhen gelten.

Zur Durchführung der Interviews mußte der gesamte Auslandsaufenthalt (März-Oktober 1989) in Anspruch genommen werden. Eine kontinuierliche Bearbeitung des Untersuchungsgegenstandes war durch die Ereignisse des 4.Juni 1989 in Beijing unmöglich gemacht worden. Die auftretenden Schwierigkeiten der Datengewinnung zeigten sich anhand folgender Aspekte:

- Angesichts der blutigen Abrechnung mit der friedlichen Demokratiebewegung und den im Laufe der darauf folgenden Wochen vorgenommenen landesweiten Maßnahmen zur Unterdrückung 'konterrevolutionärer Kräfte' war von einer Einreise in die VR China bis Mitte Juli 1989 abzusehen. Insbesondere der von offizieller chinesischer Seite vorgebrachte Vorwurf, westliche Kräfte hätten die umstürzlerischen Aktionen unterstützt, führte in der britischen Kronkolonie Hong Kong zu Warnungen an Chinareisende aus dem Ausland.

- Interviewtermine, die nach zeitraubenden Verhandlungen mit der chinesischen Seite für Juni 1989 getroffen worden waren, konnten entweder überhaupt nicht mehr (Shenzhen Municipal People's Government und Shenzhen Municipal Industrial Department Committee) oder erst nach erneuten langwierigen Vorbereitungen durchgeführt werden (Shenzhen University).

Hinzu kam, daß aufgrund der veränderten politischen Situation statt der ursprünglich vorgesehenen Gespräche mit chinesischen Interviewpartnern, nun solche mit 'linientreuen' Kollegen erfolgen mußten.

- Aber nicht nur die neue Einstellung der chinesischen Seite beeinflußte die Durchführung. Viele Hong Konger Unternehmer sagten vorher vereinbarte Termine ab, da sie sich politisch nicht unnötig exponieren wollten. Dies traf in besonderer Weise auf Kooperationsbetriebe zu, die negative Folgen für das Betriebsklima befürchteten.

Die dadurch bedingte Verzögerung der Informationsaufnahme konnte mit Hilfe der lokalen Handelskammern, des Hong Kong Trade Development Council sowie der Chinese Manufacturers' Association of Hong Kong wettgemacht werden.[3] Da die letzten Interviewtermine erst im August und September 1989 zustande kamen, konnte die themengerechte Auswertung erst in der Bundesrepublik erfolgen.

Angelegt wurde die empirische Erhebung in Form einer Zufallsstichprobe, wobei die Industriestruktur Shenzhens bei der Auswahl der Interviewpartner entsprechende Berücksichtigung fand. Als nachteilig stellte sich heraus, daß zum Untersuchungszeitraum keine umfassende Liste von Hong Konger Unternehmen in der SWZ Shenzhen vorlag. Die von den Handelskammern und Wirtschaftsorganisationen bereitgestellten Informationen beziehen sich nur auf die bei ihnen registrierten Betriebe und sind daher selbst in ihrer Gesamtsumme (140) keine aussagekräftige Bezugsgröße.[4] Nicht zuletzt auch aus diesem Grunde versteht sich die qualitative Analyse als Pilotstudie für spätere Untersuchungen, die aufgrund der ermittelten Ergebnisse den Gegenstandsbereich weiter durchleuchten können. Vor jedem Interview wurden die Gesprächspartner über die Problemstellung und die Gesprächsdauer (2-3 Std.) informiert. Im Sinne einer logischen Sequenz galt es, die Impulsfragen des Leitfadens aufeinander abzustimmen, wobei 'leichtere' Informationsfragen (z.B. zum Firmenprofil) zuerst und komplexe sowie sensitive Aspekte (z.B. Interpretations- und Einstellungsmuster) im weiteren Verlauf des Gesprächs erörtert wurden (vgl. Anhang). Um die Individualität der jeweiligen Fallanalysen auszunutzen, ist ferner darauf geachtet worden, daß alle Firmeninterviews in gewohnter und bekannter Umgebung, d.h. auf dem Betriebsgelände in Hong Kong bzw. Shenzhen stattfanden.

Für eine Befragung der Hong Konger Unternehmer sprach, daß sie aufgrund ihrer generell größeren internationalen Erfahrung Gesprächen mit Ausländern offener begegnen als die chinesische Seite. Darüber hinaus neigt der chinesische Manager aus seinem Harmonieverständnis eher zu einer beschönigenden Sichtweise der Kooperationsbetriebe. Aus mehreren Interviews mit beiden Partnern konnte dieser Aspekt erhärtet werden.

Die Aufzeichnung der Gespräche erfolgte durch ein Kassettengerät. Das Einverständnis der Interviewpartner vorausgesetzt, bietet dieser Schritt folgende Vorzüge:

- Es tritt keine vorschnelle Selektion der Information auf,
- der Interviewer kann sich völlig auf das Gespräch konzentrieren,
- paralinguistische Elemente des Gesprächs (z.B. Sprechdauer) werden festgehalten (vgl. Friedrichs 1982, S.229),
- die intersubjektive Nachvollziehbarkeit ist durch die wortgetreue Aufzeichnung gewährleistet.

Der Einwand, durch den Gebrauch des Aufzeichnungsgerätes entstehe eine künstliche Atmosphäre, konnte nicht bestätigt werden. Alle Interviewpartner gewöhnten sich sehr schnell an das Mitlaufen des Bandes. Bei Gesprächspartnern, die keine Aufzeichnung wünschten, ist ein umfassendes Verlaufsprotokoll angefertigt worden. Mit Zustimmung der jeweiligen Firmenleitung erfolgte im Anschluß an das Interview eine Betriebsbesichtigung. Durch eine Vertiefung der 'Insiderperspektive' konnten die aktuell gewonnenen Ergebnisse themengerecht eingeordnet werden.

Eine ähnliche Vorgehensweise kennzeichnet die Intensivinterviews mit Hong Konger Großbanken sowie Unternehmen aus der SWZ Shenzhen, die gleichzeitig Niederlassungen in der britischen Kronkolonie haben. Unterschiede ergaben sich jedoch in der Vorbereitung und Durchführung der Interviews. Da beide Wirtschaftsgruppen aus dem Selbstverständnis ihrer Geschäftspolitik eine kritische Distanz zu Gesprächspartnern 'von außen' pflegen, war eine Kontaktaufnahme nur mit Hilfe sehr guter Beziehungen möglich. Zu danken ist hier vor allem Frau Dr. P.Y. Wong, Leiterin des China Special Economic Zones Programme an der Chinese University of Hong Kong, die durch ihr stetiges Interesse an der Dissertationsproblematik diese Gespräche erst ermöglichte.

Hinzu kam, daß die Auswertung öffentlich zugänglicher Unternehmensprofile und Jahresberichte einen wichtigen Grundstein bei der Erstellung der Fragestruktur bildeten. Das Resultat war ein auf die Rolle der Interviewpartner abgestimmter Leitfaden, der unter Vermeidung eines Frage-Antwort-Stakkatos die notwendigen Impulse für längere Darstellungen bot.

Alle Interviews mit Hong Kong-Chinesen wurden selbständig in englischer Sprache durchgeführt. Bei Gesprächen mit Chinesen in der SWZ Shenzhen (Befragungen von Unternehmen sowie Wissenschaftlern an der Shenzhen University) halfen zudem zwei Übersetzerinnen der Chinese University of Hong Kong, die aufgrund ihres Geographie- bzw. Wirtschaftsstudiums sowohl mit den Raumverhältnissen Shenzhens als auch mit den Termini der chinesischen Volkswirtschaft vertraut waren. Sie wurden vor jedem Interview mit dem Gesprächsleitfaden bekannt gemacht.

Zur Ergänzung der eigenen Erhebung dienen Kartierungen sowie umfangreiche Literatur- und Statistikauswertungen an den beiden Hong Konger Universitäten. Während die Chinese University of Hong Kong in der China Special Economic Zones Data and Research Unit Informationsmaterial zu den SWZ bereitstellte, konnte in der University of Hong Kong die jüngste Entwicklung des Hong Konger Wirtschaftswachstums aufgearbeitet werden. Als ergiebige Standorte erwiesen sich ferner das HKTDC und das Hong Kong Census and Statistics Department, die über wertvolles quantitatives Material zur Außenhandels- und Industrieentwicklung der britischen Kronkolonie verfügen.

Da der rasche wirtschaftliche und politische Wandel der VR China auch Rückwirkungen auf Hong Kong hat - die blutige Niederschlagung der Studentendemonstration hat dies den Bürgern der Kronkolonie schmerzhaft vor Augen
geführt -, bedurfte es zusätzlicher Beiträge aus aktuellen Quellen. Insbesondere
die Lektüre der lokalen englischen Tageszeitungen *South China Morning Post*
und *Hong Kong Standard* sowie der in Hong Kong erscheinenden Wochenzeit-
schrift *Far Eastern Economic Review* stellt eine gelungene Vertiefung des qualitativen Ansatzes dar. Zahlreiche gesamtwirtschaftliche Aspekte beider Untersu-
chungsräume konnten auf diese Weise den steigenden Verflechtungsgrad zwischen Hong Kong und Shenzhen erhellen.

3   Hong Kongs Engagement in Shenzhens Wirtschaft

3.1   Konzeptioneller Rahmen

Unternehmensexpansionen, die nicht mehr innerhalb eines Einzelunternehmens
stattfinden, sondern zur Bildung eines Mehrbetriebsunternehmens führen, werden mit dem Begriff Standortspaltung umschrieben (vgl. Brücher 1982, S.74). Als
Folge dieser Aufteilung entstehen Zweigbetriebe (Filialen) bzw. Repräsentationsbüros, die aufgrund ihrer Abhängigkeit vom Hauptwerk vielfältige räumliche Verflechtungen hervorbringen. Zu unterscheiden gilt es dabei zwischen
interindustriellen und extraindustriellen Beziehungen (vgl. Mikus 1978, S.102).
Während im ersten Fall u.a. ökonomische sowie technische und administrative
Verflechtungen zwischen industriellen Unternehmen analysiert werden, liegt der
Schwerpunkt im zweiten Fall auf der Untersuchung nichtindustrieller Beziehungen, wie z.B. der Verflechtung von Unternehmen mit Banken und anderen
Dienstleistungseinrichtungen. Ungeachtet dieser Differenzierung soll das
Zweigwerk als alternative Wirtschaftseinheit zahlreiche Standortvorteile wahr-
nehmen, die zuvor das Wachstum des Unternehmens limitierten. Je schlechter
somit die Bedingungen am Hauptstandort geworden sind, desto eher besteht
eine Tendenz zu regionalen Verflechtungen.

Unternehmerische Strategien erzeugen auf diese Weise häufig einen Betriebs-
verbund, der sowohl organisations- als auch produktionstechnisch zu einer
"räumlich hierachisierten Arbeitsteilung" (Butzin 1986, S.96) führt. Zweigbetriebe weisen aufgrund ihres Abhängigkeitsverhältnisses zum Hauptwerk eine hohe
Fremdbestimmung auf (vgl. Townroe 1975, S.49 ff.). Durch ihre geringe Stand-
ortbindung an zumeist periphere Räume und die Beschränkung auf spezielle
Fertigungsbereiche werden sie auch als verlängerte Werkbänke bezeichnet, die
als konjunkturelle Puffer dienen können. Dieser funktionalen Arbeitsteilung im
operativen Bereich entspricht in den meisten Fällen auch eine dispositive Diffe-

renziertheit. So erfolgt die Anordnung, Koordination und Kontrolle des gesamten Leistungsprozesses fast ausschließlich am Hauptstandort. Andererseits gibt es jedoch auch Zweigbetriebe, für die ein hoher Grad autonomer Kontrolle charakteristisch ist. Grundlage bildet die Wahrnehmung zentraler Funktionen, wie sie in einer möglichen günstigen Verkehrsanbindung, in der Verfügbarkeit qualifizierter Arbeitskräfte und nicht zuletzt in der Fertigung technologieintensiver Produkte zum Ausdruck kommen können (vgl. Watts 1981, S.4). Aufgrund der genannten Vorüberlegungen ist deutlich geworden, daß Standortspaltungen spezielle Unternehmensstrukturen erzeugen. Für die Regionen Hong Kong und Shenzhen gilt es, diese funktionale Arbeitsteilung in Hinblick auf entstandene räumliche Verflechtungen zu untersuchen. Im Vordergrund stehen unternehmensinterne Abhängigkeiten, die durch mikroanalytische Studien problematisiert und durch exogene Beziehungen ergänzt werden. Die dabei gewonnenen Informationen berücksichtigen folgende Verflechtungsaspekte: Ansiedlungsgründe, Arbeitskräftebewegungen, Material- und Produktionsverflechtungen, Absatz- und Beschaffungsverflechtungen, Dienstleistungsverflechtungen, Technologietransfer. Bei der Befragung von Kooperationsunternehmen werden zudem spezifische Merkmale der betriebswirtschaftlichen und personellen Zusammenarbeit erörtert: Verhandlungs- und Vertragsaspekte, Organisationsstruktur sowie Konfliktpotentiale, Motivation der Vertragspartner, Evaluierung.

3.2 Klassifizierung der Industrie- und Handelsunternehmen

Von allen befragten Unternehmen, die durch eine Standortspaltung sowohl in Hong Kong als auch in der SWZ Shenzhen vertreten sind, wurde der britischen Kronkolonie ausnahmslos eine Headquarter-Funktion zugemessen. Trotz dieser Übereinstimmung bei der regionalen Rollenzuweisung gibt es erhebliche Differenzen in der überregionalen Einschätzung Hong Kongs und Shenzhens. So gilt es vornehmlich zwischen drei Investitionsgruppen zu unterscheiden:

1. lokale Unternehmen (Interviews 5-30),
2. ausländische Unternehmen (Interviews 1-4),
3. Unternehmen aus der VR China (Interviews 31-32).[5]

Bei der ersten Gruppe handelt es sich um Hong Konger Unternehmen, die seit vielen Jahren in der Kronkolonie ansässig sind. Aufgrund diverser Wettbewerbsbedingungen haben sie einen Zweigbetrieb in der SWZ Shenzhen errichtet. Gleichzeitig führten die Expansionsbestrebungen zahlreiche Unternehmen zum Aufbau weiterer Niederlassungen in der VR China. Bevorzugter Standort ist dabei die Provinz Guangdong (z.B. SWZ Zhuhai, Baoan, Zheijiang, Guangzhou). Weiterer Attraktivität erfreuen sich die SWZ Xiamen, Shanghai und Beijing. Zwei der befragten Unternehmen verfügen auch über Zweigwerke in anderen Ländern: USA, Kanada, Australien (Interview 16) sowie Thailand (Interview 24).

Aufgeschlüsselt nach Industriezweigen stammen elf Unternehmen aus der Elektronikindustrie, vier aus der Textil- und Bekleidungsindustrie, drei aus dem Bereich der Druck- und Papierverarbeitung, zwei aus der Plastikindustrie und eines aus der Nahrungsmittelindustrie. Die restlichen vier Unternehmen sind Handelsfirmen.

Die Gründungsjahre der Shenzhener Zweigbetriebe umfassen den gesamten Zeitraum der bisherigen chinesischen Öffnungspolitik. Während das Unternehmen aus der Nahrungsmittelindustrie bereits 1979 in Shenzhen vertreten war (Interview 6), hatte sich eine Druckerei erst im Herbst 1988 dort angesiedelt (Interview 5). Bei der Standortverteilung der befragten Industriefirmen ergaben sich Mehrfachnennungen für Shangbu (Interview 15, 21, 26, 27) und Nantou (Interview 14, 17, 28). Andere Standorte wie Futian, Bagualing und Shekou waren jeweils nur einmal vertreten. Für die Handelsfirmen ist hingegen eine eindeutige Konzentration auf das Geschäftsviertel Luohu zu konstatieren.

Die zweite Unternehmergruppe sieht die britische Kronkolonie lediglich als regionalen Hauptsitz für ihre chinaorientierten Aktivitäten an. Da es sich bei ihnen um multinationale Konzerne mit diversifizierten Geschäftsbereichen handelt, muß die Bedeutung Hong Kongs und Shenzhens im Rahmen einer übergeordneten Unternehmenspolitik beurteilt werden. Dem stärkeren Hierachisierungsgrad entsprechend, erfüllt die SWZ zunächst die Funktion eines Repräsentationsstandortes, der die vielfältigsten Aufgaben auf unterster Ebene wahrnimmt. Bei den vier befragten Unternehmen sind das folgende Tätigkeiten: Verbindungsfunktion zwischen China und Hong Kong, Übersetzungsaufgaben, Kontaktierung möglicher Kunden, Erstellung kleiner Marktanalysen, Zeitungslektüre.

Falls die Investitionsbedingungen eine Expansion sinnvoll erscheinen lassen, sollen die gegenwärtigen Repräsentationsbüros zu größeren Standorten ausgebaut werden. Vorläufig betreiben die aus Japan (Interview 1, 4) und den USA (Interview 2, 3) stammenden Konzerne allerdings noch ein zurückhaltendes SWZ-Engagement. Ihre Aktivitäten sind bezeichnenderweise auf die Millionenstädte Shanghai, Beijing, Nanjing und Guangzhou konzentriert. Eine Tatsache, die aber nicht zuletzt auch auf die besondere Stellung Shenzhens innerhalb der gesamtstrategischen Überlegungen hinweist.

Die dritte Gruppe setzt sich aus volksrepublikanischen Unternehmen zusammen, die nach der Gründung eines Kooperationsbetriebes in Hong Kong eine Filiale in der SWZ eröffnet haben. Während in der britischen Kronkolonie die notwendigen Verbindungen mit finanzkräftigen und international erfahrenen Kunden geknüpft werden, dient Shenzhen als ausführendes Organ der Geschäftspolitik.

Dem an der Gründung in Hong Kong beteiligten lokalen Unternehmer bietet sich die Möglichkeit, die Kenntnisse seines chinesischen Partners für einen relativ problemlosen Investitionseinstieg in Shenzhen zu nutzen.

Die sich anhand der unterschiedlichen Herkunft und Unternehmensstrategie ergebenden drei Investitionsgruppen zeigen spezifische Verflechtungserscheinungen zwischen Hong Kong und Shenzhen. Die folgende Untersuchung will diese Beziehungen nachweisen und ihre Bedeutung für den Gesamtraum herausstellen.

3.2.1 Motivation zur Standortwahl

Die Standortwahl von Betrieben hängt von einer Vielzahl von Faktoren ab, die "sich zunächst nach den Prioritäten in der Zielsetzung des Unternehmens" (Brücher 1982, S.35) richten. Während frühere Standorttheorien (z.B. Thünen, Weber) die räumliche Ordnung der Wirtschaft als Resultat eines rational-ökonomischen Verhaltens der Entscheidungsträger ansahen, in der der Mensch als homo oeconomicus nach größtmöglicher Gewinnmaximierung strebte, dominieren in der heutigen Industrie- und Wirtschaftsgeographie verhaltens- und entscheidungstheoretische Ansätze (vgl. Schamp 1983, S.74 ff.). Grundlage dieses Bewußtseinswandels ist die Erkenntnis, daß die dem ökonomischen Prinzip der Zweckrationalität verhafteten Erklärungsmodelle nicht alle Aspekte erfassen, die für eine Standortwahl maßgeblich sind (vgl. Bade 1979, S.47; Kulke 1986, S.18 f.). Eine ausschlaggebende Wirkung haben vielmehr auch Informations- und Wahrnehmungsprozesse der handelnden Unternehmer. So werden Standortentscheidungen u.a. von persönlichen Kontakten der Manager, von der Dynamik und der Informationsverarbeitungskapazität der Entscheidungsträger bestimmt (vgl. Fürst/Zimmermann 1973).

Expertengespräche bieten in dieser Hinsicht den großen Vorteil, die verschiedenen Unternehmensüberlegungen im Rahmen zwischenmenschlicher Interaktion zu ermitteln. Obwohl jedes Intensivinterview zwar nur begrenzte sektorale Aussagen zutage fördert, decken sie in ihrer Mehrheit "jedoch ein äußerst breites Spektrum ab" (Bronny 1979, S.457).

Die Auswertung der einzelnen Interviews hat ergeben, daß zwei Drittel der Unternehmen die steigenden Arbeitskosten in Hong Kong und die vergleichsweise niedrigen Löhne in Shenzhen als Hauptmotiv ihrer Standortwahl in der SWZ ansehen. Dies gilt um so mehr für die Industriebetriebe aus den Bereichen Elektronik, Textil, Plastik und Papier, die fast ausnahmslos diesem Faktor die größte Bedeutung bei der Ansiedlung in Shenzhen zumaßen (vgl. 3.2.6).

Der zweitwichtigste Grund ist das in Shenzhen vorhandene billigere Bauland. Als Hong Kongs Land- und Pachtpreise extreme Ausmaße annahmen, reagierten einige Industriebetriebe mit einer Umsiedlung in die New Towns der New Territories, wo sie größere und z.t. besser ausgerüstete Fertigungsgebäude preiswerter errichten konnten. Trotz dieses scheinbaren Standortvorteils waren die New Territories aus zahlreichen Gründen nicht in der Lage, ihre industriellen Aktivitäten auszudehnen (vgl. II, 4.1.3.2). Die SWZ Shenzhen stellt daher den neuen nördlichen Ergänzungsraum Hong Kongs dar, dessen Kombinationsangebot von billigen Arbeitskräften und günstigen Pachten die Investoren anlockt.

Wie gravierend die Preisunterschiede ausfallen, illustrieren zwei Beispiele. Eine Hong Konger Druckerei zahlt 0,60 HK$ pro sq. ft. (1 sq. ft.= 929 cm² in Shenzhen und 6,50 HK$ in ihrem Hauptquartier in Mong Kok (Kowloon) (Interview 5). Die Erfahrungen einer Elektronikfirma aus Fotan (New Territories) gehen in die gleiche Richtung. Sie muß 10 HK$ pro sq. ft. in Hong und nur 1 HK$ in Shenzhen zahlen (Interview 12). Als Folge haben alle interviewten Industriefirmen ihre flächenintensiven Produktionsbereiche bereits nach Shenzhen verlagert.

Daß bei aller Dominanz der genannten Faktoren die Verflechtung mit Hong Kong eine wichtige Funktion einnimmt, belegt der Aspekt der geographischen Nähe. In diesem Zusammenhang gilt es jedoch, unterschiedliche Unternehmensmotive zu differenzieren:

- Lokale Hong Konger Firmen, die ihren Standort in Shenzhen u.a. deshalb gewählt haben, weil sie die aus der Kronkolonie erhaltenden Informationen für ihre Geschäftspolitik in China rasch umsetzen können (Interview 12, 17, 25);

- Hong Konger Firmen, die aufgrund der geringen Entfernung die Möglichkeit zur Kontrolle ihrer Niederlassung besitzen. Regelmäßige Telefonate zwischen dem Hauptstandort in Hong Kong und dem Zweigbetrieb in Shenzhen erleichtern eine genaue Abstimmung der Unternehmenspolitik (Interview 5, 11). Selbst bei unvorhersehbaren Problemen ist es sehr einfach, Führungskräfte von einem Standort zum anderen zu schicken (maximale Fahrtzeit 1-2 Std.). Zwar sind SWZ wie Zhuhai und Xiamen z.T. noch preisgünstiger als Shenzhen, doch läßt der Aspekt der schnellen Distanzüberwindung die Standortvorteile anderer chinesischer Regionen sinken (Interview 13, 29);

- Hong Konger Firmen, die aus der Nähe Shenzhens zur britischen Kronkolonie auf die politische Sicherheit der SWZ schließen (Interview 15, 26, 27). Da alle Unternehmen, die diesem Faktor Bedeutung zumaßen, nach den Ereignissen des 4.Juni interviewt wurden, sollte dieser Aspekt nicht überbewertet werden. Dennoch spricht die Niederschlagung der Studentendemonstration im Norden Chinas zumindest für eine psychologische Wirkung, die auch in Zukunft die Standortattraktivität Shenzhens für Hong Konger Unternehmer unterstreicht.

Die Zukunftssicherung nimmt aber noch in einem anderen Zusammenhang eine wichtige Funktion ein. Insbesondere ausländische Unternehmen sehen Shenzhen als den Standort an, der als erste und wachstumsfreudigste SWZ die meisten Entwicklungschancen für die Zukunft bietet. Allein die Tatsache, daß viele Konkurrenzfirmen bereits ein Büro eröffnet haben, scheint Grund genug für eine Ansiedlung zu sein (Interview 1, 3). In dieser Hinsicht wird Shenzhen auch als Sprungbrett beurteilt, von dem aus das Perlflußdelta bzw. der Süden Chinas leichter erobert werden kann.

Tabelle 32: **Standortmotivationen Hong Konger Unternehmer in der SWZ Shenzhen (Faktoren in der Reihenfolge ihrer Bedeutung)**

lokale Firmen	ausländische Firmen	chinesische Firmen
- niedrige Löhne	- Erfahrungsaustausch	- Wachstumspotential
- preiswertes Bauland	- Erstellung v. Marktanalysen	- Expansionsbestrebungen
- geographische Nähe (Informationstransfer, Kontrolle, pol. Sicherheit)	- spätere Expansionsbestrebungen	- Kontaktpflege zur VR China
- Zukunftssicherung		
- familiäre Kontakte		

Eigene Erhebung.

Neben dieser positiv gefärbten Erwartungshaltung tauchen im Verlauf des offenen Interviews immer deutlicher 'persönliche' Standortfaktoren auf.[6] Vor allem kleinere Firmen ziehen familiäre und freundschaftliche Kontakte nach Shenzhen ins Kalkül. Die Vorzüge einer Verflechtung, bei der Verwandte und Bekannte in der SWZ zu Betriebsleitern ernannt werden, liegen darin begründet, daß sowohl Probleme auf persönlicher Ebene gelöst werden können als auch aufgrund der besseren Marktkenntnis Kostenersparnisse auftreten (Interview 7, 12, 24).

Überraschenderweise spielen die besonderen Investitionsbedingungen Shenzhens nur eine untergeordnete Rolle für Hong Kongs Unternehmer. Verarbeitungsbetriebe verstehen Steuererleichterungen lediglich als flankierende Maßnahme, die die komparativen Vorteile der SWZ zusätzlich verstärken (Interview 8, 10, 26).

Für Firmen der zweiten und dritten Gruppe ist der Aufenthalt in Shenzhen von vornherein von anderen Faktoren abhängig. Statt die Investitionsanreize auszunutzen, stehen der Erfahrungsaustausch mit chinesischen Betrieben und Organisationen sowie diverse Marktanalysen im Vordergrund. Sollten die Bedingungen günstig sein, wird das entsprechende Repräsentationsbüro ausgebaut oder zugunsten eines gewinnträchtigeren Standortes verlassen (Interview 1, 3, 31) (Tab.32).

3.2.2   Bedeutung von Durchführbarkeitsstudien und Kostenanalysen

Im Unterschied zu der gängigen Praxis, daß Unternehmer vor einem Standortwechsel Durchführbarkeitsstudien erstellen, scheinen derartige Praktiken unter Hong Konger Betrieben nicht besonders ausgeprägt zu sein. Glaubt man den Angaben der Gesprächspartner, so haben nur knapp ein Drittel der befragten Betriebe entsprechende Anstrengungen unternommen. Legt man zugrunde, daß alle EJV (Interview 2, 13, 22, 23, 25, 27, 31) schon allein aufgrund gesetzlicher Auflagen eine gemeinsame Studie erstellen müssen, sieht die Gesamtzahl noch geringer aus.

Die Argumente, die gegen eine Studie sprechen, sind vielfältiger Natur. Sehen insbesondere kleinere Firmen darin einen unnötigen Kostenaufwand (Interview 8, 11, 12, 14), so sind für größere Unternehmen andere Gründe ausschlaggebend. Da ihr Standortwechsel in den meisten Fällen mit der Errichtung eines Repräsentationsbüros beginnt, können Projektanalysen für eine spätere Ansiedlung einfacher vor Ort durchgeführt werden. Die mit der Gründung des Repräsentationsbüros aufgebrachte Kapitalsumme ist vergleichsweise niedrig und wird von den befragten ausländischen und chinesischen Unternehmen als Langzeitinvestition interpretiert (Interview 1, 3, 30).

Selbst wenn die überwiegende Mehrheit der lokalen Firmen auf ausgedehnte Durchführbarkeitsstudien verzichtet, darf daraus nicht geschlossen werden, eine Ansiedlung in Shenzhen berücksichtige keine Vorinformationen. Vielfach orientieren sich die Betriebe an ihren bisherigen Geschäftskontakten, den Informationen von Freunden und den Erfolgen der Konkurrenz (Interview 4, 10, 12, 17). Hinzu kommen wichtige Erkenntnisse der Unternehmensleitung. Eine lokale Druckerei schätzt die Berufserfahrung ihres SWZ-Managers als einen entscheidenden Standortvorteil ein (Interview 5). So hofft man durch dessen langjährige Praxis im Umgang mit chinesischen Behörden, bestehende Informationslücken schließen zu können.

Statt kostspieliger und zeitintensiver Analysen, die zudem 'nur' wirtschaftliche Faktoren berücksichtigen, sind für die meisten lokalen Betriebe persönliche Einblicke weitaus wichtiger. Bestätigt wird dieser Gesichtspunkt vom Manager eines EJV, der dem Potential seines chinesischen Partners eine höhere Priorität beimißt als detailliert verfaßten Projektstudien (Interview 13).

Schließlich muß darauf hingewiesen werden, daß die SWZ Shenzhen in Hong Kong das Image eines Billigstandortes genießt. Lokale Firmen sehen darin eine Ermunterung zum Standortwechsel, die getrost ohne aufwendige Kostenanalysen durchgeführt werden kann. Ist die Ansiedlung in Shenzhen erst einmal erfolgt, hofft der Betrieb in Zukunft bei seinen Kunden von diesem Prestige zu profitieren.

3.2.3 Standortprobleme

Jede neue Standortgründung führt zu einer Reihe von Schwierigkeiten, die auf der einen Seite relativ schnell behoben werden können, auf der anderen Seite jedoch auch enorme Herausforderungen für die Betriebsleitung darstellen. Bei den interviewten Unternehmen wird diese Differenzierung anhand der allgemeinen und infrastrukturellen Probleme besonders deutlich.

Zu den generellen Schwierigkeiten einer Standortgründung in der SWZ Shenzhen zählt die Kontaktaufnahme mit den offiziellen lokalen Behörden. Trotz gleicher Sprache empfinden Hong Kongs Firmen die bürokratischen Strukturen Shenzhens als sehr undurchsichtig. Vielfach dauert es mehrere Wochen, um herauszufinden, wer in den jeweiligen Behörden für bestimmte Aufgaben zuständig ist (Interview 10, 12, 26, 27). Dieser Zeitaufwand wird zuweilen noch durch z.T. konträre wirtschaftliche Auffassungen über die Unternehmenspolitik hinausgezögert. Im Falle einer lokalen Hong Konger Firma zeigte sich dieser Aspekt aber erst bei der endgültigen Vertragsunterzeichnung. Nach Übereinstimmung über den Vertragsentwurf hatte die chinesischen Seite bei der Unterzeichnung schließlich einige Punkte zu ihrem Vorteil abgeändert (Interview 8). Wenngleich diese unangenehme Erfahrung natürlich nicht stellvertretend für alle Vertragsabschlüsse ist, so kann aber nicht darüber hinweggesehen werden, daß die befragten Unternehmer eine distanzierte Haltung gegenüber den chinesischen Behörden und Unternehmen in der SWZ einnehmen.

Als ebenso bedeutend entpuppten sich die anfänglichen Arbeitskräfteprobleme. So stand den Betrieben aus der Kronkolonie weder ein ausreichendes, noch den Anforderungen einer modernen Industriewirtschaft entsprechend qualifiziertes Arbeitskräfteangebot zur Verfügung. Neben der Rekrutierung des geeigneten Personals erfolgte in vielen Fällen eine anschließende Kurzausbildung (Interview 1, 3, 16, 26, 30). Hierbei kritisierten die Hong Konger Unternehmer vor allem das geringe kommerzielle Engagement ihrer Belegschaft (Interview 15, 19, 22) (vgl. 3.2.4 und 3.2.5).

Abgesehen von den genannten Problembereichen, die die Standortgründung und
-entwicklung vornehmlich in der Anfangsphase behinderten, beeinträchtigen die
infrastrukturellen Unzulänglichkeiten Hong Kongs Investoren bis zum gegenwärtigen Zeitpunkt. Limitierendster Faktor ist dabei die Elektrizitäts- und Energieversorgung. Zwar unternimmt die chinesische Regierung mit dem Bau des Kern-
kraftwerks in Daya Bay besondere Anstrengungen in dieser Hinsicht, doch dürften die jetzigen Energieprobleme zumindest bis zur Fertigstellung im Jahre 1992
weiterbestehen.

Auf Betriebsebene zeigen sich diese Schwierigkeiten in einer generell instabilen
Elektrizitätsversorgung. Die Hälfte der befragten Industriefirmen klagt über
Stromengpässe, die vor allem in den Wintermonaten die Fertigung erschweren.
Bei einer üblichen Sechstagewoche kann häufig an zwei aufeinanderfolgenden
Tagen nicht produziert werden (Interview 8, 15, 26, 27). Zudem sind Stromaus-
fälle für einige Stunden keine Seltenheit (Interview 9, 10, 19). Da derartige
Engpässe einen geplanten Produktionsablauf ausschließen, haben manche Hong
Konger Unternehmer Selbstinitiative entwickelt und Stromgeneratoren installiert
(Interview 8, 22, 24). Angesichts der weiterhin wachsenden Zahl von Industrie-
betrieben in Shenzhen scheinen die dadurch bedingten Mehrkosten jedoch zu-
kunftsträchtig investiert worden zu sein.

Für größere Probleme sorgt auch das Kommunikationsnetz. Obwohl Shenzhen
mittlerweile über ein digitales Telefonnetz mit 27.000 Verbindungen und einen
Direktwählservice in über zehn verschiedene Länder und Regionen der Welt
verfügt (vgl. Shenzhen Municipal Foreign Propaganda Office, Telecommunications), prägen auch hier Kapazitätsengpässe das Gesamtbild. Als Antwort auf die
Überlastung des regionalen Telefonnetzes benutzen Firmen aus der Kronkolonie
z.B. mobile Telefone. Da deren Reichweite auch entlegenere Industriestandorte
der SWZ (Futian, Nantou) erschließt, vermindern sich die Schwierigkeiten eines
problemlosen Informationsflusses mit Hong Kong. Doch wird diese Art der
Kommunikation bestenfalls als Kompromiß angesehen. Geradezu bezeichnend
ist die Tatsache, daß manche Betriebe schon vier bis fünf Jahre auf einen Tele-
fonanschluß warten (Interview 6, 18, 28). Im Vergleich zur britischen Kronkolonie fallen in Shenzhen überdies höhere Folgekosten an. Während in Hong Kong
innerstädtische Telefonate kostenlos sind und nur eine geringe Grundgebühr
erhoben wird, monieren die befragten Firmen die Abgaben in der SWZ. Angebot und Nachfrage bestimmen die Preisstruktur eines Kommunikationsnetzes,
das von zwei Dritteln aller Betriebe als stark verbesserungswürdig beurteilt wird.

Was die Transportverbindungen zwischen Hong Kong und der SWZ Shenzhen
betrifft, so kann von einer generellen Zufriedenheit unter den befragten Betrieben gesprochen werden. Straßenausbau und -qualität sowie nicht zuletzt der neu
eröffnete Grenzübergang Huanggang bei Lok Ma Chau tragen zu einer Verbes-

serung der interregionalen Verflechtungen bei. Bislang bewältigen vier Grenzstationen (Luohu, Wenjindu, Shatoujiao und Lok Ma Chau) den wachsenden Passagier- und Lastenverkehr zu Lande, wobei täglich mehr als 10.000 Transportfahrzeuge Wenjindu/Man Kam To durchqueren (vgl. Ji 1988, S.13). Die an diesem Grenzübergang aufgetretenen kilometerlangen Staus sind aber nicht allein auf den großen Andrang zurückzuführen. Chinesische Beamte haben durch ihre Langsamkeit und unberechtigten Geldforderungen in ganz erheblichem Maße eine beschleunigte Abwicklung der Grenzformalitäten in der Vergangenheit verhindert (vgl. *Hong Kong Standard*, 30.1.1989). Für Betriebe, die aufgrund ihrer Unternehmenspolitik täglich mehrere Lastfahrzeuge zwischen Hong Kong und der SWZ pendeln lassen, bedeutete diese Verzögerung eine enorme Beeinträchtigung des Produktionsablaufs. Um das Ausmaß der Behinderung auf ein Minimum zu reduzieren, schien manchen Firmen eine Bestechung der Zollbeamten das einzig probate Mittel zu sein. Zwar haben Gespräche zwischen den Regierungsbeamten beider Seiten zu einer Entspannung der Situation beigetragen, doch zeigt dieser Vorfall, in welcher Weise Hong Kong von der Willkür der SWZ abhängt.

Trotz der zahlreichen Problembereiche betonen die befragten Betriebe immer wieder ihre allgemeine Standortzufriedenheit mit der SWZ Shenzhen. Ausschlaggebend sind für sie die bisher erfolgten Anstrengungen der Zonenregierung sowie die Nähe zu Hong Kong. Insbesondere im Vergleich zu anderen chinesischen Wirtschaftsregionen genießt Shenzhen eine spezielle Attraktivität. So werden selbst der vielfach kritisierten Infrastruktur nachträglich noch positive Seiten abgewonnen.

3.2.4 Merkmale der Beschäftigungsstruktur

Die anfänglich dargestellte Differenzierung der Hong Konger Investitionsgruppen spiegelt sich auch anhand des Faktors Arbeit wider. Verdeutlicht wird dieser Aspekt durch die Qualifikation und Geschlechtsstruktur der Arbeitskräfte an den jeweiligen Standorten. Da in erster Linie lokale Industriebetriebe eine Standortspaltung aufgrund der niedrigen Lohnkosten vornahmen, war damit zugleich der Aufbau einer arbeitsintensiven Produktionsstätte intendiert. Bei der Mehrzahl der befragten Betriebe hat dies bereits zu einer bemerkenswerten Verlagerung geführt. Während mittlerweile der Hauptanteil der Arbeitskräfte in Shenzhen beschäftigt ist, schrumpft Hong Kongs Bedeutung im produktiven Bereich. Zwei Beispiele sollen dies illustrieren.

Eine Hong Konger Elektronikfirma (Interview 14) beschäftigt 200 Arbeitskräfte in der britischen Kronkolonie, wobei 110 am Produktionsstandort in Kowloon und 90 im verwaltungstechnischen Bereich in Aberdeen tätig sind. In der SWZ

Shenzhen (Nantou) werden 800 Beschäftigte im Produktionsbereich eingesetzt. Indikator dieser Arbeitskräftedifferenz ist zudem die größere Zahl einfacher Fertigungsmaschinen in Shenzhen. So stehen den zwei Fließbändern in Kowloon insgesamt zehn in der SWZ gegenüber. Parallel zur Beschäftigungsdominanz hat sich eine klare Arbeitskräftestruktur ausgebildet. Nach Informationen des Personalchefs in Hong Kong sind über 80% der Beschäftigten Shenzhens junge Frauen im Alter zwischen 20 und 25, die als ungelernte Arbeiterinnen in den Produktionsprozeß eintreten. Für den Standort Hong Kong ergibt sich ein ausgeglicheneres Bild. Die 60% weiblichen Beschäftigten sind je zur Hälfte im Verwaltungs- und Produktionsbereich des Unternehmens tätig. Die Verlagerung nach Shenzhen hat in der Kronkolonie zu einem funktionalen und geschlechtsspezifischen Wandlungsprozeß geführt, der sich in einer allgemeinen Verschiebung von 'Arbeitern' zu 'Angestellten' äußert und in erster Linie den weiblichen Arbeitskräften zugute kommt.

Das zweite Beispiel ist eine Hong Konger Plastikfirma, die Kinderspielzeug für den amerikanischen Markt produziert (Interview 24). Augenblicklich sind 1.500 Beschäftigte am Hauptsitz in Hong Kong (Kowloon Bay) und 2.500 in der SWZ Shenzhen (Shekou) tätig. Wie schnell die Verlagerung und Expansion des Produktionsbereiches hier erfolgte, läßt sich daraus ersehen, daß bei der Standortgründung im Jahre 1982 erst 300 Arbeitskräfte in Shekou tätig waren. Darüber hinaus zeigen sich die für lokale Industriebetriebe typischen Beschäftigungsmerkmale: sehr hoher Frauenanteil in Shenzhen (90%), niedrige Altersstruktur (18-25 Jahre) für ungelernte Arbeiterinnen, wachsende Zahl von Frauen im administrativen Bereich in Hong Kong.

Angesichts des hohen Anteils von Arbeitnehmerinnen und deren geringer Qualifikation weist die SWZ Charakteristika eines strukturschwachen Gebietes auf, das durch Fließbandproduktion und geringe Fertigungstiefe im leichtindustriellen Bereich geprägt ist (vgl. Brücher 1982, S.29). Da die befragten Betriebe nicht an einer beruflichen Weiterbildung ihrer Beschäftigten interessiert sind, erstreckt sich der Ausbildungsprozeß lediglich auf kurze Einarbeitungsphasen. In der Regel dauert dieses Training *on the job* nicht länger als zwei oder drei Wochen. Für die wenigen Facharbeiter und Angestellten sehen die Firmen intensivere Qualifizierungsmaßnahmen vor, wobei die Ausbildung von Hong Konger Führungskräften durchgeführt wird (Interview 6, 7, 13).

Eine völlig andersartige Arbeitskräftestruktur weisen die multinationalen Konzerne auf. Die britische Kronkolonie ist hier nicht nur die Verwaltungszentrale für die SWZ, sondern zugleich der Beschäftigungsschwerpunkt. Da es sich bei den befragten Unternehmen aber nicht um reine Produktionsbetriebe handelt, liegen die Arbeitskräftezahlen an beiden Standorten unter denen der lokalen Investitionsgruppe. Für die Repräsentationsbüros in der SWZ bedeutet das

Tabelle 33:   **Merkmale der Beschäftigungsstruktur**

	Hong Kong	SWZ Shenzhen
1. lokale Firmen		
Beschäftigtenzahl (Vergleich)	niedrig	hoch
Frauenanteil (in %)	50-60	80-90
Durchschnittsalter d. Frauen	20-35	17-25
Qualifikation u. Tätigkeit		
a. Frauen:	ungelernte Arbeiterinnen u. Bürokräfte	ungelernte Arbeiterinnen
b. Männer:	ungelernte Arbeiter bis höheres Management	ungelernte Arbeiter bis mittleres Management
2. ausländische Firmen		
Beschäftigtenanteil (Vergleich)	sehr hoch	sehr niedrig
Frauenanteil (in %)	60-70	50
Durchschnittsalter d. Frauen	25-40	20-35
Qualifikation u. Tätigkeit		
a. Frauen:	ungelernte Arbeiterinnen u. qualifizierte Bürokräfte	qualifizierte Bürokräfte
b. Männer:	mittleres u. höheres Management (Führungskräfte)	mittleres Management
3. chinesische Firmen		
Beschäftigtenzahl (im Vergleich)	hoch	niedrig
Frauenanteil (in %)	60	40
Durchschnittsalter d. Frauen	25-40	35-45
Qualifikation u. Tätigkeit		
a. Frauen:	qualifizierte Bürokräfte u. Sachbearbeiterinnen	qualifizierte Sachbearbeiterinnen
b. Männer:	mittleres u. höheres Management	mittleres u. höheres Management

Eigene Erhebung.

selten mehr als vier oder fünf Mitarbeiter (Interview 1, 3, 4). Die dabei verrichteten Tätigkeiten werden von zwei bis drei weiblichen Schreibkräften und der entsprechenden Zahl von Managern bewältigt. Aufgrund der Beschäftigungsanforderungen ist das generelle Ausbildungsniveau höher anzusetzen. So weisen die für Büro- und Kommunikationsarbeiten zuständigen Schreibkräfte durchweg einen qualifizierten Schulabschluß bzw. mehrjährige Berufserfahrung auf. Im Falle eines japanischen Konzerns verlangte die Firmenleitung aus naheliegenden Gründen zudem die Beherrschung der japanischen Sprache in Wort und Schrift (Interview 1).

Die Manager der Repräsentationsbüros werden von ihren Unternehmen als qualifizierte Fachkräfte eingestuft. Neben einer langjährigen Tätigkeit am Hauptsitz in Hong Kong oder in der VR China haben sie zumeist auch einen Universitätsabschluß erworben. Einzige Ausnahme bildete in diesem Zusammenhang eine internationale Consultingfirma, die ihr Büro in der SWZ nur mit einer Schreibkraft besetzt hält. Sie soll durch intensive Zeitungslektüre die Führungsvorteile Shenzhens herausfiltern, die für spätere Interessenten für Bedeutung sein könnten (Interview 3).

Für Unternehmen aus der VR China ergibt sich eine ähnliche funktionale Arbeitsteilung. Hong Kong ist sowohl Hauptsitz als auch Beschäftigungsschwerpunkt der regionalen Aktivitäten, während Shenzhen als untergeordnete Filiale den chinaorientierten Tätigkeiten Rechnung trägt. Im Unterschied zu den multinationalen Konzernen werden in Shenzhen jedoch qualifiziertere Aufgaben wahrgenommen. Beschäftigtenzahl und Ausbildungsgrad verdeutlichen diesen Aspekt. So besitzt eine chinesische Patentgesellschaft 130 Arbeitsplätze in der Kronkolonie und 20 in der SWZ (Interview 31). Da die Bearbeitung der Patentanträge juristisches Grundwissen voraussetzt, verlangt das Unternehmen von seinen Mitarbeitern einen Hochschulabschluß. Die meisten Beschäftigten sind daher älter als bei den ersten beiden Investitionsgruppen, wobei die hochdotierten Spezialistentätigkeiten von Männern und die untergeordneten Aufgaben von Frauen erledigt werden (vgl. Tab.33).

3.2.5   Herkunft und Rekrutierung der Arbeitskräfte

Wie aus der Problematik des Hong Konger Industriesektors zu ersehen war, müssen sich viele lokale Produktionsbetriebe mit den Schwierigkeiten des Arbeitskräftemangels auseinandersetzen. Eine Standortgründung in Shenzhen bietet in dieser Hinsicht die Möglichkeit, frühere Kapazitätsengpässe durch ein noch unerschöpftes Arbeitskräftepotential zu kompensieren. Voraussetzung ist eine generelle Verfügbarkeit von Beschäftigten, die problemlos rekrutiert werden können. Neben einer ausreichenden Zahl chinesischer Arbeitskräfte hängt

der Erfolg einer Standortspaltung zudem von den Fähigkeiten ab, die das Personal aus dem Stammwerk mit einbringt. Die Analyse der Herkunft der Arbeitskräfte wird daher nicht nur die direkten Beschäftigungseffekte für das chinesische Territorium untersuchen, sondern auch die Beschäftigungsverflechtungen
mit der britischen Kronkolonie verdeutlichen.

Bei der Rekrutierung von Arbeitskräften bedienen sich die befragten lokalen
Industrie- und Handelsfirmen zweier Methoden. Die eine Gruppe nutzt die
ausländischen Investoren zugestandene Freiheit zur Auswahl der Beschäftigten.
Zu diesem Zweck werden entweder Inserate in Zeitungen gesetzt (Interview 13,
23, 27, 29) oder große Poster mit Stellenangeboten an stark frequentierten
Standorten, z.B. in Bahnhofsnähe, angebracht. Nachdem die Unternehmer anhand von Einstellungstests und Interviews die geeignetsten Arbeitskräfte ausge-
sucht haben, bedarf es einer Zustimmung der örtlichen Labour Service Company.
Der endgültige Arbeitsvertrag wird zwischen dem ausländischen Investor und der
Labour Service Company geschlossen, die auch den Monatslohn aushandeln. Als
Stellvertreter der lokalen Arbeitseinheit, der jeder chinesische Arbeitnehmer
zugeordnet ist, besitzt diese Gesellschaft das Recht, deren umfassende Funktion
in der SWZ wahrzunehmen. Darüber hinaus werden viele Arbeitskräfte von
Freunden und Bekannten vermittelt, die bereits in den Betrieben Shenzhens
beschäftigt sind (Interview 8, 14, 22, 28).

Die zweite Gruppe orientiert ihre Arbeitskräfteselektion an den Vorschlägen der
Labour Service Company. Dabei teilen die Unternehmen ihre Qualifikationserfordernisse der lokalen Behörde mit. Nach erfolgter Zuweisung der Beschäftigten treffen die Betriebe die endgültige Auswahl. Obwohl vergleichsweise wenige
der befragten Betriebe diese Form der Arbeitskräftebeschaffung anwenden
(Interview 7, 9, 10, 18), so bietet sie doch insbesondere bei Standortgründungen
den Vorteil, in relativ kurzer Zeit eine große Zahl von Arbeitskräften einstellen
zu können. Eine Elektronikfirma teilte mit, daß die Labour Service Company ihr
1.000 Beschäftigte innerhalb von zehn Tagen bereitstellte (Interview 9). Je länger
die Unternehmen jedoch in der SWZ ansässig sind, desto eher neigen sie dazu,
die eigenen Möglichkeiten der Arbeitskräftebeschaffung auszuschöpfen.

Die aus der Unternehmensansiedlung resultierenden Beschäftigungseffekte
kommen in erster Linie der eigenen Region zugute. Nach Firmenangaben stammen die weitaus meisten Arbeiter und Arbeiterinnen aus der Shenzhen Municipality bzw. anderen Teilen Guangdongs (Interview 6, 10, 13, 14). Daneben profitieren aber auch Arbeitskräfte der Nachbarprovinzen von der Dynamik der
SWZ. So wurden u.a. Hunan (Interview 7), Sichuan (Interview 9), Guangxi (Interview 16) und die SWZ Hainan (Interview 8) als Herkunftsregionen genannt.
Aufgrund der großen räumlichen Entfernung und der obligatorischen Infra-

strukturprobleme, die nicht zuletzt auch die Informations- und Nachrichten-übermittlung betreffen, zählen die übrigen Provinzen nicht zum Einzugsbereich Shenzhens. Die regierungsunmittelbare Stadt Shanghai stellt in dieser Hinsicht den nördlichsten Herkunftsort dar (Interview 22).

Betrachtet man diese Ergebnisse in Hinblick auf die Funktion der SWZ, so ist das beschäftigungspolitische Ziel auf regionaler Ebene erreicht worden. Aus-strahlungseffekte zeigen sich für die gesamte Provinz Guangdong. Da die mei-sten Arbeitskräfte schon während ihrer Tätigkeit in Shenzhen einen Großteil ihres Lohnes nach Hause transferieren, partizipieren auch die Heimatregionen von der Wachstumsfähigkeit der SWZ. Unter diesem Blickwinkel ist es nur zu gut zu verstehen, daß die Provinz Guangdong auch nach den Juniereignissen des Jahres 1989 an den Prinzipien der Öffnungspolitik festzuhalten versucht.

Erwartungsgemäß stellen die höheren Löhne Shenzhens den größten Anzie-hungsfaktor für die hinzugezogenen Arbeitskräfte dar. Aus den Einstellungsge-sprächen konnten die Firmenleitungen überdies eine Reihe zusätzlicher Gründe erfahren. Besonders attraktiv sind die allgemein besseren Arbeitskonditionen (z.B. geregelte Arbeitszeit und Akkordtätigkeiten). Vor allem auf junge Leute, die angesichts fehlender industrieller Arbeitsplätze bisher in der Landwirtschaft beschäftigt waren, üben diese Aspekte einen besonderen Reiz aus (Interview 9, 15,22). Damit verbunden ist sehr häufig der Wunsch nach westlichen Lebensbe-dingungen (Interview 7, 11, 16) sowie die Aussicht, die erworbenen Kenntnisse bei einer Rückkehr in die Heimatregion gewinnbringend einsetzen zu können (Interview 7, 28, 29).

Räumliche Verflechtungen ergeben sich auch durch die Beschäftigung zahlrei-cher Hong Kong-Chinesen. Obwohl ihre quantitative Bedeutung mit 5-10% der Betriebsbeschäftigten sehr gering ist, weisen die Interviewergebnisse auf eine starke Fremdbestimmung der SWZ hin. Fast alle befragten Industrie- und Handelsfirmen (90%) haben die Leitungsfunktionen (Betriebsleitung, Kontrolle des technischen Ablaufs, Personalfragen, Vermarktung) ihrer Zweigwerke mit Personen aus der Kronkolonie besetzt. Aufgrund der Unternehmenspolitik ist es für Chinesen aus der VR China äußerst schwer, höherdotierte Posten einzuneh-men (Interview 5, 16, 17).

Unterstützt wird der Verflechtungsaspekt noch dadurch, daß Unternehmen entweder ihre Führungskräfte aus der SWZ mehrmals wöchentlich nach Hong Kong beordern (Interview 17, 18) oder von Hong Kong nach Shenzhen schicken (Interview 5, 27). Auf personeller Ebene unterliegt das Zweigwerk in der SWZ damit in zweifacher Hinsicht einer externen Kontrolle:

1. Die Führungskräfte in Shenzhen sind Hong Kong-Chinesen.
2. Die Firmenleitung des Zweigbetriebes ist von den Entscheidungen Hong Kongs abhängig.

Um die Attraktivität Shenzhens für ihre Führungskräfte zu erhöhen, zahlen Betriebe aus der britischen Kronkolonie diesen eine entsprechende Auslandszulage. Je nach Unternehmen liegt dieser Betrag um ca. 30-50% über dem Einkommen in Hong Kong. Diese auch als *hardship allowance* bezeichnete Vergütung ist in einigen Fällen mit kostenlosen Unterkunftsmöglichkeiten verbunden (Interview 12, 22, 29). Nach Auskunft der Firmenleitungen stellen die materiellen Zuwendungen den einzigen Anreiz für eine Tätigkeit in der SWZ dar. Die im Vergleich zu Hong Kong tristen Arbeits- und Lebensbedingungen haben bei zwei Betrieben sogar dazu geführt, daß sie den Führungskräften in Shenzhen das Doppelte ihres normalen Gehalts zukommen lassen (Interview 9, 12).

Die anderen Hong Konger Investitionsgruppen zeigen minimale Unterschiede. Zwar wenden sie die gleichen Rekrutierungsverfahren an, doch liegen die Schwerpunkte der personellen Verflechtungen auf anderen Aspekten. So wird die geringe Mitarbeiterzahl der Repräsentationsbüros durch Manager aus der Kronkolonie ergänzt, die fast täglich die Tätigkeiten in der SWZ kontrollieren. Bei Unternehmen aus der VR China ist die Abhängigkeit Shenzhens nicht so stark ausgeprägt. Trotz des gleichen Filialcharakters ist Hong Kong jedoch der weisungsbefugte Hauptsitz dieser Region.

3.2.6 *Löhne*

Hong Kongs Investitionen in der SWZ resultieren größtenteils aus den steigenden Lohnkosten in der britischen Kronkolonie. Trotz dieser generellen Übereinstimmung bei der Einschätzung der Standortvorteile Shenzhens weisen die untersuchten Firmen erhebliche Differenzen in ihrer Lohnstruktur auf. Während der niedrigste Monatslohn für ungeschulte Arbeitskräfte bei 140-150 Rmb lag (Interview 21), betrug der höchste 400-500 Rmb (Interview 13). Ursache derartiger Unterschiede sind die Bonussysteme der einzelnen Betriebe, die als Antwort auf die Lohnpolitik der SWZ zu sehen sind. Da nach Firmenaussagen die Löhne in HK$ an die Labour Service Company gezahlt werden müssen, die einen Teil als Sozialleistung einbehält und den Rest in Rmb an die Beschäftigten weitergibt, haben einige Unternehmen ihre Lohnstruktur auf einem geringen Basislohn und einem hohen Bonussystem aufgebaut. So wird zwar der offizielle Basislohn von der lokalen Behörde besteuert, nicht aber der Bonusverdienst. Als besonderen Anreiz zahlen einige Firmen diesen Lohnanteil in HK$ aus (Interview 8, 17, 24, 27). Die mit diesem System gemachten Erfahrungen werden durchweg als gut bezeichnet, zumal in Zeiten großer Arbeitsbelastung die Beschäftigten eher bereit sind, Überstunden zu machen.

Der durchschnittliche Monatslohn der befragten Betriebe lag bei 290 Rmb und stimmt in dieser Größe mit Ergebnissen aus dem Jahre 1987 überein, als ausländische Investoren rund 230 Rmb an ihre chinesischen Arbeitskräfte bezahlten (vgl. *South China Morning Post*, 26.8.1987). Obgleich die Löhne Shenzhens im internationalen Vergleich sehr niedrig sind, weisen sie zwei Besonderheiten auf. Erstens verdienen die Beschäftigten in kaum einer anderen Region Chinas mehr (vgl. *Statistical Yearbook of China 1988*, S.162), und zweitens steigen die Löhne mit rasanter Geschwindigkeit an. So zahlte eine Bekleidungs- und Textilfirma ihren Arbeitern im Jahre 1984 150 Rmb. Fünf Jahre später sind es 300 Rmb (Interview 22). Ähnliche Lohnanstiege haben einige der Unternehmen sowohl zu einem weiteren Standortwechsel angeregt als auch bereits zu neuen Niederlassungen außerhalb der SWZ geführt (Interview 9, 13, 19).

Zu gleichen Beobachtungen führt eine qualitative Befragung von Hong Konger Investoren im Perlflußdelta (vgl. Thoburn et al. 1989). Aufgrund des geringeren Lohnniveaus (Durchschnitt: 200 Rmb) bevorzugen Firmen aus der britischen Kronkolonie immer häufiger Standorte, die nicht in unmittelbarer Nähe liegen. Die Folge ist eine Attraktivitätssteigerung vieler kleiner Gemeinden und Ortschaften im Perlflußgebiet (z.B. Shunde, Donguan, Baoan; vgl. III, 1.2.2).

Obgleich eine Nordwanderung Hong Konger Industriebetriebe auf lange Sicht unvermeidlich erscheint, steht der Standortvorteil Shenzhens gegenüber Hong Kong nicht zur Diskussion. Industriearbeiter in der britischen Kronkolonie verdienen monatlich zwischen 3.500 und 4.000 HK$ (vgl. *Hong Kong Annual Digest of Statistics 1988*, S.46) und verfügen damit über ein sechs- bis siebenmal höheres Einkommen als ihre Kollegen in der SWZ (1 Rmb = 2 HK$). Zudem belegt eine Berechnung aus dem Jahre 1986, daß in der SWZ die Kosten der Arbeitskräfte den industriellen Produktionswert nur mit 5,4% belasten. In der britischen Kronkolonie sind es 20% (vgl. Zhu Yue-Ning 1988, S.30). Nach Angaben der Betriebe schlägt sich diese Lohndifferenz in einer steigenden Wettbewerbsfähigkeit gegenüber den konkurrierenden asiatischen Schwellenländern nieder.

Zwar weisen die Beschäftigten der anderen beiden Investitionsgruppen ein deutlich höheres Lohnniveau auf, doch kann auch in ihrem Fall von keiner Lohngleichheit mit der britischen Kronkolonie gesprochen werden. Der Vertreter einer japanischen Elektronikfirma verdient in Hong Kong achtmal mehr als sein chinesischer Kollege in der SWZ Shenzhen (Interview 4).

Trotz der im Vergleich zu Hong Kong niedrigen Lohnstruktur erfreuen sich ausländische Betriebe bei der chinesischen Arbeiterschaft großer Beliebtheit. Grundlage ist ein generell hohes Lohnniveau, das zahlreiche regionale Multiplikatorwirkungen begünstigt. Selbst wenn ein bestimmter Lohnanteil in die Heimatorte transferiert wird, kommt der Hauptanteil der Ausgaben einer Reihe lokaler Wirtschaftssektoren zugute. Beispielsweise profitiert die Landwirtschaft durch den vermehrten Kauf von Nahrungsmitteln ebenso von den direkten Einkommensverbesserungen wie der Industrie- und Dienstleistungssektor. In dieser Hinsicht initiiert die Standortspaltung Hong Konger Unternehmen einen willkommenen Wachstumseffekt für Shenzhen.

3.2.7 Material- und Produktionsverflechtungen

Material- und Produktionsverflechtungen von Industriebetrieben umfassen ein weites Feld von Lieferverbindungen, die sowohl den Bezug von Rohstoffen, Vorprodukten und Maschinen betreffen wie auch Abhängigkeiten zwischen verschiedenen Produktionsstätten eines Unternehmens (vgl. Mikus 1979, S.89). Für die von ihren Firmenleitungen fast ausnahmslos als arbeitsintensiv charakterisierten Zweigbetriebe spiegeln sich diese Lieferverbindungen in einem geringen Maß an Selbstbestimmung wider. Hong Kong wird aufgrund seiner günstigen Verkehrslage und Internationalität zum Zentrum der Input- und Outputbeziehungen.

Ausgangspunkt der Güterverflechtungen ist der Import von Rohstoffen und Vorprodukten aus dem Ausland, die zuerst die britische Kronkolonie erreichen. An erster Stelle der Zulieferländer rangiert Japan, das Firmen der Druck- und Papierindustrie mit Papiervorlagen und Pappe (Interview 5, 8), Firmen der Elektronikindustrie mit integrierten Schaltkreisen, Transistoren und Chips (Interview 9, 15, 16, 18) sowie Bekleidungsbetriebe mit Seide und Polyester versorgt. Taiwan, Südkorea und Thailand sind die meistgenannten anderen Herkunftsländer. Nach Ankunft der Materialien gelangen die Waren entweder ins Hauptwerk oder werden direkt in die SWZ befördert. Entscheidend ist der Grad der funktionalen Arbeitsteilung zwischen beiden Standorten. Bei einem der Papier- und Druckereibetriebe wird der gesamte Druckvorgang in Hong Kong erledigt, ehe die Färbung, die Oberflächenpolierung und der Zusammenbau zu Spielzeugboxen in Shenzhen erfolgt (Interview 5). Für eine Elektronikfirma, die bereits den Fertigungsprozeß nach China verlagert hat, übernimmt die Zentrale in Hong Kong die Bestellung und Lagerung der notwendigen Vorprodukte (Interview 9).

Wenngleich das letzte Beispiel in Hinblick auf die Verlagerung der Gesamtproduktion zukunftsweisend ist, zielt die Unternehmensstrategie der Firmen bisher noch auf eine qualitative Differenzierung ab. Als Standort der Massenproduktion dominieren in Shenzhen anspruchslose Arbeitsprozesse, während in Hong Kong Qualitätswaren gefertigt werden. Nach Ansicht der Firmenleitungen trägt man damit zwei Aspekten Rechnung: zum einen der besseren Ausbildung der Hong

Konger Arbeitskräfte und zum anderen dem Verlangen der Abnehmer nach einem produktionserfahrenen Standort. Überdies sollte nicht vergessen werden, daß die SWZ Shenzhen noch immer Ausland ist. Eine grundsätzliche Verlagerung der qualitativen Produktionsprozesse würde Hong Kongs Technologievorsprung minimieren, mit der Gefahr, daß die Kronkolonie sich einem weiteren Konkurrenten gegenübersieht. Geradezu typisch sind daher die innerbetrieblichen Produktionsverflechtungen von Elektronikunternehmen, die nach der Fertigstellung der arbeitsintensiven Produktionsschritte in Shenzhen die entscheidende qualitative Aufwertung der Waren am Hauptstandort durchführen (Interview 15, 16, 17, 18).

Bislang zeigen die befragten Betriebe keine große Neigung, diesen Zustand zu ändern. Die billigen Lohnkosten werden hingegen als Rechtfertigung für den geringen Mechanisierungsgrad in der SWZ angesehen. In diesem Zusammenhang überrascht es auch nicht, wenn der Produktionsprozeß heutzutage die gleichen Merkmale wie bei der Standortgründung aufweist. Andererseits bedeutet die Ausdehnung des Maschinenparks nicht zwangsläufig eine Niveauanhebung des Produktionsprozesses. Einige Unternehmen sehen darin vielmehr die Möglichkeit zu einer quantitativen Steigerung des industriellen Outputs (Interview 10, 17, 21).

Aus der Umverlagerung des Fertigungsprozesses resultierte zumeist auch eine Übernahme der alten und gebrauchten Maschinen aus dem Stammwerk in Hong Kong. So exportierten z.B. Elektronikfirmen ältere Fließbänder und Spritzgußmaschinen nach Shenzhen. Diese Art der Fremdbestimmung hat sich bis heute insofern geändert, als nun nicht nur neuere Maschinen aus Hong Kong in die SWZ gelangen, sondern gezielt für Shenzhen eingekauft wird. Dennoch erfolgt der Bezug jeweils über die britische Kronkolonie. Trotz Verlagerung haben die Zweigbetriebe die traditionelle Zulieferstruktur bewahrt "bzw. die neugegründeten Zweigbetriebe werden in das bestehende Verflechtungsnetz des Stammwerkes eingespannt" (Bade 1979, S.261; vgl. Buttler 1973). Für Shenzhen bedeuten die geringen lokalen Verflechtungen eine permanente Abhängigkeit von Hong Kong.

3.2.8   Absatz- und Beschaffungsverflechtungen

Angesichts der vertikalen Unternehmensstruktur, die Shenzhen die Funktion einer rein arbeitsintensiven Produktionsstätte zuweist, überrascht es wenig, wenn sowohl die Materialbeschaffung als auch der Absatz der Waren über die britische Kronkolonie erfolgt. Genutzt wird dabei in erster Linie der Standortvorteil des Containerhafens Kwai Chung, der vor Singapur und Rotterdam der bedeutendste Umschlagplatz der Welt ist (vgl. Tab.34).

Tabelle 34:   **Containerumschlag der fünf wichtigsten Häfen der Welt in TEU (Twenty Feet-Equivalent Unit)**

Platz	Vorjahr	Hafen	1988	1987
1	(1)	Hong Kong	4.030.000	3.457.182
2	(4)	Singapur	3.350.000	2.634.500
3	(2)	Rotterdam	3.200.000	2.838.605
4	(3)	Kaohsiung	3.080.000	2.778.786
5	(5)	New York	2.100.000	2.089.421

Quelle: Praxis Geographie, 1/1990.

Nach dem Güterimport setzen die meisten Firmen Lastwagen ein, um die Rohstoffe und Halbfertigwaren in die Zweigbetriebe der SWZ zu schicken. Die in diesem Zusammenhang entstehenden Verflechtungen lassen je nach Auftragslage und Betriebsgröße auf eine differenzierte Belastung der Verkehrswege schließen. Während ein Elektronikunternehmen mit seinem Produktionsschwerpunkt in Shenzhen (2.500 Beschäftigte) täglich 2-3 Lieferungen nach Nantou durchführt (Interview 17), sind es bei einer Firma, die ihre integrierten Schaltkreise und Transistoren vorwiegend in der britischen Kronkolonie fertigt, nur zwei pro Woche (Interview 18). Die funktionale Arbeitsteilung entscheidet somit ganz erheblich über die Intensität der regionalen Transportverflechtungen.

Ein ähnliches Bild bietet sich bei den Exporten, die über die britische Kronkolonie abgewickelt werden. Auch hier bestimmt die Aufgabenteilung die Quantität der von Shenzhen nach Hong Kong geschickten Lieferungen. Darüber hinaus hängt die Ausfuhr aber auch von einer Unternehmenspolitik ab, die nach anfänglichen Schwierigkeiten den Standortvorteil Shenzhens für Warensendungen in die VR China nützt. Einige Betriebe leiten daher nicht mehr alle Produkte nach Hong Kong, sondern erhoffen sich nicht zuletzt aufgrund der Handelsbarrieren der traditionellen Absatzländer (USA, EG) einen Wachstumsimpuls vom chinesischen Markt. Obwohl dieser Exportanteil augenblicklich nicht mehr als 20-30% beträgt, macht er zumindest die Ausrichtung kleiner und mittelständischer Betriebe deutlich (Interview 13, 14, 28). Die besten Möglichkeiten zur Umlenkung der Exportgüter besitzen insbesondere Kooperationsunternehmen, die von der Markterfahrung ihrer chinesischen Partner profitieren können. Schließlich versuchen einige Firmen, ihre Ausfuhren über die VR China ins Ausland zu transferieren. Nach wie vor scheitert dieses Vorhaben jedoch an der unzulänglichen Verkehrsinfrastruktur (Interview 9, 25, 27).

Zusammenfassend läßt sich feststellen, daß im Gegensatz zu den ausnahmslos über Hong Kong laufenden Importen die Absatzorganisation stärker dezentralisiert ist. Die daraus resultierenden Verkehrsströme werden auf längere Sicht vor allem den nachgelagerten Wirtschaftssektoren Handel und Transport zugute kommen. Wenngleich Hong Kongs dominante Verkehrs- und Vermarktungsposition auf internationaler Ebene unantastbar bleibt,[7] offenbaren diese Strukturen doch ein gewisses Maß an Eigendynamik, das über das traditionelle Verständnis von Zweigwerken als "Rucksackbetriebe" hinausgeht.

3.2.9 Dienstleistungsverflechtungen

Während frühere Standorttheorien die Ansiedlung eines Betriebes u.a. von der Rohstoff- und Energieorientierung, der Arbeitskräfte- und Transportorientierung abhängig machten, weist der ökonomische Strukturwandel der letzten 20-30 Jahre auf eine höhere Verflechtung zwischen Industrie und Dienstleistungsangebot hin. Besonderer Beliebtheit erfreuen sich dabei Ballungsräume, die nicht zuletzt aufgrund ihrer vielschichtigen Fühlungsvorteile eine enge Nachbarschaft beider Wirtschaftssektoren nahelegen. Die Folge sind funktionale Standortabhängigkeiten mit bestimmten räumlichen und regionalen Ausprägungen (vgl. Heinritz 1990, S.11).

Bei der Wahrnehmung industrieller Aufgaben benötigen Betriebe eine Anzahl von Dienstleistungen, die nach folgenden Kategorien unterschieden werden (vgl. Schickhoff 1981, S.363):

- operative Serviceleistungen zur Aufrechterhaltung und Durchführung der zur Produktion notwendigen Dienste (z.B. Reparatur und Wartung, sicherheitstechnische Dienste);

- dispositive Serviceleistungen für die Verwaltungsfunktionen eines Unternehmens (z.B. Steuerberatung, Buchhaltung, Bankdienste, Werbung).

Parallel zur funktionalen Differenzierung vollzieht sich bei Mehrbetriebsunternehmen in vielen Fällen auch eine räumliche Differenzierung. Die für ein Unternehmen relevanten Dienstleistungen werden nun nicht mehr alle an einem Ort wahrgenommen; es kann zu einer Verlagerung des Wirtschaftswachstums kommen. Selbst wenn eine große Zahl tertiärer Dienste vor Ort in Anspruch genommen wird, ergeben sich daraus nicht zwangsläufig lokale Wachstumseffekte. Allein aufgrund ihrer Größe sind manche Unternehmen in der Lage, ihren Dienstleistungsbedarf selbst zu decken.

Wie die Befragungsergebnisse verdeutlichen, spiegeln die Dienstleistungsverflechtungen zwischen Hong Kong und der SWZ Shenzhen Grundzüge der theoretischen Vorüberlegungen wider. Als administratives Unternehmenszentrum, das zugleich von der Konzentration des tertiären und quartären Sektors profitiert, ist die britische Kronkolonie der Hauptstandort der dispositiven Serviceleistungen.

Bis auf eine Handelsfirma (Interview 4) und zwei Kooperationsbetriebe (Interview 6, 13) nehmen alle lokalen Unternehmen diese Dienste in Hong Kong wahr. So erfolgt weder die Werbung und Vermarktung noch die Steuer- und Rechtsberatung des Zweigbetriebes in der SWZ. Auch Bankdienste (z.B. Kreditvergabe) werden nach Aussagen der Firmenleitung aus Sicherheitsgründen selten in Shenzhen in Anspruch genommen. Noch fehlt den Betrieben das grundsätzliche Vertrauen in einen expandierenden Finanzsektor (vgl. IV, 4.7), der trotz seiner Liberalisierungstendenzen keine Alternative zur britischen Kronkolonie darstellt.

Eine völlig konträre räumliche Bindung beanspruchen die operativen Dienste. Zur Steigerung ihrer Wettbewerbsfähigkeit führen die meisten Zweigbetriebe diese Aufgaben in Shenzhen aus. Im Vordergrund steht der reibungslose Verlauf des Produktionsprozesses, der durch die eigene Wartung der Maschinen gesichert wird. Allerdings zeigen sich auch hier Merkmale der Fremdkontrolle. Während Routinearbeiten in der SWZ erfolgen, werden anspruchsvollere Reparaturen von Hong Konger Fachleuten ausgeführt (Interview 5, 8, 10, 14, 16). Trotz eines engeren Standortbezugs als bei den dispositiven Serviceleistungen erzeugen die in den Zweigbetrieben dominierenden operativen Dienste nur begrenzte lokale Verflechtungen.

Kooperationsbetriebe erledigen durch ihre Zusammenarbeit mit dem chinesischen Partner die Mehrzahl ihrer Serviceleistungen in Shenzhen (Interview 13, 25, 27). Ausschlaggebend ist nicht nur die fundiertere Standortkenntnis der chinesischen Seite, sondern auch die Tatsache, daß die vertragliche Regelung die lokale Inanspruchnahme vorschreibt. So gesehen entsprechen lokale Serviceverflechtungen nicht unbedingt dem Wunsch beider Kooperationsteilnehmer.

Bei nicht produzierenden Betrieben zeigen sich eindeutige Konzentrationen auf den Hauptverwaltungssitz in Hong Kong. Da sowohl die befragten, multinationalen Konzerne als auch die Unternehmen aus der VR China keine operativen Dienste benötigen, werden die übergeordneten administrativen Tätigkeiten in der britischen Kronkolonie durchgeführt. Repräsentationsbüros nehmen aufgrund einer starken externen Kontrolle keine bedeutenden dispositiven Serviceleistungen wahr.

Anhand der generellen Differenzierung der Dienstarten werden unterschiedliche
Raummuster sichtbar. Während Hong Kong bei allen Investitionsgruppen der
Standort dispositiver Serviceleistungen ist, ermöglicht die räumliche Aufspaltung
die vermehrte Inanspruchnahme operativer Dienste in der SWZ Shenzhen.
Ungeachtet dieser Verlagerungstendenzen werden z.Z. aber noch alle wichtigen
produktionsbezogenen Serviceleistungen von der britischen Kronkolonie gedeckt.
Die 'Fernsteuerung' von Zweigbetrieben und Repräsentationsbüros hat zu einer
allgemeinen Tertiärisierung der Zentrale geführt (vgl. Tab.35).

Tabelle 35: **Inanspruchnahme operativer und dispositiver Dienstleistungen
in Hong Kong und der SWZ Shenzhen**

	operative Dienste	dispositive Dienste
1. - lokale		
Produktionsbetriebe	SWZ Shenzhen/Hong Kong	Hong Kong
- Kooperationsbetriebe	SWZ Shenzhen	SWZ Shenzhen
2. ausländische Unternehmen	-	Hong Kong
3. chinesische Unternehmen	-	Hong Kong

Eigene Erhebung.

3.2.10   Technologietransfer

Als eines der wesentlichen Ziele der SWZ-Politik gilt der Import ausländischer
Technologie zur Entwicklung und Förderung der eigenen Wirtschaft. Diese
übergeordnete Funktion des Technologietransfers wird grundsätzlich durch eine
Übermittlung wirtschaftlich nutzbaren Wissens gewährleistet, die sowohl "verfah-
renstechnische Kenntnisse über die Herstellung von Gütern und Dienstleistungen" als auch "in einer weiteren Definition das Wissen über die Organisation von
Produktionsprozessen, die Beschaffung von Produktionsmitteln und die Vermarktung von Produkten" (Hoffmann 1987, S.108) betrifft.

Neben der funktionalen Differenzierung unterscheidet man ferner die Art der
Technologieaneignung. Der im Zusammenhang mit der SWZ interessierende
formelle Technologieimport umfaßt u.a. die Lieferung von "Technologieelemen-

ten und anderen Wirtschaftsgütern, wobei die eigentliche Technologiekomponente häufig nicht sauber von den übrigen Komponenten des Pakets zu trennen ist" (Hoffmann 1987, S.109).[8] Zwar wird angesichts dieser Vorüberlegung deutlich, daß die Bewertung eines Technologietransfers zwischen Hong Kong und Shenzhen nicht problemlos ist, doch bieten Experteninterviews mit der Firmenleitung zumindest die Möglichkeit, eine interne Kenntnis über den Grad der übermittelten Technologie zu erlangen.

Da die Strategie der SWZ darin besteht, den Strukturwandel der Hong Konger Wirtschaft auszunutzen, kann es zunächst nicht überraschen, daß lokale Produktionsbetriebe ihre älteren Maschinen nach Shenzhen transferieren. Die seit Jahrzehnten erprobte Ausrüstung hat ihren Reifestand erreicht und wird im Rahmen des gesamten Fertigungsprozesses als Niedriglohntechnologie eingestuft (Interview 5, 12, 13, 16). Als Begründung dienen die niedrigen Lohn- und Grundstückskosten, die eine qualitative Aufwertung der arbeitsintensiven Produktion nicht notwendig machen. Nach Ansicht der Firmenleitung würde ein Transfer fortschrittlicher Technologie zudem der personellen Eignung des Arbeitskräftepotentials nicht gerecht (Interview 8, 15, 16). Obgleich die schlechte Qualifikation der chinesischen Beschäftigten nicht zu leugnen ist, verbirgt sich dahinter eine häufig vorgebrachte Schutzbehauptung. Aufgrund der komparativen Standortvorteile sind Hong Konger Betriebe (noch) nicht an einer Verlagerung der technologieintensiveren Bereiche interessiert. Derartige Tendenzen müßten darüber hinaus in einer verbesserten Betriebsausbildung münden, sind aber bislang nicht erkennbar (vgl. 3.2.4).

Für Unternehmen, die bereits ihren gesamten Fertigungsprozeß bzw. den Großteil ihrer Fertigungsanlagen nach Shenzhen verlagert haben, ergibt sich ein anderes Bild. Sie konnten nach eigenen Aussagen ihren Technologiestandard in der SWZ kontinuierlich steigern und verfügen dort über den innovativen Produktionsteil (Interview 9, 10, 17, 18). So wendet eine Elektronikfirma das Verfahren der *Surface Mount Technology* (SMT) bei der Montage von Einzelteilen (CKD) an (Interview 9).[9] Trotz dieser ermutigenden Entwicklung handelt es sich aber nur um einfache Verarbeitungsbetriebe, die eine untergeordnete Funktion beim Technologietransfer einnehmen (vgl. Oakley 1983, S.62). Anfang 1987 entsprachen nur 7% der importierten Technologie Shenzhens internationalem Standard (vgl. Rosario 1987b, S.105).

Shenzhens Wunsch nach fortschrittlicher Technologie ist dennoch stark ausgeprägt. Auf Betriebsebene drückt sich dies in einer Berücksichtigung hochtechnologischer Maschinen aus, deren Import von Hong Konger Investoren als unangemessen zurückgewiesen wird. Manchen chinesischen Kooperationspartnern scheint der Markenname wichtiger zu sein als die technologische Eignung (Interview 8, 10, 13). Darüber hinaus hoffen die Verantwortlichen der SWZ, daß die

Intensität des Technologietransfers durch Kooperationsformen wie EJV und CJV verbessert werden. Hong Konger Investoren verweisen in diesem Zusammenhang auf die Nachfragen von offizieller Seite, ob die angesiedelten Betriebe nicht lieber an einer anspruchsvolleren Wirtschaftskooperation partizipieren wollen (Interview 18, 20, 25, 27).

Planerischer Ausdruck der technologischen Betriebsamkeit ist der am 30.7.1985 errichtete Shenzhen Science and Industry Park (SSIP), der rund 30 Minuten vom Stadtzentrum entfernt im Westen der SWZ liegt. Der Technologiepark wurde zunächst von der Chinesischen Akademie der Wissenschaften und der Regierung der Shenzhen Municipality gegründet. Seit 1987 beteiligt sich zudem die Guangdong International Trust and Investment Corporation an der Leitung des Parks. Mit Hilfe ausländischer Technologie soll hier ein umfassendes Industriegebiet für Bildung, Forschung und Produktion entstehen, das seinen Schwerpunkt auf Elektronik und Informatik, Biotechnologie und Baumaterialentwicklung legt (vgl. Shenzhen Science and Industry Park 1987). Vom ersten Technologiepark dieser Art in der gesamten VR China erhofft man sich für die 90er Jahre die erfolgreiche Transformation in eine hochtechnisierte Industriezone. Mitte Mai 1989 zählte der Park 30 Betriebe, von denen zwölf Joint Ventures waren.

Hong Konger Betriebe beurteilen Shenzhens Möglichkeiten zu einer qualitativen Aufwertung als äußerst gering. Insbesondere der Vergleich mit dem industriellen Status der britischen Kronkolonie führt dabei zu Einschätzungen, die eine Konkurrenzsituation zwischen beiden Standorten sehr unwahrscheinlich erscheinen läßt. Im Sinn einer Symbiose könnten jedoch beide Seiten voneinander profitieren, wenn Shenzhen die Rolle eines Industriestandortes minderer Qualität übernimmt und Hong Kong seine Serviceleistungen weiter ausbaut (Interview 6, 7, 18). Kategorisch wird der SWZ jegliche Eignung zur Vermarktung ihrer Produkte abgesprochen, da sie weder über die internationalen Verbindungen noch über das entsprechende Beschäftigungspotential verfügt (Interview 11, 15, 18). In dieser Hinsicht wurde vom Firmenleiter eines EJV darauf hingewiesen, daß Fluktuationen im Management eine kontinuierliche Unternehmenspolitik erschweren. Da Arbeitsplätze in der SWZ sehr beliebt sind und die chinesische Seite eine Adaptation an "westliche Verhaltensweisen" unterbinden will, wird ein Rotationsprinzip angewandt, nach dem man die Führungskräfte alle zwei bis drei Jahre auswechselt (Interview 13). Langfristige Planungen werden zugunsten schneller Erfolge verhindert. Erschwerend kommt hinzu, daß nach Ansicht der lokalen Betriebe die geringe Verläßlichkeit der chinesischen Seite jede Zusammenarbeit belastet. Technologietransfers, die nicht zuletzt auf einer Vertrauensbasis beruhen, werden daher gar nicht in Betracht gezogen.

Während Produktionsbetriebe ihren Technologietransfer in erster Linie anhand von Wirtschaftsgüterlieferungen bemessen, betonen die anderen Hong Konger Investorengruppen ihr Engagement bei der innerbetrieblichen Weiterbildung. Mit dieser auch als "weiche Technologie" bezeichneten Form der Wissensvermittlung ist nicht so sehr die Schulung ungelernter Arbeitskräfte als vielmehr der Transfer geistigen Eigentums auf Managerebene gemeint. Bei den befragten Unternehmen zeigten sich diese Dienste u.a. in der Übermittlung von Marketingtechniken in Shenzhen und Trainingskursen in der Hong Konger Zentrale (Interview 3, 4, 31).

3.3 Aspekte betrieblicher Kooperation

Eine spezielle Verflechtungsart zwischen Hong Kong und der SWZ Shenzhen stellen die diversen Gemeinschaftsunternehmen dar. Auf betrieblicher Ebene treten dabei Aspekte zutage, die über das übliche Maß ökonomischer Interessen hinausgehen und vor allem partnerschaftliche Fragen in den Mittelpunkt rücken. So hängt der Erfolg eines Kooperationsunternehmens von der persönlichen Zusammenarbeit in der Betriebsleitung ab, die sich aus Partnern unterschiedlicher Nationalität mit z.T. divergierenden Wertorientierungen und Normensystemen zusammensetzen kann. Voraussetzung einer funktionierenden Kooperation ist somit nicht zuletzt eine genaue Analyse der eigenen Zielvorstellungen, um die Motivation für eine Zusammenarbeit frühzeitig mit dem Unternehmenspartner abzuklären. Sehr häufig müssen z.B. ausländische Firmen ihre Gesamtstrategie zugunsten einer lokalen oder nationalen Anpassung revidieren. Die Betriebskooperation soll die entwicklungspolitischen Ziele des Landes verwirklichen (vgl. Klenner 1987, S.107).

Die folgende Analyse wird die besonderen Gesichtspunkte unternehmerischer Zusammenarbeit zwischen Hong Konger Investoren und ihren chinesischen Partnern anhand verschiedener Kriterien untersuchen.

3.3.1 Verhandlungs- und Vertragsaspekte

Der erste und wichtigste Schritt jeder Kooperation ist die Auswahl des Kooperationspartners. Unnötige Schwierigkeiten können von vornherein vermieden werden, wenn der Hong Konger Investor den chinesischen Betrieb auf folgende Aspekte hin überprüft:

- Aufgeschlossenheit und Flexibilität
  Erfüllt der chinesische Partner diese Bedingungen, werden die Chancen einer effizienten Zusammenarbeit erhöht. Insbesondere in Konfliktsituationen

können die genannten Qualitäten eine Problemlösung erleichtern. Für Betriebe, die aufgrund einer dominanten Planwirtschaft bisher nur Befehlsempfänger waren und daher jeglicher Neuerung kritisch gegenüberstehen, ist dieses keine Selbstverständlichkeit (vgl. Lo 1986, S.196).

- Beziehung und Kompetenz
  Neben seiner fachlichen Kompetenz sollte der chinesische Partner durch seine Beziehungen zu staatlichen Behörden in der Lage sein, Versorgungsengpässe zu minimieren (vgl. Kumar et al. 1988, S.102). Langjährige persönliche Kontakte zum Zoll können sich als unentbehrlich herausstellen (vgl. Bolz et al. 1989, S.203). Falls der chinesische Partner eine größere Organisation bzw. ein Ministerium ist, wird zudem der Zugang zu Finanzmitteln erleichtert (vgl. Klenner 1987, S.104).

- Betriebswirtschaftliche Kriterien
  Eine genaue betriebswirtschaftliche Analyse des chinesischen Kooperationspartners im Hinblick auf Rentabilität, Exportorientierung und Devisenerlöse beugt späteren negativen Überraschungen vor.

Bei den acht untersuchten Firmen ging die Initiative zur Kooperationsgründung zu je 50% von der chinesischen und der Hong Konger Seite aus. In allen Fällen war die endgültige Wahl des Geschäftspartners mit einer genauen Abwägung der Kooperationsvorteile verbunden. So erhoffen sich Hong Konger Unternehmer sowohl bei Transport-, Arbeits- und Finanzengpässen als auch bei der Durchsetzung ihrer Interessen auf Regierungsebene Hilfe. Für eine große lokale Ingenieurfirma stellte die Wahl der Shum Yip Holdings Company Limited, dem Repräsentativorgan der SWZ Shenzhen in Hong Kong, die Voraussetzung dar, möglichst effektiv an Regierungsinformationen über die Arbeitskräfteversorgung und Landpreise in der SWZ zu gelangen (Interview 23).

Chinesische Betriebe machen ihre Partnerwahl von z.T. ähnlichen Kriterien abhängig. Im Falle eines Chemieunternehmens versucht man mit Unterstützung des Hong Konger Partners Einblicke in die marktwirtschaftlichen Prinzipien der britischen Kronkolonie zu bekommen. Da der Firmenleiter des Hong Konger Betriebes zudem eine einflußreiche Position im politischen Leben der Kronkolonie einnimmt, sollen diese Kenntnisse dem Expansionsdrang der chinesischen Seite zugute kommen (Interview 13).

Nach der Identifizierung des Partners müssen verschiedene Schritte zur Genehmigung eines Joint-Venture-Unternehmens durchlaufen werden (vgl. *Shenzhen Industrial Investment Guide 1988*, S.29 f.):

1. Erstellung einer gemeinsamen Durchführbarkeitsstudie,
2. Erstellung eines Joint-Venture-Vertrages, der von beiden Parteien unter-
   zeichnet werden muß,
3. Ausstellung der Genehmigungsdokumente durch die Stadt Shenzhen,
4. Registrierung und Empfang der Geschäftslizenz durch das Bureau of
   Administration of Industry and Commerce of Shenzhen bei Vorlage folgen-
   der Dokumente:
   - Antragsformular zur Errichtung eines Joint Venture,
   - Durchführbarkeitsstudie,
   - Joint-Venture-Vertrag,
   - Namensliste der Verwaltungsratsmitglieder,
   - Kopie der Unternehmensregistrierung,
   - Bescheinigung der gesetzlichen Vertreter beider Parteien bzw. deren Voll-
     machten,
   - Bankbestätigung über die Liquidität des chinesischen und ausländischen
     Partners; diese Regelung gilt auch für Investoren aus Hong Kong, Macao
     und Taiwan,
   - Genehmigungsurkunde der City Environmental Authority bei umweltbela-
     stenden Projekten.

Im Gegensatz zu den noch Mitte der 80er Jahre abverlangten 32 Genehmigungen ist die Registrierung heutzutage erheblich erleichtert worden (vgl. Bolz et al.
1989, S.200). Schwierigkeiten ergeben sich jedoch während der Verhandlungs-
phase. Als größter Problembereich entpuppen sich die differierenden Erwar-
tungshaltungen. Selbst Hong Kong-Chinesen, die enge verwandtschaftliche
Kontakte zur VR China pflegen, äußern ihren Unmut darüber. Durch eine
weitgehende Unkenntnis marktwirtschaftlicher Prinzipien entstehen oftmals
Verhandlungssituationen, bei denen bürokratische Strukturen deutlich zutage
treten (Interview 2).

Da es wenig hilft, Schuldzuweisungen auszusprechen und Maximalforderungen
durchzusetzen, sollte im Hinblick auf die Interessenlage beider Partner ein hohes
Maß an Geduld die Verhandlungen begleiten. Dieser Weg entspricht in seinen
Grundzügen auch dem in China verbreiteten Konsensprinzip. Ausländische
Investoren täten somit gut daran, in Problemfällen nicht auf ihre Mehrbetei-
ligung am Kooperationsunternehmen zu pochen, zumal die Rechtssicherheit
noch nicht so gut ausgeprägt ist wie in den Industriestaaten. Zwar entbindet
dieser Aspekt nicht von der vertraglichen Regelung bestimmter Konfliktsituationen, doch scheinen gute persönliche Beziehungen der beste Garant für eine
erfolgreiche Zusammenarbeit zu sein (Interview 13, 22, 31).

Der Joint-Venture-Vertrag schreibt die Inhalte der Kooperation fest, wobei die
Kompetenzen der beiden Partner möglichst präzise abgegrenzt werden. Zur
Erleichterung stellen z.B. die chinesischen Außenhandelsgesellschaften ihren

Betrieben entsprechende Standardverträge zur Verfügung, die folgende Punkte berühren: Inhalt und Umfang des Technologietransfers, Vertragsdauer, Steuerregelung, Vorgehen bei Vertragsänderungen, Gewinntransfer usw. (vgl. Kumar et al. 1988, S.108 ff.).

Da auch Hong Konger Investoren die Kooperationsbetriebe als Einheit begreifen, deren Vertragstext der Geheimhaltungspflicht beider Partner unterliegt, ist ihre Informationspolitik sehr vorsichtig. Dennoch zeigten die befragten Unternehmen, daß die betriebliche Zusammenarbeit auf grundsätzlichen Funktionsteilungen beruht. Im Einzelfall sieht das so aus, daß eine Hong Konger Bekleidungsfirma für Lohnzahlungen, Maschinenwartung und Marketing verantwortlich ist. Die chinesische Seite des EJV stellt das Fabrikgebäude, die infrastrukturelle Ausstattung sowie ihre Arbeitskräfte zur Verfügung (Interview 22).

Bei einem Kompensationsgeschäft zwischen einem Molkereiunternehmen aus der Kronkolonie und seinem chinesischen Partner in Guang Ming, das zwar außerhalb der SWZ liegt, jedoch die gleichen Investitionspräferenzen bietet, konzentriert sich der Hong Konger Betrieb auch auf den Verkauf und die Vermarktung. Die Aufgabe des chinesischen Unternehmens besteht darin, den anfänglich bereitgestellten Kredit zum Aufbau der Firma in Form von Milchlieferungen an den Partner in der Kronkolonie zurückzuzahlen. Während die chinesische Partei aufgrund ihrer Gewinnmargen an niedrigen Lohnkosten interessiert ist, sind die technischen Erfahrungen des Hong Konger Betriebes für die Effizienz der Kooperation notwendig. So wurden in den letzten Jahren erhebliche Kostenanstrengungen für den Kauf von Homogenisierungsmaschinen und Flaschenreinigern unternommen. Da z.Z. der Kooperationsgründung (1979) Joint-Venture-Verträge noch weitgehend unüblich waren, stellte die eindeutige Aufgabenteilung des Kompensationsgeschäfts die beste Lösung dar. Die erfolgreiche Marktorientierung ist durch zwei Vertragsverlängerungen bis zum Jahre 1996 belegt (Interview 6).

Der Zeitraum der anderen Kooperationen beläuft sich auf fünf (Interview 23) bis 15 Jahre (Interview 2). Beide Partner hoffen, während dieser Zeit ihre unternehmerischen Zielvorstellungen realisieren zu können. Dem ausländischen Betrieb muß dabei eine Mindestzeitspanne eingeräumt werden, innerhalb der er nicht nur seine Kosten zu decken vermag, sondern einen entsprechenden Gewinn für seine technischen Aufwendungen erzielt.

3.3.2   Konfliktsituationen und Organisationsprinzipien

Dem Wunsch nach betriebseinheitlicher Führung steht in den meisten Fällen eine unterschiedliche Auffassung der Firmenprioritäten entgegen, die sich in zahlreichen Konflikten an der Unternehmensspitze offenbart. Trotz vorsichtiger

Äußerungen der Hong Konger Investoren muß darauf geschlossen werden, daß die sachliche Kompetenz der volksrepublikanischen Manager nicht den Erfordernissen einer wettbewerbsorientierten Unternehmenspolitik entspricht. Verbreitetste Kritikpunkte sind die mangelnden Maßnahmen zur Qualitätskontrolle, die Sicherung der Arbeitsproduktivität sowie die Schwierigkeiten bei der Gewinnverwendung.

Einen grundlegenden Problembereich der chinesischen Volkswirtschaft stellt die Qualitätsüberprüfung dar. Aufgrund fehlender Vergleichsmöglichkeiten mit internationalen Standards hat sich ein unterentwickeltes Qualitätsdenken ausgeprägt, das sowohl die Ausbildung der Beschäftigten als auch die Konkurrenzfähigkeit der hergestellten Produkte betrifft. Da beide Kooperationspartner jedoch am Warenexport interessiert sind, sollten effektive Qualitätskontrollen ergriffen werden. Nach Angaben der Hong Konger Seite unternahmen die Betriebe anfänglich erhebliche Anstrengungen in dieser Richtung. Mittlerweile verfügen die Unternehmen über spezielle Kontrollabteilungen, denen in Zukunft auch chinesische Manager vorstehen sollen. Bislang liegt die Produktionsüberwachung und Schulung der Arbeitskräfte aber noch ausschließlich in der Hand der Hong Konger Investoren (Interview 13, 22, 23).

In engem Zusammenhang mit der Verbesserung der Qualitätsanforderungen steht die Steigerung der Arbeitsproduktivität. Vielfach haben alte Fertigungsmaschinen und die schlechte berufliche Qualifikation dazu geführt, daß die Produktivität unterhalb des internationalen Niveaus liegt. Während das chinesische Management jeden Technologieimport begrüßt, wird die Ausbildung der Beschäftigten nur insofern unterstützt, als keine negativen Auswirkungen für die Stammbelegschaft spürbar werden. So ist es für Investoren nach wie vor schwer, ungeeignete Arbeitskräfte zu entlassen, da der chinesische Partner die Arbeitsplatzsicherung zu seinen Sorgfaltspflichten zählt (Interview 22, 23).

Ein klassischer Bereich unternehmerischer Zielkonflikte ist der Aspekt der Gewinnverwendung. Wie bei anderen internationalen Joint Ventures (vgl. Meissner 1981, S.133), so zeigen auch die in Shenzhen vertretenen Kooperationsbetriebe eine unterschiedliche Auffassung in dieser Hinsicht. Aus mangelnder Risikobereitschaft scheuen vor allem chinesische Führungskräfte vor einer Reinvestition ihrer Profite zurück und fordern statt dessen eine völlige Gewinnausschüttung. Die Hong Konger Unternehmer sehen diese Reaktion als Ergebnis jahrelanger Kommandowirtschaft an, die Eigeninitiative und Wettbewerbsdenken unterdrückte (vgl. Tab. 36).

Kulminationspunkt dieser Probleme ist der aus Führungskräften beider Parteien bestehende Board of Directors (vgl. III, 2.2). Seine Zusammensetzung und Aufgabenteilung hängt sowohl vom Joint-Venture-Gesetz der VR China als auch von internen Absprachen ab. Zwar stellt die chinesische Seite den Vorsitzenden (*chairman*) und der Hong Konger Partner den Stellvertreter, doch zeigen die neuesten Pläne zur Umstrukturierung dieser seit 1979 geltenden Regelung, daß in Zukunft auch Ausländer an der Spitze dieses Führungsorgans stehen können. Wenngleich diese Modifizierung wenig an den Mehrheitsverhältnissen des Gremiums ändern wird, offenbart dieser Schritt dennoch den Willen der VR China, wirtschaftsfördernde Zeichen setzen zu wollen (vgl. Cheung 1990, S.80).

Tabelle 36:   Konfliktsituationen in Kooperationsunternehmen

Qualitätskontrollen	Arbeitsproduktivität	Gewinnverwendung
Merkmale		

- schlechtes Ausbildungs-
  niveau
	- alte Maschinen	- Ausschüttung
		  statt Reinve-
		  stition

- geringe Konkurrenzfä-
  higkeit d. Produkte
	- mangelhafte Ar-
	  beitseinstellung	

Maßnahmen		

- Errichtung v. Kontroll-
  abteilungen
	- Entlassung von
	  Arbeitskräften
	  (sehr schwierig)
		- Verhandlun-
		  gen im Ver-
		  waltungsrat

- Schulung d. Arbeits- kräfte	- Technologieimport	

Eigene Erhebung.

Innerhalb der untersuchten Kooperationsbetriebe variierte die Zahl der Verwaltungsratsmitglieder zwischen vier und sieben.[10] Die Funktionszuweisung resultierte aber nur z.T. auf fachlicher Kompetenz. Ausschlaggebender war vielmehr die höhere Kapitalbeteiligung des chinesischen Partners, der seine Dominanz in einer entsprechenden Zahl von Verwaltungssitzen repräsentiert sehen will. Zur Verdeutlichung sollen zwei Beispiele herangezogen werden. Bei einem Joint Venture aus der Chemiebranche haben der Hong Konger Partner mit 30% und die chinesische Seite mit 70% zur anfänglichen Kapitalsumme von 1 Mio.HK$ beigetragen. Gemäß diesem Prozentsatz stellt der einheimische Partner vier und der ausländische Partner zwei Direktoren (Interview 13). Ein anderes EJV verdankt seine Kapitalsumme zu 80% der chinesischen und zu 20% der Hong Konger Seite. Im Board of Directors sind zwei Sitze für den Partner aus der britischen Kronkolonie und sechs für den Unternehmer aus der VR China bestimmt. Nach Angaben der Betriebsleitung besitzt die Hong Konger Seite keine entscheidende Verfügungsgewalt (Interview 31).

Daß die Besetzung der Verwaltungssitze auch Änderungen unterliegen kann, belegt die Kooperation zwischen einem multinationalen Ölkonzern und der Shenzhen Petroleum Company (Interview 2). Auf der Grundlage eines Vertrages mit 15 Jahren Laufzeit erhält in den ersten fünf Jahren der Partner aus Hong Kong 60% des Profits, in den zweiten und dritten fünf Jahren der chinesische Partner 60 bzw. 80%. Gleichzeitig erfolgt eine Korrektur der Zusammensetzung des Board of Directors. Eine derartige Regelung eines Joint Ventures ist kein Einzelfall. Da die chinesische Seite um die 'Berührungsängste' bei anspruchsvollen Kooperationsformen weiß, sichert sie dem ausländischen Investor in den Anfangsjahren einen Mehrgewinn zu. Der wachsende Gewinnanteil der chinesischen Seite entspricht zudem der mit der Terminierung des Vertrages verbundenen Verstaatlichung des Unternehmens.

Angesichts der differierenden Managementauffassungen ergeben sich zahlreiche Reibungspunkte, die in regelmäßigen Zusammenkünften ausgeräumt werden müssen. Je nach Größe und Intensität der Kooperation tagt der Verwaltungsrat zwischen einmal monatlich (Interview 22) und viermal wöchentlich (Interview 13). Normalerweise werden einstimmige Entscheidungen angestrebt, wobei eine Übereinkunft zwischen dem Vorsitzenden und seinem Stellvertreter richtungsweisend für alle Mitglieder ist. Nach Ansicht der Hong Konger Führungskräfte wird dabei in starkem Maße dem chinesischen Konsensprinzip Rechnung getragen. Die bessere Kenntnis des Kooperationspartners trägt mittlerweile zu einer schnelleren Entscheidungsfindung bei. Als letzte Möglichkeit wird die Klärung strittiger Fragen vor einem Schiedsgericht angesehen.

3.3.3   Motivation der Kooperationspartner

Obwohl für jeden Investor in der SWZ Shenzhen die Rentabilität seines Betriebes unter rein kaufmännischen Gesichtspunkten wichtig ist, hängen Kooperationsgründungen noch von weiteren Kriterien ab. Im Mittelpunkt stehen dabei vor allem Aspekte der unternehmerischen Zusammenarbeit. Neben den wirtschaftlichen Bedingungen wird ferner dem persönlichen Einfluß des chinesischen Partners auf lokaler und regionaler Ebene große Bedeutung beigemessen. Im Unterschied zu den lokalen Verarbeitungsbetrieben orientieren Kooperationsunternehmen ihre Partner- und Standortwahl an längerfristigen Zielen.

Besonders deutlich wird dieser Sachverhalt anhand einer lokalen Bekleidungs-
und Textilfirma, die durch eine Zusammenarbeit mit einem SWZ-Unternehmen
ihre Expansionschancen vergrößern will (Interview 22). Da die chinesische Seite
über ein beträchtliches Industriepotential verfügt, glaubt man auch in Zukunft,
wettbewerbsfähig sein zu können. Darüber hinaus bietet die Kooperation die
Chance, später einen leichteren Zugang zum chinesischen Binnenmarkt zu erhalten. Bislang haben die guten persönlichen und politischen Beziehungen (*guanxi*)
des Partners dazu beigetragen, daß das EJV rechtzeitig über Gesetzesänderun-
gen informiert wurde. Durch eine Ausweitung dieser Verbindungen will der
Hong Konger Betrieb schon frühzeitig eigene Kontakte zu den Verantwortlichen
der SWZ knüpfen, die sich in der VR China als weitaus wichtiger erweisen als
die Logik kurzfristiger Kosten-Nutzen-Analysen.

Eine ähnliche Form der Imagebildung streben aber auch chinesische Unternehmen an. Nach Aussagen eines großen lokalen Konzerns versuchte der chinesische Partner von Beginn an, die gute Reputation der Hong Konger Firma auch
für Kooperationen in anderen Wirtschaftssektoren zu nutzen (Interview 23).
Bisher stellt der Bau und die Wartung von Klimaanlagen in Shenzhen allerdings
die einzige Kooperation dar. Vom Namen des Hong Konger Partners beim
Aufbau des eigenen Unternehmens zu profitieren war auch die Intention einer
chinesischen Patentfirma (Interview 31). So wurde die Registrierung in der
Kronkolonie zum entscheidenden Kooperationskriterium, um die notwendigen
internationalen Wirtschaftskontakte mit Klienten knüpfen zu können, die an
einer Patentanmeldung in der VR China interessiert sind.

Die Rückständigkeit der chinesischen Betriebe hat nicht zuletzt dazu geführt,
"daß die Kooperation aus der Sicht des ausländischen Partners zuweilen auch
gewisse Elemente der Entwicklungshilfe enthält" (vgl. Klenner 1987, S.102). Fast
alle Hong Konger Firmen haben diesbezügliche Erfahrungen gemacht. Während
ein großer Ölkonzern u.a. den Kapitalmangel als Motiv der chinesischen Seite
ansieht (Interview 2), sind es nach Informationen eines Bekleidungsbetriebes vor
allem die marktwirtschaftlichen Kenntnisse gewesen (Interview 22). Inwieweit
beide Aspekte zu einer Expansion des chinesischen Unternehmens beitragen
können, belegt das Beispiel der Guang Ming Livestock Farm, die dank Hong
Konger Unterstützung ihren Viehbestand von 600 (1979) auf 6.500 (1988) erhöhte (Interview 6).

Trotz der Inanspruchnahme staatlicher Förderungen spielen Steuererleichterungen keine entscheidende Rolle für Kooperationsgründungen. Ähnlich wie bei
Verarbeitungsunternehmen werden derartige Anreize als Begleitmaßnahmen
aufgefaßt. Im Vordergrund stehen für beide Parteien Ziele, die nur mit Hilfe der
komparativen Vorteile des jeweiligen Partners erreicht werden können.

3.3.4 *Kooperationserfahrung und Kooperationsbewertung*

Nach anfänglichen Eingewöhnungsschwierigkeiten beurteilen alle Hong Konger Investoren ihr Kooperationsengagement als gut oder zufriedenstellend. Besonders herausgestrichen wird die intakte persönliche Beziehung der Unternehmensleiter, die - trotz nicht zu übersehender Probleme im Bereich des Managements - die Basis für längerfristige Erfolge darstellt. Zukünftige Investoren sollten diese Erfahrung zur Grundlage ihrer Überlegungen machen und der genauen Partnerwahl mehr Aufmerksamkeit schenken als möglichen anderen Standortfaktoren.

Diese Kenntnis schließt u.a. den Aspekt der Machtbefugnis ein. Nicht immer verfügten Personen, die mit der Hong Konger Seite verhandelten, auch über die entsprechende Vollmacht des inländischen Betriebes. Eine Möglichkeit, diesen Komplikationen aus dem Weg zu gehen, besteht in einer gleichzeitigen Kontaktaufnahme mit den lokalen Behörden. Vielfach kennen die Regierungsangestellten nicht nur die Personalstruktur der chinesischen Unternehmen, sondern sind in ihnen auch persönlich involviert. Darüber hinaus empfiehlt es sich, intensive Beziehungen mit den Planungsabteilungen der SWZ zu pflegen. So mußte der multinationale Ölkonzern die schmerzliche Erfahrung machen, daß bessere Kontakte mit der Regierung wichtige Informationen über den Straßenbau vermitteln können, die die spätere Korrektur der Tankstellenstandorte hinfällig gemacht hätte.

Unter Berücksichtigung der genannten Aspekte wird von ausländischen Investoren wiederholt die Frage nach dem Einfluß lokaler oder nationaler Behörden auf die Unternehmenstätigkeit aufgeworfen. Zwar unterliegen die EJV und CJV in den SWZ keinen Import- und Exportrestriktionen wie im chinesischen Binnenland, doch gibt es Anzeichen für andere Einflußmöglichkeiten. Da gibt es in erster Linie die gesetzliche Verpflichtung aller Joint Ventures, einen Geschäfts- und Produktionsplan auszuarbeiten, der von der lokalen Verwaltungsbehörde genehmigt werden muß. Die chinesische Wirtschaft ist zudem an ausländischen Devisen interessiert und unterbindet daher Warenlieferungen von Shenzhen in die VR China. Erschwerend kommt hinzu, daß die Preispolitik bei Inlandsverkäufen von der Zustimmung der Behörden abhängt.

Abschließend bleibt festzuhalten, daß unter den gegebenen Umständen Hong Konger Kooperationspartner noch zahlreichen Wachstumsbeschränkungen ausgeliefert sind. Neben den erwähnten Problembereichen zählen dazu ferner die gesetzlichen Unzulänglichkeiten der veralteten Regelung für Joint Ventures sowie die Engpässe im Dienstleistungssektor. Für die Entwicklung Shenzhens bieten Gemeinschaftsunternehmen ihrerseits die Chance, Verbesserungen im Sozialbereich herbeizuführen. Für die Unterbringung ihrer Arbeitskräfte haben Unternehmer aus der Kronkolonie Wohnheime und Häuser errichtet, die zu einer Entzerrung der Wohnsituation beitragen.

3.4   Bankensektor

3.4.1   *Hang Seng Bank*

Die Hang Seng Bank (HSB) wurde 1933 in Hong Kong gegründet und 1952 als Aktiengesellschaft eingetragen. Seit April 1965 ist sie eine Tochtergesellschaft der Hongkong and Shanghai Banking Corporation, die momentan über ca. 70% des Aktienkapitals verfügt. Auf lokaler Ebene hat die HSB durch ein Joint Venture mit der Mass Transit Railway (MTR) das Recht erworben, alle U-Bahn-Stationen mit Bankschaltern auszustatten (vgl. Wardley Data Service, 17.4.1989). Aufgrund ihrer umfassenden Banken- und Finanzierungsdienste (120 Filialen) zählt die HSB heute zu den größten Hong Konger Banken. Ausdruck der Expansionsbestrebungen ist die Errichtung eines neuen Hauptquartiers im 'Central District', das Anfang der 90er Jahre fertiggestellt wird.

Im Gegensatz zu vielen anderen ausländischen und lokalen Banken ist das Chinageschäft der HSB nicht besonders ausgeprägt. Der Eröffnung eines Repräsentationsbüros in der SWZ Shenzhen (1985) folgte ein Jahr später lediglich die zweite Repräsentanz in der SWZ Xiamen.[11] Gemäß der Bankregularien erstreckt sich der Aufgabenbereich in Shenzhen auf verschiedene allgemeine Dienste (z.B. Beratung, Initiierung von Geschäftsverbindungen, Erstellung von Standortanalysen). Das Hauptmotiv für eine Niederlassung lag in der zunehmenden Verlagerung vieler Hong Konger Industriefirmen nach Südchina. Als lokale Bank folgte die HSB den Investitionsschwerpunkten ihrer Kunden, wobei sie auch zukünftigen Interessenten den Eintritt ins Chinageschäft erleichtern will. Bislang stellt die Zusammensetzung des Kundenstamms ein Spiegelbild der Bankprioritäten dar. Rund 80% der Klienten kommen aus Hong Kong, die restlichen 20% aus Shenzhen bzw. benachbarten Regionen Guangdongs.

Die übliche Betreuung von Unternehmen, die einen Zweigbetrieb in Shenzhen aufbauen wollen, beginnt mit der Kontaktaufnahme mit dem China Department der HSB in Hong Kong. Vorstellungen der Firmen werden dort mit den Realisierungsmöglichkeiten innerhalb der SWZ verglichen. Nach Abschluß der Verhandlungen schickt die Abteilung ihre Vorschläge ins Repräsentanzbüro nach Shenzhen, wo die Investitionsbedingungen und Standortwahl erneut überprüft werden.

Die Repräsentanz beschäftigt nur zwei Personen. Eine weibliche Angestellte aus der VR China, die für Büroarbeiten zuständig ist, und den Leiter der Niederlassung. Er kommt aus Hong Kong und leistet die technische und organisatorische Betreuung der Kunden vor Ort. Zahlreiche Standortbesuche nicht nur zukünftiger, sondern auch bereits verlagerter Betriebe ergänzen dieses Bild. In enger Kooperation mit der Zentrale in Hong Kong soll auf diese Weise eine leistungsfähige Verbindung zwischen Kundenkreis und Bank erfolgen.

Trotz der geographischen Nähe Shenzhens haben viele Klein- und Mittelbetriebe Hong Kongs keine Vorstellung von den speziellen Bedingungen der SWZ. Nach Aussagen des Zweigstellenleiters wissen die Unternehmen weder, wen sie in Shenzhen kontaktieren sollen, noch welche Möglichkeiten der Geldanlage es dort gibt. Diese Lücke hofft die HSB, durch ihr Dienstleistungsangebot schließen zu können. Ob allerdings eine Nordwanderung der HSB erfolgen wird, hängt in ganz entscheidendem Maße von zwei Faktoren ab:

- der politischen und wirtschaftlichen Stabilität der VR China,
- der Investitionsbereitschaft der Hong Konger Betriebe.

Angesichts des Beijinger Massakers vom 4.Juni 1989 fühlt sich die HSB allerdings in ihrer vorsichtigen Diffusionspolitik bestätigt.[12]

3.4.2 Standard Chartered Bank

Als eine der beiden Notenbanken Hong Kongs zählt die Standard Chartered Bank (SCB) zu den einflußreichsten ausländischen Finanzinstituten der britischen Kronkolonie. Diese Funktion resultiert zum großen Teil aus der langen Tradition des Chinaengagements. Schon 1858 erhielt die SCB als erste ausländische Bank das Recht, eine Niederlassung in China (Shanghai) zu eröffnen. Seit dieser Zeit hat sich das Bankennetz auf vier Repräsentanzen in Beijing, Guangzhou, Dalian und Tianjin sowie vier Filialen (SWZ Shenzhen, SWZ Xiamen, SWZ Zhuhai und Shanghai) ausgeweitet. Im Jahre 1985 erwarb die SCB zudem eine Beteiligung an der North China International Leasing Co. Ltd. in Dalian.

Die Aktivitäten in Shenzhen begannen 1981 mit der Errichtung eines Repräsentanzbüros, das 1986 zu einer Filiale aufgewertet wurde.[13] Mit diesem Funktionszuwachs verbinden sich seitdem folgende Aufgaben: Handelsfinanzierungen, Kreditvergaben, Leasinggeschäfte, Einrichtung eines Informationsdienstes für Investitionsvorhaben, Überweisungen. Da die SCB durch die geographische Streuung ihrer Niederlassungen ein großes Areal der VR China abdecken will, ist der Einflußbereich ihrer Filiale in Shenzhen keineswegs auf die SWZ beschränkt. Gleichzeitig werden von hier Kunden im östlichen Teil Guangdongs sowie in den angrenzenden Provinzen Hunan, Guizhou und Yunnan betreut. Auch die anderen drei Filialen nehmen überregionale Aufgaben wahr: Xiamen ist für die Provinzen Jiangxi und Fujian zuständig, Zhuhai für das westliche Guangdong und die Autonome Region Guangxi Zhuang, Shanghai für alle übrigen Provinzen. Gegenwärtig beabsichtigt die SCB, eine Filiale in Hainan sowie noch eine weitere Repräsentanz auf dem chinesischen Festland zu eröffnen. Sollte diese Expansion gelingen, würde die SCB mit dem größten Bankennetz aller ausländischen Institute in der VR China ihren quantitativen Abstand zu ihrem lokalen Rivalen, der Hongkong and Shanghai Banking Corporation, wahren (vgl. *South China Morning Post*, 10.8.1989).

Die enge Beziehung zwischen Shenzhen und Hong Kong wird allein schon dadurch deutlich, daß alle Kunden der SWZ-Filiale aus der Kronkolonie stammen. Ähnlich wie bei der HSB beginnen die meisten Geschäftsabschlüsse in Hong Kong. Doch stehen dem Investor zwei Anlaufstellen zur Verfügung: zum einen der Hauptsitz der SCB, der allgemeine Operationen (z.B. Überweisungen) durchführt; zum anderen das China Area Headquarter, dessen 70 Angestellte die notwendigen Vorbereitungen für Projektfinanzierungen treffen.

In Shenzhen hat die räumliche und funktionale Expansion zu einem starken Beschäftigungswachstum geführt. Mehr als 30 Angestellte, die zu 80% aus der lokalen Region und zu 20% aus Hong Kong stammen, kümmern sich um die Belange ihrer Kunden. Alle leitenden Positionen nehmen dabei Bankfachleute aus der britischen Kronkolonie ein. Zur Weiterbildung werden regelmäßig lokale Fachkräfte nach Hong Kong entsandt.

Normalerweise sind die über die Filiale geleiteten Investitionen relativ klein und unbedeutend. Der Hauptanteil des Geschäfts umfaßt Verhandlungen über Exportrechnungen sowie Kreditvergaben an Hong Konger Firmen. Hinzu kommen kleinere Devisengeschäfte mit chinesischen Gesellschaften. Für Hong Konger Investoren stellen die Quotenbestimmungen vieler Industrieländer mittlerweile ein großes Problem dar. Nachdem nicht nur Produkte aus der Kronkolonie, sondern auch chinesische Waren in jüngster Zeit mit Einfuhrbeschränkungen belegt werden, müssen Hong Konger Unternehmer neue Märkte erschließen. Die SCB tritt in dieser Situation sehr häufig mit Überbrückungskrediten zur Zwischenfinanzierung auf.

Trotz der politischen Verhärtungen auf dem chinesischen Festland rechnet die SCB mit keinen einschneidenden Veränderungen des Reformkurses. Da die VR China aufgrund binnenwirtschaftlicher Probleme nicht an einer Verminderung des ausländischen Kapitalflusses interessiert sein kann, wird sie zumindest dafür sorgen, daß alle gegenwärtigen Investoren ihre Projekte erfolgreich beenden können. Die SCB sieht darin eine Bestätigung ihres Expansionskurses. So will man alle Repräsentanzen möglichst bald in Filialen umwandeln. Shenzhens Bedeutung soll durch weitere Kompetenzverlagerungen aus Hong Kong Rechnung getragen werden.

3.4.3   Bewertung

Die Darstellung der beiden Fallstudien hat deutlich gemacht, daß Hong Konger Banken mit ganz unterschiedlichen Strategien ihren Geltungsbereich nach Shenzhen ausdehnen. Während die HSB als Vertreterin der lokalen Banken eine äußerst langsame Gangart anschlägt, ist die mit Hauptsitz in London registrierte

SCB am schnellen Aufbau eines landesweiten Filialnetzes interessiert. Unter diesem Blickwinkel erhält der Standort Shenzhen eine differenzierte Bedeutung. Auf der einen Seite ist er ein Testfall für den Rest des Landes, falls Hong Konger Investoren in Zukunft auch in andere Regionen Chinas vordringen. Auf der anderen Seite repräsentiert die Niederlassung in Shenzhen nur einen Schwerpunkt der chinaorientierten Entwicklung, der bestimmte regionale Besonderheiten aufweist. Charakteristisch sind für beide Finanzinstitute die aus dem Verflechtungsgrad mit der britischen Kronkolonie resultierende Zusamensetzung des Personals und Kundenstamms. Hinzu kommt die einseitige Ausrichtung der Bankenpolitik auf die Belange der Hong Konger Investoren.[14]

Ob die Verflechtungen im Finanzbereich in Zukunft intensiviert werden können, hängt aber nicht nur von der Ansiedlungsbereitschaft der Hong Konger Unternehmen ab. Ebenso bedeutend scheinen die finanzpolitischen Überlegungen der PBOC zu sein, ausländischen Banken Geschäfte in chinesischer Währung zu erlauben. Im Vordergrund steht der Wunsch nach dem Aufbau eines langfristigen Depositenvermögens in Shenzhen (vgl. Linn 1989a, S.25). Limitierend wirkt aber nach wie vor, daß ausländischen Finanzinstituten die Errichtung eines weitmaschigen Filialnetzes verweigert wird.

Damit zeichnet sich eine graduelle Durchdringung des chinesischen Finanzsektors ab, die von Hong Kong ihren Ausgang nimmt und zunächst auf das Territorium der SWZ beschränkt wird. Im Idealfall würde Shenzhen zum finanzpolitischen Innovationszentrum, von dem erprobte Bankstrategien in die VR China diffundieren können. Wichtigster Aspekt bleibt jedoch die politische und wirtschaftliche Stabilität Chinas.

4 Einfluß Shenzhens auf Hong Kong

4.1 Organisationen und Unternehmen

Seit Ende der 70er Jahre hat sich das chinesische Engagement in Hong Kong enorm ausgeweitet. Da die chinesische Regierung jedoch weitgehendes Stillschweigen über ihre Aktivitäten bewahrt, ist es nicht leicht, die Funktion chinesischer Unternehmen in der Kronkolonie auszumachen. Angesichts dieser Einschränkungen scheint es wichtig zu sein, die wenigen bekannten Organisationen aus der SWZ Shenzhen genauer zu untersuchen. Als Fallbeispiele dienen die Shum Yip Holdings Co. Ltd. und die China Merchants Holdings Co. Ltd.

4.1.1 Shum Yip Holdings Company Limited

Die Shum Yip Holdings Company (SYHC) ist das repräsentative Organ der SWZ Shenzhen in Hong Kong.[15] Aufgrund dieser exponierten Stellung übt sie in nahezu allen Wirtschaftssektoren eine wichtige Funktion für die Entwicklung

Shenzhens aus. So umfaßt ihr Engagement in der Kronkolonie sowohl Aktivitäten im Fremdenverkehr als auch den Export von Arbeitskräften und Überseein-
vestitionen. Darüber hinaus ist die SYHC für die Bewillung von Visaanträgen
nach China zuständig.

Im Mittelpunkt ihres diversifizierten Aufgabenbereichs steht die Expansion
internationaler Wirtschafts- und Handelskontakte. Die seit Februar 1985 in
Hong Kong registrierte Unternehmensgruppe will durch ihre Hong Konger
Präsenz zwei Informationslücken schließen:

- die mangelnde Kenntnis internationaler Wirtschaftsstrukturen,
- das unzureichende Wissen vieler potentieller Investoren über die Standortbedingungen in der SWZ Shenzhen.

Der letzte Punkt verdeutlicht, daß die SYHC eine Vermittlerfunktion für Shen-
zhen wahrnimmt. Ausländische Geschäftsleute sollen bereits in Hong Kong ihre
Investitionspläne initiieren, ohne aufwendige Nachforschungen in der SWZ
durchführen zu müssen. Dieser Zeitgewinn entbindet sie allerdings nicht der
Aufgabe, die verschiedenen Investitionsdetails (Investitionsvolumen, Landbedarf,
Import- und Exportvorstellungen) für die SYHC genauer zu klassifizieren.

Durch Kooperationsbeteiligungen an ausländischen sowie Hong Konger Firmen
will die SYHC zudem den Technologietransfer nach Shenzhen beschleunigen.
Eigene Handelsorganisationen und Verteilungsnetze bestehen bereits in den
USA, Großbritannien, Italien, Australien und den Vereinigten Arabischen Emi-
raten.

Aufgrund der multisektoralen Ausrichtung kontrolliert die SYHC gegenwärtig
rund 80 Unternehmen in Hong Kong. Diese Zahl sollte aber nicht überschätzt
werden, da es sich bei der Mehrzahl um Tochterunternehmen handelt, deren
Name auf die enge Verbindung zum Hauptunternehmen hinweist. So gibt es u.a.
die Shum Yip Industry and Trading Company, die Shum Yip Travel and Trading
Company und die Shum Yip Electronics Company. Eine weitere Tochtergesellschaft, die Shum Yip Development Company, ist z.B. für die Errichtung von
Touristenhotels sowie Wohn- und Wirtschaftsgebäuden zuständig. In der britischen Kronkolonie hat sie sich am Bau des Hotels Nikkô beteiligt und in Shenzhen am Kohlekraftwerk Shajiao.

Wenngleich der Leiter der Wirtschaftsabteilung keine Aussagen über die Größe
des Hong Konger Engagements machen wollte, so weisen die zahlreichen Anstrengungen der SYHC doch darauf hin, daß die SWZ-Regierung an einer engen
Kooperation mit der Kronkolonie interessiert ist. Im Unterschied zu früheren
Jahren, als die chinesische Seite noch relativ abwartend auf ausländische Investi-

tionsvorhaben reagierte, hat sich damit ein bemerkenswerter Wandel vollzogen. Die SWZ ist sich der Chance bewußt, die aus der Nachbarschaft mit Hong Kong erwachsen ist. Ausdruck dieser Expansionsbestrebungen ist nicht zuletzt der Beschäftigtenzuwachs auf mittlerweile 200 Mitarbeiter in der Hong Konger Zentrale.

Eines der größten Probleme chinesischer Organisationen in Hong Kong ist aber nicht die mangelnde Beschäftigtenzahl, sondern die nach Ansichten ausländischer Investoren unzureichende marktwirtschaftliche Vorbildung von Fachkräften. Sollte dieses Problem nicht zufriedenstellend gelöst werden, stellen selbst die Insiderkenntnisse der SYHC nur attraktive Rahmenbedingungen dar.

4.1.2 China Merchants Holdings Company Limited

Die heutige China Merchants Holdings Co., Ltd. (CMH) hat sich im Laufe ihrer wechselvollen Geschichte von einem einfachen Schiffsunternehmen zu einer umfassenden Holdinggesellschaft entwickelt. Das 1872 gegründete Unternehmen, das zunächst den Namen Public Bureau of China Merchants Steam Navigation erhielt, wurde 1978 mit der Entwicklung Shekous betraut. Mit dieser Aufgabenerweiterung erhielt die damalige China Merchants Steam Navigation gleichzeitig mehr Entscheidungsgewalt. Die traditionelle Funktion des Schiffsunternehmens erweiterte sich auf andere Wirtschaftsbereiche und führte u.a. zur Gründung von Versorgungszentren für die Off-shore-Ölsuche, zum Kauf und zur Gründung zweier Banken in Hong Kong und Shekou sowie zu Investitionen im Tourismussektor (vgl. China Merchants Holdings 1987, S.11). Seit dem 15.Oktober 1986 ist die CMH als Holdinggesellschaft in der VR China registriert.

In Hong Kong tritt die CMH als Vertreterin des chinesischen Ministeriums für Kommunikation auf, wobei sie sowohl die Interessen der VR China als auch die Shekous verkörpern soll. Als autorisiertes Kontrollorgan unterstehen ihr alle Tochterunternehmen des Ministeriums. Durch diese hierachische Struktur erhofft man sich eine effektive Realisierung der außenwirtschaftlichen Kontakte. In der Vergangenheit hatten chinesische Provinz- und Staatsunternehmen z.T. die gleichen Handelsabschlüsse in Hong Kong getätigt, da sie nicht über die Aktivitäten der anderen Seite unterrichtet waren (vgl. Chan 1986c, S.39).

Den Hauptgeschäftsbereich der CMH bildet nach wie vor die Schiffsindustrie mit mehreren Schiffbau- und Schiffsreparatureinrichtungen sowie einer Ozeanflotte in Hong Kong. Ein Großteil der über 140 Hochseeschiffe wird von der Hong Kong Ming Wah Shipping Co., Ltd., einem hundertprozentigem Tochterunternehmen der CMH, verwaltet. Neben ihren Überseeverbindungen nach

Tabelle 37: Präsenz der CMH in Hong Kong

Tochtergesellschaften	Beteiligungen
China Merchants Steam Navigation	Union Bank of Hong Kong
Yiu Lian Dockyards	Hong Kong and Macao International Investment
Hoi Tung Marine Machinery Suppliers	China Ocean Oilfields Services
Hong Kong Ming Wah Shipping	
China Merchants Shipping and Enterprises	Huawei Offshore Shipping Service
China Merchants Development	China Sea Oil Engineering
CNSN International Ship Trading	China Tibet Qomolangma Travelways
China Merchants Godown, Wharf & Transportation	
CM Litherage & Transportation	
CM Engineering and Investment	
Far East Marine Surveyors	
Wah Tak Marine Engineering	
Zheng Hua Engineering	
Euroasia Dockyard Enterprise & Development	
China Merchants Hotel	
CM International Travel	

Quelle: China Merchants Holdings 1987, S.15; Informationsgespräche.

Norwegen, den USA und Japan ist sie die erste Schiffsgesellschaft, die einen regelmäßigen Containerdienst zwischen Hong Kong und zehn chinesischen Häfen eingerichtet hat. Das Schwergewicht der Frachtdienste wird von der in Hong Kong ansässigen China Merchants Shipping and Enterprises Co., Ltd. abgewickelt, die den Warentransport in über 160 Länder organisiert. Mit einer Frachtkapazität von mehr als 7 Mio.t hatte die CMH 1986 einen Anteil von 11,3% an allen über die britische Kronkolonie geleiteten Im- und Exporten.

An der Spitze von Schiffbau und Schiffsreparatur steht die Yiu Lian Dockyards Ltd. (YLD) mit Standorten in Lai Chi Kok und auf der vorgelagerten Insel Tsing Yi. Im Jahre 1986 konnte eine weitere Schiffswerft in unmittelbarer Nähe der YLD erworben werden. Die Gesamtfläche beider Werften beträgt 2,5 Mio.sq.ft. Die Übermittlung wertvoller Informationen soll in erster Linie der in Shenzhen vertretenen YLD zugute kommen, die in Nanhai für die Reparatur von Ölbohrschiffen zuständig ist.

Durch ihre Geschäftsexpansion konnte sich die CMH im Juni 1986 am Kauf der Union Bank of Hong Kong beteiligen, an der sie einen Aktienanteil von 68% hält. Die Aneignung bankenspezifischer Kenntnisse soll die Entwicklung der im April 1987 gegründeten Bank of China Merchants fördern. Als erste chinesische Bank, die von einem Unternehmen verwaltet wird, ist sie zugleich als Demonstrationsobjekt für die Integration finanzpolitischer Innovationen gedacht.

Abschließend sei noch auf die Aktivitäten der CMH in der Bauwirtschaft und im Tourismus hingewiesen. So besitzt das Unternehmen zwar eine Reihe von Immobilien in Hong Kong, doch ist die Informationspolitik in diesem Bereich sehr zurückhaltend.[16] Die Errichtung von Wohn- und Industriegebäuden unterliegt der China Merchants Engineering and Investment Co., Ltd. Für den Tourismusbereich zeichnet sich u.a. die Merchants International Travel Service Co., Ltd. verantwortlich, die ebenso wie die anderen Tochterunternehmen der CMH ihren Sitz in Hong Kong hat (vgl. Tab. 37). Zahlreiche Reiseangebote in die benachbarte SWZ und Shekou sollen Hong Kong-Chinesen sowie ausländische Touristen anlocken. In der britischen Kronkolonie besitzt die CMH das China Merchants Hotel in Sheung Wan.

Ein Indikator für die zunehmende Hong Konger Präsenz ist zudem die gestiegene Beschäftigtenzahl der Unternehmensgruppe. Im Jahre 1989 waren mehr als 7.000 Arbeiter und Angestellte in allen Tochtergesellschaften tätig, wobei 500 auf den Hauptsitz der CMH in Hong Kong entfielen. Bei einer Gesamtbeschäftigtenzahl von über 30.000 bedeutet dies, daß knapp ein Viertel der Unternehmensbelegschaft die Interessen der CMH in der britischen Kronkolonie wahrnimmt. Bislang hat sich dieses Konzept ausgezahlt. Sowohl die Indizes von Konzernguthaben und Profiten sind von 100 (1980) auf das 3,5fache bzw. 2fache im Jahre 1986 gestiegen.

Für die Industriezone Shekou hat die Verbindung nach Hong Kong zahlreiche
Vergünstigungen gebracht. Durch die an beiden Standorten vertretene China
Merchants Development Co., Ltd. können Betriebe in Shekou u.a. mit Informationen zur Absatzlage versorgt werden. Überdies dient das Unternehmen als
Anlaufstelle für die Vermittlung von Geschäftspartnern. Dennoch sind die Er-
folgsaussichten nicht ungetrübt. Angesichts des verstärkten Interesses an ausländischen Investoren stellt die britische Kronkolonie nun das Terrain dar, auf dem
die wirtschaftliche Konfrontation zwischen der Regierung Shenzhens und der
Industriezone Shekou zum Tragen kommt. Als Repräsentanten beider Seiten
konkurrieren die SYH und die CMH unmittelbar in Hong Kong um die internationalen Expansionschancen ihrer Regionen.

4.2   Infrastruktur

Die zukünftige Energieversorgung Hong Kongs wird maßgeblich vom Atom-
kraftwerk in Daya Bay, am Ostrand der Shenzhen Municipality, beeinflußt werden. Schon 1979 erstellten die Guangdong General Power Company (GGPC)
und die China Light and Power Co., Ltd. (CLP) aus Hong Kong eine gemeinsame Durchführbarkeitsstudie für den Bau des AKW. Die darin ausgesprochene
Empfehlung geht davon aus, daß zwei Druckwasserreaktoren mit je 900 MW in
Guangdong billiger sind als ein Kohlekraftwerk mit entsprechender Kapazität in
der Kronkolonie (vgl. *South China Morning Post*, 7.8.1988). Am 24.Januar 1985
wurde mit der Guangdong Nuclear Power Joint Venture Co., Ltd. (GNPJV) eine
Gesellschaft ins Leben gerufen, die das Projekt in Höhe von 28,7 Mrd.HK$
durchführen und überwachen soll.

Der gegenwärtige Vertrag legt fest, daß Hong Kong 70% und die Provinz
Guangdong 30% der Elektrizität bezieht. Bei der Kapitalbeteiligung dieses EJV
sieht die Staffelung anders aus. Die chinesische Seite bringt 75% ein, vorrangig
"in Form von Gründstücken, Material und Arbeitskräften" (Göbbel 1986, S.94)
und die Hong Konger Seite 25%. Nach 20 Jahren geht das AKW in den Besitz
Guangdongs über.

Während der ersten Bauphase errichtete man einen Staudamm für ein Wasser-
reservoir von 1,3 Mio.m^3. Um die beiden Reaktoren vor Erosionsschäden zu
schützen, wurde eine 1,4 km lange Mauer um das Kraftwerk hochgezogen. Mit
dem Bau der Reaktoren beauftragten beide Seiten die französische Firma
Framatome. Die Turbinengeneratoren und andere konventionelle Ausrüstungsteile stammen von dem britischen Unternehmen General Electric.

Da die Inbetriebnahme des AKW negative Auswirkungen für Hong Kong impliziert, wird in der Kronkolonie seit Jahren gegen dieses Projekt demonstriert.
Waren es vor 1986 noch hauptsächlich wirtschaftliche Gründe, die bei bestehen-

den Überkapazitäten die Akzeptanz des Kraftwerkes sinken ließ (vgl. Ma 1983, S.62 ff.), wird seit der Atomkatastrophe in Tschernobyl vehement auf die lebensbedrohenden Gefahren der Reaktoren hingewiesen. Dieser Kritik haben sich u.a. die beiden großen englischsprachigen Zeitungen *South China Morning Post, Hong Kong Standard* angenommen, die in verschiedenen Serien die lokalen Risiken des AKW beleuchteten. Gleichzeitig versucht die CLP, diese Aspekte durch eine Akzentuierung der Sicherheitsvorkehrungen zu entkräften. So gab es im August 1989 eine großangelegte PR-Aktion in Hong Kong, die in Ausstellungen und Broschüren die Zuverlässigkeit des Projekts unterstrich (vgl. Hong Kong Nuclear Investment Company 1989).

Das AKW in Daya Bay zeigt auf eindrucksvolle Weise, daß der Elektrizitätsbedarf Guangdongs und Hong Kongs eine engere energiewirtschaftliche Verflechtung initiiert hat. Mit dem Standort in der Shenzhen Municipality ist zugleich der Einfluß auf die britische Kronkolonie deutlich geworden, die sich nicht nur mit kontroversen Äußerungen im Vorfeld des Baus auseinandersetzen muß, sondern auch mit den möglichen Konsequenzen nach der Inbetriebnahme. Auf energiepolitischer Ebene ist es damit bereits jetzt schon zu einer räumlichen Interdependenz beider Regionen gekommen.

Aus den anderen Infrastrukturprojekten ergeben sich zwar unbedeutendere Auswirkungen für Hong Kong, doch dienen auch sie einer stärkeren Verflechtung mit Shenzhen und Guangdong (vgl. *Hong Kong Business*, Mai 1989, S.62):

- Der neue Grenzübergang bei Lok Ma Chau soll den Grenzverkehr zwischen Hong Kong und der SWZ erleichtern.

- Nach Fertigstellung der Autobahnstrecke Guangzhou-Shenzhen-Hong Kong wird die Fahrzeit zwischen der Provinzhauptstadt und der Kronkolonie auf zwei Stunden verkürzt.

Umstritten ist hingegen der Einfluß des neuen SWZ-Großflughafens Huangtian auf Hong Kong. Obwohl die wachsende Zahl internationaler Unternehmer in Zukunft ihre Produkte aus Shenzhen exportieren kann, bleiben Zweifel an der Konkurrenzfähigkeit des Flughafens. Zum einen fehlt die Erfahrung im Umgang mit internationalem Exportgut, und zum anderen plant Hong Kong aufgrund seiner begrenzten Expansionsmöglichkeiten in Kai Tak selbst den Bau eines zweiten Flughafens in Chek Lap Kok auf der Insel Lantau. Mit einer geschätzten Aufnahmekapazität von 79 Millionen Passagieren und 4,4 Mio.t Fracht bietet dieser Flughafen zudem den Vorteil, daß er in unmittelbarer Nähe zum Containerhafen Kwai Chung in Tsuen Wan liegt. Entsprechende Eisenbahn- und Straßenverbindungen sind bereits vorgesehen (vgl. Abb.27).

Abbildung 27:   **Planung des neuen Flughafens Chep Lap Kok**

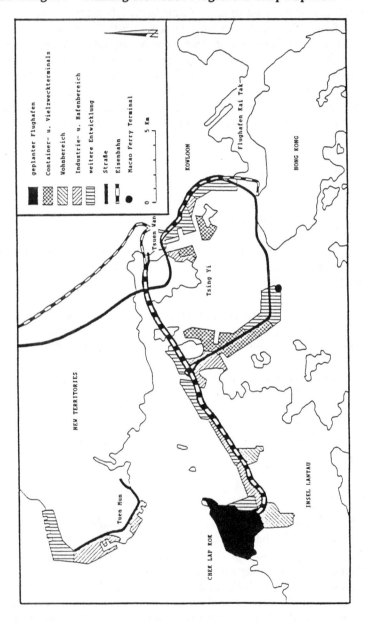

Quelle: *FEER*, 5.10.1989.

4.3 Wandel der Industriestruktur

Aufgrund seiner komparativen Standortvorteile hat Shenzhen in den letzten Jahren einen Großteil der arbeitsintensiven Produktionsbereiche Hong Kongs aufgenommen. Schätzungen gehen davon aus, daß Anfang 1988 mehr als 20% aller Hong Konger Industriebetriebe eine Niederlassung in Shenzhen bzw. der angrenzenden Perlflußregion hatten (vgl. *People's Daily*, 14.4.1988). Besonders nachhaltig zeigte sich dieser Prozeß bei der Leder- und der Handtaschenindustrie, die bereits zu 95% bzw. zu 70-80% Standortspaltungen vorgenommen haben. Allein 1987 betrug der von Hong Konger Unternehmern transferierte Kapitalwert 4,6 Mrd.US$ (vgl. Wong, P.Y. 1988).

Diese Produktionsverlagerungen führen auf beiden Seiten zu einer Reihe negativer Effekte. Für Shenzhen sind vornehmlich folgende Aspekte von Bedeutung:

- Ungleichgewicht zwischen Angebot und Nachfrage
  Das von außen getragene Industriewachstum erzeugt Engpässe im Transport- und Kommunikationsbereich, beim Import von Rohstoffen sowie bei der Energieversorgung. Zudem wird die Inflation angeheizt.

- Kapitalmangel
  Trotz Kapitalüberweisungen aus Hong Kong können chinesische Unternehmen technologische Innovationen kaum finanzieren. Der Mangel an verfügbarem Kapital führt zu einer gefährlichen Ausdehnung des Kreditlimits.

- Umweltverschmutzung
  Die Nordwanderung Hong Konger Betriebe stellt eine ökologische Bedrohung Shenzhens dar.

- Kinderarbeit
  Das schnelle Industriewachstum hat zu einer verstärkten Nachfrage nach Arbeitskräften geführt, die auf regionaler Ebene kaum gedeckt werden kann. Manche Investoren beschäftigen daher Kinder, vor allem Mädchen unter 16 Jahren. Obwohl die chinesischen Behörden sich dieser Verstöße bewußt sind, schreiten sie, aus Angst ihre Investoren zu verprellen, selten dagegen ein (vgl. *Der Spiegel*, 31.10.1988).

In der britischen Kronkolonie initiieren die Unternehmensspaltungen einen Wandel der Industriestruktur. Dabei muß zwischen positiven und negativen Auswirkungen differenziert werden. Wie aus den Befragungen deutlich geworden ist, wird die Standortspaltung in den meisten Fällen als eine Strategie zur Minimierung der lokalen Produktion verstanden. Darunter zu leiden haben in erster

Linie ungelernte Arbeitskräfte in der Kronkolonie. Als Folge einer steigenden Entlassungswelle muß das Labour Department sich in den letzten Jahren mit arbeitsrechtlichen Klagen auseinandersetzen. Viele Beschäftigte fordern von ihren früheren Betrieben eine entsprechende finanzielle Entschädigung. In den ersten fünf Monaten des Jahres 1988 waren 519 Personen in derartige Fällen verwickelt. Die Streitsumme belief sich auf 5,4 Mio.HK$ (vgl. *Hong Kong Sing Tao Daily*, 9.6.1988).

Ob diese Produktionsverlagerungen jedoch im Sinne einer qualitativen Aufbesserung der lokalen Industriestruktur genutzt werden können, bleibt trotz ihrer Notwendigkeit zumindest fraglich. Gegen eine solche Entwicklung sprechen die niedrigen Fertigungskosten in Shenzhen, die kurzfristigen Investitionsvorhaben der Hong Konger Betriebe, der geringe Wille zur Umstrukturierung und die Begleitmaßnahmen der Regierung. Dennoch sollten die einheimischen Unternehmen die augenblickliche Situation als Modernisierungschance begreifen. Neben der Verbesserung der traditionellen Exportindustrien (vgl. II, 4.1.1) bedeutet dies auch ein Vordringen in bestimmte Hochtechnologiebereiche (z.B. Biotechnologie, Informations- und Energietechnologie). Das entscheidende Problem sind die Kosten, die ohne finanzielle Beteiligung der Regierung nicht bewältigt werden können.

Shenzhens Anziehungskraft verändert somit die Industriestruktur der Kronkolonie. Da anhand der Befragungen davon auszugehen ist, daß Lohnerhöhungen und steigende Kosten in der SWZ eher zu einer weiteren Verlagerung in das Perlflußdelta führen als zu einer Rückwanderung nach Hong Kong, muß die Kronkolonie sich auf einen langfristigen Wandlungsprozeß einstellen. Unter diesem Blickwinkel kann es nur begrüßt werden, wenn manche Hong Konger Unternehmen, zur qualitativen Aufwertung ihrer Produktionspalette, auch Niederlassungen in Nordamerika und Europa gründen (vgl. Peat Marwick 1989, S.6).

VI Hong Kongs Zukunft als Vermittler zwischen China und dem Ausland

1 Wirtschaftliche Interdependenzen zwischen Hong Kong und China

Seit der Öffnungspolitik Chinas haben die Beziehungen zwischen Hong Kong und der VR China ein Ausmaß erreicht, das im Sinne einer wirtschaftlichen Interdependenz gedeutet werden muß. Bereits im Vorfeld der sino-britischen Verhandlungen über die Zukunft Hong Kongs erlangte dieser Aspekt besondere Bedeutung. Sowohl China als auch die britische Kronkolonie betonten ihre wirtschaftliche Funktion für die andere Seite, um die eigene Verhandlungsposition zu stärken. Gegenwärtig resultiert die Herausstellung wirtschaftlicher Verflechtungen auch aus dem Wunsch, das politische Vertrauen in die Zukunft Hong Kongs zu manifestieren.

Damit die z.T emotional gefärbten Argumente zu keinen Mißverständnissen führen, soll eine genaue Analyse der wirtschaftlichen Kooperation erfolgen. Obwohl viele Daten und Statistiken verfügbar sind, gibt es eine Reihe sensitiver Aspekte, wie z.B. Chinas Investitionen in Hong Kong, die bisher nicht veröffentlicht wurden (vgl. Chai 1988, S.140). Im folgenden Abschnitt werden die zugänglichen Materialien für ein besseres Verständnis des aktuellen Verflechtungsgrades ausgewertet.

1.1 Hong Kongs Funktion für die VR China

1.1.1 Hong Kongs Rolle als Devisenbringer

Abgesehen von den ertragreichen Handelsbeziehungen zwischen beiden Regionen stellen seit vielen Jahren Geld- und Warensendungen aus Hong Kong eine wichtige Devisenquelle Chinas dar (vgl. Davies 1963, S.693). In der Vergangenheit handelte es sich um Geldüberweisungen von Überseechinesen, die Hong Kongs Vermittlerfunktion nutzten. Vielfach war es nur mit Hilfe der in der Kronkolonie ansässigen rotchinesischen Banken möglich, daß die Sendungen auch wirklich ihre Empfänger erreichten (vgl. Beazer 1978, S.138). Mit der Implementierung der Öffnungspolitik hat sich die Situation grundlegend verändert. Hong Kong-Chinesen besitzen die Möglichkeit, ihre Freunde und Verwandten in der Volksrepublik zu besuchen, Geschäftätigkeiten durchzuführen oder dort

Urlaub zu machen. Sie werden von der offiziellen chinesischen Statistik als Touristen erfaßt, die wertvolle Devisen ins Land bringen. Von 1978 bis 1987 ist die Touristenzahl von 1,8 Millionen (vgl. Lau 1986, S.261) auf 26,9 Millionen gestiegen, wobei rund 90% *compatriots* aus Hong Kong, Macao und Taiwan sind. Zwar liegt keine gesonderte Statistik über den Devisenfluß aus Hong Kong vor, doch kann nicht zuletzt aus der engen Verflechtung mit Shenzhen und dem Perlflußdelta darauf geschlossen werden, daß die britische Kronkolonie einen großen Anteil an den 1,84 Mrd.Rmb hat, die 1987 auf diesem Weg nach China gelangten (vgl. *Statistical Yearbook of China 1988*, S.660).

Eine beträchtliche Devisenquelle stellen zudem die Überweisungen von Hong Kong-Chinesen dar. Nach Schätzungen erreichten sie Anfang der 70er Jahre eine Summe von ca. 100 Mio.US$ (vgl. Youngson 1983, S.38 ff.). Für das Jahr 1982 wurde ein Gesamtvolumen von 800-900 Mio.US$ ermittelt (vgl. Jao 1983, S.40 f.; Weggel 1983, S.448). Der entscheidende Aufschwung erfolgte auch hier mit der Ausweitung der Öffnungspolitik. Ob allerdings die Geld- und Warensendungen (z.B. Fernseher, Kühlschränke) auch in Zukunft zunehmen, bleibt fraglich. Nach Lau (1986, S.262) sprechen folgende Gründe dagegen:

- der wachsende Direktkontakt mit der VR China,
- der verbesserte Lebensstandard in den größeren chinesischen Städten,
- die nachlassenden Verwandtschaftsbeziehungen zwischen Familien in der zweiten Generation.

Eine ähnlich kritische Einschätzung vertritt auch Chai (1988, S.142). Im Gegensatz zu der weitverbreiteten Ansicht, die Kronkolonie habe ihre Position in den letzten Jahren ausbauen können, gelangt er zu dem Ergebnis, daß Hong Kongs Devisenfunktion bis zum Tode Maos ausgeprägter war. Chinas verbesserte Handelsbeziehungen zu den 'harten' Devisenländern Nordamerikas, Europas und Asiens haben Hong Kongs Dominanz sinken lassen.

Hong Kongs Rolle als Devisenbringer Chinas weist somit verschiedene Facetten auf. Obwohl die Öffnungspolitik einen graduellen Bedeutungsverlust für die Kronkolonie nach sich gezogen hat, muß vor Negativeffekten gewarnt werden. Sicherlich werden die führenden Wirtschaftsnationen ihren Einfluß in China vergrößern, falls die dementsprechenden politischen und ökonomischen Voraussetzungen vorliegen, doch dürfte gleiches auch für Hong Kong gelten. Für die Zukunft sollte überdies die geographische Lage ins Kalkül gezogen werden. Viele westliche Investoren sehen Hong Kong als den Ausgangspunkt ihrer Chinaaktivitäten, so daß weiterhin Devisen über die Kronkolonie in die Volksrepublik gelangen.

1.1.2   Hong Kongs Kapital- und Technologietransfer

Der chinesische Reformprozeß führte zu einer veränderten Bewertung ausländischer Investitionen. Früher als imperialistisches Instrument zur Kolonialisierung von Entwicklungsländern eingestuft, dient ausländisches Kapital heute als Grundlage des Modernisierungsprogrammes (vgl. Lau 1986, S.254 f.). Allgemein unterscheidet man zwei Arten des Kapitalzuflusses: ausländische Direktinvestitionen und Kredite. Bis auf das Jahr 1984 stellen Kredite den größeren Anteil des ausländischen Kapitalzuflusses dar (vgl. Tab.38).

Tabelle 38:   Art des ausländischen Kapitalzuflusses nach China (in Mio. US$)

Jahr	Kredite	Direktinvestitionen*
1982	1.783	649
1983	1.065	916
1984	1.286	1.419
1985	2.506	1.956
1986	5.014	2.243
1987	5.805	2.646

* = einschließlich Kompensationshandel und Verarbeitungsbetriebe.
Quelle: *Statistical Yearbook of China*, verschiedene Jahrgänge.

Während anfänglich der ausgezeichnete Ruf der Volksrepublik als Schuldner maßgeblich war, sind es nunmehr die einfacheren und risikoloseren Bedingungen des Kreditabkommens, die die Dominanz dieser Investitionsart erklären. Ausländischen Direktinvestitionen wohnt aufgrund des Kooperationsgedankens immer die Unberechenbarkeit des anderen Partners inne (vgl. Ng et al. 1988, S.189). Zu den Modernisierungsbestrebungen (technisches Know-how) Chinas tragen Kredite allerdings wenig bei. Bei unsachgemäßer Anwendung besteht hingegen die Gefahr, daß die Volksrepublik auf lange Sicht das Schicksal vieler verschuldeter Entwicklungsländer erleiden könnte.

In den Jahren 1980 bis 1987 wurden 8,47 Mrd.US$ an ausländischem Kapital in China investiert. Hong Kong trug mit 5,6 Mrd.US$ (66,1%) zu dieser Summe bei. Rund 50% des Investitionsanteils entfiel auf die angrenzende Provinz Guangdong (vgl. Wong, P.Y. 1988, S.153). Insbesondere Hong Kongs Rolle als

Finanzzentrum eröffnet China die Möglichkeit, schnell an kurz- und mittelfristige Kredite zu gelangen. Die Bank of China unterstützt diese Vorhaben durch ihre Präsenz in der Kronkolonie.

In enger Verbindung zu Hong Kongs Kapitalfluß nach China steht der Aspekt der Technologieübermittlung. Zunächst soll eine Analyse des aus Maschinen und Ausrüstungsgegenständen bestehenden Produkttransfers erfolgen. Im Jahre 1980 waren ca. 80% aller Hong Kong-Exporte nach China in Wirklichkeit Re-Exporte aus Japan, Taiwan und den USA. Der heimische Export bestand aus Konsumgütern (Radiorecorder, Taschenrechner, elektrische Haushaltsgeräte) und Zwischenprodukten. Bis zum heutigen Tage hat sich an der Dominanz der Re-Exporte von Maschinen und Ausrüstungen nach China wenig geändert (vgl. Tab.39).

Tabelle 39:   Hong Kongs Exporte und Re-Exporte ausgesuchter Technologiegüter (in Mio. HK$)

		1986	1987	1988
Telekommunikations- maschinen u. Zubehör	Export	2.418	3.826	5.783
	Re-Export	2.827	4.336	6.821
Elektronische	Export	1.033	1.796	2.981
Maschinen u. Zubehör	Re-Export	2.596	4.478	8.768

Quelle: Zusammengestellt aus *Hong Kong Review of Overseas Trade in 1988*, S.25 und 28.

Der direkte Produkttransfer ist nach internationalem Standard gering zu veranschlagen. Hong Kongs Wert für China besteht daher um so mehr in seiner Entrepot-Funktion.

Weitaus schwieriger zu quantifizieren ist Transfer von Know-how. Abgesehen von Befragungen und Interviews stellt die Anzahl der von Hong Kong finanzierten Chinaprojekte das einzige Meßinstrumentarium dar. Allein 1985 hatte die britische Kronkolonie 69% aller EJV, 77% aller CJV und mehr als 97% aller Direktinvestitionen im ausländischen Alleinbesitz mit der VR China abgeschlossen (vgl. *Statistical Yearbook of China 1986)*. Trotz der Tatsache, daß diese anspruchsvolleren Kooperationsformen in der Regel einen intensiven Know-how-Transfer initiieren, ist das Engagement bisher unzureichend und nur auf wenige Wirtschaftssektoren (z.B. Bauwirtschaft) konzentriert. Zudem ist die durchschnittliche Investitionssumme der EJV vergleichsweise gering. Während jedes von Hong Kong und Macao finanzierte EJV ca. 929.000 US$ an sich bindet, investieren die USA als zweitgrößter Direktinvestor Chinas mehr als 4 Mio.US$ pro EJV. Die meisten Joint-Venture-Verträge Hong Kongs haben überdies eine kurze Laufzeit (10 Jahre) und werden im Süden Chinas verwirklicht. So entfielen von den zwischen Juli 1979 und März 1989 mit ausländischen Direktinvestoren geschlossenen 15.948 Kooperationsabkommen der VR China 54% auf die südliche Provinz Guangdong. Mit großem Abstand rangieren die Provinz Fujian mit 13% sowie Shanghai mit 3,2% auf den nächsten Plätzen (vgl. *South China Morning Post*, 8.5.1989).

Erwartungsgemäß akkumulieren die SWZ den Hauptanteil des Hong Konger Engagements in China. Im Jahre 1987 war die britische Kronkolonie mit 82,3% aller ausländischen Investitionsverträge und 62,9% aller ausländischen Investitionen in diesen Präferenzregionen vertreten (vgl. Wong, P.Y. 1988, S.154). Das chinesische Binnenland kann bisher kaum davon profitieren. Selbst die allmähliche Nordwanderung vieler Hong Konger Firmen aus der SWZ Shenzhen in die anderen Gebiete des Perlflußdeltas deutet auf keine grundlegende Veränderung der jetzigen Investitionsstruktur hin. Jedoch zeichnet sich eine räumliche Funktionsteilung innerhalb dieser Region ab. Auf der einen Seite bieten sich die SWZ in Zukunft als Standorte höherwertiger Fertigungen an, in die ein verstärkter Technologietransfer erfolgen kann. Auf der anderen Seite eröffnen die anderen Gebiete die Möglichkeit zur Kooperation in arbeitsintensiven Produktionen. Die Kronkolonie hätte damit zwei industrielle Ergänzungsgebiete.

Abschließend sei angemerkt, daß Hong Kongs Investitionen eher in quantitativer denn in qualitativer Hinsicht Chinas Modernisierungsprogramm unterstützen. Da der technologische Stand der Volksrepublik bisher jedoch noch gering ist, stellt die britische Kronkolonie den idealen Partner dar. Im Sinne einer bilateralen Zusammenarbeit wird Hong Kong aber nicht umhin können, seine augenblickliche Dominanz durch eigenen Know-how-Transfer weiterhin festigen zu müssen.

1.1.3   Chinas Aktivitäten in Hong Kong

In den letzten Jahren haben chinesische Unternehmen ganz beachtliche Investitionsgewinne in Hong Kong erzielt. Ursache ist eine zunehmende Präsenz in der britischen Kronkolonie, die bereits 1949 ihren Anfang nahm und in drei Phasen eingeteilt werden kann (vgl. Chan 1986, S.23 ff.):

Die erste Phase setzte mit der Ausrufung der VR China am 1.Oktober 1949 ein. Zunächst wurde die mit der sozialistischen Transformation verbundene Verstaatlichung von Privatunternehmen auch auf Hong Kong ausgedehnt, der Handel zwischen beiden Regionen monopolisiert und die China Resources Co. als offizielle Niederlassung des ausländischen Handelsministeriums in der Kronkolonie eröffnet. Mit dem 'Großen Sprung nach vorn' (1957-1959) und den zahlreichen Mißernten der nächsten Jahre kam es zu einer Ausweitung des Handels. Es wurden chinesische Banken (z.B. Hua Chiao Commercial Bank Ltd.) und Organisationen in Hong Kong errichtet. Marktverbindungen und Managementerfahrungen chinesischer Geschäftsleute halfen in dieser Phase die rigiden Planungskontrollen zu überwinden.

Als Zhou Enlai 1972 die Leitung des Zentralkomitees der KP Chinas übernahm, begann eine Ära, in deren Verlauf chinesische Unternehmen in Hong Kong ihre Wirtschaftsaktivitäten ausbauen konnten. So wurde den chinesischen Provinzen und autonomen Regionen zugestanden, Exportgüter direkt nach Hong Kong und Macao zu liefern, ohne sie vorher über die chinesischen Küstenhäfen zu leiten. Dies verstärkte die wirtschaftliche Kooperation zwischen den traditionellen Handelsfirmen in Hong Kong und den verschiedenen Provinzen. Gleichzeitig wuchs die Zahl der Unternehmen, die ohne Kontrolle des Ministry of Foreign Trade den Handel zwischen der Kronkolonie und ihren Heimatregionen belebten. Die bis dahin dominierende China Resources Co. mußte ihre Vormachtstellung im Handel zwischen Hong Kong und China abtreten.

Die Dezentralisierung des Handelsverkehrs führte zudem zu einer weitgehenden Liberalisierung der Wirtschaftspolitik. Lokale chinesische Organisationen durften bei Übererfüllung ihrer Planungsziele in Hong Kong einen festgesetzten Prozentanteil der Devisengewinne einbehalten. Aber auch die traditionellen Unternehmen diversifizierten ihre Aktivitäten. Bei der CMSN zeigte sich das im Aufbau der Industriezone Shekou. Die China Resources Co. investierte wie viele andere chinesische Firmen in den Immobilienmarkt Hong Kongs.

Während dieser Periode änderten auch die chinesischen Banken ihr Engagement in der Kronkolonie. Unter der Leitung der Bank of China entschlossen sich ihre zwölf Tochterbanken 1979 zu einer engeren Zusammenarbeit. Hinzu kamen die Aktivitäten des Ministry of Foreign Trade sowie anderer Regierungsstellen, die u.a. zur Gründung von Industriefirmen und Reisebüros führten. Die vielfältigen Initiativen der Volksrepublik resultierten somit in einer Proliferation chinesischer Unternehmen, deren Geschäftsbereiche immer weiter über den traditionellen Handelsverkehr hinausgingen.

Seit der Reform des Außenhandelssystems (1980) hat die dritte Phase begonnen. Folgende Faktoren bildeten die entscheidenden Voraussetzungen:

- Lokale Organisationen erhielten mehr Rechte, um am Außenhandel Chinas zu partizipieren;
- den Provinzen Guangdong und Fujian wurde zugestanden, ihre Exportgeschäfte in eigener Regie abzuwickeln;
- ausländische Handelsgesellschaften konnten sich in den regierungsunmittelbaren Städten niederlassen, um den Export lokaler Güter zu regeln;
- der Staatsrat errichtete zahlreiche Import-Export-Gesellschaften.

Bis 1982 hatten allein zwölf chinesische Provinzen und autonome Regionen Repräsentationsgesellschaften in Hong Kong eröffnet. Die Gesamtzahl aller chinesischen Unternehmen zu diesem Zeitpunkt wird auf über 300 geschätzt. Angesichts dieser starken Expansion, die sich zudem in einem großen Konkurrenzkampf zwischen den beim Ministry of Foreign Economic Relations and Trade (MOFERT) offiziell registrierten Unternehmen und den vielen kleinen lokalen Organisationen entlud, verordnete die Zentralregierung alsbald eine Konsolidierungsperiode. Die Zahl chinesischer Unternehmen in Hong Kong sollte auf 100 reduziert werden (vgl. Chan 1986c, S.35).

Nach der Reorganisation vieler traditioneller Firmen setzte mit der Bekräftigung Deng Xiaopings zur Öffnungspolitik (1984) eine weitere Wachstumsphase ein. Durch Kooperationsabkommen mit Hong Konger Unternehmen konnten zusätzliche Investitionsfelder erschlossen werden. Manche Gesellschaften reinvestierten darüber hinaus in der VR China.

Nach einer Studie des Hong Kong Government Industry Department war China 1987 mit 1.739 Mio.HK$ nach den USA und Japan das drittgrößte Investitionsland in Hong Kongs Industriesektor. Bemerkenswert erscheint diese Position vor allem deshalb, weil es zwischen 1970 und 1979 weniger als eine Firmengründung pro Jahr gab. Ende 1987 waren insgesamt 47 Industriebetriebe mit chinesischem Kapital registriert. Im Unterschied zum amerikanischen und japanischen Engagement handelt es sich bei der Mehrzahl aber nicht um Firmen in ausländischem Alleinbesitz, sondern um Joint Ventures mit lokalen Partnern (vgl. Tab.40).

Berücksichtigt man ferner Chinas Investitionen in den anderen Wirtschaftssektoren der britischen Kronkolonie, so überflügelte die Volksrepublik Anfang 1988 sogar die USA und war mit geschätzten 4 Mrd.US$ der größte Auslandsinvestor (vgl. *Hong Kong Standard*, 26.5.1988). Hong Kongs Geschäftsleute befürchten daher sicher nicht zu Unrecht finanzielle und politische Abhängigkeiten vom chinesischen Binnenland, die auf längere Sicht das internationale Vertrauen in den Status der späteren Sonderverwaltungsregion beeinflussen können. Geschürt wird diese Unsicherheit durch das weitgehende Stillschweigen Chinas über die

Tabelle 40: Chinesische Firmengründungen in Hong Kongs Industriesektor

		Firmenstruktur		
Gründungsjahr	chin. Besitz	JV ohne lokalen Partner	JV mit lokalem Partner	Insgesamt
vor 1970	1	0	2	3
1970 - 1974	1	0	0	1
1975 - 1979	0	0	3	3
1980 - 1984	2	0	15	17
1985	0	0	8	8
1986	1	0	3	4
1987	3	1	7	11
Insgesamt	8	1	38	47

Quelle: Hong Kong Government Industry Department 1988c.

Zahl seiner Unternehmen in Hong Kong. Zwar spricht die offizielle chinesische Wirtschaftszeitschrift *Economic Information* im März 1987 lediglich von 95 Gesellschaften mit 500 Niederlassungen, doch geht Dr. Thomas Chan von der University of Hong Kong von über 3.000 aus.[1]

Aus der Gesamtzahl aller in Hong Kong vertretenen Unternehmen lassen sich drei Gruppen herausfiltern: die zentralkontrollierten Organisationen sowie die Firmen, die auf Provinz- bzw. Verwaltungsebene überwacht werden (Abb.28). Innerhalb der ersten Gruppe muß vor allem die China International Trust and Investment Corporation Ltd. (CITIC) hervorgehoben werden. Die seit 1979 in Hong Kong vertretene Gesellschaft wird als offizieller Investitionsarm der Volksrepublik angesehen, die durch eine Reihe spektakulärer Aufkäufe bzw. Beteiligungen auf sich aufmerksam machte. Im Jahre 1986 erwarb sie den Hauptaktienteil der Ka Wah Bank. Ein Jahr später folgte eine Beteiligung (12,5%) an der Fluggesellschaft Cathay Pacific. Das jüngste Projekt ist der Erwerb von 38% des Aktienkapitals der Dragonair, einer kleinen Hong Konger Fluggesellschaft, die viele Charterflüge nach China durchführt (vgl. Westlake 1990b, S.62).

Gleichzeitig kündigte die CITIC im Dezember 1989 eine Beteiligung an der Telefongesellschaft Hongkong Telecommunications Ltd. an.

Beobachter gehen davon aus, daß die CITIC in absehbarer Zeit auch ein Aktienpaket von einer der beiden Hong Konger Elektrizitätsgesellschaften erwerben wird (vgl. Friedland 1990, S.34). Mit dieser Aufkaufpolitik verfolgt die Zentralregierung Chinas schon frühzeitig eine Kontrolle der sensitiven Wirtschaftsbereiche Hong Kongs.[2] Die als Antwort auf die Juniereignisse (1989) angekündigte Konsolidierungspolitik chinesischer Unternehmen in Hong Kong hat der CITIC somit nicht geschadet. Als eine der wenigen Auslandsgesellschaften hat sie von den politischen Unruhen eher noch profitiert.

Abbildung 28:   Die bekanntesten chinesischen Unternehmen in Hong Kong

---

a. Zentralebene (Staatsrat):
   - China International Trust and Investment Corporation Ltd.
     (gegründet: 1979, registriert: 1985)
   - Ministry of Foreign Economic Relations and Trade
     (China Resources Co., Ltd.)
   - Ministry of Communications
     (China Merchants Holdings Co., Ltd.)
   - Office of Overseas Chinese Affairs
     (China Travel Service Ltd.)
   - China Everbright Holdings Co., Ltd.
     (registriert seit Mai 1983)
   - Bank of China

b. Provinzebene
   - Guangdong Provincial Government
     (Guangdong Enterprises Ltd.)
   - Fujian Provincial Government
     (Fujian Enterprises Co., Ltd.)

c. Verwaltungsbezirksebene
   - Guangzhou Municipal Government
     (Yue Xiu Enterprises Ltd.)

Quelle: *Hong Kong Standard*, 26.5.1988.

Den politischen Repräsentanten Beijings in Hong Kong stellt die Zweigstelle der amtlichen chinesischen Presseagentur Xinhua (Neues China) dar. Als diplomatischer Vorposten vertritt sie die Interessen der VR China gegenüber der Kolonialregierung. Die über das übliche Geschäft einer Nachrichtenagentur hinausgehenden Aktivitäten werden von vielen Hong Konger Bürgern mit Argwohn betrachtet, da man eine Infiltration durch die KP Chinas befürchtet. Obgleich aufgrund der vorsichtigen Informationspolitik keine genauen Angaben vorliegen, beschäftigt die Xinhua News Agency nach Schätzungen mehr als 1.000 Personen in Happy Valley (vgl. Cheng, T. 1988, S.13).

Trotz verstärkter Investitionen und Diversifizierungen haben chinesische Unternehmen in Hong Kong noch zahlreiche Probleme zu bewältigen (vgl. Lu 1988, S.15 f.):

1. Autonomie
   Alle chinesischen Unternehmen in der britischen Kronkolonie werden von der VR China aus kontrolliert. Für schnelle Geschäftsentscheidungen muß den Betrieben jedoch eine größere Autonomie eingeräumt werden.

2. Leistungsprinzip
   Das Gehalt des chinesischen Personals orientiert sich in den wenigsten Fällen am Leistungsprinzip. Neue Ideen und risikofreudige Vorhaben werden auf diese Weise direkt im Keim erstickt.

3. Rotationsprinzip
   Alle chinesischen Organisationen verfahren bei ihren Personalbesetzungen nach dem Rotationsprinzip. So werden die meisten Beschäftigten dann zurückgeschickt, wenn sich die für die Betriebe geknüpften Geschäftsverbindungen auszuzahlen beginnen. Die zwei- bis vierjährige Arbeitszeit in Hong Kong ist nicht genug, um die erworbenen marktwirtschaftlichen Kenntnisse auch gewinnbringend einsetzen zu können.

Wenngleich die genannten Schwierigkeiten die Effizienz und Qualität der chinesischen Unternehmen schmälern, so darf bei alledem nicht die wichtige Brückenfunktion Hong Kongs vergessen werden, die den zahlreichen Betrieben eine vergleichsweise leichte Kontaktpflege mit westlichen Partnern erlaubt. Denkbar sind für die Zukunft zwei Formen der Expansion.

- Eine verstärkte Kooperation mit lokalen Geschäftleuten, um die komparativen Vorteile der Kronkolonie in Hinblick auf Marktverbindungen, Managementmethoden und Personalausbildung zu nutzen;

- der Sprung nach Übersee (USA, Europa), da die in Hong Kong erprobten Marktkenntnisse eine Intensivierung der Handelsbeziehungen erleichtern.

Viel wird natürlich vom Kurs der VR China abhängen, die als Antwort auf die Juniunruhen des Jahres 1989 einen Teil ihrer Niederlassungen in Hong Kong schließen will (vgl. *South China Morning Post*, 29.7.1989). Ein Zeichen dieser Konsolidierungspolitik ist die personelle Erneuerung bestimmter Führungspositionen.[3]

1.2 Chinas Stellenwert für Hong Kong

Seit der Öffnungspolitik ist die VR China wieder zum Haupthandelspartner Hong Kongs geworden. Aufgrund der protektionistischen Maßnahmen vieler westlicher Industrieländer geht man davon aus, daß diese Verbindungen in Zukunft noch zunehmen. Dennoch sollte eine Intensivierung der Handelsbeziehungen mit Vorsicht betrachtet werden. Viele Exportwaren für die VR China sind Halbfertigwaren und Maschinen für die zahlreichen Hong Konger Verarbeitungsbetriebe im Süden des Landes. Nach Fertigstellung gelangen die Produkte wieder in die britische Kronkolonie, von wo sie in andere Staaten ausgeführt werden. Da rund 60% des Hong Kong-Exports nach China aus derartigen Vorprodukten besteht, ist der Anteil der rückläufigen Güter dementsprechend hoch anzusetzen (vgl. Chai 1988, S.148).

Die Größe des chinesischen Marktes führt zu Mißverständnissen über dessen Kaufkraft. Zwar ist die VR China mit knapp 1,2 Milliarden Menschen der bevölkerungsreichste Staat der Erde, doch zählt das Pro-Kopf-Einkommen zu den niedrigsten der Welt. Die chinesische Bevölkerung wird daher auf längere Sicht nicht in der Lage sein, die in Hong Kong hergestellten und international durchaus preiswerten Konsumgüter zu kaufen. China ist somit für Hong Kong kein Ersatzmarkt für seine immer schwerer abzusetzenden Billigprodukte in Übersee. Diese Sichtweise sollte auch eine Warnung an alle anderen westlichen Investoren sein, deren Standortwahl in der VR China sich zumeist nur auf dem Mythos vom größten Binnenmarkt der Welt gründet.

Gegenüber Hong Kongs westlichen Exportländern weist China ferner einige qualitative Schwächen auf. Als planwirtschaftliches Land vermag die VR beispielsweise eher Importrestriktionen durchzusetzen als die marktwirtschaftlich orientierten Staaten Europas und Nordamerikas. Hong Kongs Investoren mußten diese schmerzliche Erfahrung bereits bei der Einfuhr bestimmter Güter nach Shenzhen machen. Auch in Hinblick auf die Wettbewerbsfähigkeit seiner Gesamtwirtschaft kann China wenig überzeugen. Durch die mangelnde Konkurrenz einheimischer Produkte ist der chinesische Konsument weniger wählerisch als der durchschnittliche japanische oder amerikanische Verbraucher. Hong Kongs Industriellen fehlt somit jeglicher Druck zur Effizienzsteigerung ihrer Produktion (vgl. Chai 1988, S.148). Zweifel sind aber nicht nur an der überragenden Exportbedeutung Chinas für Hong Kong angebracht, sondern auch am Import aus der VR. Unbestritten ist, daß China den Hauptanteil aller Nahrungsmittel (1988: 41,8%) und einen Großteil industrieller Halbfertigwaren nach Hong Kong ausführt (vgl. *Hong Kong Review of Overseas Trade in 1988*, S.16). Ob diese Einfuhren - wie weithin angenommen - aber auch Preisvorteile auf dem internationalem Markt brachten, darf nach Studien der letzten Jahre zumindest angezweifelt werden. Zwischen 1972 und 1978 lag der Warenpreis importierter chinesischer Nahrungsmittel über dem Gesamtdurchschnitt (vgl. *Hang Seng Bank Economic Quarterly 1982*, S.13). Unterstützt wird diese Analyse durch die Aussage eines chinesischen Handelsbeamten, der von zwei differierenden Preisstrategien für den Hong Konger Markt spricht. Von 1961 bis 1971 ist China aufgrund seiner Isolationspolitik und dem Wunsch nach harten Devisen mit geringen Preisen in den Hong Konger Markt eingedrungen. Nach Festigung seiner Wettbewerbsposition wurden die Preise von 1972 bis 1978 gesteigert und auf einem hohen Niveau gehalten (vgl. Bian 1980, S.12).

Schließlich wäre auch zu überlegen, ob das langjährige Staatsmonopol im Außenhandel nicht auch zusätzliche Profite für die VR brachte. Indem China seine Ausfuhren nach Hong Kong auf ein bestimmtes Maß beschränkte, konnten Preise künstlich hochgehalten werden. Ein Beleg für diese Theorie scheint der Preisverfall der letzten Jahre zu sein. Als Resultat der Außenhandelsliberalisierung kam es zu einer parallelen Ausfuhr von Staatshandelsunternehmen und Provinzbetrieben, von der schließlich der Hong Konger Konsument profitierte (vgl. Chai 1988, S.151).

Trotz der angebrachten Kritik an Hong Kongs oftmals überschätzter Handelsabhängigkeit von China bietet die geographische und kulturelle Nähe zur VR erhebliche Vorzüge. Hingewiesen wurde bereits auf die Möglichkeiten zur Verlagerung von Industriebetrieben und zur Diversifizierung des Industriesektors. Insbesondere gegenüber den anderen drei 'Kleinen Drachen' (Südkorea, Taiwan, Singapur) besitzt die Kronkolonie damit einen unschätzbaren Standortvorteil. In Zukunft müssen jedoch andere Aspekte der Zusammenarbeit mehr betont werden, falls die wirtschaftliche Kooperation für beide Seiten weiterhin Früchte tragen soll. Entscheidend sind in erster Linie zwei Fragen (vgl. Wong, P.Y. 1988, S.167 ff.):

- Wird Hong Kongs Industriesektor auch in Zukunft genügend Aufträge erhalten?

- Kann China seine niedrigen Produktionskosten (geringe Löhne, billiges Bauland) auch in den 90er Jahren konservieren?

Sollten diese Voraussetzungen gegeben sein, werden einfache Verarbeitungsbetriebe auch weiterhin das Bild des Hong Konger Engagements in Südchina bestimmen. Dennoch hängt eine derartige Zusammenarbeit auch noch von externen Faktoren ab. So ist in erster Linie die weltweite Nachfrage nach billigen Produkten für Hong Kongs Auftragslage wichtig. Zweitens dürfen die Produktionskosten der mit Hong Kong konkurrierenden südostasiatischen Schwellenländer nicht niedriger liegen als in der VR China. Diese Aussicht kann nur bedeuten, daß Hong Kong seine arbeitsintensive Produktionsstruktur in Südchina qualitativ aufwerten muß. Der VR fällt dabei die Aufgabe zu, diese Maßnahmen durch eigene Anstrengungen im Forschungs- und Entwicklungsbereich zu unterstützen. Gleichzeitig sollten aber nicht nur die infrastrukturellen Bedingungen, sondern auch der Bildungssektor auf dieses Ziel ausgerichtet werden. China muß vor allem Konsistenz und Stabilität erkennen lassen, um Hong Kongs Leistungsfähigkeit sichern zu können.

Unter dem Blickwinkel eines steigenden Verflechtungsgrades wirkten die Ereignisse des 4.Juni 1989 wie eine eklatante Behinderung Hong Konger Interessen in China. Überseeinvestoren empfahlen ihren Betrieben in der britischen Kronkolonie, einen Teil ihrer Produktionsprozesse doch lieber an ruhigere Standorte in Südostasien zu verlegen (vgl. Salem 1989b, S.52). Neben der politischen Abhängigkeit scheint Hong Kong damit auch zu einer 'wirtschaftlichen Geisel' Chinas zu werden.

1.3   Bedeutung der Interdependenzen für Investoren

Der Verflechtungsgrad zwischen Hong Kong und der VR China bietet Investoren die Möglichkeit, die Standortvorteile beider Seiten auszuschöpfen. Hong Kong gerät auf diese Weise in die Rolle eines Vermittlers, der sowohl die chinesischen als auch die ausländischen Interessen wahrnehmen soll. Neben der Kooperation auf bilateraler Ebene zeichnet sich für die Zukunft Hong Kongs somit eine überregionale Funktion ab, deren Erfolg die Autonomie der Kronkolonie auch nach dem 1.Juli 1997 sichern kann. Im folgenden soll daher untersucht werden, über welches wirtschaftliche Potential Hong Kong verfügt und welche Formen diese Vermittlerrolle annimmt.

Abgesehen von dem Flüchtlingskapital chinesischer Zuwanderer und den finanziellen Unterstützungen der Überseechinesen war das Engagement ausländischer Investoren in Hong Kongs Industriesektor zunächst sehr gering (vgl. Riedel 1974, S.112; Wong 1958, S.9). Zu einem bedeutenden Wachstum kam es erst seit Anfang der 70er Jahre. Sowohl die Zahl ausländischer Unternehmen als auch ausländischer Investitionsprojekte stieg kontinuierlich (vgl. Tab.41).

Tabelle 41:   **Wachstum des Auslandsengagements in Hong Kongs Industriesektor**

Gründungsjahr	Betriebe	Investitionsprojekte
vor 1970	75	89
1970 - 1974	79	89
1975 - 1979	111	124
1980 - 1984	159	184
1985	45	49
1986	54	59
1987	70	83
Insgesamt	593	677

Quelle: Hong Kong Government Industry Department 1988c.

In diesem Zusammenhang muß darauf hingewiesen werden, daß die 593 ausländischen Unternehmen zwar 12% der Industriearbeiter beschäftigten, aber nur
1,2% aller registrierten Industriebetriebe darstellten (vgl. *Hong Kong Annual
Report 1989*, S.375). Diese scheinbare Diskrepanz löst sich allerdings auf, wenn
man die Betriebsgröße der ausländischen Industrieunternehmen hinzuzieht.
Ausgesprochen untypisch für Hong Kong ist die größere Beschäftigungszahl, die
in krassem Gegensatz zur kleinbetrieblichen Struktur des einheimischen Industriesektors steht. Weitaus wichtiger als der Beschäftigungseffekt dürfte aber der
technologische Gewinn sein. Hong Kongs Regierung gibt sich in dieser Hinsicht
auch keinen Illusionen hin und betont die Förderung neuer Produkte und Produktionsverfahren durch ausländisches Know-how.

Einige Indikatoren weisen auf den möglichen Beitrag für einen Technologietransfer hin:

- Fast die Hälfte aller Betriebe (262) mit Auslandskapital sind Joint Ventures
  mit lokalen Unternehmen;

- 72 Betriebe wollen neue Produktionsverfahren einführen, und 120 Betriebe
  entwickeln bereits neue Produkte;

- in den Jahren 1984/1985 und 1985/1986 stammten 97,6 bzw. 98,3 Prozent aller in Hong Kong registrierten Patente aus der Feder ausländischer Betriebe (vgl. Wu, J.S.K. 1988, S.160).

Bedeutendste Herkunftsländer ausländischer Investitionen sind die USA (1987: 36%) und Japan (27%). Nachdem die USA schon Mitte der 50er Jahre ihre ersten Kapitalbeteiligungen in Hong Kong tätigten, gelang es Japan erst in den 70er Jahren sein industrielles Engagement zu steigern (vgl. Laumer 1984b, S.45 f.; Maidment 1985, S.23). Nach Informationen des Hong Kong Government Industry Department arbeiteten 1987 ca. 160 Industrieunternehmen mit japanischem Kapital. Von diesen Firmen konzentrierten sich 31,3% auf die Elektronikindustrie und 15% auf den Bereich Bekleidung und Textilien. Damit spiegeln die japanischen Investitionen gleichzeitig die Rangfolge der Industriebranchen wider, die für Auslandskapital am attraktivsten sind (vgl. Hong Kong Government Industry Department 1988c, S.26).

Die britische Kronkolonie verfügt damit Anfang der 90er Jahre über ein großes Potential ausländischer Investoren, die in den führenden Branchen des lokalen Industriesektors vertreten sind. Den Investoren bietet der Standort Hong Kong wiederum Vorteile für einen verstärkten Auf- und Ausbau ihrer Chinaverbindungen. Beispielhaft sind die mit Unterstützung von Hong Konger Geschäftsleuten zustande gekommenen Investitionen in den Küstenregionen Chinas, die neben der Marktkenntnis vor allem aus der Zweisprachigkeit und kulturellen Nähe der Mittelsmänner resultieren (vgl. Liang 1988, S.123). Hong Kongs eigener Zwang, den Industriesektor qualitativ aufzuwerten, könnte durch Kooperation mit der chinesischen Seite zu zahlreichen Linkage-Effekten führen. Möglich sind Verbindungen von Hong Kongs beiden Universitäten mit der Shenzhen University und dem Shenzhen Science and Technology Park. Zudem bieten sich Chancen zum Informationsaustausch auf offizieller Ebene, wie zwischen den Hong Konger Handelskammern, den Wirtschaftsorganisationen (HKTDC) und den entsprechenden Behörden in Shenzhen oder anderen Regionen des Perlflußdeltas. Mit steigendem Integrationsgrad wächst schließlich auch Hong Kongs Attraktivität für Auslandsinvestoren.

Aber nicht nur investitionsfreudige westliche Unternehmer können von dieser Vermittlerfunktion profitieren, sondern auch viele chinesische Geschäftsleute in Südostasien (vgl. Ho 1985, S.54). Einen Sonderfall stellt Hong Kongs Brückenfunktion für Taiwan dar. Die seit 1949 betriebene Abgrenzungspolitik zwischen der VR China und Taiwan hat bis in die Gegenwart nur graduelle Änderungen erfahren. Beijing rückt gegenüber der nationalchinesischen Inselrepublik nicht von seinem Alleinvertretungsanspruch ab, ist jedoch bereit, Gespräche über eine Wiedervereinigung nach dem Prinzip 'Ein Land, zwei Systeme' einzuleiten.

Taiwans Staatspräsident Lee Teng-hui hat der VR hingegen nur einen Dialog unter der Formel 'Ein Land, zwei Regierungen' angeboten. Zwar hat der jetzige KP-Chef Jiang Zemin diesen Vorschlag als Fortschritt gegenüber früheren Verlautbarungen begrüßt, doch bleibt er in dieser Form für Beijing inakzeptabel (*SZ*, 13./14.6.1990). Das Resultat sind spezielle Wirtschaftsverflechtungen, die durch indirekte Kontakte geprägt sind. Offiziell werden alle Handelsaktivitäten über Drittländer, insbesondere Hong Kong, geleitet. Die britische Kronkolonie stellt zudem den Ansprechpartner für weitreichende taiwanesische Investitionen auf dem chinesischen Festland dar (vgl. Wong 1989b). Bisweilen nimmt diese Kooperation aber auch geradezu groteske Züge an. So hat das taiwanesische Olympische Komitee verlauten lassen, daß der Flug der taiwanesischen Athleten zu den Asien-Spielen im September 1990 in Beijing einen 40-Minuten Aufenthalt in Hong Kong einschließt (vgl. *FEER*, 14.6.1990).

Hong Kongs Vermittlerfunktion basiert aber nicht nur auf den wichtigen Verflechtungen mit der VR China. Als mindestens ebenso bedeutend erweisen sich die Standortbedingungen der britischen Kolonie (z.B. Freihafen, geringer Steuersatz), die nach einer Untersuchung des Hong Kong Government Industry Department aus dem Jahre 1987 von 85% der befragten Auslandsinvestoren als günstig beurteilt werden.[4] Chinas Investoren favorisieren darüber hinaus die Ausbildungsmöglichkeiten für eigenes Personal sowie die Marktverbindungen nach Übersee (vgl. Liang 1988, S.122 f.). Die Folge ist ein dreigliedriges Kooperationssystem, bei dem Hong Kong eine exponierte Transferstellung einnimmt und Shenzhen aufgrund seines multifunktionalen Verflechtungsgrades mit der britischen Kronkolonie den wirtschaftlichen Vorposten der VR China darstellt (vgl. Abb.29).

Abbildung 29:   Wirtschaftliches Kooperationssystem und Hong Kongs Vermittlerrolle

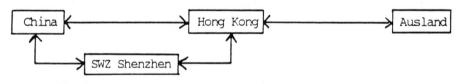

Eigener Entwurf.

Angesichts der auf Hong Kong ausstrahlenden politischen und wirtschaftlichen Veränderungen in der VR China stellt sich die Frage, welche Funktion die Kronkolonie nach dem 1.Juli 1997 einnehmen wird. Auf wirtschaftlicher Ebene sind z.B. folgende Szenarien denkbar (vgl. Wong, P.Y. 1988, S.171 f.):

- Chinesische Firmen in Hong Kong erlangen einen wirtschaftlichen Reifegrad und mindern die Vermittlerrolle.

- Verbesserungen der chinesischen Verkehrsinfrastruktur (Bau von Tiefseehäfen, Ausbau des Eisenbahnnetzes) haben negative Auswirkungen auf Hong Kongs Entrepot-Funktion.

- Die Entwicklungen des chinesischen Informationssystems sowie die wachsende Anzahl von Überseegesellschaften reduzieren Hong Kongs Verbindungsfunktion mit dem Ausland.

Vor diesem Hintergrund besitzt Hong Kong momentan zwei Chancen, seinen Status beizubehalten:

1. Der wirtschaftliche Abstand zur VR China sollte unter allen Umständen gewahrt bleiben. Nur die ökonomische Überlegenheit sichert der Kronkolonie eine wichtige Vorbildfunktion.

2. Hong Kong sollte den Integrationsprozeß mit China vorantreiben. Je größer das Hong Konger Engagement in China ist, desto höher wird die VR den internationalen Stellenwert der Kronkolonie veranschlagen. Gleichzeitig besteht die Möglichkeit, eigene Wertvorstellungen zu übertragen und eine graduelle Assimilation der diametral entgegengesetzten Wirtschafts- und Gesellschaftssysteme zu erreichen.

2 Die Herausforderung der Länder Ost- und Südostasiens

In der Vergangenheit erreichten die Länder Ost- und Südostasiens ein Wirtschaftswachstum, das diesem Raum die Funktion eines neuen Kraftfeldes im Welthandel und in der Weltwirtschaft zuweist. Grundlage bildet eine konsequent verfolgte Exportstrategie, die in vielen Fällen die Importsubstitutionspolitik der 50er und 60er Jahre abgelöst hat. Trotz ihrer Weltmarktorientierung zeigen die Länder erhebliche Differenzen im Entwicklungsstand, in der Ressourcenausstattung und in ihrer Größe. Neben den 'traditionellen' Schwellenländern oder NIEs (Newly Industrialized Economies)[5] wird das Wachstum dieser Region nun auch von den Staaten Südostasiens mitgetragen, die zugleich Mitglieder der ASEAN (Association of Southeast Asian Nations) sind (Indonesien, Malaysia, Philippinen, Thailand, Singapur, Brunei).[6]

Die vorgenommene Unterscheidung macht deutlich, daß Hong Kong eine weitreichende Konkurrenz im eigenen Raum erwachsen ist, die aber zugleich auch Chancen zur intraregionalen Kooperation eröffnet.

2.1   Bedeutung der NIEs

2.1.1   Wirtschaftliche Charakteristika

Am Ende des Zweiten Weltkrieges suchten bis auf das exportorientierte Hong Kong die ostasiatischen Länder ihr Heil zunächst in einer Importsubstitutionspolitik, die im Falle Südkoreas beispielsweise dazu führte, daß Konsumgüterimporte mit Hilfe massiver protektionistischer Maßnahmen gedrosselt wurden (vgl. Dege 1986, S.523). Aufgrund ihrer kleinen Binnenmärkte, der schlechten Zahlungsbilanzen und der geringen industriellen Beschäftigung sahen sich diese Staaten jedoch bald dazu veranlaßt, ihre "Importsubstitutionspolitik zugunsten einer exportorientierten Industrialisierungsstrategie aufzugeben" (Ochel 1984, S.12).

Im Vordergrund stand der Export von Textil- und Bekleidungswaren, der bei geringem Lohnniveau und der guten Anlernfähigkeit der Arbeiterschaft vor allem in Hong Kong, Südkorea und Taiwan zu beachtlichen Wachstumsraten führte (vgl. Hamilton 1983, S.59). Mit geringer Zeitverzögerung folgte der Aufbau einer arbeitsintensiven Elektronikindustrie. Zum Schutz ihrer heimischen Industriezweige reagierten die westeuropäischen und nordamerikanischen Märkte mit Einfuhrbeschränkungen und Rationalisierungsinvestitionen (vgl. Schätzl 1986b, S.493). Gleichzeitig beeinträchtigten die Niedriglöhne der südostasiatischen Staaten die Wettbewerbsfähigkeit der NIEs.

Angesichts dieser Expansionshindernisse wurden "primär Produktionsbereiche gefördert, die sich durch eine höhere Technologie- und Humankapitalintensität auszeichneten" (Ochel 1987, S.129). Je nach Priorität und strategischer Bedeutung weisen die nun unterstützten Investitionsgüterexporte der einzelnen NIEs unterschiedliche Spezialisierung auf. Während Hong Kong hauptsächlich elektrotechnische Erzeugnisse (Büromaschinen, automatische Datenverarbeitungsgeräte) ausführt, dominieren in Südkorea Schiffbau-, Computer- und Halbleiterexporte. Für Singapur und Taiwan sind wiederum Maschinenbauprodukte (wie Bau- und Werkzeugmaschinen) von Bedeutung (vgl. Ochel 1984, S.31). Trotz dieser Anstrengungen zeichnet sich das Exportsortiment der 'Vier Kleinen Drachen' nicht unbedingt durch Hochtechnologie aus. Statt Produktinnovationen durchzuführen, die neben Basistechnologie in erster Linie größere Investitionen verlangen, liegt der internationale Wettbewerbsvorteil in der Adaption bekannter Technologien und ihrer organisatorischen Vermarktung. Eine Strategie, die nicht zuletzt Japan, das wirtschaftliche Vorbild Ostasiens, mit Erfolg angewandt hat.

Bislang erzielten die vier NIEs beachtliche Erfolge beim Aufbau einer konkurrenzfähigen Industriewirtschaft. Abgesehen von Singapur lag der Anteil der Industriegüterexporte bei über 85% (vgl. Abb.30). Überdies ist festzustellen, daß

Abbildung 30:   Exportquote der Industriegüter in den NIEs

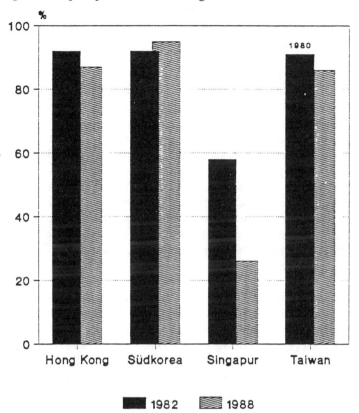

Quelle: *Asia Yearbook 1990*, S.8-9.

Tabelle 42:   Bruttoinlandsprodukt (BIP) und Pro-Kopf-Einkommen der NIEs

	BIP 1988 (%)	Pro-Kopf-Einkommen (US$)
Hong Kong	7,3	9.643
Südkorea	16	4.040
Singapur	11	8.162
Taiwan	7,3	5.520

Quelle: *Asia Yearbook 1990*, S.8-9.

der Zuwachs des Bruttoinlandsprodukts mit durchschnittlich 10,4% (1988) höher ist als bei den traditionellen Industriestaaten. Die gleichzeitige Zunahme des Pro-Kopf-Einkommens belegt die sich verkleinernde Differenz zu den führenden Wirtschaftsnationen der Welt (vgl. Tab.42).

Ebenso wie in Hong Kong hat auch in den anderen NIEs ausländisches Kapital nachhaltig zum wirtschaftlichen Aufschwung beigetragen. Die in diesem Zusammenhang eingeführten Förderungsmaßnahmen für Auslandsinvestitionen reichen von Steuererleichterungen und Abschreibungsvergünstigungen bis zu großzügigen Regelungen beim Kapitaltransfer sowie Unterstützung bei der Standortwahl (vgl. Kebschull 1984, S.446). Eine besondere Attraktivität stellt das von Singapur angewandte Konzept des *operational headquarter* dar, das den Ausbau der eigenen Regionalfunktion festigen soll. So bietet der Stadtstaat multinationalen Unternehmen, die ihren Hauptsitz nach Singapur verlagern, einen Steuersatz von 10% auf alle erwirtschafteten Gewinne an. Gegenüber der üblichen Rate von 33% eine Steuererleichterung, die u.a. die Deutsche Bank zu der Ansiedlung ihrer asiatisch-pazifischen Zentrale bewogen hat (vgl. Quek 1989, S.3; Peat Marwick 1988a, S.35).

Zu den herausragenden Standortfaktoren des häufig auch als die 'Schweiz Südostasiens' apostrophierten Wirtschaftszentrums müssen ferner die günstige verkehrsgeographische Lage sowie die guten Kommunikationsmöglichkeiten gerechnet werden (vgl. Heineberg 1986, S.508). Darüber hinaus verfügt Singapur über eine politische Stabilität, die es insbesondere im Vergleich mit Hong Kong für viele Investoren attraktiver macht. Dennoch leidet der südostasiatische Stadtstaat unter der großen Abhängigkeit vom US-amerikanischen Markt. Rund ein Drittel aller Exporte werden nach wie vor von den USA absorbiert und koppeln Singapur an die Wirtschaftsentwicklung dieser Wirtschaftsnation (vgl. *FEER*, 26.4.1990).

Zwar verfügt Singapur international noch über geringe Lohnstückkosten, doch geht der Trend auch hier in Richtung kapital- und technologieintensiver Industriezweige (z.B. Informations- und Biotechnologie). Größtes Wachstumspotential besitzt aber auf längere Sicht der Dienstleistungssektor, dem 1989 mehr als 70% aller Beschäftigten angehörten (vgl. *Asia Yearbook 1990*, S.6-7).

Bei der Inselrepublik Taiwan zeigen sich vordergründig die gleichen wirtschaftlichen Merkmale. Geringe Rohstoffvorkommen und Exportzwang führten schon sehr bald zu Handelsverflechtungen mit den USA und Japan. Durch protektionistische Maßnahmen gelangten aber weniger Waren nach Taiwan als von dort in die entsprechenden Handelsländer ausgeführt wurden. Zwei Faktoren änderten diesen Zustand. Zum einen drängten die USA aufgrund ihres großen Handelsdefizits Taiwan dazu, seine Märkte zu öffnen (vgl. Nieh 1989, S 83). **Zum anderen** zeigten die nachlassenden Wachstumsraten der 80er Jahre die strukturellen Schwächen der heimischen Industriewirtschaft. Im Mittelpunkt steht fortan der Ausbau der Automobil-, Elektronik- und petrochemischen Industrie sowie die Förderung eines eigenen Forschungs- und Entwicklungsbereiches (vgl. Chen, E.K.Y. 1988, S.214).

Das größte und bevölkerungsreichste Land aller NIEs ist Südkorea (vgl. Tab.43). Nicht zuletzt diesem Charakteristikum ist es zuzuschreiben, daß der primäre Sektor mit 21% aller Beschäftigten (1989) einen prägenden Einfluß auf die Wirtschaftsstruktur hat und dem Land eine weitgehende Unabhängigkeit von Reis- sowie Gersteimporten sichert (vgl. Machetzki 1989, S.166 f.).

Tabelle 43: **Einwohnerzahl und Fläche der NIEs (1989)**

	Einwohnerzahl (in Mio.)	Fläche km^2
Hong Kong	5,7	1.071
Südkorea	43,1	99.022
Singapur	2,7	625
Taiwan	20,0	36.000

Quelle: *Asia Yearbook 1990*, S.7-8.

Die wichtigste Funktion innerhalb der gesamten Wirtschaftsentwicklung nimmt jedoch der sekundäre Sektor ein. Wie bei den anderen NIEs stellt die technologische Aufrüstung die entscheidende Herausforderung der nächsten Jahre dar. Entsprechende Maßnahmen äußern sich z.B. in der verstärkten Kooperation von Industrieunternehmen, Universitäten und Forschungseinrichtungen sowie in der Unterstützung von Klein- und Mittelbetrieben von Regierungsseite (vgl. Chen, E. 1988, S.213). Der Sicherung der ökonomischen Ziele stehen allerdings politische und soziale Unruhen entgegen. Die letzten drei Jahre bescherten Südkorea mehr als 7.000 Arbeitsstreiks (vgl. Clifford 1990, S.39). Nach Regierungsangaben erreichten die daraus resultierenden Produktionsverluste eine Höhe 6,13 Mrd.US$ (vgl. *FEER*, 15.3.1990). So berechtigt die Lohn- und Sozialforderungen der südkoreanischen Industriebeschäftigten auch gewesen sein mögen, für die einheimischen Geschäftsleute bedeutete dies eine Weiterführung der bisherigen Billigproduktion.

Die Analyse führt zu dem Ergebnis, daß die gleiche wirtschaftliche Ausrichtung der NIEs in der Vergangenheit auch zu ähnlichen Problemlösungen in der Zukunft führen wird. Größter Rivale der britischen Kronkolonie dürfte dabei der aufstrebende Stadtstaat Singapur sein, der ebenso wie Hong Kong einen Funktionswandel vom Entrepot-Handel zur Industriewirtschaft vollzogen hat.

2.1.2   Der Zweikampf Hong Kong - Singapur

Nachdem weder Hong Kong noch Singapur keine Präferenzstandorte für Billigproduktionen darstellen, kämpfen beide NIEs mittlerweile auf anderen Ebenen um ihre Vormachtstellung im asiatischen Raum. Die bevölkerungsgeographischen Gemeinsamkeiten, die diesem traditionellen Zweikampf zugrunde liegen, sind bemerkenswert. In beiden Fällen handelt es sich um Städte, in denen die zum größten Teil eingewanderte chinesische Bevölkerungsgruppe mit 76% (Singapur) bzw. mit 98% (Hong Kong) stark dominiert (vgl. Rudge 1989a, S.14). Aufgrund ihrer Einwohnerzahl und der geringen Fläche weisen beide NIEs ferner eine hohe Bevölkerungsdichte auf (Singapur: 4.320 E./km^2; Hong Kong: 5.322 E./km^2). Schließlich verfügen sie mit Malaysia bzw. der VR China über bevölkerungsreiche Hinterländer, die sich für eine Auslagerung der arbeitsintensiven Produktionsprozesse eignen.

Daneben gibt es zahlreiche wirtschaftliche Affinitäten. Der kleine heimische Absatzmarkt bedeutete eine Notwendigkeit zur Exportorientierung, die zu einer großen Abhängigkeit vom Welthandel geführt hat. Beide NIEs besaßen 1988 ein Handelsvolumen, das um das 2,3fache (Hong Kong) bzw. das 3,7fache (Singapur) über dem BIP lag (vgl. *Asia Yearbook 1990*, S.8-9). Besonders ausgeprägt sind die Beziehungen zu den USA und die Orientierung am US$.

Die in beiden Territorien beträchtlich gestiegenen Lohnkosten werden von einem Arbeitskräftemangel begleitet. Während jedoch Hong Kong den Import ausländischer Arbeitskräfte befürwortet, steht Singapur dieser Maßnahme ablehnend gegenüber. Mitte 1989 wurden auf Geheiß der Regierung mehr als 11.000 illegal beschäftigte Arbeitskräfte repatriiert. Zwar verlautet von offizieller Seite, ein Arbeitskräfteimport werde das Sozialgefüge des Stadtstaates negativ beeinflussen, doch dürfte die angestrebte qualitative Aufwertung des Industriesektors die eigentliche Ursache des Verbotes sein. Singapurs Regierung unterstützt seit Anfang der 80er Jahre die Verlagerung arbeitsintensiver Produktionsbereiche nach Malaysia, um den Strukturwandel zu beschleunigen (vgl. *Asia Yearbook 1990*, S.216).

Das gegenwärtige Interesse beider NIEs konzentriert sich darauf, zweitgrößtes Finanzzentrum Asiens zu werden. Obwohl Hong Kong auf diesem Feld führend sein mag, stellt Singapur bei der Konzentration der Banken, Versicherungen und

Handelsgesellschaften bereits jetzt das Zentrum Südostasiens dar (vgl. Heineberg 1986, S.509). Für die Zukunft wird nicht zuletzt die Stabilität der Territorien entscheidend sein. Auf der einen Seite überwiegt die politische Unsicherheit über das Schicksal der britischen Kronkolonie, die ab 1997 entweder ihren bisherigen Status einbüßen wird oder aus der Integration in die VR China mit gewachsenem Potential hervorgeht. Auf der anderen Seite steht Singapur, das unter der autoritären Leitung seines Premierministers Lee Kuan Yew zwar wenig Raum für demokratische Mitbestimmung bietet (vgl. Pohl 1989, S.272; Luther 1983, S.437), aber durch seine politische Stabilität besticht. Ob mit dem Machtwechsel Ende 1990 - Goh Chok Tong wird den seit 1959 regierenden Lee Kuan Yew ablösen - allerdings der Führungsanspruch der dominanten PAP (People's Action Party) schwindet, muß angesichts der bisherigen wirtschaftlichen Erfolgspolitik für breite Bevölkerungsteile bezweifelt werden. Gleichwohl ist sich der neue Premierminister dessen bewußt, daß dem Mittelstand Singapurs neben wirtschaftlichen auch zunehmend politische Freiheiten zugestanden werden müssen (vgl. Bowring 1990, S.12).

Bei einem Vergleich der augenblicklichen Stärken beider Finanzzentren nimmt Singapur sowohl mit seinem größeren Devisenmarkt (Umschlagplatz für den Asien-Dollar) als auch im Bankensektor eine Schlüsselposition ein. Zwar besitzt Hong Kong mehr Finanzinstitute, doch konnten in Singapur Konkurse und weitreichende Liquiditätsprobleme in mehr als zwei Jahrzehnten vermieden werden. Für die britische Kronkolonie sprechen hingegen der größere Goldmarkt und die Kreditmöglichkeiten (vgl. Balakrishnan 1989b, S.60).

Entscheidend wird sein, welche Perspektiven beide Finanzzentren ihren potentiellen Kunden eröffnen können. Folgende Rahmenbedingungen sind von Bedeutung:

- Kostenfrage
  Weitaus mehr als die unterschiedliche Besteuerung von Unternehmensgewinnen wiegen die Mieten und Löhne im Finanzsektor. Singapur ist in dieser Hinsicht um 20-30% preiswerter als die britische Kronkolonie. So liegt der Verdienst einer Sekretärin mit guten Englischkenntnissen in Singapur bei 615 US$ und in Hong Kong bei 1.540 US$ (vgl. Balakrishnan 1989b, S.61).

- Günstige Verkehrsanbindung und Infrastruktur
  Sowohl Singapur als auch Hong Kong nehmen aufgrund ihrer geographischen Lage eine herausragende Bedeutung im südostasiatischen bzw. ostasiatischen Raum ein. Ihre Containerhäfen zählen zu den größten der Welt und ihre Flughäfen nach Tokyo-Narita zu den frequentiertesten Asiens. Im Jahre 1989 wurden an Hong Kongs Kai Tak Airport rund 16 Millionen und an Singapurs

Changi Airport mehr 13 Millionen Fluggäste abgefertigt (vgl. Werb 1990). Im Gegensatz zum ausgelagerten Changi Airport besitzt der inmitten dichtbebauter Wohngebiete gelegene Hong Konger Flughafen jedoch keine Expansionsmöglichkeiten. Viel wird davon abhängen, ob bis zur Fertigstellung des neuen Großflughafens (1997) auf der Insel Lantau die Passagierströme der nächsten Jahre problemlos bewältigt werden können. Nach Angaben des Generaldirektors der Cathay Pacific, Peter Sutch, will man mit dem neuen Flughafen nicht zuletzt einer Verlagerung der Reiseströme nach Singapur und Bangkok entgegenwirken (vgl. Werb 1990).

- Bildungsstand
Nimmt man die Ausbildungsdauer als Indikator für die Wettbewerbsfähigkeit des jeweiligen Territoriums, so können Hong Kongs Beschäftigte eine durchschnittliche Schulzeit von 8,8 Jahren vorweisen. Singapurs Arbeitstätige kommen hingegen nur auf sechs Jahre (vgl. Balakrishnan 1989b, S.61). Beeinträchtigt wird Hong Kongs Führungsposition durch die große Zahl der Auswanderer. Unter ihnen befinden sich insbesondere viele qualifizierte Fachkräfte (*brain drain*). Aber auch Singapur sieht sich mit Auswanderungsproblemen konfrontiert. Ursache ist aber weniger die politische Ungewißheit des Stadtstaates als vielmehr dessen dirigistischer Regierungsstil. Im Jahre 1988 verließen 4.700 Familien Singapur, unter ihnen viele Akademiker und Angehörige freier Berufe (vgl. Balakrishnan 1989b, S.61).

Zur Sicherung der eigenen Wettbewerbsposition führt die Regierung Singapurs Anwerbungskampagnen für qualifizierte ausländische Arbeitskräfte durch. Nach dem 4.Juni 1989 verstärkte der Stadtstaat auch seine Aktivitäten in Hong Kong. So wurde rund 25.000 Bewerbern - mit Familienmitgliedern beläuft sich die Gesamtzahl auf ca. 100.000 - die singapureanische Staatsbürgerschaft unter dem Zugeständnis erteilt, daß sie für fünf weitere Jahre in der Kronkolonie wohnen bleiben können. In Ausnahmefällen wird die Aufenthaltserlaubnis in Hong Kong sogar auf zehn Jahre erhöht (vgl. Chung 1989, S.1).

Eine Entscheidung für den einen oder anderen Standort hängt sicherlich auch von der geographischen Lokalisation der Unternehmerinteressen ab. Liegt das Hauptaugenmerk in China oder Ostasien, sollte Hong Kong bevorzugt werden. Wenn hingegen die südostasiatischen Staaten den Zielpunkt der Aktivitäten darstellen, sprechen viele Gründe für das ASEAN-Mitglied Singapur. Größere Finanzinstitute sollten an beiden Standorten vertreten sein. Die Differenziertheit und Komplementarität des liberalistischen Hong Kong sowie des regulativen Singapur verkörpern die eigentliche Stärke des ost- und südostasiatischen Raumes. Regionale Oberhoheit scheint daher weniger sinnvoll zu sein als das Streben nach wirtschaftlichen Verflechtungen.

2.2 Verflechtungen zwischen den NIEs und den ASEAN-Staaten

In der Vergangenheit zeichneten sich die NIEs durch eine starke Exportorientierung in die westlichen Industriestaaten aus. Mit ihren zahlreichen komparativen Standortvorteilen eiferten sie in erster Linie dem Wachstumsmodell Japan nach. Innerhalb des ost- bzw. südostasiatischen Raumes trugen sie nur wenig zur wirtschaftlichen Integration bei. Folgende Faktoren haben diesen Zustand verändert (vgl. Chen, E.K.Y. 1988, S.207 f.):

1. die ökonomische Umstrukturierung Japans,
2. die schwindende wirtschaftliche Bedeutung der USA auf internationaler Ebene,
3. die wachsenden Handelskonflikte zwischen den NIEs und den USA sowie der EG,
4. die wirtschaftliche Transformation der NIEs,
5. die Öffnungspolitik Chinas,
6. der Wachstumsprozeß der ASEAN-Staaten.

Als Folge ihrer ökonomischen Aufwertung übernehmen die NIEs nun die Rolle Japans in Südostasien. Während Japans Investitionen seit Ende der 60er Jahre in die arbeitsintensiven Produktionsbereiche der 'Vier Kleinen Drachen' flossen, da die eigene Lohnstruktur die heimische Fertigung unwirtschaftlich machte, streben die NIEs aus den gleichen Motiven eine Verlagerung in die ASEAN-Staaten an. Überdies bietet die Ausfuhr aus diesen Ländern die Möglichkeit, Exportquotenregelungen zu umgehen. So haben die USA im Jahre 1988 ihr Präferenzsystem für Einfuhren aus den NIEs gestrichen, nicht aber für die ASEAN-Mitglieder (vgl. Pang Rongxian 1988, S.37).

Das Ziel der NIEs ist die Förderung einer intraregionalen Arbeitsteilung, von der die ASEAN-Staaten in dreierlei Weise profitieren können (vgl. Chen, E.K.Y. 1988, S.216):

- Die Weitergabe älterer Industrie- und Produktionsprozesse wird der augenblicklichen Entwicklungsstruktur der ASEAN-Mitglieder gerecht (vgl. Tsuruoka 1990, S.24; Pretzel 1989, S.292; Heinzlmeir 1989, S.126; Reinknecht 1989, S.261).

- Direktinvestitionen und Technologietransfer sollen den Wachstumsprozeß unterstützen. Beim Technologietransfer agieren die NIEs als Vermittler für angepaßte Technologien aus den führenden Wirtschaftsnationen. Weniger entwickelte Länder werden die modifizierten Technologien der Schwellenländer besser einsetzen können als den Standard der USA oder Japans.

- Aufgrund ihrer langen Exporterfahrung ermöglichen die NIEs den ASEAN-Staaten einen relativ leichten Markteintritt.

Nach Berechnungen der Merrill Lynch Company, einer internationalen Consultingfirma, erreichten die Auslandsinvestitionen Japans und der NIEs im Jahre 1988 einen neuen Rekord in den ASEAN-Staaten. Bemerkenswert ist dabei, daß die NIEs zum ersten Mal einen höheren Kapitalanteil auf sich vereinigten (31%) als das große Vorbild Japan (30%) (vgl. Tab.44).

Tabelle 44:   **Investitionen in den ASEAN-Staaten (in Mio. US$)**

Herkunft	Thailand	Philippinen	Malaysia	Indonesien
Japan	3.063	95	214	226
Hong Kong	446	27	50	232
Südkorea	109	2	9	209
Singapur	275	2	66	255
Taiwan	850	109	147	923
Asien	5.019	253	508	1.844
Welt	6.225	452	768	4.426

Quelle: Zusammengestellt aus Holloway 1989, S.71.

Die Attraktivität der südostasiatischen Billiglohnländer löste in Taiwan den bisher nachhaltigsten Investitionsschub aus. So ist die Inselrepublik in allen ASEAN-Staaten der größte Investor der NIEs. Die Philippinen unterstützen diese Entwicklung durch die Eröffnung eines eigenen Investitionsbüros in der taiwanesischen Hauptstadt Taipeh (vgl. Balakrishnan 1989c, S.76). Demgegenüber beschränkt Südkorea, das aufgrund fehlender chinesischer Überseeverbindungen vorsichtig agiert, seine Verflechtungen mit den ASEAN-Staaten, insbesondere mit Indonesien, vornehmlich auf den Handelssektor.

Unter dem Druck der politischen Unsicherheit hat auch Hong Kongs Engagement in den letzten Jahren zugenommen. Der Investitionsabfluß konzentriert sich vorrangig auf Thailand, den größten Kapitalempfänger der NIEs. Zwar ist

Hong Kong schon seit einiger Zeit in Bangkoks Wirtschaftssektoren vertreten (wie Hotelsektor, Elektronik- und Plastikindustrie), doch dürften die Unruhen in der VR China so manchen Investor nachträglich ermuntert haben, seine Kapitalströme nach Südostasien und Thailand umzulenken (vgl. Rudge 1989b, S.6).

Wachsende Interdependenzen zeigen sich zudem im Handelssektor. Im Vergleich zu den durchschnittlichen Steigerungsraten verzeichneten die Im- und Exporte mit den ASEAN-Staaten größere Zuwächse. Während zwischen 1970 und 1988 die Ausfuhren Hong Kongs nach Südostasien um das 17,3fache und die Einfuhren um das 37fache zunahmen, wuchsen alle Ex- und Importe der Kronkolonie nur um das 16,6 bzw. 27fache (vgl. *The Business Journal* 1989, S.29 f.).

Anhand der dargestellten Werte ist der deutliche Wille für eine verstärkte Kooperation zwischen NIEs und der ASEAN abzulesen. Der unterschiedliche Entwicklungsstatus beider Blöcke wird sowohl die Interdependenzen intensivieren als auch die Wettbewerbsfähigkeit dieses Raumes erhöhen. Rechnet man zudem die wirtschaftliche Führungsrolle Japans und die komparativen Standortvorteile Chinas hinzu, so entsteht hier ein Wirtschaftsgeflecht, das in Zukunft keinen Vergleich mit westlichen Organisationen zu scheuen braucht.[7] Für Hong Kong ergibt sich damit eine zweite Vermittlerfunktion. Ausländische Unternehmen können die Kronkolonie auch als Ausgangspunkt ihrer südostasiatischen Interessen nutzen. Je stärker Hong Kong diese Verbindung ausbaut, desto eher bietet sich die Möglichkeit, die wirtschaftliche Autonomie gegenüber der VR China zu wahren.

VII   Konsequenzen und Ausblick

1   Das Vertrauensproblem

1.1   Bewertung der Gemeinsamen Erklärung und des Grundgesetzes der Sonderverwaltungsregion (SVR) Hong Kong

Am 16.Februar 1990 hat die Kommission für den Entwurf des Grundgesetzes (GG) der SVR Hong Kong ihr endgültiges Vertragswerk in Beijing verabschiedet. Der 7. Nationale Volkskongreß der VR China billigte auf seiner 3. Plenartagung am 4.April 1990 diesen Gesetzestext, der mit Wirkung vom 1.Juli 1997 in Kraft tritt (vgl. *China aktuell*, 1.5.1990). Damit geht ein fast fünfjähriger Prozeß zu Ende, an dessen Anfang die Gemeinsame Erklärung zwischen Großbritannien und der VR China über die Rückgabe der Kronkolonie Hong Kong stand.

Infolge der diametral entgegengesetzten Wirtschafts- und Gesellschaftssysteme Hong Kongs und Chinas wurde die ab dem 27. Mai 1985 verbindliche Gemeinsame Erklärung (vgl. den ausführlichen Text bei Haefs 1986, S.85 ff.), die der britischen Kronkolonie als SVR für weitere 50 Jahre eine kapitalistische Grundstruktur zusichert, als bestmögliches Verhandlungsresultat betrachtet. Für Großbritannien stellte das Ergebnis einen erfolgreichen Entkolonialisierungsprozeß dar, wobei ein unabhängiges Hong Kong nach 1997 wohl niemals Gegenstand der chinesisch-britischen Verhandlungen war (vgl. Buchholz/Schöller 1985, S.20). China gelang es, mit dem Vertragswerk zwei gegensätzliche Interessen zu vereinigen (vgl. Machetzki 1985, S.107):

- der Anspruch auf die volle Souveränität Hong Kongs,
- die Bewahrung des marktwirtschaftlichen Systems.

Die eigentlich Betroffenen, die Einwohner Hong Kongs, waren an den Verhandlungen über ihre Zukunft nicht beteiligt (vgl. *South China Morning Post*, 26.9.1988). Großbritannien und China schienen sich in diesem Punkt einig zu sein, wenn auch aus unterschiedlichen Motiven. Hong Kongs Bürger offenbarten bis dahin eine generelle politische Indifferenz, die jedoch ursächlich mit der britischen Kolonialherrschaft zusammenhängt, die politische Aktivitäten in Form von Parteien und Organisationen unterbindet. Zum Zeitpunkt der Vertragsunterzeichnung wurden die Mitglieder des Legislative Council (Hong Kongs Parlament) vom Gouverneur ernannt und nicht vom Volk gewählt. Ein politisches Bewußtsein war in großen Teilen der Bevölkerung nur rudimentär entwickelt. Für die VR China verkörpert Hong Kong seit altersher einen Teil des chinesischen Territoriums, das durch Okkupation in die Hände Großbritanniens geriet. Eine Beteiligung der Bürger Hong Kongs an den Verhandlungen hätte die Wiedereingliederung prinzipiell gefährdet.

Die zwischen dem 12.Juli 1983 und 6.September 1984 erzielten Bestimmungen billigen Hong Kong zwar einen hohen Grad an Autonomie zu, doch untersteht die SVR "direkt der Amtsgewalt der Zentralen Volksregierung der Volksrepublik China" (Gemeinsame Erklärung, Art.2). Großbritannien hat somit alle Verwaltungsrechte übertragen. China steht der SVR Hong Kong einen unabhängigen Status in internationalen Organisationen (z.b. GATT) zu und erlaubt wirtschaftliche und kulturelle Beziehungen zu Drittländern (Gemeinsame Erklärung, Art.10); eine Internationalisierung der Hong Kong-Frage konnte jedoch vermieden werden (vgl. Buchholz/Schöller 1985, S.20).

Die inhaltliche Präzisierung der Gemeinsamen Erklärung stellt das Grundgesetz der SVR Hong Kong dar. Kurz nach der Unterzeichnung der chinesisch-britischen Vereinbarung beauftragte der Nationale Volkskongreß ein Komitee zur Erstellung eines dementsprechenden Vertrages. Diesem Komitee gehörten 59 Mitgliedern an (23 Hong Kong-Chinesen und die übrigen aus der VR China). Britische Staatsangehörige waren nicht vertreten (vgl. Miners 1988, S.10). Angesichts der Mehrheitsverhältnisse kann es nicht überraschen, wenn das beschlossene Gesetz in seiner Grundtendenz die Ansichten Beijings widerspiegelt. Die eigentliche Herausforderung des Gesetzes, ein Gleichgewicht zwischen Chinas Souveränitätsansprüchen und Hong Kongs Autonomiebestrebungen zu erzielen, ist zu Ungunsten des kleineren Partners ausgefallen. Deutlich angesprochen wird dies bereits in der Präambel. Nicht die Kronkolonie oder seine Bürger, sondern die "Volksrepublik China hat aus Gründen der nationalen Einheit und territorialen Integrität" (Gemeinsame Erklärung, Präambel) die SVR einzurichten. Die über vierjährigen Konsultationen mit Hong Konger Vertretern bleiben unerwähnt. Bemerkenswert ist allerdings, daß Deng Xiaopings Formel 'Ein Land, zwei Systeme' Eingang in die Präambel fand, obwohl sie nicht in der Gemeinsamen Erklärung vertreten war (vgl. Chen, A. 1988, S.118).

Insgesamt umfaßt das Grundgesetz eine Präambel, neun Kapitel mit 159 Artikeln und drei Anhänge. Anhand der folgenden Punkte soll aufgezeigt werden, wie groß der potentielle Einfluß der Zentralregierung auf die inneren Angelegenheiten der SVR Hong Kong ist (vgl. Weng 1988, S.77 ff.):

- Das Grundgesetz überträgt dem Vollzugsbemächtigten (Chief Executive) der SVR eine dominante Rolle im politischen Leben Hong Kongs. Er ist sowohl der Zentralregierung als auch der SVR rechenschaftspflichtig, kann aber nur von der Zentralen Volksregierung ernannt werden (GG, Art.45).[1]

- Nach Artikel 48 des GG hat der Vollzugsbemächtigte "die von der Zentralregierung erlassenen Direktiven unter Beachtung aller relevanten Bestimmungen
dieses Grundgesetzes durchzuführen." Der Leiter der SVR wird auf diese
Weise zu einem Befehlsempfänger Beijings degradiert.

- Der Gesetzgebungsrat Hong Kongs muß sich den Entscheidungen des Voll-
zugsbemächtigten beugen und kann von ihm aufgelöst werden (GG, Art.70).
"Ein Gesetz, das vom Gesetzgebungsrat der Sonderverwaltungszone Hong
Kong verabschiedet wurde, wird erst rechtskräftig, wenn es von dem/der
Vollzugsbevollmächtigten unterzeichnet und verkündet wurde" (GG, Art. 76).

- Aus der Zusammensetzung der Legislative folgt, daß nur ein Teil der Legislative Hong Kongs direkt vom Volk gewählt wird. Bis zum Jahre 1999 sollen es
20 Mitglieder sein. Danach wird die Zahl auf 24 (2003) und 30 (2007) erhöht.
Ein zweiter Teil des 60 Mitglieder umfassenden Parlaments wird von einem
Wahlgremium bestimmt, ein dritter Teil der Abgeordneten von Berufsorgani-
sationen (vgl. Tab.45).

Tabelle 45:   **Zusammensetzung des Gesetzgebungsrats**

	1995-99	1999-2003	2003-07
Gesellschafts- und Berufsorganisationen	30	30	30
Direktwahl	20	24	30
Wahlgremium	10	6	0
Anzahl der Sitze	60	60	60

Quelle: Zusammengestellt aus *FEER*, 1.3.1990; *China aktuell*, Februar 1990.

Nach dieser Bestimmung dürfen bis zum Jahre 2007 nur 50% der Abgeordneten
aus allgemeinen Wahlen hervorgehen. Die Forderung Hong Konger Politiker,
die Regierung selbständig bestimmen zu können, ist somit abgelehnt worden.
Zwar räumt das Grundgesetz die Möglichkeit ein, das Verfahren zur Bildung des
Gesetzgebungsrates nach dem Jahre 2007 zu ändern, doch müssen diese Änderungen mit einer Zweidrittelmehrheit der Gesetzgebungsratsmitglieder ange-

nommen werden. Schließlich unterliegen die Modifizierungen dem "Ständigen Ausschuß des Nationalen Volkskongresses zur Protokollierung" (GG, Anhang II). Der in Artikel 68 auftauchende Satz "das Endziel ist die Wahl aller Mitglieder des Gesetzgebungsrates durch allgemeine Wahlen" klingt daher eher wie ein Beschwichtigungsversuch, um die demokratischen Forderungen Hong Kongs frühzeitig abzuschwächen.

- Gesetze, die der Gesetzgebungsrat Hong Kongs verabschiedet, können vom Ständigen Ausschuß des Nationalen Volkskongresses zurückgewiesen werden und verlieren damit ihre Rechtsgültigkeit (GG, Art.17).

- Die SVR Hong Kong untersteht keiner Behörde der Zentralen Volksregierung oder irgendeiner anderen Provinz (GG, Art.22). Sie wird direkt von der Zentralen Volksregierung verwaltet (GG, Art.12).

- In auswärtigen Angelegenheiten und in Verteidigungsfragen ist die Zentrale Volksregierung verantwortlich (GG, Art. 13, 14). Unter der Bezeichnung 'Hong Kong, China' kann die SVR auf wirtschaftlichem und kulturellem Gebiet Abkommen mit "verschiedenen Ländern, Regionen und einschlägigen internationalen Organisationen aufrechterhalten und entwickeln" (GG, Art. 151). Beide Punkte bedürfen einer genauen Erläuterung. Erstens hat die Zentrale Volksregierung das Recht, ihre Truppen in Hong Kong zu stationieren. Obwohl bei lokalen Angelegenheiten nicht eingegriffen werden soll, liegt es im Ermessen Beijings festzustellen, wann ein Verteidigungsfall vorliegt.

Zweitens kann die SVR ihren Standpunkt in internationalen Konferenzen äußern (GG, Art.152), doch garantiert ihr das Grundgesetz keine konträre Stellungnahme zur VR China (vgl. Mushkat 1988, S.264).

Die dargestellten Artikel führen zu dem Schluß, daß das sowohl von China als auch von Hong Kong angestrebte Prinzip 'Ein Land, zwei Systeme' der jetzigen Kronkolonie kein demokratisches Regierungssystem zugestehen. Unterschiede in der politischen Zielvorstellung haben zu weitreichenden Auslegungsdifferenzen der Formel geführt. Während die VR China ein stabiles und wirtschaftlich erfolgreiches Hong Kong unter seiner Verwaltung anstrebt,[2] und von daher den Aspekt 'ein Land' betont, akzentuiert Hong Kongs Bevölkerung den Gesichtspunkt der 'zwei Systeme' (vgl. Weng 1988, S.82). Insbesondere die blutige Niederschlagung der Studentendemonstration hat dem Streben nach Eigenständigkeit zusätzlichen Zündstoff verliehen. Angesichts der Einflußmöglichkeiten Beijings hängt viel davon ab, ob die zukünftige Führung der VR ihren Interpretationsspielraum geltend macht oder Hong Kongs Bürger ihre bisherigen Freihei-

ten auch weiterhin ausüben können. So nutzt es Hong Kongs Einwohnern beispielsweise wenig, wenn ihnen einerseits das Recht auf Rede-, Presse- und Publi-
kationsfreiheit (GG, Art.27) zugestanden wird, doch andererseits diese Freiheiten von der VR China "aus Gründen der öffentlichen Sicherheit oder Untersuchung krimineller Handlungen" unterlaufen werden können (GG, Art.30).

1.2   Auswirkungen des Beijinger Massakers vom 4. Juni 1989

Mit der blutigen Niederschlagung der Studentenbewegung in der VR China ist
die britische Kronkolonie von einer Schockwelle ungeahnten Ausmaßes getroffen
worden. Dieses um so mehr, als die Einwohner Hong Kongs sich von Anfang an
mit einer Demonstration identifizierten, die neben berechtigten Forderungen für
politische und gesellschaftliche Freiheiten in der VR auch Implikationen für die
eigene Zukunft enthielt. Sollte der gewaltlose Kampf für mehr Demokratie und
gegen Korruption auf dem Platz des Himmlischen Friedens erfolgreich sein, so
glaubte man in Hong Kong, müßte Beijing auch dem 1997 wieder eingeglieder-
ten Territorium mehr Autonomie zugestehen. Zur Befriedigung über die verbesserten Existenzbedingungen in den südlichen Provinzen Chinas kam die Hoffnung, daß die Kommunistische Partei mit politischen Reformen eine weitere
Phase der Liberalisierung einleiten werde.

Voller Enthusiasmus hat die Bevölkerung Hong Kongs ihre Solidarität mit der
Studentenbewegung gezeigt. Am 20.Mai 1989 kam es zur ersten Massendemon-
stration, die vor Chinas inoffizieller Botschaft in Hong Kong, der Nachrichtenagentur Xinhua, endete. Einen Tag später versammelten sich mehr als eine halbe
Million Menschen auf der Pferderennbahn in Happy Valley, um gegen die Zu-
stände in der VR China zu demonstrieren. Gleichzeitig fanden Sitz- und Hunger-
streiks statt, in Kaufhäusern wurden Spenden gesammelt und Unterschriftenak-
tionen gestartet. Geschäftstüchtige Bürger ließen T-Shirts mit politischen Slo-
gans bedrucken, deren Verkaufserlös für die Unterstützung der Demokratie
gedacht war. Auf politischer Ebene traten zwei Hong Konger Mitglieder der
Grundgesetzkommission zurück, weil sie die Unterdrückung der Studentenbewegung nicht mit ihrem Mandat vereinbaren konnten.[3] Selbst linke Gewerkschaften
und Angestellte von Xinhua unterstützen die Bewegung. Nie zuvor hatte Hong
Kong solch spontane Solidaritäts- und Patriotismuskundgebungen erlebt. Es kam
zu einer allgemeinen Politisierung der Bevölkerung, die die so oft gescholtene
politische Apathie der Hong Kong-Chinesen widerlegte.

Angesichts dieses Verhaltens wirkten das Massaker vom 4.Juni 1989 und die
folgenden Verhaftungswellen wie die Zerstörung einer Illusion. Hong Kongs
Einwohner mußten schmerzlich erkennen, daß sie trotz ihres Wohlstandes im

Grunde Chinesen sind, deren Zukunft von den Machtverhältnissen in Beijing abhängt. Für viele hatte sich auf dem Tiananmen das Schicksal der Kronkolonie entschieden. Die in den darauf folgenden Wochen abgehaltenen Beileidskundgebungen drückten somit zugleich die Angst vor ähnlichen Übergriffen der chinesischen Armee auf Hong Kong aus (vgl. Chang/Winchester 1990).

Innerhalb der Bevölkerung kam es aber auch zu Reaktionen, die den Willen zur eigenen Zukunftsgestaltung belegten. Geschäftsleute und Politiker fordern seitdem ein stärkeres Mitspracherecht, um effektiver gegen undemokratische Artikel im Grundgesetz vorzugehen (vgl. *Der Spiegel*, 5.3.1990). Von Großbritannien erhoffte man sich größere Zugeständnisse in der Nationalitätenfrage. Der Anfang Juli 1989 nach Hong Kong gekommene britische Außenminister Sir Geoffrey Howe wurde wegen seiner strikten Haltung, den über 3 Millionen Hong Kong-Chinesen mit britischen Pässen keine dauerhafte Niederlassung im Vereinigten Königreich zu gewähren, scharf von den ortsansässigen Politikern kritisiert. In den Zeitungen erschienen ganzseitige Anzeigen, die in geradezu zynischer Weise die antibritische Stimmung widerspiegelten. In höheren Polizeikreisen befürchtete man sogar einen Zusammenbruch der inneren Stabilität (vgl. *FEER*, 13.7.1989). Eine weitere Auswirkung des Beijinger Massakers zeigt sich anhand regelmäßig durchgeführter Umfragen. Seit Januar 1985 hatten noch nie so viele Befragte ihr Mißtrauen über das Schicksal der Kronkolonie ausgedrückt. Rund 54% der Interviewten waren im Juni 1989 der Meinung, daß Hong Kong keiner optimistischen Zukunft entgegensehe, und 37%, daß sie noch vor der Rückgabe an China auswanderten. Neben dem politischen scheinen die Befragten auch das wirtschaftliche Vertrauen in den Standort Hong Kong verloren zu haben. Knapp 60% prophezeiten der Kronkolonie geringe wirtschaftliche Wachstumsraten. Ein Jahr zuvor waren es nur 17% gewesen (vgl. *South China Morning Post*, 4.7.1989).

Wie begründet diese Aussagen sind, illustriert eine Analyse der wirtschaftlichen Situation Hong Kongs in den Wochen nach der Niederschlagung der Studentendemonstration. Besonders betroffen war der Fremdenverkehrssektor. Die Absage vieler Touristen aus Nordamerika, Japan und Westeuropa bescherte der Kronkolonie bis August 1989 Einbußen in Höhe von 128 Mio.US$. Die Zahl der Ankünfte im Juni und Juli war um 21 bzw. 22% geringer als in den Vorjahresmonaten (vgl. *China aktuell*, September 1989). Während dieser Zeit warben die großen Hotels mit enormen Preisnachlässen, die jedoch im September und Oktober 1990 wegen der 'Normalisierung' der Lage wieder aufgehoben wurden.

An der Hong Konger Börse fiel der Hang Seng Index um 30%. Nach der weltweiten Börsenkrise im Oktober 1987 bedeutete dies den größten Kursverlust seit 1949. Trotz der Panikverkäufe im Sommer 1989 hat sich die Lage mittlerweile stabilisiert, so daß Anfang Juli 1990 sogar wieder der Aktienindex der Vorjahre erreicht wurde (vgl. *FEER*, 12.7.1990). Eine ähnliche Entwicklung kennzeichnet den Immobilienmarkt. Als Resultat der Chinakrise sanken die Büromieten um bis zu 10%. Potentielle Investoren nahmen eine Abwartehaltung ein, wobei der private Immobilienmarkt noch stärker betroffen war (vgl. *South China Morning Post*, 14.7.1989).

Auch andere Wirtschaftssektoren litten unter den Auswirkungen des Massakers.[4] Überseekunden, deren Hong Konger Geschäftspartner Produktionsstätten in Südchina besitzen, stornierten ihre Aufträge. Größere Transaktionen wurden gestoppt, weil man vor weiteren Investitionen erst eine Neubewertung der Wirtschaftslage erzielen wollte. Das Vertrauen in die Kronkolonie war zu dieser Zeit von klaren Signalen Beijings abhängig.

Nicht zu unterschätzen sind schließlich die Einflüsse der VR auf die chinaorientierten Medien der Kronkolonie. Zwar wurde kurz nach dem Massaker von offizieller Seite verneint, daß die Unterstützung der Studentenbewegung irgendwelche Repressalien nach sich ziehe, da viele Personen aufgrund eines Informationsmangels eine regierungsfeindliche Haltung eingenommen hätten, doch war mit der Stellungnahme Deng Xiaopings vom 9.Juni 1989 die Parteilinie eindeutig festgelegt (vgl. *South China Morning Post*, 20.6.1989). Das Lob für das Vorgehen der Volksarmee konnte nur bedeuten, daß Andersdenkende als konterrevolutionär eingestuft werden. Neben der Entlassung des Herausgebers der linksgerichteten Tageszeitung *Wen Wei Po* mußten auch zahlreiche Mitarbeiter von Xinhua ihre Demonstrationsteilnahme mit Entlassungen bzw. Rückversetzungen in die VR China bezahlen (vgl. Lau, K.H. 1989, S.77).

Die Kritik Beijings richtete sich aber nicht nur gegen das Verhalten chinaabhängiger Personen und Institutionen. Auch zwei Hong Konger Abgeordnete des Legislative Council und der Grundgesetzkommission, Szeto Wah und Martin Lee, wurden wegen ihrer Rolle bei Demonstrationen in Hong Kong zurechtgewiesen. Insbesondere ihre Führungsposition in der Hongkong Alliance in Support of the Democratic Movement in China, die verfolgten Dissidenten finanzielle und materielle Hilfe verschaffte, führte auf Drängen Beijings im Oktober 1989 zu einem Ausschluß aus der Grundgesetzkommission (vgl. Lau, E. 1989b, S.38). Jüngstes Merkmal des chinesischen Einflusses scheinen die in Hong Kong vorgenommenen Filmzensierungen zu sein. Um gute Beziehungen zu den Machthabern in der VR China pflegen zu können, ließ die Kolonialregierung zahlreiche Sequenzen über die Vorfälle auf dem Tiananmen herausschneiden (vgl. *FEER*, 12.7.1990).

1.3 Die britische Position

Mit der Unterzeichnung der Gemeinsamen Erklärung hat sich die Regierung des Vereinigten Königreiches nach Artikel 4 verpflichtet, "die Verantwortung für die Verwaltung von Hong Kong mit dem Ziel der Aufrechterhaltung und des Schutzes seiner wirtschaftlichen Prosperität und gesellschaftlichen Stabilität" (vgl. Haefs 1986, S.90) in der Übergangsphase bis zum 30.Juni 1997 zu tragen. Angesichts des Vertrauensverlustes der Hong Konger Bürger in ihre Zukunft ist dieses Ziel bedroht. Großbritannien hatte daher im Frühjahr 1989 ein aus britischen Parlamentsabgeordneten bestehendes Komitee für auswärtige Angelegenheiten (FAC = Foreign Affairs Committee) errichtet, das die verschiedenen Probleme der gegenwärtigen Lage analysieren sollte und die Funktion des Vereinigten Königreiches im Hinblick auf Hong Kong definiert. Zahlreiche Anhörungen von Politikern, Regierungsmitgliedern und Geschäftsleuten wurden in London, Hong Kong und Beijing durchgeführt. Als wesentlicher Problembereich entpuppte sich dabei die Forderung der Hong Konger Bürger nach einem britischen Paß (vgl. *South China Morning Post*, 1.7.1989).

Zwar erkannte das Komitee die besondere Verpflichtung gegenüber Hong Kong an, die als einzige britische Kronkolonie kein fundamentales Recht zur Zukunftsgestaltung hat, doch wurde der grundsätzliche Anspruch auf eine Niederlassung in Großbritannien abgelehnt. Hauptargument ist, daß die 3,25 Millionen Hong Konger 'Bürger der britischen abhängigen Territorien' (BDTCs = British Dependent Territories Citizens) seit Verabschiedung des Commonwealth Immigrants Act im Jahre 1962 kein Einwanderungsrecht in das Vereinigte Königreich besitzen.[5] Auch der von Hong Konger Bürgern vorgebrachte Einwand, man wolle grundsätzlich in Hong Kong bleiben und benötige einen britischen Paß als Versicherungspolice, verfing nicht. Das Komitee beurteilte diese Möglichkeit als einseitige Garantieerklärung. Großbritannien wäre damit jederzeit einer größeren Einwanderungswelle ausgeliefert, deren Ursachen sowohl lokale Ereignisse als auch Unruhen auf dem chinesischen Festland sein könnten (vgl. *FEER*, 13.7.1989). Hinzu kommt, daß bei genauer Interpretation des Grundgesetzes die volle britische Staatsbürgerschaft Hong Konger Bürger nicht berechtigt, bestimmte öffentliche Ämter in der zukünftigen SVR wahrzunehmen. So müssen außer dem Vollzugsbemächtigten u.a. der Präsident des Rechnungshofes, der Polizeidirektor, der Leiter der Einwanderungsbehörde sowie der Direktor der Zoll- und Steuerbehörde Chinesen sein (GG, Art.101).

Das Komitee empfahl der britischen Regierung, zwei verschiedene Formen der Vertrauenssicherung auszuarbeiten (vgl. *South China Morning Post*, 1.7.1989):

1. Eine Vertrauenssicherung für Personen, deren außergewöhnliche Fähigkeiten und Qualifikationen Hong Kongs zukünftige Prosperität sichern helfen.

2. Eine Vertrauenssicherung für die Masse der Hong Kong-Chinesen, die die Kronkolonie nicht verlassen wollen und/oder aufgrund ihrer Ressourcen und Fähigkeiten auch gar nicht dazu in der Lage sind.

Während man die Zukunft der zweiten Gruppe durch ein größtmögliches Maß an demokratischen Freiheiten in der Gemeinsamen Erklärung bzw. im neuen Grundgesetz gesichert sieht, hat das britische Unterhaus Ende April 1990 ein spezielles 'Nationalitätenpaket' für die zweite Gruppe verabschiedet. Auf der Grundlage eines Punktsystems werden 50.000 ausgesuchten Hong Konger Familien bzw. 225.000 Personen britische Pässe gewährt. "Die wichtigsten Kriterien sind Alter, Ausbildung, Berufserfahrung, Englischkenntnisse, persönliche und berufliche Beziehungen mit Großbritannien" (*China aktuell*, Juni 1990, S.279; vgl. Tab.46).

Tabelle 46:   Beurteilungssystem für ausgesuchte Hong Konger Bürger

Kriterien	maximale Punktzahl
Alter (30-40)	200
Berufserfahrung	150
Ausbildung	150
Besondere Umstände	150
Englischkenntnisse	50
Beziehungen zu Großbritannien	50
Gemeindedienste	50

Quelle: Lau 1990, S.18.

Die von der britischen Regierung als moralische Verpflichtung gegenüber Hong Kong bezeichnete Maßnahme ist in der Kronkolonie auf scharfe Kritik gestoßen. Widerstand regt sich vor allem deshalb, weil die meisten Pässe an Personengruppen gehen (z.B. Geschäftsleute, Verwaltungsbeamte, Ärzte, Computerfachleute), die aufgrund ihrer Position bereits über das Geld und die notwendigen Verbindungen ins Ausland verfügen. Ein weiterer Vorwurf ist, daß das Selektionssystem eher Großbritanniens Nachfrage nach hochqualifizierten Fachleuten befriedigt als Hong Kongs Sicherheitsbedürfnisse. Zudem befürchten führende lokale Politiker soziale Spannungen.

Chinas Regierung beurteilt das 'Nationalitätenpaket' als Verstoß gegen den Geist der Gemeinsamen Erklärung, da Großbritannien durch diese Maßnahme seine Herrschaftsdauer nach 1997 ausdehnt. Hong Konger Bürger, die von dem

Niederlassungsrecht profitieren sollten, wurden gewarnt, daß sie in der zukünftigen SVR nicht als britische Staatsbürger anerkannt werden (vgl. Lau 1990, S.19).

Bislang hat die Bevorzugung einer privilegierten Elite keine sozialen Unruhen in Hong Kong erzeugt. Je näher jedoch 1997 rückt, desto stärker dürfte der Druck auf die politische Führung in Großbritannien und Hong Kong nach zusätzlichen Sicherungsmaßnahmen sein. Besonders diejenigen, deren berechtigte Erwartungen auf einen britischen Paß enttäuscht wurden, werden sich fragen, warum das Vereinigte Königreich 'nur' 225.000 Personen aufzunehmen gedenkt. Wenn London wirklich volles Vertrauen in die chinesische Regierung hätte, wären Befürchtungen über einen Massenexodus nach Großbritannien unbegründet. Das 'Nationalitätenpaket' macht diesen Widerspruch deutlich.

1.4 Verhalten der Hong Kong-Chinesen

Nachdem anfänglich der Glaube an die Gemeinsame Erklärung und der Reformkurs in der VR China den Fortbestand der Wirtschaftsmetropole Hong Kong zu sichern schien, verzeichnet die britische Kronkolonie spätestens seit 1987 enorme Auswanderungsbewegungen. Ursache dieser Empfindsamkeit ist nicht zuletzt die Tatsache, daß ein Großteil der Hong Kong-Chinesen Flüchtlinge aus China sind bzw. von Eltern abstammen, die dem chinesischen Reich den Rücken kehrten. Veränderungen und Vorgänge in der VR werden daher mit größter Achtsamkeit verfolgt.

Vor allem überdurchschnittlich gut ausgebildete Leute verlassen die Kronkolonie, da sie weder politisches noch wirtschaftliches Vertrauen in die Machthaber Chinas haben. Im Unterschied zu großen Massenabwanderungen impliziert die auch als *brain drain* bezeichnete Ausdünnung des mittleren Managements somit eine qualitative Komponente.

Nach Untersuchungen des Hong Konger Institute of Personell Management handelt es sich bei den Auswanderern um Personen zwischen 30 und 40 Jahren mit einem durchschnittlichen Jahreseinkommen von 200.000 - 250.000 HK$ (4 HK$ = 1 DM); besonders betroffen sind der Banken- und Versicherungssektor, die Computerindustrie sowie die akademischen Berufe (vgl. Peat Marwick 1988b, S.11). Neben der politischen Unsicherheit wird die Abwanderung aber noch von anderen Gründen beeinflußt. So beurteilten die Ausreisewilligen beispielsweise das Hong Konger Sozialsystem, insbesondere die Renten, als unzureichend. Für ihre Kinder erhoffen sich viele Familien bessere Ausbildungsmöglichkeiten in Übersee (vgl. Peat Marwick 1988b, S.12).

Die beliebtesten Einwanderungsländer der Hong Kong-Chinesen sind Kanada, Australien und die USA. Nach Auskunft des britischen Auswanderungsbeauftragten stellten diese drei Länder 1987 ca. 97,5% aller Visa aus, wobei der Hauptanteil mit 60% auf Kanada entfiel (vgl. Tab.47).

Tabelle 47:   **Einwanderer aus Hong Kong**

	Kanada*	USA*	Australien^
1983	6.710	12.525	2.756
1984	7.696	12.290	3.691
1985	7.380	10.975	5.136
1986	5.893	9.930	4.670
1987	16.170	8.785	7.509
1988	22.800	11.401	9.165 **

```
*    = Kalenderjahr              ^ = Finanzjahr (ab 1.Juli).
**   = Juli 1988-Mai 1989
```
Quelle: FEER, 27.7.1989; Skeldon 1989, S.24.

Mit dieser Wahl folgten die Hong Kong-Chinesen zugleich einer Liberalisierung der Einwanderungsbeschränkungen in diesen Zielländern. In Kanada wurden 1986 Restriktionen für bestimmte Berufsgruppen gestrichen, die zuvor eine feste Anstellung nachweisen mußten. Statt knapp 6.000 Visa im Jahre 1986 mußte das kanadische Konsulat in Hong Kong 1988 ca. 22.800 ausstellen (vgl. Johnson 1988, S.17). Der Ansturm hatte aber noch andere Ursachen. Aufgrund eines geänderten Punktsystems favorisiert Kanada seit Herbst 1987 u.a. Ärzte und Personen aus dem Gesundheitswesen. Aus Angst vor einer Neueinstufung ihrer Berufskategorie werden viele Hong Kong-Chinesen, die sich augenblicklich qualifizieren, so zu einer schnellen Entscheidung gedrängt.

Auch der Exodus in Richtung Australien ist das Resultat erleichterter Einwanderungsbedingungen. Durch eine Aufstockung der Immigrantenzahlen können jedes Jahr bis zu 150.000 Personen aus aller Welt ein australisches Visum erwerben (vgl. Peat Marwick 1988b, S.12). Im Vergleich zu 1984/85 bewilligte das australische Konsulat in Hong Kong 1987/88 doppelt so viele Visaanträge.

Die Auswirkungen des *brain drain* auf Hong Kong sind zahlreich (vgl. Peat Marwick 1988b, S.14 ff.):

- An erster Stelle steht der Verlust qualifizierter Arbeitskräfte, der die Investitions- und Zukunftspläne der ortsansässigen Firmen beeinträchtigt. Langfristige Vorhaben werden vermieden.

- Es kommt zu größeren Beschäftigungsfluktuationen auf allen Ebenen. Unternehmen werben ihrer Konkurrenz mit immer besseren Angeboten das Arbeitspotential ab.

- Der Arbeitskräftemangel führt dazu, daß höhere Löhne für unqualifiziertes Personal gezahlt werden. Hong Kongs internationale Wettbewerbsfähigkeit ist in Frage gestellt.

- Unternehmen im prosperierenden Dienstleistungssektor sehen ihre Wachstumschancen bedroht.

- Der *brain drain* gefährdet die internationale Reputation der Wirtschaftsmetropole Hong Kong und zukünftige Investitionsentscheidungen multinationaler Firmen.

- Angesichts kurzfristiger Auswanderungspläne sinkt das Interesse der Beschäftigten an den mittelfristigen Zielen ihrer Betriebe.

- Bis zur Erlangung einer ständigen Aufenthaltserlaubnis im Ausland sind Familien oftmals zwei bis drei Jahre voneinander getrennt.

- Mit den Auswanderungsbewegungen kommt es zu einem Kapitalabfluß, der zwar nicht überschätzt werden sollte, dessen symbolische Bedeutung jedoch hoch anzusetzen ist.

Da die Unternehmen die politischen Realitäten nicht zu ändern vermögen, sollten sie zur Schadensbegrenzung folgende Strategien anwenden:

- Bekenntnis zum Standort Hong Kong,
- Forcierung der Ausbildungs- und Trainingsmöglichkeiten,
- Einleitung von Rationalisierungsmaßnahmen,
- Unterstützung der Ausbildungsmöglichkeiten im Ausland,
- Rekrutierung asiatischer Fachkräfte.

Angesichts der neuen Ungewißheiten deutet vieles auf eine Intensivierung der Auswanderungsbestrebungen hin. In den Wochen nach dem Beijinger Massaker konnten sich die verschiedenen Auslandskonsulate in Hong Kong kaum vor Anfragen retten. Die Antragsformulare im australischen Hochkommissariat waren nach nur zwei Stunden ausgegangen (vgl. Chang/Winchester 1990). Auch Personen, die bisher keine Chance zur Auswanderung sahen, wollen die Kronkolonie nun verlassen. Für sie bieten die Staaten des Südpazifiks, Zentral- und Südamerikas sowie die Karibischen Inseln ein Auffangbecken, das im Vergleich zu Kanada, Australien und den USA mit geringen finanziellen Aufwendungen erreicht werden kann (vgl. Tab.48).

Tabelle 48: **Einwanderungsmodalitäten für Hong Kong-Chinesen in ausgewählten Ländern**

Land	Kosten (US$)	Voraussetzungen	Zeit
Australien	455.000 (*FEER*) 304.500 (*SCMP*)	- Familienbindungen - qualifizierte Kraft	Punkt- system
Belize	23.800	- keine	3 Monate
Brasilien	350.000 (in d. Wirtschaft)	- Familienbindungen	3-6 Mon.
Costa Rica	nicht bekannt	- Bankbestätigung über monatl. Mindestein- kommen (1.000 US$)	3 Monate Bearbei- tung
Jamaika	100.000	- Investitionsminimum (100.000 US$)	5 Jahre
Kanada	126.000	- höhere Summe in d. Wirtschaft	3 Jahre
Neuseeland	250.000	- Investitionsinteresse - verlangte Berufsgruppe	3-7 Jahre
Peru	5.70 (f.temporäres Visum)	- Arbeitsreferenzen - Gesundheitszeugnis - Flugticket	3-4 Tage
Philippinen	75.000 (Investoren) 50.000 (Pensionäre)	- Investitionen - Aktienbesitz	10 Jahre
Singapur	nicht bekannt	- qualifizierte Kraft, aber keine Auswande- rungsbedingung aus HK	3-4 Mon.
USA	nicht bekannt	- Familienunterstützung - verlangte Berufsgruppe	variabel

Quelle: Zusammengestellt aus: *SCMP* 29.7.1989 und *FEER*, 5.3.1990.

Die Angst vor der Zukunft zeigt sich zudem in einer verstärkten Frequentierung von Sprachkursen und Abendschulen, da Zusatzqualifikationen die Chancen im Ausland erhöhen. Daneben wird die Tätigkeit in einem internationalen Unternehmen oftmals dazu benutzt, eine ausländische Arbeitserlaubnis bzw. einen ausländischen Paß zu erwerben. Finanzinstitute wie die Banque Nationale de Paris sehen darin ein wichtiges Instrument, um ihre ortsansässigen Führungskräfte zu halten.

Nach Informationen der Hong Konger Regierung verließen 1988 ca. 45.000 Personen die Kronkolonie. Für 1990 geht man von 50.000 - 55.000 Emigranten aus (vgl. *Asia Yearbook 1990*, S.122). Die tatsächliche Auswanderungszahl dürfte aber aus zwei Gründen wesentlich höher liegen. Erstens wandert in vielen Fällen nur ein Familienmitglied aus, um die Lebensbedingungen im Ausland zu erkunden, während "die Angehörigen die vielfältigen Verdienstmöglichkeiten des Platzes Hongkong weiter zu nutzen trachten" (Odrich 1990, S.16). Zweitens kommen viele Hong Kong-Chinesen nach einem Auslandsaufenthalt mit einem neuen Paß zurück, ohne daß sie von der offiziellen Statistik registriert werden können.[6]

Bei gleichbleibenden Auswanderungsraten werden bis 1997 ca. eine halbe Million Personen Hong Kong verlassen. Verfallserscheinungen größeren Ausmaßes in der öffentlichen Verwaltung und Wirtschaft sind daher nicht auszuschließen. Die britische Kronkolonie steht vor einer erneuten Bewährungsprobe, die im wesentlichen vom Vertrauen in die Regierung der VR China abhängt. Hong Kongs einzige Garantie ist bislang ihr unschätzbarer wirtschaftlicher Nutzen für die Machthaber Beijings. Was aber geschehen wird, falls der wirtschaftliche Sachzwang Chinas nachläßt oder Hong Kongs Wachstumsraten sinken, fällt in den Bereich der Spekulationen.

2 Chinas Modernisierungsdilemma

Mit der Niederschlagung der Demonstrationsbewegung im Juni 1989 hat die jetzige chinesische Führung das ganze Ausmaß ihrer inneren Widersprüche offenbart. Als Folge der wirtschaftlichen Stagnation der Mao-Ära sollte zunächst mit Hilfe des Auslandes das Ziel der 'Vier Modernisierungen' verwirklicht werden. Gleichzeitig versuchte man durch die Aufrechterhaltung der 'Vier Grundprinzipien' (Diktatur des Proletariats, Führung der KP Chinas, Festhalten am sozialistischen System und an den Ideen des Marxismus-Leninismus-Maoismus) die politischen Reformen zu unterdrücken und "den Prozeß der Liberalisierung auf den wirtschaftlichen Bereich zu beschränken" (Menzel 1990, S.8). Westliche Unterstützung war nur insofern gefragt, als sie nicht zwangsläufig zu demokratischen Strukturen innerhalb der Gesellschaft führte.

Bereits seit 1986 hatte die Diskrepanz zwischen wirtschaftlicher Öffnung und diktatorischer Regierungsform die Studenten auf die Straße getrieben. Durch Säuberungskampagnen, in deren Verlauf Hu Yaobang, der Generalsekretär der KP Chinas, im Januar 1987 seinen Posten räumen mußte, gelang es der chinesischen Regierung, den Einfluß der Demonstrationen aber noch im Zaum zu halten. Zur Rechtfertigung ihres Vorgehens bedienten sich die politischen Machthaber zweier Argumente (vgl. Fang 1989):

- Die chinesische Kultur besitzt keine demokratische Tradition. Dem Volk fehlt die Fähigkeit, ein solches System zu tragen.

- Die wirtschaftliche Entwicklung erfordert kein demokratisches System, da ein diktatorisches Regime effizienter arbeitet.

Der zweite Widerspruch resultiert aus der Unvereinbarkeit von Markt- und Planwirtschaft. Statt völliger Preisreform setzt die Regierung auf Teilreformen. Eine Spaltung der Wirtschaft "in einen deregulierten privaten und einen regulierten öffentlichen Sektor, in freie und staatlich fixierte Preise" (Hankel 1988, S.41) führt zu Mißverständnissen. Inflation, Fehlkalkulationen, unzureichende Steigerung der landwirtschaftlichen Produktion und Arbeitslosigkeit sind Indikatoren dieser halbherzigen Wirtschaftsreform. Auf räumlicher Ebene zeigt sich dieser Prozeß in einer Spaltung des Wirtschaftsraumes. Der Modernisierung von Küstenstädten und SWZ steht die bewußte Unterentwicklung des chinesischen Hinterlandes gegenüber. Während die chinesische Regierung marktwirtschaftliche Aspekte in kapitalistisch orientierten Enklaven erproben will, tendieren die erfolgreichen Provinzen - allen voran Guangdong - zu wirtschaftlicher Unabhängigkeit. Da der Totalitätsanspruch des Staates derartige Aufsplitterungen aber nicht duldet, werden neue Privilegien selten gewährt.

Schließlich fördert der chinesische Reformkurs Korruption und Vetternwirtschaft auf höchster Funktionärsebene. Durch ihre Amtsmacht können sich viele Parteiführer staatliche Wirtschaftsgüter billiger beschaffen, "um sie mit gewaltigen Preiszuschlägen im privaten Sektor abzusetzen" (Fang 1989, S.11). Chinesische Außenhandelsfirmen in Hong Kong dienten Kindern und Verwandten führender Funktionäre als willkommene Gelegenheit der Bereicherung.[7] Eine solche Diktatur ist wohl kaum in der Lage, die selbst erzeugte Korruption zu überwinden. Jeglicher moralische Anspruch der kommunistischen Partei muß daher Widersprüche in der Bevölkerung hervorrufen. Gefragt ist eine Kontrolle der öffentlichen Amtsinhaber, die auf einer unabhängigen Rechtsprechung basiert.

Angesichts dieser Unzufriedenheit stellte der Tod Hu Yaobangs, "der als einer der reformfreudigsten Kräfte in der Parteiführung ... zum Symbol der unerfüllten Hoffnungen auf einen wirklichen Umbau der chinesischen Gesellschaft geworden" (Menzel 1990, S.7) war, den Anlaß der späteren Massenkundgebungen dar. Die Widersprüche der chinesischen Politik bestehen trotz des Blutbades und der folgenden Verhaftungswellen weiter. Chinas Gerontokraten greifen zum Schutz ihrer Machtposition auf die Orthodoxie der 50er Jahre zurück. In seiner Regierungsrede vor dem Nationalen Volkskongreß forderte Ministerpräsident Li Peng im März 1990, daß die Studenten wieder körperliche Arbeit und Militärdienste verrichten müßten, um von den Volksmassen zu lernen. Parallel dazu soll das Studium der Ideen Mao Zedongs intensiviert werden (vgl. *FAZ*, 21.3.1990). Beherrschend wirkt die These vom 'Neo-Autoritarismus', der die ökonomische Liberalisierung nur durch eine zentralisierte politische Macht in der Hand eines 'starken Mannes' oder einer 'starken Führungsgruppe' geschützt sieht (vgl. Heberer 1990, S.138). Trotz politischer Diskreditierung und internationalem Vertrauensverlust hält die chinesische Regierung an den Grundprinzipien des sozialistischen Weges fest. Auch ein Jahr nach den Ereignissen auf dem Tiananmen wirft der Generalsekretär Jiang Zemin dem Ausland einen "Mangel an Verständnis oder sogar eine feindliche Haltung gegenüber China" (*Beijing Rundschau*, 5.6.1990) vor.

Gerade jetzt kann es sich das chinesische Regime jedoch nicht leisten, die wirtschaftliche Reformbewegung zu beenden und ausländische Investoren zu verprellen. Nach dem Scheitern der politischen Erneuerung würde ein ökonomischer Mißerfolg jede Legitimation der Führungsspitze untergraben. Reformdruck entsteht aber noch von anderer Seite. Aufgrund der großen Überbevölkerung und den mißglückten Maßnahmen zur Geburtenkontrolle muß die VR China in Zukunft mit 15 Millionen Neugeborenen pro Jahr rechnen, deren Lebensstandard nur durch wirtschaftliche Wachstumsraten gesichert werden kann (vgl. Weggel 1990, S.156). Darüber hinaus stellt das Heer der in die Städte strömenden Landarbeiter ein Konfliktpotential dar, das durch eine entsprechende Reform der restriktiven Sparpolitik ohne Anheizen der Inflation entschärft werden muß. Auch wenn prominente Kräfte wie Zhao Ziyang ihre Posten räumen mußten und die geistige Elite des Landes wiederum Repressionen ausgesetzt ist, kann doch die chinesische Staatsführung den instrumentellen Charakter der Reformpolitik nicht leugnen.

Ein Jahr nach dem Beijinger Massaker befindet sich die Regierung damit weiterhin in einem Schwebezustand. Zwar neigt sich das politische Pendel zugunsten der konservativen Parteikader, doch propagiert nicht zuletzt Deng Xiaoping die Verknüpfung von Plan- und Marktwirtschaft. Die liberale Fraktion hat ihren Einflußbereich zumindest noch nicht vollständig verloren. Zu grundlegenden Richtungsänderungen ist die augenblickliche Führung aber kaum fähig, da die Machtbalance das Land zu lähmen scheint (vgl. Delfs 1990, S.16). Die wichtigste Frage lautet, wie die Nachfolge Deng Xiaopings entschieden wird. Seitens der Intellektuellen gibt man sich vorerst keinen demokratischen Illusionen hin, hofft aber auf einen 'aufgeklärten Führer', der China neue Impulse zu verleihen vermag.

3 Zukünftige Verflechtungschancen zwischen Hong Kong und der SWZ Shenzhen

Angesichts der jüngsten politischen Ereignisse erhält der Aspekt der Verflechtung zwischen Hong Kong und der SWZ Shenzhen eine neue Dimension. Zwei Faktoren sind langfristig von besonderem Interesse:

- die Bedeutung der SWZ-Politik für die chinesische Regierung,
- das internationale Vertrauen in den Standort Hong Kong.

Unter dem Vorsitz des stellvertetenden Premierministers Tian Jiyun fand Anfang Februar 1990 eine Konferenz in Shenzhen statt, in der die bisherigen Ergebnisse der SWZ-Entwicklung bewertet und die Aufgaben der nächsten Jahre umrissen wurden (vgl. *China aktuell*, Februar 1990, S.108). Konsistentes Prinzip der zukünftigen SWZ-Planung wird die exportorientierte Wirtschaft bleiben. Immerhin beträgt der Exportwert der Zonen ein Zehntel der gesamtchinesischen Ausfuhren, wobei aufgrund der Größe des Landes "die Entwicklungseffekte, die von Auslandsinvestitionen ausgehen, nicht im gleichen Maße ins Gewicht fallen können wie für Taiwan oder andere Entwicklungsländer" (Bolz et al.1989, S.215).

Zu den dringendsten Aufgaben zählt die Verbesserung des Investitionsklimas, die Anpassung an internationale Produktionsstandards, die Intensivierung der wirtschaftlichen Umstrukturierung und der Ausbau der Fensterfunktion für das Binnenland. Insbesondere der letzte Punkt ist allerhöchstens in Ansätzen erreicht worden, da Shenzhen noch immer eine entwickelte Peripherregion ohne ausreichende Verbindung zum Kernland darstellt. Vielmehr kann konstatiert werden, daß statt großräumiger Beschäftigungseffekte eine Absorption qualifizierter Arbeitskräfte aus den verschiedenen Provinzen erfolgte. So gesehen liegt die Bedeutung der bisherigen Zonenentwicklung weniger in ihrer volkswirtschaftlichen als in ihrer regionalen Auswirkung.

Auch in Zukunft setzt die VR China auf die Spezialisierung einzelner Regionen in einem abgestuften Wirtschaftssystem. Premierminister Li Peng hat den SWZ ein schnelleres Entwicklungstempo zugestanden als dem nationalen Durchschnitt, doch bei der Definition der Öffnungspolitik zugleich die 'neue' vorsichtigere Haltung der chinesischen Führung zum Ausdruck gebracht. Schnelle Resultate sollen vermieden und Neuerungen gründlich überprüft werden (vgl. *China aktuell*, Februar 1990, S.98), ehe sie auf nationaler Ebene zur Anwendung kommen. Für die nächsten Jahre zeichnet sich überdies eine geographische Verschiebung der Wirtschaftsschwerpunkte ab, die als Folge des inneren Machtwechsels gedeutet werden muß. Während der frühere kommunistische Parteichef

Zhao Ziyang die Interessen der Provinz Guangdong vertrat (Zhao war bis Anfang der 50er Jahre Parteichef dieser Provinz), erwartet man vom ehemaligen
Oberbürgermeister Shanghais und jetzigen Generalsekretär Jiang Zemin eine
stärkere Förderung der regierungsunmittelbaren Stadt. Shanghais Führungsspitze hat bereits einen Plan zur Errichtung ausländischer Bankfilialen vorgelegt und
damit ein Recht, das bislang nur den fünf SWZ vorbehalten war, für sich beansprucht (vgl. Cheng, E. 1990, S.38). Eine weitere Auswirkung der politischen
Situation wird die Neubesetzung der Provinzposten sein. Abgesehen von den
täglichen Wirtschaftsabläufen dürften weitreichende Entscheidungen entweder
wegen Unkenntnis oder politischer Ausrichtung blockiert werden. Bis die neuen
Führungskräfte wiederum ihre Vertrauenspersonen eingesetzt haben, tritt eine
längere Orientierungsphase ein.

Eine Verstärkung des zentralen Einflußbereichs wird die Pflichten Guangdongs
und seiner SWZ erhöhen. Nach den Tagen relativer Wirtschaftsautonomie können die SWZ nur noch 80% ihrer Deviseneinnahmen für sich behalten. Verglichen mit dem Vorjahr sank das Wirtschaftswachstum Guangdongs im Jahre 1989
zudem von 34% auf 14% (vgl. Cheng 1990, S.39). Neben dem politischen wird
somit auch der wirtschaftliche Druck zunehmen. Für die SWZ Shenzhen bedeutet das eine Konsolidierung ihrer bisherigen Ausgaben und Wachstumspläne, da
sie nicht mehr von staatlicher Unterstützung ausgehen kann. Mehr denn je
bekommt Shenzhen Experimentiercharakter zur punktuellen Erprobung marktwirtschaftlicher Elemente. Die Transformationsfunktion zur schrittweisen Reform des Gesamtsystems ist jedoch in Frage gestellt.

Der zweite Faktorenkomplex, der die Zukunft Hong Kongs betrifft, hängt sowohl
von inneren als auch äußeren Aspekten ab. Nach Ansicht des Hong Konger
Finanzministers David Nendick sollte der Ausbau des Finanzplatzes an erster
Stelle stehen und von der Regierung durch Verbesserungen der Infrastruktur
sowie durch die Sicherstellung der notwendigen Qualifikationserfordernisse
innerhalb der Bevölkerung unterstützt werden (vgl. Nendick 1989). Obwohl die
Kolonie hinter dem Finanzzentrum Tokyo die zweite Position innerhalb Asiens
einnimmt, kann dieser Verlust an Internationalität "durch den Zugewinn an
Regionalität dank der Öffnung des chinesischen, insbesondere südchinesischen
Marktes mehr als kompensiert werden" (Friedrich-Rust 1989, S.B3). Welche
Gefahren eine einseitige Ausrichtung auf die Belange Chinas heraufbeschwört,
haben die Auswirkungen des Beijinger Massakers auf den Servicesektor Hong
Kongs deutlich gemacht. Nur die VR China kann die entscheidenden vertrauens-
bildenden Maßnahmen für die wirtschaftliche Zukunft der Kronkolonie treffen.
Sollte ihr dieses nicht gelingen, wird sie zum größten Risikofaktor möglicher
sozialer Unruhen und ökonomischer Verluste.

Um dieses Konfliktpotential niedrig zu halten, müssen neben dauernden Verhandlungen mit der chinesischen Regierung auch Anstrengungen für eine ausge-
glichenere Wirtschaftsstruktur erfolgen. Angesichts eines internationalen Ver-
trauensverlusts scheinen die lokalen Wachstums- und Beschäftigungseffekte des
Dienstleistungsbereichs zu begrenzt. Eine erneute Akzentuierung der industrie-
wirtschaftlichen Bedeutung würde das Risiko mindern und der Kolonie Impulse
verleihen, die schließlich auch der SWZ Shenzhen zugute kämen.

Aufgrund der weltweiten Marginalisierungsversuche wird die VR China um den
Wert wissen, den Hong Kong für die internationale Anbindung ihrer Volkswirtschaft darstellt. Beijing kann es sich daher kaum leisten, die wirtschaftliche Prosperität der Kronkolonie durch einseitige Verlautbarungen zu untergraben. Auch
wenn die chinesische Führung augenblicklich nicht an weitreichenden Reformen
interessiert ist, wird sie auf lange Sicht nicht umhin können, dem südchinesischen
Entwicklungspotential Rechnung zu tragen. Denkbar ist eine südchinesische
Wirtschaftsunion mit Hong Kong und dem benachbarten Shenzhen als Oberzen-
trum. Je eher die VR China ihr Handeln darauf abstimmt, desto größer ist die
Wahrscheinlichkeit, daß Hong Kongs *brain drain* abnehmen wird und ausländische Investoren die Attraktivität dieses Raumes positiv bewerten.

Anmerkungen: Kapitel II

1) Von 1860 bis 1939 wuchs die Zahl der in Hong Kong ein- und auslaufenden Hochseeschiffe von 2.889 auf 23.881 an (vgl. *Hong Kong Annual Yearbook 1989*, S.335).

2) Diese Zahlen geben aber nur unzulänglich Aufschluß über die tatsächliche Situation, da sie nur registrierte Fabriken mit mehr als 20 Arbeitern erfassen.

3) Der Laissez-faire-Liberalismus geht davon aus, "daß der Marktmechanismus die Einzelinteressen der nach Gewinnmaximierung strebenden Konsumenten ausgleicht" (Schätzl 1986a, S.19).

4) Von den zwölf Schwesterbanken haben acht ihren Hauptsitz in China (Bank of Communications, Kwantung Provincial Bank, Sin Hua Trust Savings and Commercial Bank Ltd., Kincheng Banking Corporation, China and South Sea Bank Ltd., China State Bank Ltd., National Commercial Bank Ltd., Yien Yieh Commercial Bank) und vier sind in Hong Kong eingetragen (Nanyang Commercial Bank, Hua Chiao Commercial Bank Ltd., Chiyu Bank Corporation Ltd., Po Sang Bank Ltd.) (vgl. Chu 1984, S.238).

5) Schätzungen zufolge kontrollieren die chinesischen Banken etwa ein Drittel des Depositenvermögens der Kronkolonie (vgl. Duscha 1987, S.86).

6) Unter Re-Exporten versteht man hier den Import von Waren aus Drittländern nach Hong Kong, die von dort in andere Staaten exportiert werden. Nach der Definition der *Hong Kong Trade Statistics* können die Re-Exportprodukte bei der Verladung bestimmten Veränderungen unterliegen (z.B. Neubeschriftung, Abfüllung, Verpackung), wobei die Waren selbst unbeeinflußt bleiben.

7) Eine ausführliche Betrachtung des Handels China-Taiwan über Hong Kong findet sich bei Hsia (1984). Besonders interessant sind dabei die Geschäftspraktiken, die die große Bedeutung der Hong Konger Handelsfirmen unterstreichen (vgl. Hsia 1984, S.49 ff.).

8) Im Jahre 1985 waren ca. 82% aller Industriebetriebe Hong Kongs Kleinbetriebe mit jeweils weniger als 20 Beschäftigten (vgl. *Länderbericht Hong Kong 1986*, S.41).

9) Mit Hilfe der SMT gelingt es, elektronische Teile und Komponenten direkt auf die Schaltkreise zu löten, was das Volumen des Endprodukts erheblich reduziert (vgl. Hong Kong Trade Development Council 1988, S.8).

10) Das Handel- und Gastgewerbe hatte im ersten Quartal 1989 37.721 freie Plätze zu vermelden und der Banken-, Versicherungs- und Immobilienbereich 11.632 (vgl. Census and Statistics Department 1989).

11) Nachdem die Regierung sich auf Druck der Industrie und Handelskammern zu diesem Schritt entschlossen hat, verurteilen die Gewerkschaften diesen Schritt als inakzeptabel (vgl. *South China Morning Post*, 5.4.1989).

12) Freundliche mündliche Mitteilung des Hong Kong Lands and Survey Department vom 26.8.1989.

13) Die folgenden Ausführungen entstammen zum großen Teil einem Gespräch mit Herrn Savage, General Manager der HKIEC, vom 18.7.1989 und mehreren Besuchen der Gewerbeparks in Tai Po und Yuen Long.

14) Viele Eingeweihte sehen darin einen Hauptfaktor für die Zulassung der dänischen Brauerei Carlsberg. Obwohl Hong Kong mit San Miguel bereits seit 1930 über eine philippinische Bierbrauerei verfügt, wird die Ansiedlung in Tai Po auf das internationale Renommee und die große Kapitalkraft des Unternehmens geschoben.

15) Die Ausführungen zur Industriepolitik der Regierung entstammen einem Gespräch mit Herrn Henry T.W. Lau, Principal Trade Officer des Industrieministeriums, vom 4.7.1989.

16) Trotz seiner offenen Handelspolitik sieht sich Hong Kongs Textil- und Bekleidungsindustrie Importquotierungen in sieben Ländern und Regionen gegenüber (Schweden, Finnland, Österreich, EG, USA, Kanada, Norwegen), die im MFA (Multi-Fibre-Arrangement) geregelt sind und bis 1991 gelten. Überdies wird die Kronkolonie z.Z. mehrerer Dumpingvergehen innerhalb der EG angeklagt. Es handelt sich dabei um den Export von Videokassettenbändern, mobilen Telefonen und Fotoalben (freundliche mündliche Mitteilung von Frau Angela Y. Luk, Principal Trade Officer im Handelsministerium, vom 5.7.1989).

Anmerkungen: Kapitel III

1) Die Kongruenz von geöffneten Küstenstädten mit den Vertragshäfen des 19. Jahrhunderts läßt sich anhand folgender Auflistung nachweisen: Öffnung von Beihai (1877), Shantou (1860), Wenzhou (1877), Qingdao (1898), Yantai (1862), Tianjin (1861), Qinghuangdao (1901), Dalian (1907), Zhanjiang (1898) sowie Haikou (1876) auf der Insel Hainan (vgl. Buchholz/Schöller 1985, S.198 f.).

2) Federführend war dabei Sun Ru, der Direktor des Economic Institute of the Guangdong Academy of Social Sciences (vgl. Chan et al. 1986a, S.92).

3) Louven spricht in dieser Hinsicht von den begrenzten Einfluß- und Steuerungsmöglichkeiten, die ausländische Invevestoren bei einer Kooperation in bereits bestehenden Unternehmen haben (Louven 1987, S.98).

4) Seit der Öffnungspolitik rentiert sich die Maulbeerbaumpflege und Raupenzucht für viele Bauern nicht mehr. Ungenutzte Spinnmaschinen in zahlreichen Betrieben sind die Folge. Durch attraktive Verträge mit garantierten Preisen und Abnahmemengen hofft der Staat diesen Engpaß auszugleichen (Informationsgespräch in der Seidenspinnerei First Silk Filature Mill in Wuxi, 9.3.1989).

5) Die augenblickliche Ausweitung des Hafens von Qingdao vollzieht sich in Richtung Huangdao, der Entwicklungszone der geöffneten Küstenstadt.

Nördlich des neuen Qianwan Hafens findet sich bereits jetzt ein Ölterminal mit einer Jahreskapazität von 10 Mio. t (Informationsgespräch mit Herrn Wang, Vertreter der Hafenbehörde, vom 17.3.1989).

6) Informationsgespräch mit Herrn Shu Wang, Leiter des Städtischen Planungsamtes von Qingdao, vom 15.3.1989.

7) Deng Xiaoping hat die besondere Bedeutung der SWZ durch ihre vierfache Fensterfunktion definiert. Als Fenster für Technologie, Wissen, Management und Außenpolitik sollen sie ihre vom Ausland gewonnenen Erkenntnisse an das Binnenland weitergeben (vgl. die ausführliche Betrachtung bei Liang 1985, S.72 ff.).

8) Da Hainan erst im Frühjahr 1988 den Status einer SWZ erhalten hat, beziehen sich die folgenden Standortkriterien lediglich auf die "ursprünglichen" vier SWZ. Eine genaue Standortanalyse der Insel Hainan bleibt einem späteren Abschnitt vorbehalten (vgl. 3.4).

9) Das von Deng Xiaoping Anfang der achtziger Jahre vorgebrachte pragmatische Konzept 'ein Land, zwei Systeme' verdeutlicht das Verständnis der VR, unterschiedliche Wirtschafts- und Gesellschaftssysteme in friedlicher Koexistenz miteinander zu vereinigen. Ziel ist die Wiedereingliederung Hong Kongs, ohne daß die jetzige britische Kronkolonie ihren eigenständigen Charakter verliert. Darüber hinaus dient die erfolgreiche Anwendung dieses Konzepts als Modell für eine Rückkehr Taiwans und Macaos nach China (vgl. *Beijing Review* 1985, S.105 ff.).

10) Beide Partner müssen eine gemeinsame Durchführbarkeitsstudie (feasibility study) erstellen, die u.a. Aufschluß über die Höhe der Kapitalbeiträge, die Preispolitik und über die eingesetzten Technologien geben soll. Danach werden die Unterlagen dem Volkskongress zugeleitet. Bei Zustimmung erfolgt eine Registrierung bei der Kommunalverwaltung (vgl. Bolz et al. 1989, S.113).

11) Falls das Unternehmen seinen Produktionsablauf ändert und den freigesetzten Arbeitnehmer nicht an anderer Stelle einsetzen kann, ist eine Entlassung möglich (vgl. dazu die Ausführungen über die SWZ Shenzhen bei Bolz et al. 1989, S.116).

12) Einen guten Überblick über die Entwicklung der taiwanesischen EVZ vermitteln Currie (1979), Wang (1980) und Oborne (1986).

13) Zur Vorzugsbehandlung taiwanesischer Unternehmer in Xiamen zählt u.a. das Recht, selbst darüber entscheiden zu können, welchen Prozentsatz ihrer Güter sie im chinesischen Binnenland verkaufen wollen (vgl. *A Guide for Investment in Xiamen SEZ* (1988), S.10).

14) Auf dem Nationalen Volkskongreß im März/April 1989 wurde die Verpachtung des Hafens Yangpu von vielen Parteikadern als ein Rückfall in die Zeit ausländischer Konzessionen beurteilt. Aber nicht nur die alte Parteiführung unter Zhao Ziyang, sondern auch der neue kommunistische Parteichef Jiang Zemin hat seine Zustimmung zu diesem Projekt gegeben (vgl. *South China Morning Post*, 17.7.1989).

Anmerkungen: Kapitel IV

1) Die Vorschläge zur Größe der SWZ sahen u.a. die Ausweisung eines 250 qkm umfassenden Territoriums westlich der Stadt Shenzhen vor (vgl. Wong 1982, S.7).

2) Die Informationen basieren auf einem Gespräch mit dem Manager des Industry Department der SSEZDC vom 2.3.1989.

3) Die Aufenthaltsdauer der Beschäftigten hängt von einem Zeitvertrag ab, der nach Anfrage des Zonenunternehmens zwischen der Labour Service Company der SWZ und der lokalen Provinzverwaltung geschlossen wird. "Trotz der Attraktivität der Zonen für Arbeitskräfte sind Fachkräfte nicht immer leicht zu bekommen, weil die Arbeitsämter im Binnenland qualifizierte Kräfte ungern in die Zonen ziehen lassen." (Bolz et al. 1989, S.176)

4) Angesichts der territorialen Größenunterschiede zu den anderen SWZ und der späteren Entwicklung Hainans wird hier auf eine Einbeziehung dieser SWZ verzichtet.

5) Nach freundlicher Auskunft von Herrn Prof. Zheng Tian Lin, stellvertretender Direktor der Shenzhen University und Leiter des Fachbereichs für Finanz- und Handelswesen, vom 7.8.1989.

6) Die folgenden Informationen entstammen, soweit nicht anders vermerkt, einem Gespräch mit Herrn Liang Xian, General Manager der Entwicklungs- und Forschungsabteilung der China Merchants Holdings Co., Ltd., vom 14.8.1989.

7) Eine Analyse der Herkunft der Investitionen ergab 1986 folgende Auflistung: China (47,2%), China Merchants Holdings (12,9%), Hong Kong (18,9%), USA (16,7%), Japan (1,8%), Europa (1,2%) und Südostasien (1,3%) (vgl. China Merchants Holdings 1987, S.42).

8) Informationsgespräch mit Herrn Guo Yong Lu, Vizedirektor der Entwicklungs- und Forschungsabteilung der China Merchants Co., Ltd., vom 18.8.1989.

9) Informationsgespräch mit Herrn Deng Zhi Kin, dem chinesischen Manager der Lan Hai Electronic Ltd., vom 2.3.1989.

10) Informationsgespräch mit Herrn Prof. Zheng Tian Lun, Leiter des Fachbereichs für Finanz- und Handelswesen an der Shenzhen University, vom 7.8.1989.

11) Eine Bestätigung dieser Vorgehensweise findet sich bei Bolz et al., die nicht nur für Shenzhen, sondern auch für Zhuhai eine Unterbewertung anderer Investitionsgruppen feststellen (1989, S.147 ff.).

12) Wie viele andere statistische Angaben, so sind auch die Aussagen über Shenzhens Außenhandel recht widersprüchlich. Die Ergebnisse der *China Economic News* (29.2.1988) weisen z.B. darauf hin, daß auch 1987 die Handelsbilanz der SWZ defizitär war. Grundlage meiner Auswertung bildet auch hier das Zahlenmaterial von offizieller chinesischer Seite.

Anmerkungen 267

13) Eigene Erhebung vom 22.7.1989.
14) Der Shiyan Lake ist zwar Teil der Shenzhen Municipality, wird aber offiziell zu den Touristenstandorten der SWZ gerechnet.
15) Zu den Spezialbanken zählen: Industrial and Commercial Bank of China (ICBC), People's Construction Bank of China (PCBC), China's Agricultural Bank (ABC) und Bank of China (BOC). Sie unterstehen alle der People's Bank of China (PBOC).
16) Information von Herrn Liu Yiu, Marketing Officer des China Department der Hang Seng Bank in Hong Kong, vom 24.6.1989.
17) Information von Herrn Christopher E. Beckett, Manager der China Division der Standard Chartered Bank in Hong Kong, vom 26.6.1989.
18) Die Planungen von offizieller Seite gehen davon aus, daß die Passagierkapazität auf jährlich 36 Millionen angehoben werden kann (vgl. *Shenzhen Municipal Foreign Investment Service Centre*, Communication and Transportation). Dieser Wert ist m.E. ein weiterer Beweis für die unrealistische Einschätzung der Gesamtsituation. Vielfach drücken derartige Zahlen ein Wunschdenken der SWZ-Verwaltung aus, die zur Steigerung der Attraktivität Shenzhens die Wachstumserwartungen besonders hoch ansetzt.
19) Da nach eigenen Nachforschungen die Aussagen der China Merchants Holdings im Widerspruch zu verschiedenen westlichen Literaturquellen stehen (vgl. u.a. Göbbel 1986), können an dieser Stelle keine gesicherten Angaben über den Erfolg der Ölsuche im Südchinesischen Meer gemacht werden.
20) Informationsgespräch mit Herrn Guo Yung Lu, Vizedirektor der Forschungs- und Entwicklungsabteilung der China Merchants Shekou Industrial Zone Company, vom 18.8.1989.
21) Informationsgespräch mit Herrn Prof. Zhang Min-Ru, Leiter der Wirtschaftsabteilung an der Shenzhen University, vom 7.8. 1989.
22) Unter dem Gesichtspunkt des Umweltschutzes muß ferner das neue Flughafenprojekt Kritik hervorrufen. Durch Landgewinnungsmaßnahmen wird hier ein Stück intakter Vogelwelt bewußt zerstört.

Anmerkungen: Kapitel V

1) Girtler bemerkt dazu, daß der qualitativ orientierte Forscher zwar keine Prozentzahlen anzubieten vermag, doch zeigen kann, "wie das soziale Handeln aussieht und wie die Regeln beschaffen sind, die diesem Handeln zugrunde liegen" (Girtler 1988, S.153).
2) Bei vergleichenden Untersuchungen zur Wohnungswahl stellt Niedzwetzki fest, daß die Ergebnisse von Intensivinterviews umfassender sind als bei einer schriftlichen Befragung. Dennoch scheinen ihm diese Erkenntnisse "angesichts des ungemein höheren Arbeitsaufwandes" (Niedzwetzki 1984, S.79) zu teuer erkauft worden zu sein.

3) Für die aufopfernde Hilfsbereitschaft, die vielen intensiven Gespräche zur Wirtschaftsstruktur Hong Kongs und Shenzhens sowie die notwendigen Adressenlisten zur Kontaktaufnahme mit den Betrieben sei folgenden Personen gedankt: Frau Fiona Cheung und Herrn Wilson Law (Hong Kong Trade Development Council), Frau Monica Shum (Hong Kong General Chamber of Commerce), Frau Chin Chin Chee (Chinese General Chamber of Commerce), Herrn Alex Loo (Chinese Manufacturers' Association of Hong Kong).

4) Nach Schätzungen des Hong Kong Trade Development Council (HKTDC) werden mindestens 50% aller Industriebetriebe Shenzhens von Unternehmern aus Hong Kong getragen. Für die Shenzhen Municipality ergab sich 1987 eine Betriebsgrößenzahl von 1.582 (vgl. Shenzhen Municipal Foreign Propaganda Office, *Industry*). Da die SWZ 'normalerweise' 400-500 Betriebe weniger aufweist, wären 1987 ca. 550-650 Unternehmen von der britischen Kronkolonie verwaltet worden.

5) Da die befragten Unternehmen ihre Informationen nur unter Zusicherung der Anonymität preisgegeben haben, dient die hier vorgenommene Interviewnumerierung der leichteren Klassifizierung des jeweiligen Unternehmens im Text.

6) Stafford (1974, S.18) bemerkt dazu, daß die sogenannten klassischen Standortfaktoren zuerst aufgezählt werden, da sie das Selbstverständnis des Betriebsmanagers widerspiegeln. Mit zunehmender Gesprächsdauer und entspannter Atmosphäre werden jedoch mehr subjektive und persönliche Standortüberlegungen angeführt.
Da die gleichen Gesprächserfahrungen in Hong Kong und Shenzhen gemacht werden konnten, scheinen Intensivinterviews einer umfassenderen Motivationsanalyse gerechter zu werden.

7) Neben der wichtigen Funktion des Containerhafens muß auch auf die Bedeutung des Flughafens Kai Tak hingewiesen werden. Insbesondere bei dringenden Im- und Exportlieferungen wird auf die Möglichkeit der Luftfracht zurückgegriffen (Interview 10, 13, 17, 18).

8) Unter informellem Technologietransfer ist der Besuch von Messen und Konferenzen sowie das Studium von Fachliteratur zu verstehen (vgl. Hoffmann 1987, S.109).

9) Bei der Montage von Einzelteilen gilt es zwei Verfahren zu differenzieren: CKD (*complete knock down*) und SKD (*semi knock down*). Während das SKD eine bestimmte Vorfertigung der Waren voraussetzt (Halbfertigwaren), handelt es sich beim CKD um die Verarbeitung der gesamten Einzelteile.

10) Grundsätzlich richtet sich die Zahl der Verwaltungsratsmitglieder nach der Größe des Unternehmens. Nyaw/Lin (1988) konnten in ihrer Untersuchung über Joint Ventures in der SWZ Shenzhen nachweisen, daß zwar mit stei-

gender Betriebsgröße die Organisationsstruktur der Betriebe komplexer wird, der Erfolg der Kooperation jedoch von anderen Kriterien abhängt (z.b. Vermarktungskanäle, Devisenerlöse).

11) Die folgenden Informationen beruhen im wesentlichen auf einem Gespräch mit Herrn C.L. Choy, Zweigstellenleiter der HSB in Shenzhen, vom 24.6.1989.

12) Informationsgespräch mit Herrn A. Wong, Manager des Economic Research Department der HSB in Hong Kong, vom 22.6.1989.

13) Die folgenden Informationen entstammen im wesentlichen einem Gespräch mit Herrn C.E. Beckett, Manager der China Division der SCB in Hong Kong, vom 26.6.1989.

14) Die Filiale der Hongkong and Shanghai Banking Corporation (HKSB) in Shenzhen weist die gleichen Merkmale auf. Aufgrund ihrer traditionellen Beziehungen zum chinesischen Hinterland erhielt die HKSB im Jahre 1985 als erste ausländische Bank das Recht, ein Büro in Shenzhen zu eröffnen. Gegenwärtig verfügt die HKSB über fünf Repräsentanzen (Beijing, Guangzhou, Dalian, Tianjin, Wuhan) und drei Filialen (Shenzhen, Xiamen, Shanghai) in der VR China (Informationsgespräch mit Herrn Eldridge, Deputy Area Manager China der HKSB in Hong Kong, vom 11.8.1989).

15) Die folgenden Informationen basieren im wesentlichen auf einem Gespräch mit Herrn V.F. Chan, Leiter des Economic Department der SYHC in Hong Kong, vom 10.8.1989.

16) Die Informationen entstammen im wesentlichen Gespächen mit Herrn P.S. Li, General Manager der Forschungsabteilung der CMH, vom 14.8.1989 in Hong Kong sowie Herrn Guo Yong Lu, Stellvertreter Direktor der Forschungsabteilung, vom 18.8.1989 in Shekou.

Anmerkungen: Kapitel VI

1) Da die chinesische Regierung keine Firmenlisten über ihre Aktivitäten in Hong Kong veröffentlicht und aus ideologischen Gründen gar nicht gewillt ist, dem abzuhelfen, beruhen die meisten Angaben auf Schätzungen (vgl. Chan 1986, S.14).

2) Die CITIC hat einen Aktienanteil von 24,5% an dem seit August 1989 eröffneten östlichen Hafentunnel (East Harbour Tunnel) zwischen der Insel Hong Kong und Kowloon.

3) Auf Weisung Beijings wurde Li Zisong, der langjährige Herausgeber der in Hong Kong erscheinenden kommunistischen Zeitung Wen Wei Po entlassen. Während der Demokratiebewegung hatte die Wen Wei Po in verschiedenen Leitartikeln ihre Sympathie für die Liberalisierungswünsche der Studenten bekundet (vgl. *FEER*, 3.8.1989).

4) Die gleiche Untersuchung förderte zutage, daß 37% der Unternehmen ihre Produktionsstätten ausbauen wollen. Negativ wurden hingegen das Arbeitskräfteangebot und die hohen Mieten für industrielle Nutzungen eingeschätzt. Für den Bereich der Büromieten ermittelte eine internationale Immobilienfirma, daß Hong Kong mit 1.131 US$ pro m^2/Jahr weltweit den dritten Platz hinter Tokyo (2.191 US$) und London (1.540 US$) einnimmt (vgl. Conception 1990, S.39).

5) Entgegen der noch immer weitverbreiteten Formel NICs (Newly Industrialized Countries) beschreibt der Begriff NIEs den Status der 'Vier Kleinen Drachen' (Hong Kong, Singapur, Südkorea, Taiwan) weitaus präziser:
   1. Hong Kong ist kein Land, sondern eine britische Kronkolonie, an deren Spitze ein von London ernannter Gouverneur steht.
   2. Taiwans Alleinvertretungsanspruch für das gesamte China scheint ein Relikt aus den Tagen des Kalten Krieges zu sein. Die von Staatspräsident Lee Teng-hui vertretene Formel 'Ein Land, zwei Regierungen' veranschaulicht den neuen politischen Pragmatismus der Insel, die sich nunmehr als abgespaltene Provinz und Vorbild Chinas versteht. Auf internationaler Ebene unterhält Taiwan zudem nur noch diplomatische Beziehungen zu einigen kleineren Ländern Mittelamerikas (z.B. Costa Rica, Grenada).

6) Trotz seiner Mitgliedschaft in der ASEAN wird Singapur aufgrund seines Wirtschaftspotentials den NIEs zugerechnet.

7) Vom 5. bis 7.November 1989 trafen sich Minister aus zwölf Nationen (Japan, Südkorea, USA, Kanada, Australien, Neuseeland und den sechs ASEAN-Staaten), um die ersten Schritte zur Gründung der APEC (Asia-Pacific Economic Cooperation) einzuleiten. Im Mittelpunkt wird die Intensivierung des regionalen Handels, der Investitionen sowie des Technologietransfers zwischen den ärmeren und reicheren Ländern stehen. Sowohl die USA als auch Japan befürworteten eine Teilnahme Hong Kongs (vgl. Rees 1989, S.10 f.).

Anmerkungen: Kapitel VII

1) Der ausführliche Text des Grundgesetzes findet sich in der *Beijing Rundschau* vom 1.Mai 1990. Die folgenden Angaben und Zitate stammen aus dieser Ausgabe.

2) Der Wirtschafts- und Finanzsektor Hong Kongs bleibt von den Zentralisierungsbestrebungen weitgehend ausgespart. Die zukünftige SVR "regelt ihre Finanzen unabhängig" (GG, Art.106), "praktiziert ein unabhängiges Besteuerungssystem" (GG, Art.108), soll ihren Status als internationales Finanzzentrum beibehalten (GG, Art.107), "bietet einen freien Kapitalfluß" (GG, Art. 112) und "behält den Status eines Freihafens und erhebt keine Zölle, sofern nicht vom Gesetz anders festgelegt" (GG, Art.117).

3) Es handelt sich um den Zeitungsherausgeber Louis Cha und den anglikanischen Bischof Peter Kwong (vgl. *FEER*, 1.6.1989).

4) Aus Protest gegen die Studentendemonstration transferierten viele Hong Konger Bürger ihre Sparguthaben von chinesischen Banken auf lokale oder internationale Finanzinstitute. Nach verschiedenen Schätzungen belief sich diese Kapitalsumme an den ersten beiden Tagen nach dem Massaker auf ca. 1,03-1,54 Mrd.US$ (vgl. *FEER*, 7.9.1989).

5) Von den 5,7 Millionen Einwohnern der britischen Kronkolonie sind ca. 3,25 Millionen in Hong Kong geboren. Nur sie besitzen einen Paß, der sie als 'Bürger der britischen abhängigen Territorien' ausweist. Alle anderen Hong Kong-Chinesen stammen aus dem Ausland und verfügen daher über einen Personalausweis. Die Nationalitätenfrage berücksichtigt lediglich den Status der in Hong Kong geborenen Personen.

6) Nach wie vor fehlen detaillierte Informationen über die Emigranten. So ist weder deren genaue Zahl und Geschlecht noch deren Ausbildungsgrad bekannt. Zudem weiß die Kolonialregierung nicht, ob viele Personen eine temporäre oder permanente Aufenthaltserlaubnis in den Zielländern erworben haben (vgl. Skeldon 1989, S.24).

7) Dazu drei Beispiele vom Herbst 1988 (vgl. Seidlitz 1988, S.38):
   - Stellvertretender Generalsekretär der Xinhua News Agency ist der Sohn des ehemaligen Außenminister Qiao Guanhua.
   - Deng Pufang, der Sohn Deng Xiaopings, ist am Aufbau der Kang Hua Industrial Company beteiligt.
   - Die China Everbright Holdings wird von Wang Guangying, dem Schwager des ehemaligen Präsidenten Liu Shaoqi, geleitet.

Summary

China's economic policy has been characterized by a number of reforms since the end of the Mao era. One important aspect of these reforms is the new open-door policy and, as its central focus, the development of special economic zones (SEZ). As windows for technology, management and know-how, they have the task of introducing market-oriented policies into a socialist system. The basis for this ambitious project is the idea of cooperation with foreign investors. In doing so, the Chinese side offers cheap labour, low taxes and land, and the foreign partner capital, technology and management.

So far Shenzhen SEZ has proved to be the most advanced of the five SEZs (Shenzhen, Hainan, Xiamen, Shantou, Zhuhai) in this process with the highest amount of foreign investment. Moreover, the proximity to Hong Kong, which will be a "Special Administrative Region" within the People's Republic of China after June 30, 1997, has given the development of Shenzhen a new dimension. As a result, there are two different economic and social systems next to each other which are no longer characterized by mere coexistence but rather by cooperation. Interrelationships dominate the new picture of this region.

Shenzhen SEZ will serve as an important case study for the integration of the market economy into a socialist system, while the British Crown Colony Hong Kong has already now the chance of using its international competitiveness for a deeper economic connection with the SEZ.

Since economic and political factors constitute the frame for an appropriate understanding of the interrelationships, the characteristics of each region are of great importance. For Hong Kong this means an analysis of the four stages of economic growth. In chronological order these are its functions as an entrepot port (1842-1941), the dominance of industry (1945-1975) and the transformation process at the end of the seventies which modernized and upgraded all fields of the economy. Special emphasis will be put on the China factor (Chapter II).

Chapter III deals with the conception of SEZs as instruments for a regional planning policy in China. The analysis is based on three aspects. At first the theoretical and ideological principles of the reforms are compared with former historical experiences as well as illustrated in their geographical settings (14 open coastal cities and 5 economic zones). The second part of the Chapter aims at showing the special features of the SEZ and juxtaposes them with export processing zones. Finally, four SEZs (Xiamen, Zhuhai, Shantou, Hainan) are investigated for pointing out the multifunctional design of SEZs and their difference to Shenzhen.

Shenzhen's development and economic characteristics reveal Hong Kongs influence (Chapter IV). Compared with the overall foreign investment, Hong Kong alone signed about 90% of the contracts between Shenzhen and other countries. Further indications of industrial connections are the different forms of cooperation and technology transfer between Hong Kong and Shenzhen. Although the SEZ started with rather low forms of cooperation, the managers seem to have understood that processing and assembling alone limits a technology transfer in the long run. Whether the growing number of joint venture contracts (equity and contractual joint ventures) are a proof for an intensified technology transfer, remains to be seen. Until now Hong Kong investors do not seem to be very interested in closing the technological gap. Shenzhen's knowledge of this situation has led to various efforts, e.g. the construction of the Shenzhen Science and Technology Industrial Park. In this way, the SEZ has started a difficult transformation process while labour-intensive industries still dominate.

Apart from looking at the industry and its special locations in the SEZ (Shekou, Shangbu, Bagualing etc.) other growth sectors are also dealt with. In this respect, the financial sector, tourism, agriculture and real estate complement the picture of the multifunctional dynamic of the Shenzhen SEZ. However, Shenzhen like all the other SEZs face an essential dilemma. On the one hand, every failure of Shenzhen means a loss of prestige for the reform-oriented politicians. On the other hand, a successful development of the SEZs causes problems because it raises doubts about the superiority of the socialist system in mainland China. While Shenzhen internationally represents an economic prestige object for the take-over of Hong Kong, internally it represents merely an experiment. Under these circumstances the Shenzhen SEZ is an ambiguous territory whose economic and social problems (corruption, black market) are symptoms of a contradictory SEZ policy.

The analysis of the microstructural interrelationships in Chapter V looks at the mutual economic cooperations and its resulting effects on Hong Kong and Shenzhen. Since the light industry sector dominates the development at both locations, it will serve as the basis for this investigation. With the help of qualitative interviews, motivations and experiences of Hong Kong investors in Shenzhen can be identified. By gathering information from the inside perspective, Hong Kong investors can be classified into three groups whose different company strategies result in specific interrelationships between the Crown Colony and Shenzhen. On the whole, the vast majority of Shenzhen's firms is not free in their decision-making process but has to follow instructions from Hong Kong.

Furthermore, interviews with industrial cooperations show that Hong Kong's and China's different economic and social systems lead to misunderstandings in the company policy. The wish to cooperate is contrasted with the company or state interest. Relationships between banks in Hong Kong and Shenzhen add to the picture of a financial dependency in this border region.

The last part of this Chapter concentrates on Shenzhen's impact on Hong Kong. Two Chinese firms are seen as representatives of an active company policy which regards the Crown Colony as an ideal information and service centre for trade with Asia, Europe and the USA.

Chapter VI deals with Hong Kong's future role. The Colony develops towards an intermediary whose function is determined by its economic relations with China and its competitiveness in East-Asia. While the first aspect is characterized, amongst other things, by the proliferation of Chinese firms in Hong Kong, the second aspect shows the growing economic power of the NIEs (Newly Industrialized Economies = Singapore, Hong Kong, Taiwan, South Korea) and the ASEAN countries. If Hong Kong realizes its own potential as a service centre in this region by using the ASEAN states and China as locations for labour-intensive industries, it has good prospects of preserving its economic autonomy.

The last Chapter evaluates future cooperation prospects between Hong Kong and Shenzhen. As a result of the suppression of the student demonstration in Beijing on June 4, 1989 the solution of Hong Kong's question of confidence has achieved highest priority. In this sense, the new Basic Law of the "Special Administrative Region" Hong Kong, the British position, the result of the Tiananmen massacre and the emigration of the Hong Kong Chinese are analyzed. Finally, China's domestic policy influences the current interrelationships. For this reason every contradiction of the reform policy minimizes more intensive cooperation steps.

275

Literatur- und Quellenverzeichnis

1 Abhandlungen, Zeitschriften, Zeitungen und Statistiken

Administration of Shantou Special Zone (1988), *Shantou Special Economic Zone Investment Guide*, Shantou

Agassi, Judith (1969), "Social Structure and Social Stratification in Hong Kong", in: Jarvie, J.C. (Hrsg.), *Hong Kong: A Society in Transition*, London, S.65-75

A Guide for Investment in Xiamen SEZ (1988), Xiamen

Ahn, D.-S. (1983), "Indigenisierungstendenzen und Joint Venture-Praxis in ASEAN-Ländern", in: Hottes, Karlheinz u. C. Uhlig (Hrsg.), *Joint Ventures in Asien*, Stuttgart, S.277-306

Ai Wei (1985a), "From Special Economic Zones to Economically-Opened Regions", in: *Issues and Studies*, März, Taipeh, S.9-13

Ai Wei (1985b), "The special economic zones in mainland China: an analytical study", in: *Issues and Studies*, Juni, Taipeh, S.117-135

Alber, W. (1984), "Feldforschung als Textproduktion? Rollenhandeln zwischen sozialwissenschaftlichem Erkenntnisanspruch und alltäglichen Bedürfniskonzepten", in: Jeggle, U. (Hrsg.), *Feldforschung. Qualitative Methoden in der Kulturanalyse*, Tübingen, S.112-128

Almanach of China's Foreign Economic Relations and Trade (1988), Beijing, Hong Kong

Alpe, Ron (1985), "How to solve the Shenzhen dollar dilemma", in: *The Guardian*, 28. März 1985, London

An Ting (1986), "Dalian Economic and Technological Development District", in: *China Market*, Nr.3, S.34

Annals of China's Enterprise Register, Shenzhen SEZ (1988), State Administration for Industry and Commerce of the People's Republic of China (Hrsg.)

Ariff, M. u. H. Hill (1985), *Export-oriented Industrialization: The ASEAN Experience*, Sydney

Aschinger, Franz (1965), *Wirtschaftsphänomene des Fernen Ostens*, Zürich

Asia Yearbook, Far Eastern Economic Review, Hong Kong (Hrsg.), zahlreiche Jahrgänge

Atlas of Natural Resources and Economic Development of Shenzhen 1985, Beijing

Atteslander, P. (1975), *Methoden der empirischen Sozialforschung*, Berlin, New York

Auf der Heide, Ulrich (1970), "Hong Kongs Stellung im Welthandel", in: *Geographische Rundschau*, Jg.22, S.92-96

Baark, Erich (1985), *New Technology Policy and Foreign Investments of China*, Berlin

Bade, F.-J. (1977), *Die Mobilität industrieller Betriebe*, Discussion Papers 14, Berlin ders. (1979), "Funktionale Aspekte der regionalen Wirtschaftsstruktur", in: *Raumforschung und Raumplanung 37*, S.253-268

Bähr, Jürgen (1990), "Weltbevölkerung", in: *Geographische Rundschau*, Jg.42, H.1, S.48-54

Baker, Steve K. (1988), "Finance", in: The American Chamber of Commerce (Hrsg.), *Doing Business in Today's Hong Kong*, Hong Kong, S.27-54

Balakrishnan, N. (1989a), "The next NIC", in: *FEER*, 7. September 1989, S.96-99

ders. (1989b), "Race for second place. Hongkong, Singapore market rivalry intensifies", in: *FEER*, 7. Dezember 1989, S.60-61

ders. (1989c), "The south will rise", in: *FEER*, 4. Mai 1989, S.76-77

Basile, Antoine u. Dimitri Germidis (1984), *Investing in Free Export processing Zones*, Paris

Baum, Richard (1986), "China in 1985: the greening of the revolution", in: *Asian Survey*, Bd.26, H.1, Januar 1986, Berkeley (Calif.), S.30-53

Baumann, Jörg (1983), *Determinanten der industriellen Entwicklung Hongkongs 1945-1979*, Hamburg

Beazer, William F. (1978), *The Commercial Future of Hong Kong*, New York

Becker, Fritz u. Klaus Thiel (1980), *Strukturen und Bewertungen deutsch-indischer Joint Ventures in Indien. Ein Beitrag zur Entwicklungsforschung*, Bochum

Beckett, C.E. (1985), "Hong Kong's China Market", in: *China Business Review*, Nr.5, Washington, S.41-43

Beier, Christoph (1988), Neuere Regionalansätze in der VR China - untersucht am Beispiel der Region Jinhua, Provinz Zheijiang. Diplomarbeit am Institut für Geographie der TU München

Beijing Review (Beijing Rundschau), zahlreiche Jahrgänge

Benham, F.C. (1956), "The growth of manufacturing in Hong Kong", in: *International Affairs*, Oktober 1956, London, S.456-463

Benzenberg, W. (1977), *Wachstum und Planung in Tsuen Wan und Kwun Tong*, Köln

Bersten, M. (1978), "Hongkong: northern pivot", in: *National Bank Monthly*, Juli 1978, Melbourne, S.5-7

Bian Zuying (1980), "Fuzhan woguo duiwai maoyi de jige wenti", in: *Guoji Maoyi Wenti*, Nr.1, S.6-14 (aus: Chai, J.C.H. 1988)

Böhn, Dieter (1987), *China. Volksrepublik China, Taiwan, Hongkong und Macao. Länderprofile*, Stuttgart

Bolz, K. et al. (1989), *Freihandels- und Sonderwirtschaftszonen in osteuropäischen Handelsländern und in der Volksrepublik China. Gutachten im Auftrage des Bundesministeriums für Wirtschaft*, Hamburg

Bonavia, David (1986), "Forward to Uncertainty", in: *FEER*, Nr.2, 20. März 1986, S.57

Bowring, P. (1990), "Change in emphasis", in: *FEER*, 28. Juni 1990, S.12-13

Brede, Helmut (1971), *Bestimmungsfaktoren industrieller Standorte. Eine empirische Untersuchung*, Berlin/München

Breithaupt, Hans (1985), "Weltwirtschaft zur Jahresmitte: VR China", in: *Mitteilungen der Bundesstelle für Außenhandelsinformationen*, August 1985, Köln

Bronny, Horst M. (1979), "Methoden der Erfassung und Bewertung des sozioökonomischen Strukturwandels in industriellen Ballungsräumen - dargestellt am Beispiel des Ruhrgebiets", in: *Abh. d. 42. Deutschen Geographentages*, Göttingen, S.456-458

Brown, David G. (1982), "Sino-Foreign Joint Ventures: Contemporary Developments and Historical Perspective", in: *Journal of Northeastern Asian Studies*, Dezember 1982, S.25-55

Brown, E.H.P. (1971), "The Hong Kong Economy: Achievements and Prospects", in: Hopkins, K. (Hrsg.), *Hong Kong: The Industrial Colony*, Hong Kong, London, New York, S.1-20

Brücher, Wolfgang (1982), *Industriegeographie*, Braunschweig

Buchholz, Hanns Jürgen (1978), *Bevölkerungsmobilität und Wohnverhalten im sozialgeographischen Gefüge Hong Kongs*, Paderborn

ders. u. P. Schöller (1985), *Hong Kong: Finanz- und Wirtschaftsmetropole*, Braunschweig

ders. (1986), "Hong Kong", in: *Geographische Rundschau*, Jg.38, H.10, S.510-516

Bureau of Applied Social Research (1972), "Das qualitative Interview", in: König, R. (Hrsg.): *Das Interview. Formen, Technik, Auswertung*, Köln, S.143-160

The Bulletin (1988), The Chinese Chamber of Commerce (Hrsg.), "Harry Garlick updates the Chamber on Hong Kong investment in Shenzhen", September 1988, S.15-16

Bundeszentrale für Politische Bildung (1978, 1983), *Die Volksrepublik China. Informationen zur politischen Bildung*, H.166 u. 198, Bonn

Business Asia, Hong Kong, zahlreiche Jahrgänge

Business China, Hong Kong, zahlreiche Jahrgänge

Business International (1986), "Prospects for profits; Hongkong through 1990", 25. August 1986, Nr.34, New York, S.270 ff.

The Business Journal, The Chinese Manufacturers' Association of Hong Kong (Hrsg.), zahlreiche Jahrgänge

Buttimer, Anne (1979), "'Insiders', 'Outsiders', and the Geography of Regional Life", in: Kuklinski, A. et al. (Hrsg.), *Regional Dynamics of Socioeconomic Change*, Tampere, S.155-178

Butzin, Bernhard (1986), *Zentrum und Peripherie im Wandel. Erscheinungsformen und Determinanten der "Counterurbanization" in Nordeuropa und Kanada*, Münstersche Geographische Arbeiten 23

Cai Dongshi u. Xiao Li (1986), "Shantou Special Economic Zone Reviewed", in: *Joint Publications Research Service*, 4. August 1986, Springfield, S.27-30

Carver, Liz (1986), "Makings of a megalopolis", in: *FEER*, 10. April 1986, S.82-83

Census and Statistics Department (1981), *Hong Kong: 1970-1980. Social and Economic Trends*, Hong Kong dass. (1984a), *Estimates of Gross Domestic Product 1966 to 1983*

dass. (1984b), *1982 Survey of Wholesale, Retail and Import/Export Trades, Restaurants and Hotels*

dass. (1986), *Hong Kong 1986 By-Census. Main Report*

dass. (1987a), *1987 Survey of Transport and Related Services*

dass. (1987b), *1987 Survey of Storage, Communications, Financing, Insurance & Business Services*

dass. (1987c), *1987 Survey of Industrial Production*

dass. (1988), *Employment and Vacancies Statistics in Manufacturing, Mining & Quarrying, Electricity & Gas*

dass. (1989), *Report of Employment, Vacancies and Payroll Statistics*, März 1989

Chai, C.H. (1986), "The Economic System of a Special Economic Zone under socialism", in: Jao, Y.C. u. C.K. Leung (1986) (Hrsg.), *China's Special Economic Zones. Policies, Problems and Prospects*, Hong Kong, S.144-159

Chai Joseph (1983), "Industrial Co-operation between China and Hong Kong", in: Youngson, A.J. (1983) (Hrsg.), *China and Hong Kong: The Economic Nexus*, Hong Kong, S.104-155

ders. (1987), *The significance of China market to economic growth of Hong Kong*, University of Hong Kong, Centre of Asian Studies

ders. (1988), "Economic relations with China", in: Ho, H.C.Y. u. L. C. Chau (1988) (Hrsg.), *The Economic System of Hong Kong*, Hong Kong, S.140-154

Chan, Julina (1984), "SEZ will be like 'HK' before 1997", in: *SCMP*, 24. Februar 1984, Hong Kong

Chan, S.K. (1989), "Keeping pace with change", in: *Hong Kong Business Annual*, Hong Kong

Chan, Thomas M.H. (1985), "Financing Shenzhen's Economic Development: A preliminary analysis of sources of capital construction investments 1979-1984", in: *The Asian Journal of Public Administration*, Dezember 1985, Bd.7, Nr.2, Hong Kong, S.170-197

ders. et al. (1986a), "China's Special Economic Zones: Ideology, Policy and Practice", in: Jao, Y.C. u. C.K. Leung (1986) (Hrsg.), *China's Special Economic Zones. Policies, Problems and Prospects*, Hong Kong, S.87-104

ders. (1986b), *The Present Dilemma of China's Special Economic Zone Policy and the Possible Directions of Change*, Hong Kong

ders. (1986c), *Directory of Companies with PRC Capital in Hong Kong*, Hong Kong

ders. (1987), *A Critical Review of China's Special Economic Zone Policy based primarily on the experience of the Shenzhen Special Economic Zone*, Chinese University of Hong Kong

Chan, T.S.(1987), "Hong Kong: The marketing gateway to China", in: *Euro-Asia Business Review*, Oktober 1987, Bd.6, Nr.4, Chichester, S.15-17

Chang, Anthony u. Simon Winchester (1990), Hongkong - Angst vor dem "Roten Drachen", eine Produktion von Channel 4 und BBC, Sendung in West 3 v. 25. März 1990

Chang, C.Y. (1986), "Bureaucracy and Modernization. A Case Study of the Special Economic Zones in China", in: Jao, Y.C. u. C. K. Leung (Hrsg.), *China's Special Economic Zones. Policies, Problems and Prospects*, Hong Kong, S.105-123

Chang, P.-M. (1983), "China, Britain and the Future of Hong Kong", in: *Asia Pacific Community*, Tokyo, Nr.19, S.72-88

Chen, A.H.Y. (1988), "The Relationship between the Central Government and the SAR", in: Wesley-Smith, Peter u. A.H.Y. Chen (1988) (Hrsg.), *The Basic Law and Hong Kong's Future*, Hong Kong, S.107-110

Chen, David (1985), "Peking moves to halt corruption in SEZs", in: *SCMP*, 6. Februar 1985, Hong Kong, S.8

Chen, Edward K.Y. (1981), "Hong Kong multinationals in Asia, Characteristics and objectives", in: Kunas, K. (1981), *Multinationals from developing countries*, Lexington, S.79-99

ders. (1983), "The Impact of China's Four Modernizations on Hong Kong's Economic Development, in: Youngson, A.J. (Hrsg.), *China and Hong Kong: The Economic Nexus*, S.77-103

ders. (1984a), "The Economic Setting", in: Lethbridge, D. (Hrsg.), *The Business Environment in Hong Kong*, S.1-51

ders. (1984b), "Hong Kong", in: *World Development*, Bd.12, Nr.5/6, Oxford, S.481-490

ders. (1985), "Maintaining Hong Kong's prosperity", in: *China Business Review*, Sept./Okt., Nr.5, Washington, S.37-41

ders. (1988), "The Changing Role of the Asian NICs in the Asian-Pacific Region towards the Year 2000", in: Shinohara, M. u. Lo, F. (Hrsg.), *Global Adjustment and the Future of Asian-Pacific Economy*, Tokyo, S.207-231

Chen, Peter K.N. (1987), *The development of personell management practice in special economic zone enterprises of China*, Chinese University of Hong Kong, Centre for Contemporary Asian Studies

Chen, Ting Kai (1977), *Die Volksrepublik China*, Stuttgart

Chen Yegeng (1987), "China's Delta Economies - Space setters in rural economic structure", in: *China Market*, Nr.6, S.28-31

Chen Zhaowu (1986), "Forms and Structures of the Open Door in China's Coastal Areas", in: *Joint Publications Research Service*, 27. Juni 1986, Springfield, S.58-67

Chen Zhisong (1987), "Go-ahead given for superhighway", in: *China Daily*, 21. April 1987, S.1

Cheng, Chu-yuan (1983), "China's industrialization and economic development", in: *Current History*, Bd.82, Nr.485, Philadelphia, S.264-269 u. 279-280

Cheng, Elizabeth (1987), "Cheap labour pool: Hongkong investors find alternatives in China", in: *FEER*, 1. Oktober 1987, S.104-105

dies. (1989a), "No treasure island", in: *FEER*, 18. Mai 1989, S.58-59

dies. (1989b), "Business goes on", in: *FEER*, 27. Juli 1989, S.56-57

dies. (1990), "Now it's Bund aid", in: *FEER*, 15. März 1990, S.38-39

Cheng, J.Y.S.(1984) (Hrsg.), *Hongkong. In Search of a Future*. Hong Kong

ders. (1985), "Reform of the Economic Structure and 'One Country, Two Systems'", in: *The Australian Journal of Chinese Affairs*, Bd.7, Januar 1985, Canberra, S.109-120

Cheng, Terry (1988), "NCNA more than just a news agency", in: *SCMP*, 26. Februar 1988

Cheng, T.-Y. (1970), "Hong Kong: A Classical growth Model: A Survey of Hong Kong Industrialization 1948-68", in: *Weltwirtschaftliches Archiv 104*, S.138-158

ders. (1977), *The Economy of Hong Kong*, Hong Kong

Cheung Lai-Kuen (1988), "Xiamen a guinea pig for wider economic reforms", in: *SCMP*, 27. April 1988

ders. (1988b), "Work on Shenzhen airport to take off", in: *SCMP*, 26. Dezember 1988, S.1 u. 8, (Business Post)

ders. (1990), "Xiamen pulls US$ 160m foreign funds", in: *SCMP*, 2. Februar 1989

Cheung, S.H. (1986), "Shenzhen. Mixed border benefits", in: *China Trade Report*, August 1986, Hong Kong, S.13

Cheung, T.M. (1990), "Time signal. Peking plans to ease rules on joint ventures", in: *FEER*, 19. April 1990, S.80

China, Ministry of Foreign Economic Relations and Trade (1985), "General Situation of the Shenzhen Economic Zone", in: *Guide to China's Foreign Economic Relations and Trade: Cities newly opened to Foreign Investors*, Hong Kong

China aktuell, Institut für Asienkunde (Hrsg.), Hamburg, zahlreiche Jahrgänge

China Daily, Beijing, zahlreiche Jahrgänge

China Economic News, zahlreiche Jahrgänge

China Economic Weekly (1987), "Guangdong attracts billions; China's top exporter. Sales opportunities; Shenzhen", 23. November 1987, Cambridge, S.3 ff.

China Handbook Editorial Committee (Hrsg.), *Geography* (1983), Beijing, China Handbook Series

China International Economic Consultants 1986

China Market, Hong Kong, zahlreiche Jahrgänge

China Merchants Holdings Co., Ltd. (1987), *Survey*

dass. (1989), Informationsbericht v. 30.6.1989

China Pictorial Publications (1988): *Xiamen - A Special Economic Zone*, Beijing

China Reconstructs (1984): "Fourteen coastal cities", Bd.33, Nr.9, Beijing, S.34-39

China Trade and Investment 1988, Hong Kong

China Trade Report (1980), "Special zones", 18. November 1980, Hong Kong, S.8-13

China's Open Cities and Special Economic Zones (1986), Beijing

China's Foreign Economic Legislation (1988), Foreign Language Press (Hrsg.), Beijing

Chiu, T.N. (1973), *The Port of Hong Kong*, Hong Kong

ders. u. C.L. So (1983), *A Geography of Hong Kong*, Hong Kong

Chou, K.R. (1966), *The Hong Kong Economy. A Miracle of Growth*, Hong Kong

Chow, S.C. u. G.F. Papanek (1981), "Laissez-Faire, Growth and Equity - Hong Kong", in: *The Economic Journal*, Juni 1981, S. 466-485

Chu Baotai (1986), *Foreign Investment in China: Questions and Answers*, Beijing

Chu, David K.Y. u. Y.T. Ng (1982a), "The Chinese Special Economic Zones. A Geographical Appraisal", in: *Asian Geographer*, Bd.1, Nr.2, Hong Kong, S.13-23

ders. (1982b), "The Costs of the four SEZs to China", in: *Economic Reporter*, Nr.5 u. 6, Hong Kong, S.18-20 u. 17-19

ders. (1985a), *The Trends and Patterns of Direct Foreign Investment in China*, Hong Kong

ders. (1985b), "Population Growth and Related Issues", in: Wong, K.-Y. u. D.K.Y. Chu (Hrsg.), *Modernization in China: The Case of the Shenzhen Special Economic Zone*, Hong Kong, S.131-139

ders. (1985c), "Forecasting Future Transportation Demand and the Planned Road Network", in: Wong, K.-Y. u. D.K.Y. Chu (Hrsg.), *Modernization in China: The Case of the Shenzhen Special Economic Zone*, Hong Kong, S.140-158

ders. (1986), "The Special Economic Zones and the Problem of Territorial Containment", in: Jao, Y.C. u. C.K. Leung (Hrsg.), *China's Special Economic Zones. Policies, Problems and Prospects*, Hong Kong, S.21-38

Chu, Franklin D. (1984), "Banking and Finance in the China Trade", in: Moser, Michael J. (Hrsg.), *Foreign Trade, Investment and the Law in the People's Republic of China*, Hong Kong, S.229-266

Chung, Lynda (1989), "Hongkong skills may give double boost to economy", in: *SCMP*, 9. August 1989 (Singapore Special)

Clarke, Christopher M. (1983), "Hainan", in: *China Business Review*, Bd.10, Nr.1, Washington, S.44-47

Clarke, R.C. u. J.E. Jackson (1964), "Land for Industry and Factors influencing Location in Hong Kong", in: Davis, S.G. (Hrsg.), *Symposium on Land Use and Mineral Deposits in Hong Kong, Southern China and South-East Asia*, Hong Kong

Clifford, M. (1990), "The jitters are not justified", in: *FEER*, 28. Juni 1990, S.39-40

Cohen, J.A. (1982), "Equity Joint Ventures: 20 Potential pitfalls that every company should know about", in: *China Business Review*, November-Dezember 1982, Washington, S.23-30 ders. (1985), "The New Foreign Contract Law", in: *China Business Review*, Juli-August 1985, Washington, S.52-54

ders. u. Charles H. Harris (1986), "Equal Pay for Equal Work", in: *China Business Review*, Januar-Februar 1986, Washington, S.10 f.

Commissioner of Banking (1987), *Annual Report of 1986*

Conception, J.(1990), "Down from the peak", in: *FEER*, 29. März 1990, S.39-40

Conroy, Richard (1984), "Technological innovation in China's recent industrialization", in: *China Quarterly*, Nr.97, London, S.1-23

ders. (1986), "China's technology import policy", in: *Euro-Asia Business Review*, Bd.5, Nr.3, Chichester, S.5-9

Crane, George T. (1984), "Whither the SEZs?", in: *China Business Review*, November-Dezember 1984, Washington

Crosby, Laura (1989), "Electronics to the rescue", in: *Hong Kong Business*, Hong Kong, S.46-49

Currie, Jean (1979), *Investment: The Growing Role of Export Processing Zones*, London

Dai Adi (1986), "Fairplay Pacific", in: *Fairplay International Shipping Weekly*, Nr.5344, 27. Februar 1986, London, S.1-24

Dai Beihua (1987), "Special economic zones trying to become even more special", in: *China Daily*, 16. November 1987

Dai Yuanchen u. Shen Liren (1985), "An inquiry into the development strategy of the Shenzhen SEZ", in: *Renmin Ribao*, 13. Dezember 1985, Beijing

Danielzyk, Rainer u. C.C. Wiegandt (1985), *Lingen im Emsland. Dynamisches Entwicklungszentrum oder "Provinz"? Ansätze zu einer qualitativen Methodik in der Regionalforschung*, Münstersche Geographische Arbeiten 22

Davies, D. (1963), "China earns from Hong Kong", in: *FEER*, 20. Juni 1963, S.689-695

Davis, S.G. (1949), *Hong Kong in its Geographical Setting*, London

ders. (1962), "The Rural-Urban Migration in Hong Kong and its New Territories", in: *The Geographical Journal*, Bd.128, S.328-333

Declaration of Offensive Trades in the New Territories, Hong Kong

Dege, Eckart (1986), "Die Industrialisierung Südkoreas", in: *Geographische Rundschau*, Jg.38, H.10, S.522-530

Delfs, Robert (1985), "Changing the pattern", in: *FEER*, 9. Mai 1985, S.70-71

ders. (1990), "A year of lip-service", in: *FEER*, 31. Mai 1990, S.16-17

Deng Shuilin (1988), "Hainan, China's Newest Province", in: *China Reconstructs*, Nr.12, S.8-11

Deng Xiaoping (1985), "(Wirtschafts-)Reform ist 'zweite Revolution'", in: *Beijing Rundschau*, Bd.20, Nr.14, Beijing, S.6

Deutsche Bank (1959), *Wirtschaftsbericht Hongkong*

Diao, Richard K. (1970), "The Impact of the Cultural Revolution on China's Economic Elite", in: *China Quarterly*, Nr.42, April-Juni, London, S.65-87

Ding Yaolin (1984), "Guangzhou erstes Fenster zur Welt", in: *Beijing Rundschau*, 21.Jg, Nr.47, 20. November 1984, S.22-31

Dixon, C.J. u. B. Leach (1978), *Questionnaires and Interviews in Goeographical Research*. *Concepts and Techniques in Modern Geography*, Norwich

Directory of Resident Offices of Foreign, Overseas, Chinese, Hong Kong and Macao Enterprises 1986/87, Registration Office State Administration for Industry and Commerce, People's Republic of China, (Hrsg.)

Djurdjevic, Obrad (1986), "Richtungen der chinesischen Wirtschaftsreform", in: *Review of International Affairs*, Bd.37, Nr.879, 25. November 1986, Belgrad, S.25-28

Domes, J. (1981), "Innenpolitik in der Volksrepublik China nach dem Tode Mao Tse-tungs", in: *Abhandlungen des Göttinger Arbeitskreises*, Bd.4, S.7-16.

Donnithorne, A. (1983), "Hong Kong as an Economic Model for the Great Cities of China", in: Youngson, A.J. (Hrsg.), *China and Hong Kong: The Economic Nexus*, S.282-310

Dürr, Heiner (1978), "Volksrepublik China", in: Schöller, P. et al. (Hrsg.), *Ostasien*, Fischer Länderkunde, Frankfurt, S.42-208

ders. (1981), "Chinas Programm der 'Vier Modernisierungen'. Anleitungen zur Analyse und Beurteilung seiner Raumwirksamkeit", in: *Geographische Rundschau*, Jg.33, H.3, S.119-132

ders. (1986), "Modernisierungspolitik und großräumliche Entwicklung", in: *Praxis Geographie*, Bd.16, H.7/8, S.29-37

Duscha, Waldemar (1987), *Technologietransfer in die Volksrepublik China durch Wirtschaftskooperation*, Hamburg

Du Sha (1989), "Shenzhen's Financial Sector: It's Changing Role and Impact on the Economy", in: *Hongkong Bank, China Briefing*, Nr.2, April, S.7-9

Dwyer, D.J. (1965), "Size as a factor in economic growth", in: *Tijdschrift voor Economische en Sociale Geographie*, Sept.-Okt., S.186-192

ders. u. D.C. Lai (1965), "Kwun Tong, Hong Kong: A Study of Industrial Planning", in: *The Town Planning Review*, Nr.35, S.299-310

ders. u. C.-Y. Lai (1967), *The Small Industrial Unit in Hong Kong: Pattern and Policies*, Hull

ders. (1971), "Problems of the Small Industrial Unit", in: Dwyer, D. J. (Hrsg.), *Asian Urbanization*, Hong Kong, S.123-136

ders. (1984), "The Future of Hong Kong", in: *The Geographical Journal*, Teil 1, S.1-10

Economic Survey of Asia and The Far East, zahlreiche Jahrgänge

The Economist, London, zahlreiche Jahrgänge

The Economist Intelligence Unit (1988), *Country Report: Hong Kong and Macau*, Nr.2

Editorial Board of The Almanach of China's Foreign Economic Relations and Trade (1988), *Almanach of China's Foreign Economic Relations and Trade*, Beijing

Endacott, G.B. (1958), *A History of Hong Kong*, London

ders. u. A. Hinton (1977), *Fragrant Harbour*, Hong Kong

England, Joe (1971), "Industrial Relations in Hong Kong", in: Hopkins, K. (Hrsg.), *Hong Kong: The Industrial Colony*, S. 207-259

ders. (1976), *Hong Kong: Britain's responsibility*, London

Erbslöh, E. (1972), *Techniken der Datensammlung*, Stuttgart

Erickson, R.A. (1976), "The Filtering-Down Process: Industrial Location in a Nonmetropolitan Area", in: *The Professional Geographer*, Nr.28, S.254-260

Espy, J.L. (1971), "Hong Kong as an environment for industry", in: *The Chung Chi Journal*, Bd.10, S.27-38

ders. (1974), "Hong Kong Textiles", in: Nehrt, L. C. et al. (Hrsg.), *Managerial Policy, Strategy and Planning for Southeast Asia*, Hong Kong, S.273-293

Euromoney (1985), "In Foreign Currency Country", S.59-61

Falkenheim, Victor C. (1985), "The political economy of China's SEZ", in: *Asian Journal of Public Administration*, Nr.2, S.144-169

ders. (1986), "Fujian's open door experiment", in: *China Business Review*, Bd.13, Nr.3, Washington, S.38-42

Fang Lizhi (1989), "Nur Demokratie kann China retten", in: *Die Zeit*, Nr.7, 10. Februar 1989, S.11

Far Eastern Economic Review, Hong Kong, zahlreiche Jahrgänge

Fewsmith, Joseph (1986), "Special Economic Zones in the PRC", in: *Problems of Communism*, November-Dezember 1986, S.78-85

Fischer Weltalmanach, zahlreiche Jahrgänge

Fitting, George (1982), "Export Processing Zones in Taiwan and the People's Republic of China", in: *Asian Survey*, Nr.22, Berkeley (Calif.), S.732-744

Fong, Mo-Kwan Lee (1985a), *The Development of Zhuhai Special Economic Zone: An Appraisal*, Chinese University of Hong Kong, Occasional Paper 74

ders. (1985b), "Tourism: A Critical Review", in: Wong, K.-Y. u. D.K.Y. Chu (Hrsg.), *Modernization in China: The Case of the Shenzhen Special Economic Zone*, Hong Kong, S.79-88

Forestier, Katherine (1988), "Reassessing the Shenzhen experiment", in: *Asian Business*, Januar 1988, S.44-46

Frankfurter Allgemeine Zeitung, zahlreiche Jahrgänge

Friedland, J. (1990), "The cadres' bargains", in: *FEER*, 11. Januar 1990, S.34-35

Friedmann, J. (1979), "The Future of Regional Science", in: Kuklinski, A. et al. (Hrsg.), *Regional Dynamics and Socioeconomic Change*, Tampere, S.43-46

Friedrich-Rust, H. (1989), "China ist der Garant der wirtschaftlichen Zukunft und zugleich die größte Gefahr für die Stabilität", in: *Handelsblatt*, 5. September 1989, (Beilage)

Friedrichs, Jürgen (1982), *Methoden empirischer Sozialforschung*, Opladen

Fürst, D. u. K. Zimmermann (1973), *Standortwahl industrieller Unternehmen. Ergebnisse einer Unternehmensbefragung*, Schriftenreihe der Gesellschaft für Regionale Strukturentwicklung 1, Bonn

Funke, Peter (1986), "Das Sonderverwaltungsgebiet Hainan: Entwicklung trotz Skandal", in: *China aktuell*, Bd.15, Juni 1985, Hamburg, S.360-373

Furst, A. u. Chen (1987), "Doing Business in China. A Special Report", in: *Electronic Business*, Bd.10, Nr.5, 1. März 1987, S.87 ff.

Gälli, Anton (1983), *Neue Wachstumsmärkte in Fernost. Acht Länder auf der Schwelle zur Wirtschaftsmacht*, München

ders. (1984), "Textilmarkt in Südostasien - Chancen der europäischen Hersteller", in: Laumer, Helmut (Hrsg.), *Wachstumsmarkt Südostasien. Chancen und Risiken unternehmerischer Kooperation*, München, S.175-188

Gaertner, Hildesuse (1966), "Wirtschaftswunder Hong Kong", in: *Zeitschrift für Wirtschaftsgeographie*, Nr.10, S.175-177

Garms, Eckard (1980), "Chinageschäft: Provinzen konkurrieren um Auslandsinvestitionen", in: *China aktuell*, Nr.9, Februar 1980, S.128-133

Gelatt, Timothy A. (1981), "Doing Business with China: The Developing Legal Framework", in: *China Business Review*, Bd.8, Nr.6, S.52-56

Gervais, Daniele (1980), "Hong Kong: entre la Chine et la city", in: *Moniteur du commerce international*, Nr.402, 9. Juni 1980, Paris, S.15-20

Ghose, T.K. (1987), *The Banking System of Hong Kong*, Singapur

Girtler, R. (1988), *Methoden der qualitativen Sozialforschung. Anleitung zur Feldarbeit*, Wien

Gittings, John (1987), "Inflation threatens China's plans for reform", in: *The Guardian*, 10. August 1987, London, S.4

Göbbel, Heide-Marie (1986), *Shenzhen-Hongkong - Offene Tür zum chinesischen Markt*, Berlin

Goode, William J. u. P.K. Hatt (1972), "Beispiel für den Aufbau eines Fragebogens", in: König, René (Hrsg.), *Das Interview*, Köln, S.115-124

Goplan, M.P. (1984), "Shenzhen: China's wave of the future", in: *Hong Kong Business Today*, Juli 1984, Hong Kong, S.18-19

Graham, M. (1983), "China's Major Trade and Investment Laws", in: *China Business Review*, September-Oktober 1983, S.30-33.

Guangdong Provincial Service (1985a), "Shenzhen's success in 1984", in: *Summary of World Broadcast, The Far East*, 23. Januar 1985, London

dass. (1985b), "Shenzhen develops links with interior", in: *Summary of World Broadcast, The Far East*, 1. Januar 1986, London

dass. (1985c), "Development of Shenzhen's Nantou Peninsula", in: *Summary of World Broadcast, The Far East*, 16. Oktober 1985, London

Guangming Ribao (1985/1986): "Shenzhen and Shekou Industrial Areas Reform Wage System", in: *Chinese Economic Studies*, Bd. 19, Nr.2, New York, S.71-72

Guigo Wang (1987), "The Importance of Hong Kong as a Financial Centre to China's Development", in: *Economy and Law*, Nr.4, Hong Kong, S.16-24

Gutowski, Armin u. Renate Merklein (1984), *Bericht über einen Aufenthalt in der Volksrepublik China zur Beratung der chinesischen Regierung über die Bedeutung der Sonderwirtschaftszonen für die wirtschaftliche Entwicklung des Landes im November 1983*, Hamburg

Haefs, Hanswilhelm (1986), "Der Hongkong-Vertrag - ein Testfall für Chinas neue Politik", in: *Fischer Weltalmanach 1987*, S.85-98

Hagemann, Ernst (1985), "Zum Stand der Wirtschaftsreform in China. Erfolge auf dem Lande - Neubeginn in den Städten", in: *Vierteljahreshefte zur Wirtschaftsforschung*, H.1., Berlin, S.69-84

Hai Hong (1988), "Investment climate in Suzhou-Wuxi-Changzhou Area", in: *China Market*, Nr.11, S.28-31

Hambro, E. (1955), *The Problem of Chinese Refugees in Hong Kong*, Leiden

Hamilton, Clive (1983), "Capitalist industrialization in four little tigers", in: *Journal of Contemporary Asia*, Bd.13, Nr.1, Nottingham, S.35-74

Hamilton, F.E.I. (1980), "Modern Problems of Industrial Location Analysis", in: Hottes, Karlheinz u. F.E.I. Hamilton (Hrsg.), *Case Studies in Industrial Geography*, Bochum, S.9-18

Han Baocheng (1988), "Industrie im Perlfluß-Delta gedeiht", in: *Beijing Rundschau*, Nr.34, 23. August 1988, S.10-16

Handke, Werner (1959), *Die Wirtschaft Chinas. Dogma und Wirklichkeit*, Hamburg

Hang Seng Bank (Hrsg.), *Hang Seng Economic Monthly*, Hong Kong

Hang Seng Bank (Hrsg.), *Hang Seng Economic Quaterly*, Hong Kong

Hanisch, Rolf (1983), "Struktur- und Entwicklungsprobleme Südostasiens", in: Nohlen, D. u. E. Nuscheler (Hrsg.), *Südasien und Südostasien, Handbuch der Dritten Welt*, Bd.7, Hamburg, S.250-293

Hankel, Wilhelm (1988), "Reichtum macht (noch nicht) glücklich", in: *Die Zeit*, Nr.48, 25. November 1988, S.41-42

Harding, H. (1985), "The Future of Hong Kong", in: *China Business Review*, Nr.5, S.30-37

He Fenghua (1985), "The question of the Shenzhen Special Economic Zone developing an outward-oriented economy", in: *Foreign Broadcast Information Service-China*, 3. Oktober 1985, Washington, S.1-4

Heberer, Thomas (1990), "Chinesischer Sozialismus = Sozialistischer Konfuzianismus?", in: Menzel, Ulrich (Hrsg.), *Nachdenken über China*, Frankfurt a.M., S.126-140

Heineberg, Heinz (1983), *Großbritannien*, Länderprofile, Stuttgart

ders. (1986), "Singapur: Aufstrebender Stadtstaat in der Krise?", in: *Geographische Rundschau*, Jg. 38, H.10, S.502-509

Heinisch, Heinz H. (1954), *Südostasien. Menschen, Wirtschaft und Kultur der Staaten und Einzelräume*, Berlin

Heinritz, Günter (1990), "Der 'tertiäre Sektor' als Forschungsgebiet der Geographie", in: *Praxis Geographie*, Jg.20, H.1, S.6-13

Heinzlmeir, Helmut (1989), "Indonesien", in: Draguhn, Werner et al. (Hrsg.), *Politisches Lexikon Asien, Australien, Pazifik*, München, S.113-127

Henderson, J. (1987), *Hong Kong: High Technology Production and the Making of a Regional "Core"*, University of Hong Kong, Centre of Urban Studies and Urban Planning

Herbst, Karl (1986), "The Regulatory Framework for Foreign Investment in the Special Economic Zones", in: Jao, Y.C. u. C.K. Leung (Hrsg.), *China's Special Economic Zones. Policies, Problems and and Prospects*, Hong Kong, S.124-137

Herres, F. (1981), *ASEAN. Ein Weg aus der Unterentwicklung*, München

Heyden, Andrew S.(1984), "The Guangzhou Fair", in: *China Business Review*, März-April 1984, Washington, S.15 ff.

Hicks, George L. (1988), "Hong Kong after the Sino-British Agreement: The Illusion of Stability", in: Domes, J. u. Y.-M. Shaw (Hrsg.), *Hong Kong: A Chinese and International Concern*, London, S.231-245

Hiemenz, U. u. B. Li (1986), *Die Volksrepublik China - Absatzmarkt und Investitionsstandort der Zukunft?* Kieler Diskussionsbeiträge

Ho, H.C.Y. (1988), "Public Finance", in: Ho, H.C.Y. u. L.C. Chau (Hrsg.), *The Economic System of Hong Kong*, Hong Kong, S.17-39

Ho, Samuel P.S.u. R.W. Huenemann (1984), *China's Open Door Policy: The Quest for Foreign Technology and Capital*, Vancouver

Ho Shuet Ying (1986), "Public Housing", in: Cheng, J.Y.S. (Hrsg.), *Hong Kong in Transition*, Hong Kong, S.331-353

Ho, Suk-ching (1985), "An attitudinal survey of foreign investors in Hongkong: what are the implications to the Southeast Asian countries", in: *Contemporary Southeast Asia*, Juni, S.48-57

Hoffmann, Lutz (1987), "Analytische Konzepte des Technologietransfers in Entwicklungsländer", in: König, W. et al. (Hrsg.), *Betriebliche Kooperation mit den Entwicklungsländern*, Tübingen, S.108-117

Holloway, N. (1989), "The numbers game. NICs expand investment in Southeast Asia", in: *FEER*, 16.11.1989, S.71

Holm, K. (1975) (Hrsg.), *Der Fragebogen - Die Stichprobe*, München

Hong Kong Annual Digest of Statistics, zahlreiche Jahrgänge

Hong Kong Annual Yearbook, zahlreiche Jahrgänge

The Hongkong and Shanghai Banking Corporation (1982), *Special economic zones of the People's Republic of China: Shenzhen including Shekou*, Hong Kong

dies. (1983), *The People's Republic of China 1983*, Business Profile Series, Hong Kong

dies. (1985), *Hong Kong*, Business Profile Series, Hong Kong

dies. (1989), *Annual Report*, Hong Kong

Hong Kong Business, Hong Kong, zahlreiche Jahrgänge

Hong Kong External Trade, zahlreiche Jahrgänge

Hong Kong: The Facts, zahlreiche Jahrgänge

Hong Kong Government Industry Department (1985a), *Industrial Investment Hong Kong*, Hong Kong

dies. (1985b), *Hong Kong's Watches and Clocks Industry*, Hong Kong

dies. (1986), *Hong Kong's Photographic and Optical Goods Industry*, Hong Kong

dies. (1987), *Hong Kong's Toy Industry*, Hong Kong
dies. (1988a), *Hong Kong's Household and Electrical Appliance Industry*, Hong Kong
dies. (1988b), *Hong Kong's Printing Industry*, Hong Kong
dies. (1988c), *Report on the survey of Overseas Investment in Hong Kong's Manufacturing Industries 1988*, Hong Kong
Hong Kong Industrial Estates Corporation Annual Yearbook 1987-88, Hong Kong 1989
Hong Kong Industrial Estates Corporation 1989, Hong Kong
Hong Kong Labour Department, zahlreiche Jahrgänge
Hong Kong Lands Department, zahlreiche Jahrgänge
Hong Kong Nuclear Investment Co., Ltd. (1989), *Some Facts about Daya Bay*, Hong Kong
Hong Kong Productivity Centre (1983), *Industrial Mobility Study: Executive Summary*, Hong Kong
Hong Kong Review of Overseas Trade in 1988, Hong Kong
Hong Kong Sing Tao Daily, Hong Kong
Hong Kong Standard, Hong Kong
Hong Kong Tourist Association (1989), *A Statistical Review of Tourism 1988*, Hong Kong
Hong Kong Town Planning Office Buildings and Lands Department (1988), *Town Planning in Hong Kong*, Hong Kong
Hong Kong Trade Development Council (1988a), *Brief Hong Kong Watch Clock Industry and Export. Trade Developments*, August, Hong Kong
dies. (1988b), *Hong Kong's Electronics Industry and Exports*, September, Hong Kong
dies. (1989a), *Hong Kong's Toy Industry and Exports*, Januar, Hong Kong
dies. (1989b), *Hong Kong's Clothing Industry and Exports*, Januar, Hong Kong
Hopf, C. (1978), "Die Pseudo-Exploration - Überlegungen zur Technik qualitativer Interviews in der Sozialforschung", in: *Zeitschrift für Soziologie*, Nr.7, S.97-115
Hopf, C. u. E. Weingarten (1979) (Hrsg.), *Qualitative Sozialforschung*, Stuttgart
Hopkins, Keith (1971) (Hrsg.), *Hong Kong: The Industrial Colony*, Hong Kong/ London/New York
Hottes, Karlheinz u. C. Uhlig (1983) (Hrsg.), *Joint Ventures in Asien*, Stuttgart
Hsia, Ronald et al. (1975), *The Structure and Growth of the Hong Kong Economy*, Wiesbaden
ders. (1984), *The Entrepot Trade of Hong Kong with Special Reference to Taiwan and the Chinese Mainland*, Taipeh
Hsu, D.L. (1986), "Deposit-taking Companies and Merchant Banking", in: Scott, R. H. et al. (Hrsg.), *Hong Kong's financial institutions and markets*, Hong Kong, S.19-33

Hsu, J.C. (1983), "Hong Kong in China's Foreign Trade: A Changing Role", in: Youngson, A.J. (Hrsg.), *China and Hong Kong: The Economic Nexus*, S.156-183

Hsueh, T.-t. (1979), "Hong Kong's Model of Economic Growth", in: Lin, T.-B. et al. (Hrsg.), *Hong Kong. Economic, Social and Political Studies in Development*, New York, S.9-29

Huang Guobin (1988), "New airport will boost outside links", in: *China Daily*, 28.April 1988, S.2 (Shenzhen supplement)

Hughes, R.H. (1963), "Hong Kong - Far Eastern Meeting Point", in: *Geographical Journal*, Bd.129, S.450-465

ders. (1976), *Borrowed Place - Borrowed Time*, Hong Kong

Hung, C.L. (1984), "Foreign Investment", in: Lehtbridge, D. (Hrsg.), *The Business Environment in Hong Kong*, Hong Kong, S.180-211

Ikegami, Ryusuke (1986), "Changing Chinese thinking about technology transfer", in: *The Developing Economies*, Bd.24, Nr.4, S.391-404

Janssen, G. et al. (1984), "Hongkong: Daten, Informationen, Analysen", in: *Handelsblatt*, 22. Oktober 1984, S.33 ff.

Jao, Y.C. (1983), "Hong Kong's Role in Financing China's Modernization", in: Youngson, A.J. (Hrsg.), *China and Hong Kong: The Economic Nexus*, Hong Kong, S.12-76

ders. (1984), "The Financial Structure", in: Lethbridge, D. (Hrsg.), *The Business Environment in Hong Kong*, Hong Kong, S.124-179

ders. (1985), "Hong Kong's future as a financial centre", in: *Three Banks Review*, März 1985, S.35-53

ders. u. C.K. Leung (1986) (Hrsg.), *China's Special Economic Zones. Policies, Problems and Prospects*, Hong Kong

ders. (1986), "Banking and Currency in the Special Economic Zones: Problems and Prospects", in: Jao, Y.C. u. C.K. Leung (Hrsg.), *China's Special Economic Zones. Policies, Problems and Prospects*, Hong Kong, S.160-183

ders. (1988), "Monetary system and banking structure", in: Ho, H.C.Y. u. L.C. Chau (Hrsg.), *The Economic System of Hong Kong*, Hong Kong, S.43-85

Jarvie, J.C. (1969) (Hrsg.), *Hong Kong: A Society in Transition*, London

Jenkins, G. (1989a), "Re-Exports take the lead", in: *Hong Kong Business*, Mai 1989, S.53-54

ders. (1989b), "Hong Kong at its crossroads", in: *Hong Kong Business*, Juli 1989, S.38-39

Ji Chang (1986), "The Environment for Investment in Dalian", in: *China Market*, Nr.3, S.35

Ji Chong-Wei (1988), "Economic Relations between Shenzhen SEZ and Hong Kong", in: Wong, P.Y. (1988) (Hrsg.), *Economic Relations between China's Pearl River Delta, Special Economic Zones, and Hong Kong*, Hong Kong, S.2-16 (liegt nur in Chinesisch vor)

Jiang Chun Yun (1988), "Several Policy Regulations relating to speeding up the development of export-oriented economy in Shandong Province", in: *Informational Pictorial*, Februar 1988, Qingdao

Jing Wei (1989a), "Aufsehenerregendes Tempo. Bericht über die Wirtschaftssonderzone Shenzhen (I)", in: *Beijing Rundschau*, Jg.26, 22. August 1989, S.17-20

ders. (1989b), "Überblick über den Technologiepark in Shenzhen", in: *Beijing Rundschau*, Jg.26, 17. Oktober 1989, S.31-34

Johnson, C. (1984), "The mousetrapping of Hong Kong: a game in which nobody wins", in: *Asian Survey*, Sept. 1984, S.887-909

Johnson, Marguerite (1988), "Migration Fever", in: *Time Magazine*, 11. Juli 1988, S.16-17

Joint Economic Committee (1982) (Hrsg.), *China under the four modernizations. Selected Papers submitted to the Joint Economic Committee*, Congress of the United States, Washington

Kai Fai (1988), "Prospects for Qingdao Economic-Technological Development Zone", in: *China Trade and Investment*, Bd.3, Nr.1, Hong Kong

Kanai, Megumi u. Kazuo Sakai (1986), "Telecommunications in China's SEZs and open coastal cities", in: *China Newsletter*, Bd.60, Tokio, S.6-11

Kawai, Hirohiko (1984), "The new 'open' cities and China's open door economic policy", in: *China Newsletter*, September-Oktober 1984, Bd.52, Tokio, S.7-10

Kazer, William (1986), "Shenzhen zone faces failure", in: *SCMP*, 25. April 1986

Kebschull, Dietrich (1984), "Ausländische Direktinvestitionen in Südostasien - Ein internationaler Vergleich des Engagements", in: Laumer, Helmut (Hrsg.), *Wachstumsmarkt Südostasien. Chancen und Risiken unternehmerischer Kooperation*, München, S.435-464

Killing, J. (1983), *Strategies for joint venture success*, New York

Klatt, Werner (1983), "Hong Kong, China and Britain", in: *Asien*, Juli 1983, Hamburg, S.5-18

Klausing, H. (1987), "Industrielle Entwicklung in der VR China", in: *Geographische Berichte*, H.1, S.13-31

Klenner, Wolfgang (1983), "Die Kooperation der Volksrepublik China mit ausländischen Unternehmen", in: Hottes, Karlheinz u. C. Uhlig (Hrsg.), *Joint Ventures in Asien*, Stuttgart, S.227-247

ders. (1987), "Das Gemeinschaftsunternehmen als Form der betrieblichen Kooperation in der Volksrepublik China", in: König, W. et al. (Hrsg.), *Betriebliche Kooperation mit den Entwicklungsländern*, Tübingen, S.98-107

Klingst, Martin (1986), "Die chinesische Wirtschaftsreform seit 1978 unter besonderer Berücksichtigung der Sonderwirtschaftszonen", in: *Verfassung und Recht in Übersee*, Nr.1, Hamburg, S.57-74

Kloten, N. (1985), "Der Plan-Markt-Mechanismus. Das Koordinationsproblem in Theorie und Praxis", in: Schüller, A. (1985) (Hrsg.), *China im Konflikt zwischen verschiedenen Ordnungskonzeptionen*, S.11-61

Kosta, Jiri u. Jan Meyer (1976), *Volksrepublik China. Ökonomisches System und wirtschaftliche Entwicklung*, Frankfurt a.M./ Köln

ders. (1982), "Die gegenwärtigen Reformdebatten chinesischer Ökonomen", in: Park, Sung-Jo u. Yu, Cheung-Lieh (Hrsg.), *Chinas Integration in die Weltwirtschaft*, Frankfurt, S.1-20

Kraar, Louis (1979), "China's drive for capitalist profits in Hong Kong", in: *Fortune*, Bd.99, Nr.10, Chicago, S.110-114

Kraus, Willy (1979), *Wirtschaftliche Entwicklung und sozialer Wandel in der Volksrepublik China*, Berlin/Heidelberg/New York

ders. u. W. Lütkenhorst (1984), *Wirtschaftsdynamik im Pazifischen Becken. Entwicklungstendenzen, Handelsverflechtungen und Kooperationsansätze*

ders. (1985), "Wirtschaftsreformen in der VR China", in: *Aus Politik und Zeitgeschichte*, Nr.39, 28. September 1985, S.3-16

Küchler, J. u. K.-S.Sum (1971), "Das räumliche Ungleichgewicht Hong Kongs", in: *Die Erde*, H.2/3, S.141-179

Kulke, Elmar (1986), *Hemmnisse und Möglichkeiten der Industrialisierung peripherer Regionen von Entwicklungsländern. Empirische Untersuchung über Industriebetriebe in Kelantan/West-Malaysia*, Hannover

Kuls, Wolfgang (1980), *Bevölkerungsgeographie*, Stuttgart

Kumar, B. u. H. Zimmermann (1987), "Führungskonflikte in internationalen Joint Ventures des Mittelstandes", in: König, W. et al. (Hrsg.), *Betriebliche Kooperation mit den Entwicklungsländern*, Tübingen, S.84-97

Kumar, B. et al. (1988), *Shandong. Standort für betriebliche Kooperationen*, Bayerisches Staatsministerium für Wirtschaft und Verkehr (Hrsg.), München

Kwan Wong Tan u. Fong (1984), *Hong Kong. Tax and Investment Profile*, New York

Kwok, R.Y.W. (1986), "Structure and Policies in Industrial Planning in the Shenzhen Special Economic Zone", in: Jao, Y.C. u. C. K. Leung (1986) (Hrsg.), *China's Special Economic Zones. Policies, Problems and Prospects*, Hong Kong, S.39-64

Länderbericht Hongkong, Statistisches Bundesamt (Hrsg.), Wiesbaden, zahlreiche Jahrgänge

Lai, B. (1988), "Shenzhen real estate market coming of age", in: *SCMP*, 15. Januar 1988, S.3

Lai, C.F. (1985), "Special Economic Zones: the Chinese road to socialism?", in: *Environment and Planning: Society and Space*, Bd.3, London, S.63-84

Lai, D.C.Y. u. D.J. Dwyer (1964), "Tsuen Wan: A New Industrial Town in Hong Kong", in: *Geographical Review*, Bd.54, S.151-169

Lall, K.B. (1988), "The South Asian Economy and Asian-Pacific Region", in: Shinohara, M. u. F.-C. Lo (1988) (Hrsg.), *Global Adjustment and the Future of Asian-Pacific Economy*, Tokio, S.234-44

Lam, Kin-Che u. Steve S.I. Hsu (1985), "Environmental Considerations", in: Wong, K.-Y. u. D.K.Y. Chu (1985) (Hrsg.), *Modernization in China: The Case of the Shenzhen Special Economic Zone*, Hong Kong, S.159-175

ders. (1987), *Environmental Planning under Uncertainty: Formulating a strategy for Chinese Special Economic Zones*, Chinese University of Hong Kong, Centre for Contemporary Asian Studies

Lardy, N.R. (1980), "Regional Growth and Income Distribution in China", in: Dernberger, R.F. (1980) (Hrsg.), *China's Development Experience in Comparative Perspective*, Cambridge(Mass.), S.153-190

Larin, A. (1985), "Hong Kong: Its Policy and Economy", in: *Eastern Affairs*, Nr.1, S.148-154

Lau, Emily (1988), "The Early History of the Drafting Process", in: Wesley-Smith, Peter u. A.H.Y. Chen (1988) (Hrsg.), *The Basic Law and Hong Kong's Future*, Hong Kong, S.90-114

dies. (1989a), "Closed minds", in: *FEER*, 4. Mai 1989, S.23

dies. (1989b), "Democratic malaise", in: *FEER*, 14. Dezember 1989, S.38

dies. (1990), "Elites takes all", in: *FEER*, 19. April 1990, S.18-19

Lau, K.H. (1989), "The purge next door", in: *FEER*, 7. September 1989, S.77-78

Lau, Pui-King (1986), "Economic Relations between Hong Kong and China", in: Cheng, J.S.(1986) (Hrsg.), *Hong Kong in Transition*, Hong Kong, S.235-267

Laumer, Helmut (1984a) (Hrsg.), *Wachstumsmarkt Südostasien. Chancen und Risiken unternehmerischer Kooperation*, München

ders. (1984b), *Die Direktinvestitionen der japanischen Wirtschaft in den Schwellenländern Ost- und Südostasiens*, München

Lescot, Patrick (1986), "Shenzhen falls short of its great expectations", in: *SCMP*, 15. November 1986

Lethbridge, D. (1984) (Hrsg.), *The Business Environment in Hong Kong*, Hong Kong

ders. u. N.S. Hong (1984), "The Business Environment and Employment", in: Lethbridge, D. (1984) (Hrsg.), *The Business Environment in Hong Kong*, Hong Kong, S.70-104

Leung, Carolyn (1986), "SEZs all set to cash in on local exports", in: *SCMP*, 2. März 1986, Hong Kong

Leung, C.K. u. J.C.H. Chai (1985) (Hrsg.), *Development and Distribution in China*, University of Hong Kong, Centre of Asian Studies

ders. (1986), "Spatial Redeployment and the Special Economic Zones in China: An Overview", in: Jao, Y.C. u. C.K. Leung (1986) (Hrsg.), *China's Special Economic Zones. Policies, Problems and Prospects*, Hong Kong, S.1-18

Leung, H.-K. (1979), "Location of Manufacturing Industries in Hong Kong", in: *Urban Studies*, Bd.16, Nr.1, S.205-211

Li, Anita (1981), "Shenzhen. Foreign investors are encouraged despite the labor problems", in: *China Business Review*, Bd.8, Nr.5, Washington, S.42-44

Li Changchun (1988), "Die Halbinsel Liaodong öffnet sich immer schneller", in: *Beijing Rundschau*, Nr.33, 16. August 1988, S.13-15

Li Chaoqi (1988a), "$ 4.5 bn invested in the zone", in: *China Daily*, 28. April 1988, S.1 (Shenzhen supplement)

ders. (1988b), "Exports flourishing in Shenzhen and striding forward to new goals", in: *China Daily*, 28. April 1988, S.1 (Shenzhen supplement)

Li Hao (1986), "Shenzhen forges ahead with gusto", in: *China Daily*, 8. Oktober 1986, S.1

ders. (1988), "Special policy results in great progress", in: *China Daily*, 28. April 1988, S.1 (Shenzhen supplement)

Li Jiaquan (1986), "Konzeption für die Wiedervereinigung von Taiwan und dem Festland", in: *Beijing Rundschau*, Bd.23, Nr.5, S.17-24

Li Rongxia (1988), "Der Blick richtet sich auf den Weltmarkt", in: *Beijing Rundschau*, Nr.13, 16. August 1988, S.16-18

Li Shude (1986), "Die wirtschaftliche Öffnung Chinas erleichtert Kooperation auf vielen Ebenen", in: *Praxis Geographie*, Juni 1988, S.18-19

Liang Wensen (1985), "The Role of the Special Economic Zones as 'Windows'", in: *Joint Publications Research Service*, 22. April 1985, Springfield, S.72-75

Liang Xiang (1984), "The Policy of Developing Special Economic Zones is entirely correct", in: *Foreign Broadcast Information Service-China*, 6. April 1985, Washington, S.1-5

ders. (1985/86), "Shenzhen: Opening to the World", in: *Chinese Economic Studies*, Bd.19, Nr.2, New York, S.73-78

ders. (1986), "Zwischenbilanz: 5 Jahre Wirtschaftssonderzone Shenzhen", in: *Beijing Rundschau*, Bd.23, Nr.8, S.14-20

Liang Yu-ying (1988), "Hong Kong's Role in Communist China's Coastal Economic Development Strategy", in: *Issues and Studies*, September, S.120-136

Lin, David (1988), "Hainan needs to be the special of the special", in: *China Market*, Nr.4, S.5-6

Lin, Tzon-Biau et al. (1979) (Hrsg.), *Hong Kong. Economic, Social and Political Studies in Development*, New York.

ders. u. M.-c.Lin (1979), "Exports and Employment in Hong Kong", in: Lin, T.-B. (1979) (Hrsg.), *Hong Kong. Economic, Social and Political Studies in Development*, S.225-273

ders. (1980), "The economic relations between Hong Kong and the West European Nations in the 1980's", in: *Internationales Asienforum*, Bd.11, Nr.3/4, S.331-335

ders. (1983), "Hong Kong's Economic Situation and Outlook for 1983", in: *Asien*, Juli 1983, S.19-27

Lingelsheim-Seibicke, Wolfgang v. (1985), *Das China-Geschäft heute und morgen*, Köln

Linn, Gene (1989a), "Banking on success in Shenzhen", in: *Hong Kong Business*, Februar, S.25

ders. (1989b), "Asian Tigers: A new growl", in: *Hong Kong Business*, Juni, S.12-15

Liu Feng (1988), A Brief Introduction to Investment of Shantou Special Economic Zone, Vortrag an der Chinese University of Hong Kong v. 22. April 1988

Liu Guogang (1985a), "The strategic objective in developing the Shenzhen special economic zone", in: *Summary of World Broadcast, The Far East*, 17. August 1985, London, S.3-6

ders. (1985b), "Development of the Shenzhen special economic zone faces a new strategic stage", in: *Summary of World Broadcast, The Far East*, 24. August 1985, London, S.7-11

Lo, Fu-chen et al. (1988), "Patterns of Development and Interdependence among the East and Southeast Asian Economies", in: Shinohara, M u. F.-c. Lo (1988) (Hrsg.), *Global Adjustment and the Future of Asian-Pacific Economy*, Tokio, S.108-126

Lo, T.W.C. (1986), "Foreign Investment in the Special Economic Zones: A Management Perspective", in: Jao, Y.C. u. C.K. Leung (1986) (Hrsg.), *China's Special Economic Zones. Policies, Problems and Prospects*, Hong Kong, S.181-200

Lockett, M. (1987), "China's special economic zones: the cultural and managerial challenges", in: *Journal of General Management*, Nr.3, Oxford, S.21-31

Lorenz, D. (1989), "Intra-Regional Trade and Pacific Cooperation: Problems and Prospects", in Klenner, W. (1989) (Hrsg.), *Trends of Economic Development in East Asia*, Berlin, Heidelberg, S.65-74

Louven, Erhard (1983), "Die Wirtschaftssonderzonen der VR: Entwicklungs- und Modernisierungsprobleme", in: *China aktuell*, November 1983, S.683-696

ders. (1984a), "Probleme des intensiven Wirtschaftswachstums in der VR China. Anmerkungen zur 2. Tagung des VI. NVK, in: *China aktuell*, Mai 1984, S.262-267

ders. (1984b), "Zur Reform der Industriewirtschaft in der VR", in: *China aktuell*, Oktober 1984, S.579-583

ders. (1985a), "Zur außenwirtschaftlichen Öffnungspolitik der VR", in: *China aktuell*, Januar 1985, S.22-31

ders. (1985b), "'Reform' und 'Modernisierung' der chinesischen Wirtschaft seit 1976", in: *Ostkolleg der Bundeszentrale für pol. Bildung*, Bd.235, Bonn, S.66-80

ders. (1985c), "Anmerkungen zum siebten Fünfjahresplan und zu langfristigen Wirtschaftszielen der VR China", in: *China aktuell*, November 1985, S.763-770

ders. (1986), "Industriepolitik in der VR China", in: *Geographische Rundschau*, Jg. 38, H.1, S.124-128

ders. (1987), *Perspektiven der Wirtschaftsreform in China*, Berlin

ders. (1989), "Hong Kong", in: Draguhn, W. et al. (1989) (Hrsg.), *Politisches Lexikon Asien, Australien, Pazifik*, München, S. 86-93

Lu Da-Dao u. Albert Kolb (1982), "Zur territorialen Struktur der Industrie in China", in: *Geographische Zeitschrift*, Jg.70, H.4, S.273-292

Lu Heng-Jun (1988), *Stepping up the Reform of Chinese Capital Enterprises in Hong Kong*, Hong Kong

Lu Yun (1987), "Tianjin auf dem Weg zur Modernisierung", in: *China heute: Die 14 geöffneten Küstenstädte und die Insel Hainan*, Beijing Rundschau Spezialserien, Beijing, S.43-59

ders. (1989a), "Vorreiter der wirtschaftlichen Entwicklung", in: *Beijing Rundschau*, Nr.1, 3. Januar 1989, S.27-30

ders. (1989b), "Quanzhou: Weltmarkt im Blick", in: *Beijing Rundschau* Nr.24-25, 20. Juni 1989, S.17-21

Lulu Yu (1988a), "Special zone supremacy challenged", in: *SCMP*, 26. April 1988, Hong Kong

ders. (1988b), "Civic high-flier aims to take zone into top spot", in: *SCMP*, 27. April 1988, Hong Kong

Luther, Hans U. (1983), "Singapur", in: Nohlen, D. u. F. Nuscheler (1983) (Hrsg.), *Südasien und Südostasien, Handbuch der Dritten Welt*, Bd.7, Hamburg, S.436-463

Ma, R. u. E.F. Szczepanik (1955), *The National Income of Hong Kong 1947-1950*, Hong Kong

Ma, Teresa (1983), "The nuclear family. China and Hongkong agree a joint development of a power station in Guangdong with the territory providing the market", in: *FEER*, 24. November 1983, S.62-64

dies. (1984), "The Western Way of making Money", in: *The Times*, 22. Februar 1984, London, S.18

Maccoby, Eleanor E. u. N. Maccoby (1972), "Das Interview: ein Werkzeug der Sozialforschung", in: König, R. (1972) (Hrsg.), *Das Interview. Formen, Technik, Auswertung*, Köln, S.37-85

Machetzki, Rüdiger (1985), "Die Zukunft Hongkongs", in: *China aktuell*, Februar 1985, S.107-108

ders. (1989), "Korea, Süd", in: Draguhn, W. et al. (1989) (Hrsg.), *Politisches Lexikon Asien, Australien, Pazifik*, München, S.165-181

Mäding, Klaus (1964), *Wirtschaftswachstum und Kulturwandel in Hong Kong. Ein Beitrag zur Wirtschafts- und Sozialpsychologie der Hongkong-Chinesen*, Köln, Opladen

Maidment, P. (1985), "China's trader: a survey", in: *The Economist*, 11. Mai 1985, S.1-26

Manezhev, S.(1986), "Foreign capital in the PRC", in: *Far Eastern Affairs*, Nr.4, Moskau, S.62-69

Marray, M. (1988), "Hi-tech city planned for Shenzhen", in: *SCMP*, 11. Mai 1988, Hong Kong

Martellaro, J.A. u. H.B. Sun (1987), "The Special Economic Zones: A New Dimension in Chinese Socialism", in: *China Report*, Bd. 23, Nr.1, London, S.33-43

Mayr, Alois (1987), "Entwicklung und Probleme des Fremdenverkehrs in der Volksrepublik China", in: Köhler, E. u. N. Wein (1987) (Hrsg.), *Natur- und Kulturräume*. Münstersche Geographische Arbeiten 27, S.431-444

Mayring, Philipp (1988), *Qualitative Inhaltsangabe*, Weinheim

MC Whirter, Barrie (1987), *Hong Kong's Current Economic Situation and Prospects*, Veröffentlichung des Hong Kong Trade Development Council, 9. Mai 1987

Meissner, H.-G. (1981), "Zielkonflikte in internationalen Joint Ventures", in: Pausenberger, E. (1981) (Hrsg.), *Internationales Management*, Stuttgart, S.129-138

Menzel, Ulrich (1978a), *Theorie und Praxis des chinesischen Entwicklungsmodells. Ein Beitrag zum Konzept autozentrierter Entwicklung*, Opladen

ders. (1978b), *Wirtschaft und Politik im modernen China. Eine Sozial- und Wirtschaftsgeschichte von 1842 bis nach Maos Tod*, Opladen

ders. (1989), "China nach dem 4. Juni", in: *Das neue China*, Nr.4, S.44-46

ders. (1990), "Das Dilemma der Modernisierung", in: Menzel, Ulrich (1990) (Hrsg.), *Nachdenken über China*, Frankfurt a.M., S.61-79

Mikus, Werner (1978), *Industriegeographie*, Darmstadt

Miners, N. (1980), "China and Hong Kong's Future", in: Leung, C.K. et al. (1980) (Hrsg.), *Hong Kong: Dilemmas of Growth*, S.15-29

ders. (1989), *The Government and Politics of Hong Kong*, Hong Kong

Ministry of Foreign Economic Relations and Trade, China (1984), *Guide to China's Foreign Economic Relations and Trade. Cities Newly Opened to Foreign Investors*, Beijing

Mohler P.Ph. (1981), "Zur Pragmatik qualitativer und quantitativer Sozialforschung", in: *Kölner Zeitschrift für Soziologie und Sozialpsychologie*, Nr.33, S.716-734

Moser, M.J. (1984) (Hrsg.), *Foreign Trade, Investment and the Law in the People's Republic of China*, Hong Kong

Mun, K.-c. u, S.-c. Ho (1979), "Foreign Investment in Hong Kong", in: Lin, T.-B. et al. (1979) (Hrsg.), *Hong Kong. Economic, Social and Political Studies in Development*, New York, S.275-296

Mushkat, Roda (1988), "Foreign, External and Defence Affairs", in: Wesley-Smith, Peter u. A.H.Y. Chen (1988) (Hrsg.), *The Basic Law and Hong Kong's Future*, Hong Kong, S.248-267

Nendick, David (1989), "Die Regierung geht davon aus, daß sich das Verhältnis zur Volksrepublik China bald wieder normalisieren wird", in: *Handelsblatt*, 5. September 1989 (Beilage)

Ng, Yen-Tak u. D.K.Y. Chu (1985), "The Geographical Endowments of China's Special Economic Zones", in: Wong, K.-Y. u. D.K.Y. Chu (1985a) (Hrsg.), *Modernization in China: The Case of the Shenzhen Special Economic Zone*, Hong Kong, S.40-56

ders. et al. (1987), *Direct Foreign Investment in Guangdong*, Chinese University of Hong Kong

ders. et al. (1988), "Foreign Direct Investment in China: With Special Reference to Guangdong Province", in: Wong, K.-Y. et al. (1988) (Hrsg.), *Perspectives on China's Modernization: Studies on China's Open Policy and Special Economic Zones*, Hong Kong, S.187-210

Niedzwetzki, K. (1984), "Möglichkeiten, Schwierigkeiten und Grenzen qualitativer Verfahren in den Sozialwissenschaften. Ein Vergleich zwischen qualitativer und quantitativer Methode unter Verwendung empirischer Ergebnisse", in: *Geographische Zeitschrift*, Nr.72, S.65-80

Nieh, Yu-Hsi (1984), "Chinesisch-britische Vereinbarung über Hong Kong", in: *China aktuell*, September 1984, S.528-532

ders. (1987), "Wirtschaftssonderzone Shenzhen: Vom Modell zum Sorgenkind in der chinesischen Reformpolitik", in: *China aktuell*, Januar 1987, S.60-62

ders. (1989), "China (Taiwan)", in: Draguhn, W. et al. (1989) (Hrsg.), *Politisches Lexikon Asien, Australien, Pazifik*, München, S.74-86

Nthenda, L. (1979), "Recent Trends in Government and Industry Relationships in Hong Kong", in: Lin, T.-B. (1979) (Hrsg.), *Hong Kong. Economic, Social and Political Studies in Development*, New York, S.167-181

Nyaw, Mee-Kau u. Chan-leong Chan (1982), "Structure and development strategies of the manufacturing industries in Singapore and Hong Kong: a comparative study", in: *Asian Survey*, Bd.20, Berkeley (Calif.), S.449-469

ders. u. Gong-Shi Lin (1988), "Organizational Size, Adjustment and Managerial Effectiveness of the Joint Ventures in Shenzhen Special Economic Zone", in: Wong, K.-Y. et al. (1988), *Perspectives on China's Modernization*, Hong Kong, S.211-224

Oakley, R.P.(1983), "New technology, government policy and regional manufacturing employment", in: *Area*, Bd.15, Nr.1, S.61-65

Oborne, Michael West (1985), "China's early windows on the world: The special economic zones", in: *OECD Observer*, März 1985, Paris, S.11-22

ders. (1986), *China's Special Economic Zones*, OECD-Veröffentlichung, Paris

Ochel, Wolfgang (1984), *Die Investitionsgüterindustrie der asiatischen Schwellenländer. Aufbau, Exporterfolge und Rückwirkungen auf die BR Deutschland*, München

ders. (1987), "Der technologische Stand der Investitionsgüterindustrie asiatischer Schwellenländer", in: König, W. et al. (1987) (Hrsg.), *Betriebliche Kooperation mit den Entwicklungsländern*, Tübingen, S.128-139

Odrich, P. (1990), "In Hongkong Zeichen des Verfalls", in: *FAZ*, 26. März 1990, S.16

Oke, S. (1986), "China's relations with the world economy: trade, investment and contemporary developments", in: *Journal of Contemporary Asia*, Nr.2, Stockholm, S.237-246

Olle, Werner u. Nam-Yong Choi (1986), "Wirtschaftssonderzonen in der VR China. Eine Bilanz der Aufbauphase (1980-1985)", in: *Vierteljahresberichte der Friedrich-Ebert-Stiftung*, Nr.106, Dezember 1986, Bonn, S.387-400

Osterkamp, Rigmar (1983a), "Möglichkeiten einer Verbesserung des Investitionsklimas in Entwicklungsländern", in: Braun, H.-G. et al. (1983) (Hrsg.), *Direktinvestitionen in Entwicklungsländern*, München, S.129-156

ders. (1983b), "Zur Ausländerinvestitionspolitik der Entwicklungsländer", in: Braun, H.-G. et al. (1983) (Hrsg.), *Direktinvestitionen in Entwicklungsländern*, München, S.157-197

Overholt, William H. (1984), "Hong Kong and the crisis of sovereignity in: *Asian Survey*, April 1984, S.471-484

Overseas Business Reports (1978), "Marketing in Hong Kong", Februar 1979, S.2-27, Washington

Owen, N. C. (1971), "Economic Policy in Hong Kong", in: Hopkins, K. (1971) (Hrsg.), *Hong Kong: The Industrial Colony*, S.141-206

Pang Rongxian (1988), "Die 'Vier kleinen Drachen' weiter im Aufwind", in: *Beijing Rundschau*, Nr.26, 19. April 1988, S.36-37

Pannell, Clifton W. u. L.J.C. Ma (1983), *China. The Geography of Development and Modernization*, London

Park, Sung-Jo (1982), "Problematik der Auslandsinvestitionen in China: eine Zwischenbilanz", in: Park, Sung-Jo u. Cheung-Lieh Yu (1982) (Hrsg.), *Chinas Integration in die Weltwirtschaft*, Frankfurt a.M., S.47-92

Paschenko, E. (1985), "Some legal aspects of China's 'open-door' policy", in: *Far Eastern Affairs*, Nr.2, Moskau, S.78-83

Peat Marwick (1988a), *Investment in Singapore*, Singapore

dies. (1988b), *The Brain Drain. A Private Sector View*, Hong Kong

dies. (1989), *The Restructuring of Hong Kong's Manufacturing Sector*, Hong Kong

Peng Guohua et al. (1987) (Hrsg.), *Shenzhen Special Economic Zone Development Company*, Shenzhen

People's Daily, zahlreiche Jahrgänge

Phillips, D.R. u. A.G.O. Yeh (1983), "China experiments with modernization: the Shenzhen special economic zone", in: *Geography*, Bd.68, Teil 4, S.289-300

ders. (1986), "Special economic zones in China's modernization. Changing policies", in: *National Westminster Bank*, Februar 1986, London, S.37-50

Pohl, Manfred (1989), "Singapur", in: Draguhn, W. et al. (Hrsg.), *Politisches Lexikon Asien, Australien, Pazifik*, München, S.262-273

Pollak, Christian u. Jürgen Riedel (1984), *Industriekooperation mit Schwellenländern*, München

Pollock, E.E. (1981), "Free Ports, Free Trade Zones, Export Processing Zones and Economic Development", in: Hoyle, B.S.u. D.A. Pinder (1981), *Cityport Industrialization and Regional Development. Spatial Analysis and Planning Strategies*, Oxford, S.37-45

Portyakov, V. u. S. Stepanov (1986), "China's Special Economic Zones", in: *Far Eastern Affairs*, Nr.2, Moskau, S.36-45

Pretzell, Klaus-A. (1989), "Thailand", in: Draguhn, W. et al. (1989) (Hrsg.), *Politisches Lexikon Asien, Australien, Pazifik*, München, S.284-294

Prybyla, J, S. (1984), "Mainland China's Special Economic Zones", in: *Issues and Studies*, Bd.20, Nr.9, Taipeh, S.31-50

Ptak, Roderich (1990), "Zur Entwicklung der Industrie auf Hainan 1980-1987. Ein Überblick", in: *Asien*, Januar 1990, S.5-21

Quek, J. (1989)," Operational HQ status attracts multi-nationals", in: *SCMP*, 9. August 1989, S.3 (Singapore Special)

Rawski, Th.G. (1980), *China's Transition to Industrialism*

Rechtsmagazin (1987), "Joint Venture in China", in: *Praxis Geographie*, Juni, S.25

Rees, J. (1989), "First step taken", in: *FEER*, 16. November 1989, S.10-11

Regulations on Special Economic Zones in Guangdong Province, China's Foreign Economic Legislation, (Hrsg.), Bd.1, Beijing 1986

Reinknecht, G. (1989a), "Malaysia", in: Draguhn, W. et al. (1989) (Hrsg.), *Politisches Lexikon Asien, Australien, Pazifik*, München, S.199-210

ders. (1989b), "Philippinen", in: Draguhn, W. et al. (1989) (Hrsg.), *Politisches Lexikon Asien, Australien, Pazifik*, München, S.251-262

Reiter, K. (1983), *Regionale wirtschaftliche Zusammenarbeit von Staaten der Dritten Welt*, Saarbrücken

Renmin Ribao, zahlreiche Jahrgänge

Riedel, J. (1974), *The Industrialization of Hong Kong*, Tübingen

Rieger, Hans Christoph (1984), "Zur künftigen industriellen Arbeitsteilung: Marktchancen und Marktgefährdung aus der Sicht der Sicht der EG-Länder und der Länder Südostasiens", in: Laumer, H. (Hrsg.), *Wachstumsmarkt Südostasien*, München, S.77-140

Roberti, Mark (1988), "China's Special Economic Zones: Roaring Successes or Failures?", in: *Standard China Trade*, Januar, S. 8-16

Rosario, Louis do (1987a), "Models in muddle: China's SEZs are struggling to justify their role", in: *FEER*, 1. Oktober 1987, S.102-103

ders. (1987b), "Hongkong surface, China core: Shenzhen's future lies in commercial services, not industry", in: *FEER*, 1. Oktober 1987, S.104-105

ders. (1989), "North wind doth blow", in: *FEER*, 28. September 1989, S.10-11

Ross, Madelyn C. (1984), "China's New and Old Investment Zones", in: *China Business Review*, November-Dezember 1984, Washington, S.14 ff.

Rowley, A. (1980), "Even-handed comparison of Hongkong and Singapore", in: *FEER*, 21. März 1980, S.49-52

ders. (1984), "Not-so-super vision", in: *FEER*, 1. März 1989, S.63 f.

Rudge, Neal (1989a), "A tale of two cities", in: *Hong Kong Business*, Mai 1989, S.8-17

ders. (1989b), "Up and coming NICs: Triumphant Thailand", in: *Hong Kong Business*, S.6-10

Rummenhöller, Jochen (1987), "Reise in die chinesische Zukunft? Ein Bericht über den Besuch in der Wirtschaftssonderzone Shenzhen", in: *Geospektive*, H.1, S.9-12

300 Literaturverzeichnis

Salem Ellen (1989a), "Men or machines", in: *FEER*, 27. April 1989, S.62-63

dies. (1989b), "Hostage to China", in: *FEER*, 29. Juni 1989, S.52-55

Schätzl, Ludwig (1986a), "Politik", in: *Wirtschaftsgeographie*, Bd.3, Paderborn

ders. (1986b), "Wachstumsregion Ost-/Südostasien", in: *Geographische Rundschau*, Jg.38, H.10, S.490-494

Schamp, Eike W. (1978), "Unternehmerische Entscheidungsprozesse zur Standortwahl in Übersee am Beispiel eines deutschen chemischen Unternehmens", in: *Geographische Zeitschrift*, Nr.66, S.38-64

ders. (1981), "Raumwirksamkeit von Entscheidungsprozessen in Industrieunternehmen", in: *Tagungsbericht und wissenschaftliche Abhandlung des 43. Deutschen Geographentages*, Mannheim, Wiesbaden, S.355-356

ders. (1983), "Grundansätze der zeitgenössischen Wirtschaftsgeographie", in: *Geographische Rundschau*, H.2, S.74-80

Scheuch, Erwin K. (1973), "Das Interview in der Sozialforschung", in: König, R. (1973) (Hrsg.), *Handbuch der empirischen Sozialforschung*, Bd.1, Stuttgart, S.136-196

Schickoff, Irmgard (1981), "Ausgewählte Dienstleistungsbeziehungen von Industrieunternehmen. Eine Fallstudie am Beispiel von Industrieunternehmen am linken Niederrhein", in: *Tagungsbericht und wissenschaftliche Abhandlungen des 43. Deutschen Geographentages Mannheim*, Wiesbaden, S.362-365

Schlesinger, David (1988), "A one-company zone", in: *China Trade Report*, Februar 1988, Beijing, S.8-9

Schöller, Peter (1967), "Weltstadt und Drittes China, in: *Geographische Zeitschrift*, Jg.55, S.110-141

ders. (1978), "Hong Kong und Macao", in: Schöller, P. et al. (1978) (Hrsg.), *Ostasien*, Fischer Länderkunde, Bd.1, Frankfurt, S.229-237

Seidlitz, P. (1986), "Wirtschaftssonderzonen", in: *Praxis Geographie*, Juni 1988, S.26-27 (gekürzt und überarbeitet nach: *Handelsblatt* v. 28.8.1986, S.B16)

ders. (1988), "Die Rotchina AG", in: *Die Zeit*, Nr.44, 28. Oktober 1988, S.38

Sham, Paul (1986), "Xiamen formulates plans to create Free Port", in: *Joint Publications Research Service*, 15. Dezember 1986, Springfield, S.97-98

ders. u. R. Mayerson (1986), "Shenzhen airport may open in 1989", in: *SCMP*, 1. März 1986, S.1 (Business News)

Shantou Municipal Office (1986), *Handbook on Investment and Tourism in Shantou*

Shenzhen Industrial Development Service Corporation (1986), Shenzhen

Shenzhen Industrial Investment Guide, Shenzhen Municipal Government Industry Office, (Hrsg.), Shenzhen

Shenzhen Municipal Foreign Investment Service Centre, o.Jg.

Shenzhen Municipal Foreign Propaganda Office, o.Jg.

Shenzhen Municipal Government Transport Office (1988), Shenzhen

Shenzhen Municipal People's Government Industry Office (1988), Shenzhen

Shenzhen Science and Industry Park (1987), Shenzhen

Shenzhen SEZ Yearbook, zahlreiche Jahrgänge (chinesisch)

Shenzhen Travel, o.Jg.

Shinohara, M. u. Fu-chen Lo (1988) (Hrsg.), *Global Adjustment and the Future of Asian-Pacific Economy*, Tokio

Shum, K.K. u. L.T. Sigel (1986), "Managerial Reform and Enterprise Performance: Assessing the Experiment in Shenzhen and Zhuhai", in: Jao, Y.C. u. C.K. Leung (1986), *China's Special Economic Zones. Policies, Problems and Prospects*, Hong Kong, S.201-225

Sillitoe, Paul u. Louis do Rosario (1984), "Boom and bust town", in: *FEER*, 20. Dezember 1984, S.99-101

Simko, Dusan (1985), "Freihandelszone Shenzhen in der VR China: Experiment im Rahmen der neuen Wirtschaftspolitik", in: *Geographica Helvetica*, Zürich, S.153-158

Sin, Olivia, zahlreiche Artikel in *SCMP*, Hong Kong

Sit, V. (1979), "Factories in Domestic Premises: An Anatomy of an Urban Informal Sector in Hong Kong", in: *Asian Profile*, Bd.7, Nr.3, S.209-229

ders. (1981), "Shenzhens's Potential Contribution to Hong Kong's Growing Land Demand", in: *Economic Reporter*, Juli 1981, S.17-21

ders. (1985), "The Special Economic Zones of China: A new type of Export Processing Zones?", in: *The Developing Economies*, Bd.23, Nr.1, Tokio, S.69-87

ders. (1986), "Industries in Shenzhen: An Attempt at Open-door Industrialization", in: Jao, Y.C. u. C.K. Leung (1986), *China's Special Economic Zones. Policies, Problems and Prospects*, Hong Kong, S.226-246

Skeldon, R. (1989), "South China pilgrims", in: *FEER*, 27. Juli 1989, S.24-25

Sklair, Leslie (1985), "Shenzhen: a Chinese 'development zone' in global perspective", in: *Development and Change*, Oktober 1985, London, S.572-602

Slezak, F. (1964), "Vom Umschlagplatz zum Industriezentrum", in: *Mitteilungen der Österreichischen Geographischen Gesellschaft*, Bd.106, Nr.1, S.123-124

Smith, Henry (1966), *John Stuart Mill's Other Island. A study of the economic development of Hong Kong*, London

Soeffner, H.-G. (1979) (Hrsg.), *Interpretative Verfahren in den Sozial- und Textwissenschaften*, Stuttgart

Solich, E.J. (1960), *Die Überseechinesen in Südostasien*, Frankfurt/Berlin

South China Morning Post, Hong Kong, zahlreiche Jahrgänge

Der Spiegel, Hamburg, zahlreiche Jahrgänge

Stafford, Howard A. (1974), "The Anatomy of the Location Decision: Content Analysis of Case Studies", in: Hamilton, F.E.I. (1974) (Hrsg.), *Spatial Perspective on Industrial Organization and Decision-making*, London, S.167-187

Stas, M. (1981), "What's going on in the SEZs?", in: *Economic Reporter*, August, Hong Kong, S.14-20

Statistical Yearbook of China, zahlreiche Jahrgänge, State Statistical Bureau (Hrsg.), Beijing

Steinmann, H u. B. Kumar (1984), "Personalpolitische Aspekte von im Ausland tätigen Unternehmen", in: Dichtl, E. u. O. Issing (1984) (Hrsg.), *Exporte als Herausforderung für die deutsche Wirtschaft*, Köln, S.369-396

Stepanek, James B. (1982), "China's SEZ: Terms in the SEZs Compare well with those in other Parts of the World", in: *China Business Review*, März-April, Washington, S.38-39

Stoltenberg, Clyde D. (1984), "China's Special Economic Zones: Their development and prospects", in: *Asian Survey*, Bd.24, Nr.6, Berkeley (Calif.), S.637-654

Stowell, C.E. et al. (1984), "Turning contracts into reality", in: *China Business Review*, Bd.11, Nr.5, Washington, S.6-12

Su Yanhan (1985), "Discussion of Reform of SEZ Financial System: Special Policies and Flexible Measures", in: *Joint Publications Research Service*, 16. Juli 1985, Springfield, S.85-93

ders. (1985/86), "A brief discussion of the economic nature of China's Special Economic Zones", in: *Chinese Economic Studies*, Bd.19, Nr.2, New York, S.41-58

Süddeutsche Zeitung (1990), "Peking weist Taipehs Gesprächsangebot zurück", 14. Juni 1990, München, S.8

Suen, Cynthia (1988), "Hainan details investment laws", in: *SCMP*, 5. Mai 1988

Summary of World Broadcast, The Far East, London, zahlreiche Jahrgänge

Sun Ru (1980), "The Conception and Prospects of the Special Economic Zones", in: *Chinese Economic Studies*, Bd.24, Nr.1, New York, S.68-78

Sun Wei Dong (1986), "Fujian Meizhouwan Development", in: *China Market*, Nr.5, S.51

Sung, Y. W. (1986), "Fiscal and Economic Policies in Hong Kong", in: Cheng, J.Y.S.(1986) (Hrsg.), *Hong Kong in Transition*, Hong Kong, S.120-141

Szczepanik, Edward (1958), *The Economic Growth of Hong Kong*, London

ders. (1969), "Problems of Macro-Economic Programming in Hong Kong", in: Jarvie, J.C. (1969) (Hrsg.), *Hong Kong: A Society in Transition*, London, S.231-245

Ta Kung Pao (1986), "Li Hao discusses the state of Shenzhen's economy", Hong Kong, 26. Mai 1986

Tai, Lawrence S.T. (1986), "Commercial Banking", in: Scott, R. H. et al. (1986), *Hong Kong's Financial Institutions and Markets*, Hong Kong, S.1-18

Tam, C.D. (1986), "Development of Electronics Industry in Hong Kong", in: Ng, C.F. et al. (1986) (Hrsg.), *The Role of High Technology in Hong Kong's Industrial Development*, Hong Kong, S.79-87

Taubmann, W. et al. (1985), *Chinesische Wirtschaftspolitik in der Nach-Mao-Ära*, Bremen

ders. (1987), "Die Volksrepublik China. Ein wirtschafts- und sozialgeographischer Überblick", in: *Der Bürger im Staat* (Landeszentrale f. pol. Bildung, Baden-Württemberg) 37, H.1, Stuttgart, S.3-12

ders. u. Urs Widmer (1987), "Modernisierung und Urbanisierungsstrategie in der VR China", in: *Verhandlungen des 45. Deutschen Geographentages*, Berlin, S.249-255

Taylor, T.C. (1981), "No Hong Kong blues", in: *Sales and Marketing Management*, Bd.127, Nr.7, New York, S.42-44

Thoburn, J. (1986), "China's special economic zones revisited", in: *Euro-Asia Business Review*, Bd.5, Nr.4, Oktober 1986, S. 44-49

ders. et al. (1989), *Hong Kong Investment in the Pearl River Delta*, China Papers, Friedrich-Ebert-Stiftung, Shanghai

Thürauf, Gerhard (1975), *Industriestandorte in der Region München*, Münchner Studien zur Sozial- und Wirtschaftsgeographie, Bd.16, München

Tiglao, R. (1989), "No easy answers", in: *FEER*, 4. Mai 1989, S.79

To Yiu-ming (1986), "Exodus from special zone", in: *Hong Kong Standard*, 21. Juli 1986, Hong Kong

Topley, Marjorie (1969), "The Role of Savings and Wealth among Hong Kong Chinese", in: Jarvie, J.C. (1969) (Hrsg.), *Hong Kong: A Society in Transition*, London, S.167-227

Townroe, P. (1975), "Branch Plants and Regional Development", in: *Town Planning Review*, Bd.46, Nr.1, S.47-62

Townsend, A.K.D. (1984), "Incentives for Foreign Investment in ASEAN, Hong Kong, Korea and Taiwan", in: Laumer, Helmut (Hrsg.), *Wachstumsmarkt Südostasien*, München, S.757-796

Tregear, T.R. (1970), *An Economic Geography of China*, London

Tsim, T.L. (1984), "Blick auf 1997: Pekings Strategie in der Hongkong-Frage", in: *Europa-Archiv*, 10. Januar 1984, Bonn, S.23-30

Tsuruoka, D. (1990), "Pick a project. Foreign investors are rushing to pour money into Malaysian manufacturing", in: *FEER*, 1. Februar 1990, S.34-35

Tung, R.L. (1982), *Chinese industrial society after Mao*, Toronto

Uchida, Tomoyuki (1989), "Transport in the Shenzhen SEZ", in: *China Newsletter*, Januar-Februar 1989, Tokio, S.7-13

Uhlig, Christian (1983), "Industrial Production Cooperation as Instrument of Development Policy", in: Hottes, Karlheinz u. C. Uhlig (1983) (Hrsg.), *Joint Ventures in Asien*, Stuttgart, S.1-16

ders. (1984), "Andere Formen der Industriekooperation in Südostasien - Ein internationaler Vergleich", in: Laumer, Helmut (1984) (Hrsg.), *Wachstumsmarkt Südostasien*, München, S.465-490

Unido-Division for Industrial Studies (1981), *Industrialization in China. An outview of past performances and current prospects*, New York

US Department of Commerce (1986), "Hong Kong", in: *Foreign Economic Trends and their Implications for the United States*, Nr.47, Juni 1986, Washington, S.2-20

Van, B.G. (1977), "A Survey on Occupant Enterprises of Export Processing Zones", in: Vittal, N. (1977) (Hrsg.), *Export Processing Zones in Asia: Some Dimensions*, Tokio, S.100-108

Van Koolwijk, Jürgen (1974), "Die Befragung", in: Van Koolwijk, J. u. M. Wieken-Mayser (1974) (Hrsg.), *Techniken der empirischen Sozialforschung, Erhebungsmethoden*, Bd.4, München, S.9-23

Vittal, N. (1977) (Hrsg.), *Export Processing Zones in Asia: Some Dimensions*, Tokio

Volmerg, U. (1983), "Validität im interpretativen Paradigma", in: Zedler P. u. H. Moser (1983) (Hrsg.), *Aspekte der qualitativen Sozialforschung*, Opladen, S.124-143

Wagner, H.-G. (1981), *Wirtschaftsgeographie*, Braunschweig

Wang, Jici u. J.H. Bradbury (1986), "The changing industrial geography of the Chinese Special Economic Zones", in: *Economic Geography*, Bd.62, S.307-320

Wang, Kwei-Jeou (1977), "Critical Review of Costs and Benefits of Establishing and Operating Export Processing Zones in the Republic of China", in: Vittal, N. (1977) (Hrsg.), *Export Processing Zones in Asia: Some Dimensions*, Tokio, S.81-86

ders. (1980), "Economic and social impact of export processing zones in the Republic of China", in: *Industry of Free China*, Bd.52, Nr.6, Taipeh, S.7-28

Wang Lin (1984), "Die Wirtschaftszone Shanghai", in: *Beijing Rundschau*, Bd.21, Nr.16, 17. April 1986, S.18-25

Wang Muheng u. Chen Yongshan (1985/86), "On the nature of Asian Export Processing Zones and China's Special Economic Zones", in: *Chinese Economic Studies*, Bd.19, Nr.2, New York, S.8-24

Wang, N.T. (1984), *China's Modernization and Transnational Corporations*, Toronto

Wardley Data Services Limited, Hong Kong

Watts, H.D. (1981), *The Branch Plant Economy. A Study of External Control*, London

Weber, J. (1983), "Entscheidungsprämissen von Unternehmern in peripheren Gebieten und Auswirkungen auf die Nachfrage nach Vorprodukten und Arbeitskräften", in: *Tagungsbericht und wissenschaftliche Abhandlungen des 43. Deutschen Geographentages Mannheim*, Wiesbaden, S.359-362

Weggel, Oskar (1977), *Die Außenpolitik der VR China*, Stuttgart

ders. (1979), "Zum neuen chinesischen Gesetz über Gemeinschaftsunternehmen mit ausländischen Partnern: Wenig Antworten - Viele Fragen", in: *China aktuell*, Juli 1979, S.771-793

ders. (1983), "Quo vadis, Hongkong?", in: *China aktuell*, Juli 1983, S.445-449

ders. (1985), "Das Gesetz über Wirtschaftsverträge mit dem Ausland", in: *China aktuell*, September 1985, S.607 ff.

ders. (1986a), "China im Jahr 2000 - Außenpolitische und außenwirtschaftliche Perspektiven, in: *China aktuell*, März 1986, S.155 ff.

ders. (1986b), "Fünf Tendenzen im gegenwärtigen Außenwirtschaftssystem der VR China", in: *China aktuell*, Juli, S.436-455

ders. (1990), "Der Konfuzianismus des kleinen Mannes oder Rückkehr zur Normalität", in: Menzel, Ulrich (1990) (Hrsg.), *Nachdenken über China*, Frankfurt a.M., S.156-166

Wei Liming (1987), "Shanghai öffnet seine Türen", in: *China heute: 14 geöffnete Küstenstädte und die Insel Hainan*, Beijing Rundschau Spezialserie, Beijing, S.135-148

Wei Xiutang (1985), "Erfolge und Probleme in der Entwicklung von Wirtschaftssonderzonen", in: *China aktuell*, Dezember1985, S.24-27

Wen Tianshen (1983), "Special Economic Zone in Shenzhen", in: *China Reconstructs*, Bd.7, Nr.32, Beijing

Weng, Byron, S.J. (1988), "The Hong Kong Model of 'One Country, Two Systems': Promises and Problems", in: Wesley-Smith, Peter u. A.H.Y. Chen (1988) (Hrsg.), *The Basic Law and Hong Kong's Future*, Hong Kong, S.73-89

Werb, Andreas (1990), "Ansturm auf Asiens Flughäfen", in: *Die Zeit*, 9. März 1990, Hamburg

Wesley-Smith, Peter u. A.H.Y. Chen (1988), *The Basic Law and Hong Kong's Future*, Hong Kong

Westlake, Melvyn (1985), "Export processing zones: zones of special interest", in: *South*, November 1985, London, S.123-134

Westlake, Michael (1989), "The HK$ 100 bn answer", in: *FEER*, 5. Oktober 1989, S.84-85

ders. (1990a), "With strings attached", in: *FEER*, 11. Januar 1990, S.34-35

ders. (1990b), "Out of the clouds", in: *FEER*, 25. Januar 1990, S.62-63

Westphal, F. (1971), "Brains and Capital: No Monopoly", in: *FEER*, 25. September 1971, S.47-48

Widmer, Urs (1985), "Entwicklung und Potential der Wirtschaftssonderzonen", in: Taubmann, W. et al. (1985) (Hrsg.), *Chinesische Wirtschaftspolitik in der Nach-Mao-Ära*, Bremen, S.53-90

Wigglesworth, J.M. (1971), "The Development of New Towns", in: Dwyer, D.J. (1971) (Hrsg.), *Asian Urbanization. A Hong Kong Casebook*, Hong Kong, S.48-69

Williams, T. u. R. Brilliant (1984), "Shenzhen status report", in: *China Business Review*, Bd.11, Nr.2, März-April 1984, S.10-14

Witzel, A. (1982), *Verfahren der qualitativen Sozialforschung*

Wong, John (1980), *ASEAN Economies in Perspective. A Comparative Study of Indonesia, Malaysia, the Philippines, Singapore and Thailand*, Hongkong

Wong, Julien C. (1988), "Physical Factors Influencing Seaport Development in South China", in: Wong, K.-Y. et al. (1988), *Perspectives on China's Modernization: Studies on China's Open Policy and Special Economic Zones*, Chinese University of Hong Kong, Centre for Contemporary Asian Studies, S.59-83

Wong, Kwan-Yiu et al. (1981), *Economic Development of Shenzhen Municipality - Plans and Progress*, Chinese University of Hong Kong, Geography Department: Occasional Paper 13

ders. (1982a) (Hrsg.), *Shenzhen Special Economic Zone: China's Experiment in Modernization*, Hong Kong

ders. (1982b), *Factors of Development in the Shenzhen Special Economic Zone: An Evaluation*, Chinese University of Hong Kong, Geography Department: Occasional Paper 28

ders. u. Susanna T.Y. Tong (1983), *Economic Development and Physical Environment of the Pearl River Delta: An Overview*, Chinese University of Hong Kong, Geography Department: Occasional Paper 43

ders. u. D.K.Y. Chu (1984), "Export Processing Zones and Special Economic Zones as Generators of Economic Development: The Asian Experience", in: *Geografiska Annaler*, Bd.66B, Stockholm, S. 1-16

ders. u. D.K.Y. Chu (1985a) (Hrsg.), *Modernization in China: The Case of the Shenzhen Special Economic Zone*, Hong Kong

ders. (1985b), "Trends and Strategies of Industrial Development", in: Wong, K.-Y. u. D.K.Y. Chu (1985a) (Hrsg.), *Modernization in China: The Case of the Shenzhen Special Economic Zone*, Hong Kong, S.57-78

ders. (1985c), "Export Processing Zones and Special Economic Zones as Locomotives of Export-led Economic Growth", in: Wong, K.-Y. u. D.K.Y. Chu (1985a) (Hrsg.), *Modernization in China: The Case of the Shenzhen Special Economic Zone*, Hong Kong, S.1-24

ders. (1985d), "The Investment Environment", in: Wong, K.-Y. u. D.K.Y. Chu (1985a) (Hrsg.), *Modernization in China: The Case of the Shenzhen Special Economic Zone*, Hong Kong, S.176-207

ders. (1985e), "Modernization and the Lessons of the SEZs", in: Wong K.-Y. u. D.K.Y. Chu (1985a) (Hrsg.), *Modernization in China: The Case of the Shenzhen Special Economic Zone*, Hong Kong, S.208-217

ders. (1985f), *Shantou SEZ: An Agent for Regional Development*, Hong Kong

ders. et al. (1988) (Hrsg.), *Perspectives on China's Modernization: Studies on China's Open Policy and Special Economic Zones*, Chinese University of Hong Kong, Centre for Contemporary Asian Studies

Wong, L. (1987), "Recent Developments in China's Special Economic Zones: Problems and Prognosis", in: *The Developing Economies*, Bd.25, März, Tokio, S.73-86

Wong, Po-Shang (1958), *The Influx of Chinese Capital into Hong Kong since 1937*, Hong Kong

Wong, Pui Yee (1988), "Economic Relations and Cooperations between China and Hong Kong towards 1990's", in: Wong, P. Y. (1988) (Hrsg.), *Economic Relations between China's Pearl River Delta, Special Economic Zones, and Hong Kong*, Chinese University of Hong Kong, China's Special Economic Zones Data and Research Unit, S.149-204 (liegt nur in Chinesisch vor)

dies. (1989a), "China's economic powerhouse", in: *China Trade Report*, September, S.11-13

dies. (1989b), "Hongkong. Changes are on the way", in: *China Trade Report*, April

Wood, Christopher et al. (1984), "Strategy for survival: the Hongkong Bank must diversify while avoiding headlong retreat", in: *FEER*, 20. September 1984, S.67-80

Wood, P.A. (1978), "Industrial organization location and planning", in: *Regional Studies*, Bd.12, S.143-152

Woodward, P. u. J. Altink (1985), "Eastern Promise", in: *Seatrade*, Bd.15, Nr.4, Colchester, S.31-33

Wookey, J. (1980), "Won't stay another day? There's room now", in: *FEER*, Nr.12, S.72-73 (Hongkong '80)

Wu, Joseph S.K. (1988), "Entrepreneurship", in: Ho, H.C.Y. u. L.C. Chau (1988) (Hrsg.), *The Economic System of Hong Kong*, Hong Kong, S.155-168

Wu Liancheng (1988), "Zone witnesses overall development", in: *China Daily*, 28. April 1988, S.2 (Shenzhen supplement)

Wu Tung-Yeh (1985), *Teng Hsiao-P'ings Weg zur Macht und die politische Entwicklung in der Volksrepublik China 1977-1982*, Saarbrücken

Wu, Yuan-li (1989), "Taiwan's Open Economy in the Twenty-First Century", in: Klenner, W. (1989) (Hrsg.), *Trends of Economic Development in East Asia*, Berlin/Heidelberg, S.112-129

Wülker, Gabriele (1965), "Ist Hong Kong noch ein Entwicklungsland?", in: *Europa-Archiv*, Jg.20, S.349-358

Xinhua News Agency, Beijing, zahlreiche Jahrgänge

Xu Shan Yi (1985), "Qingdao - Ausbau zum Wirtschaftszentrum", in: *Praxis Geographie*, Juni 1985, S.20

Xue Muqiao (1982), *Sozialismus in China*, aus dem Chinesischen von Wang Zhiyou, Hamburg

Yang Xiabing (1988), "Provinz Hainan die größte Wirtschaftssonderzone Chinas", in: *Beijing Rundschau*, Nr.18, S.10-16

Yeh, Anthony Gar-On (1984), *Employment Location and New Town Development in Hong Kong*, University of Hong Kong, Centre of Urban Studies and Urban Planning

ders. (1985), "Physical Planning", in: Wong, K.-Y. u. D.K.Y. Chu (1985a) (Hrsg.), *Modernization in China: The Case of the Shenzhen Special Economic Zone*, Hong Kong, S.108-130

ders. (1986), "New Towns in Hong Kong", in: Choi, P.L.-Y. et al. (1986), *Planning and Development of Coastal Open Cities*, Hong Kong, S.113-126

Youngson, A.J. (1983) (Hrsg.), *China and Hong Kong: The Economic Nexus*, Hong Kong

Yu Guoyao (1986), "A new perception of Shenzhen's position since our country opened 14 coastal cities to the outside world", in: *Summary of World Broadcast*, 7. März 1986, S.4-11

Yu, Ta-Wei C.-L. (1967), *Die Industrialisierung Hongkongs von 1949 bis 1964*, Köln

Yue Haito (1988), "Export-Oriented Economy in South Jiangsu", in: *Beijing Rundschau*, Nr.36, 5. September 1988, S.17-21

Zedler, Peter u. H. Moser (1983) (Hrsg.), *Aspekte qualitativer Sozialforschung*, Opladen

Die Zeit, Hamburg, zahlreiche Jahrgänge

Zhang Huimin (1988), "Hainan lists economic assets, liabilities", in: *China Daily*, 3. Juni 1988, S.4

Zhang Min-Ru u. Shilin Zhou(1987), "The population in Shekou industrial zone", in: *Special Economic Zone Herald*, Bd.4, Shenzhen, S.16-24 (liegt nur in Chinesisch vor)

Zhang Xian (1988a), "Textile products centre to open", in: *China Daily*, 28. April 1988, S.1 (Shenzhen supplement)

ders. (1988b), "Top management brings firm success", in: *Daily*, 28. April 1988, S.2-3 (Shenzhen supplement)

Zhang Zeyu (1985/86), "A mirror for urban economic reforms", in: *Chinese Economic Studies*, Bd.19, Nr.2, New York, S.86-92

ders. (1986), "An Inside Look at the Xiamen SEZ", in: *Beijing Rundschau*, 13. Januar 1986, S.22-31

Zheng, Tianxiang et al. (1985), "Agricultural Land-use Patterns and Export Potential", in: Wong, K.-Y. u. D.K.Y. Chu (1985a) (Hrsg.), *Modernization in China: The Case of the Shenzhen Special Economic Zone*, Hong Kong, S.89-107

Zheng Yan (1985), "China's postal and telecommunications services", in: *China's Foreign Trade*, Nr.6, S.6-9

Zhongshan University (1985/86), "A Useful Insight: An Investigation into Wage System Reform in the Shekou Industrial Zone", in: *Chinese Economic Studies*, Bd.19, Nr.2, New York, S.59-70

Zhongguo Xinwen She (1986), "Shenzhen's performance this year: targets for future", 6. August 1986, Hong Kong, in: *Summary of World Broadcast. The Far East*, 20. August 1986, S.10

dass. (1987), "Shenzhen Mayor developing outward-oriented economy", in: *Summary of World Broadcast. The Far East*, 18. März 1987, S.16

Zhou Enlai (1964), *Report on Government Work at the Third National People's Congress*, 21.-24. Dezember 1964

Zhou Erkang (1985/86), "Special Economic Zone typifies Open Policy", in: *Chinese Economic Studies*, Bd.19, Nr.2, New York, S.79-83

Zhu Chen (1982), "Special economic zones in China", in: *China's Foreign Trade*, Bd.74, Nr.4, Beijing, S.8-10

Zhu Feng (1987), "News from Dalian's Economic and Technological Development District", in: *China Market*, Nr.2, S.22

Zhu Ling (1986), "Shenzhen's 'second line' makes entry easier", in: *China Daily*, 12. April 1986, S.1

Zhu Yue-Ning (1988), "Industrial Development of the Shenzhen SEZ and its Relations with Hong Kong", in: Wong, P.Y. (1988) (Hrsg), *Economic Relations between China's Pearl River Delta, Special Economic Zones, and Hong Kong*, Hong Kong, S.17-36 (liegt nur in Chinesisch vor)

Zong Shuzhi (1986), "Summary of the National Conference on Special Economic Zones", in: *Joint Publications Research Service*, 15. Dezember 1986, Springfield, S.86-91

Zwetsloof, P.C.F. (1987), "China's Special Economic Zones: A Taste of 'One Country, Two Systems'?", in: *China Information*, Bd.2, Nr.3, S.26-40

2 Mündliche Auskünfte und Interviews in Hong Kong und der VR China

Herr C.E. Beckett, Manager der China Division der Standard Chartered Bank, Hong Kong

Herr Victor F. Chan, Economic Department der Shum Yip Holdings Co. Ltd., Hong Kong

Frau Fiona Cheung, Supervisor beim Hong Kong Trade Development Council, Hong Kong

Frau Chin Chin Chee, Assistant Manager des Chinese General Chamber of Commerce, Hong Kong

Herr C.L. Choy, Zweigstellenleiter der Hang Seng Bank, Shenzhen

Frau Chre, Leiterin der Guangdong Hongmian Silk Mill, Foshan

Herr Deng Zhi Xin, Manager der Lan Hai Electronic Ltd., Shenzhen

Herr D. Eldridge, Deputy Area Manager China der Hongkong and Shanghai Banking Corporation, Hong Kong

Herr Guo Yong Lu, Deputy Director of Research & Development Department der China Merchants Holdings Co. Ltd., Shenzhen

Herr Henry T.W. Lau, Principal Trade Officer des Hong Kong Government Industry Department, Hong Kong

Herr Wilson Law, Manager (Trade Enquiries) des Hong Kong Trade Development Council, Hong Kong

Herr Prof. Dr. C.K. Leung, Direktor des Department of Geography and Geology, University of Hong Kong

Herr P.S.Li, Deputy General Manager der China Merchants Holdings Co. Ltd., Shenzhen

Herr A. Lo, Assistant Manager der Chinese Manufacturer's Association of Hong Kong, Hong Kong

Frau Angela Y.W. Luk, Principal Trade Officer des Hong Kong Government Trade Department, Hong Kong

Herr Rolf Papenberg, Commercial Attaché des Deutschen Konsulats in Hong Kong, Hong Kong
Herr A.N. Savage, General Manager der Hong Kong Industrial Estates Corporation, Hong Kong
Shenzhen Special Economic Zone Development Company, Shenzhen
Herr Shu Wang, Leiter des Städtischen Planungsamtes, Qingdao
Frau Monica Shum, Assistant Manager Trade Division China des Hong Kong General Chamber of Commerce, Hong Kong
Herr Manfred Unger, First Secretary der Deutschen Botschaft in der VR China, Beijing
Herr Wang, Vertreter der Hafenbehörde, Qingdao
Herr A. Wang, Manager des Economic Research Department der Hang Seng Bank, Hong Kong
Herr Dr. Wegener, Deputy Managing Director und Commercial Executive Director der Shanghai Volkswagen GmbH, Anting
Herr Dr. Volker Weigt, Friedrich-Ebert-Stiftung Shanghai
Herr Dr. K.-Y. Wong, Direktor des Department of Geography, Chinese University of Hong Kong
Frau Dr. P.Y. Wong, Leiterin der China Special Economic Zones Data and Research Unit, Chinese University of Hong Kong
Wuxi First Silk Filature Mill, Wuxi
Herr Prof. Zhang Min-Ru, Dean of the Economics Department and Director of the Institute of Population Research, Shenzhen University
Herr Prof. Zhao S.-L., Institute of Special Zone Economics and Institute of Population Research, Shenzhen University
Herr Prof. Zheng Tian Lun, Vice President and Director of International Finance and Trade Department, Shenzhen University

Anhang (Muster des Frageleitfadens)

Questionnaire on Hong Kong Companies in Shenzhen SEZ

I. General Profile

1. Name of firm:

2. Address:

3. Name and address of
   - non-Chinese partner:
   - Shenzhen partner:

4. In which year was the factory founded in Shenzhen?

5. Legal status of firm:

6. Main products:

7. Export quota of the whole production. Can you please name the countries?

8. Production space of plant and estimated requirement for extension?

9. Is the property solely under company control?

II. Location Factors

1. Which location factors were most important for moving to Shenzhen? Can you please explain them in detail?

2. What role did general information on Shenzhen play in your decision?

3. Did you estimate the cost for Shenzhen or did you use outside consultancy?

4. How would you evaluate the infrastructure?

5. Has the evaluation met with the total company requirements?

6. Which factors have changed since you started production in Shenzhen? Give
    examples.

7. How would you evaluate the influence of the undermentioned main factors
    on the development of your company in Shenzhen?

		good	unsatisfactory
a.	suitability of the location:		
	- industrial land	....	....
	- labour	....	....
	- access to government institutions	....	....
	- suppliers	....	....
	- infrastructure	....	....
	- social structure (e.g. education, medical supply)	....	....
b.	linkages to Hong Kong:		
	- interregional communication system	....	....
	- interregional transport connections	....	....
	- interregional exchange of goods	....	....
	- migration of skilled workers	....	....

8. Do you have plans of moving to another location in Shenzhen?

III. Labour and Wages

	male	female
1. Number of total employment		
in Hong Kong and Shenzhen:	....	....
in Shenzhen when it was founded:	....	....
in Shenzhen today:	....	....

2. Total employment in Shenzhen plant of part time and full time workers?

3. Employment structure and average wages
    in Shenzhen

	number	HK$
business department	....	....
technical department	....	....
production	....	....

4. Qualification of employees   male   female
   - highly skilled: ....
   - skilled: ....
   - semi-skilled: ....
   - unskilled: ....
   - apprentices: ....

5. Which role did labour availability play in your decision to move to Shenzhen?

6. Number of workers
   - Chinese:
   - Hong Kong-Chinese:
   - foreigners:

7. Former occupation of workers:

8. How many of the Chinese staff is mainly trained by
   - the cooperation:
   - the Hong Kong partner:
   - the Chinese partner:

9. Do you organize scheduled training courses
   - for young workers (number):
   - for old workers (number):
   If yes, where?

10. Where do your employees come from (area) and how did you recruit them?

11. General family status and age of employees (in %)?

12. Does the company own houses for managing staff?

13. For which reasons did the workers come to Shenzhen
   - motives for Hong Kong-Chinese:
   - motives for Chinese from mainland:
   - motives for foreigners:

IV. Production

1. What are the main materials for your production and where do they come from?

2. Describe the type of production process (single part production, small series production, mass production)?

3. Characterize your production (semi-mechanized, mechanized or automated).

4. Do you intend to enforce mechanization or automatision? Give reasons.

5. Did technical or organisational changes take place since starting production?

6. Machinery and equipment
    a. What was the state of the machinery and equipment when you started?
    b. Where do you buy your machinery and equipment?

7. To which countries do you sell your products (in %)?

8. Which means of transportation do you use?
    - for import:
    - for export:

9. How do you organize the distribution of your products?

10. Amount of material imported
    - total:
    - from Hong Kong:
    - others:

11. Do you intend to start production in mainland China?

V.   Spatial Linkages between Hong Kong and Shenzhen

1. Supply and services for the production process

    a. What sum of money do you pay for services within one year?

    b. What percentages of the following services are used in Hong Kong and Shenzhen?
        - repair and maintenance:
        - book keeping:
        - marketing/advertising:
        - credit business and banks:
        - tax consulting:
        - insurance:
        - legal:

2. Technology transfer

   a. How would you evaluate the kind of technology that you have transferred to Shenzhen? Give reasons.

   b. What precludes Hong Kong companies from advanced technology in Shenzhen?

   c. Describe Shenzhen's interest in obtaining advanced technology.

   d. What are the chances of Shenzhen being a competitor for Hong Kong in the future?

3. Relationship Hong Kong - Shenzhen

   a. Do you think that Hong Kong has influenced Shenzhen's development? Give examples.

   b. What are the major problems for Hong Kong investors in Shenzhen?

   c. Do Hong Kong companies get any special support by Shenzhen authorities?

   d. Are there any cultural differences between Hong Kong and Shenzhen workers and officials?

VI. Aspects of Industrial Cooperations

1. Contract and negotiation process

   a. Who had the initiative for this cooperation?

   b. Which authorities did you consult?

   c. Who chose your partner and for what reasons?

   d. What are the principles of the contract?

   e. Which problems occurred during the draft agreement?

   f. Which Chinese authority supervised the negotiation process and gave their final approval before production started?

g. Aspects of the contract:
   - What kind of cooperative did you agree on? Give reasons.
   - Duration of the contract: ..... years
   - What is the division of responsibility of the Hong Kong and Shenzhen companies under the contract?
   - What happens when the contract expires?

2. Principles of organization and finance

   a. What is the distribution of invested capital?

   b. Percentage of capital contribution
      - by the Chinese partner:
      - by the Chinese authority:
      - by the Hong Kong partner:

   c. Incentives by Shenzhen SEZ:

   d. Who forms the management and the board of directors (number, nationality and function)?

   e. What happens if the two partners can not agree on specific items?

   f. Who is responsible for:
      - foreign exchange control?
      - marketing?
      - prize structure?
      - transfer of technology?
      - production process?
      - employment of workers?

3. Motivation and evaluation of investment incentives

   a. What was your motivation for an industrial cooperation in Shenzhen?

   b. What was the Chinese firm's motivation?

   c. Which role did the incentives play? Can you please name them?

   d. How would you evaluate these incentives today?

4. Evaluation of the cooperation

   a. Is the personal cooperation of management and board of directors satisfactory?

   b. How do you evaluate the influence of Shenzhen and Chinese authorities?

   c. How is the sharing of profits and losses evaluated?

   d. What advice would you give Hong Kong or foreign firms when starting a cooperation in Shenzhen SEZ?

   e. Do you have any plans of renewing the contract?

   f. Describe the dominant advantages and disadvantages of your cooperation?

   g. In which way does this cooperation influence the economic and social structure of Shenzhen?

Gudrun Wacker

Werbung in der VR China (1979 - 1989)

Entwicklung, Theorie, Probleme

Mitteilungen des Instituts für Asienkunde Hamburg, Nr. 201
Hamburg 1991, 356 S., DM 34,--

Während Werbung in den 50er und Anfang der 60er Jahre eine marginale Rolle im chinesischen Wirtschaftssystem gespielt hatte und in der Phase der Kulturrevolution als "kapitalistisches Übel" praktisch ganz verbannt war, wurde sie mit dem Beginn der Wirtschaftsreformen Ende 1978 wieder zugelassen und konnte sich in den 80er Jahren fest etablieren. Der wachsenden Bedeutung der Werbung wird auch in zahlreichen Publikationen Rechnung getragen, die in der VR China mittlerweile zu diesem Thema erschienen sind.

Ziel dieser Arbeit ist es, zunächst die quantitative Entwicklung des Werbesektors sowie die Grundzüge des organisatorischen und institutionellen Auf- und Ausbaus darzustellen, vor allem aber auch der Frage nachzugehen, wie Werbung in China definiert wird und welche Merkmale und Funktionen ihr im reformierten Wirtschaftssystem der VR China zugeschrieben werden. Diese chinesische "Werbetheorie" ist primär als der Versuch zu werten, Werbung aus ihrer kapitalistischen Verstrickung zu lösen und damit ideologisch zu entlasten und zu legitimieren. Schließlich werden die Konflikt- und Problembereiche aufgezeigt, die sich in der zehnjährigen Werbepraxis in China konstatieren lassen.

Zu beziehen durch:

Institut für Asienkunde
Rothenbaumchaussee 32
W-2000 Hamburg 13
Tel.: (040) 44 30 01-03
Fax: (040) 410 79 45

Institut für Asienkunde Hamburg
Neuerscheinungen 1990/91

Periodische Publikationen

CHINA aktuell - Monatszeitschrift, Jahresabonnement DM 116,00 (zuzüglich Versandkosten)

SÜDOSTASIEN aktuell - Zweimonatszeitschrift, Jahresabonnement DM 96,00 (zuzüglich Versandkosten)

NORTH KOREA QUARTERLY - Vierteljahreszeitschrift, Jahresabonnement DM 50,00 (zuzüglich Versandkosten)

JAPAN-Jahrbuch 1990/91 - Politik und Wirtschaft, Hamburg 1991, 373 S., DM 28,00 (auch frühere Jahrgänge lieferbar)

ASIEN/PAZIFIK. Wirtschaftshandbuch 1991, Hamburg 1991, 424 S., DM 65,00 (auch frühere Jahrgänge lieferbar)

Wolfgang Bartke (comp.): The Relations Between the People's Republic of China and
I. Federal Republic of Germany
II. German Democratic Republic
in 1990 as seen by Xinhua News Agency. A Documentation, Hamburg 1991, 639 S., DM 28,00 (auch frühere Jahrgänge lieferbar)

Yu-Hsi Nieh (comp.): Bibliography of Chinese Studies 1990 (Selected Articles on China in Chinese, English and German), Hamburg 1991, 125 S., DM 18,00 (auch frühere Jahrgänge lieferbar)

Monographien

Wolfgang Bartke: Who's Who in the People's Republic of China, München etc. 1991, 909 S., DM 498,00

Ruth Cremerius, Doris Fischer, Peter Schier: Studentenprotest und Repression in China April - Juni 1989. Analyse, Chronologie, Dokumente, 2. überarb. u. erw. Auflage, Hamburg 1991, 582 S., DM 36,00

Bernhard Dahm (Ed.): Economy and Politics in the Philippines under Corazon Aquino, Hamburg 1991, 358 S., DM 36,00

Werner Draguhn (Hrsg.): Asiens Schwellenländer: Dritte Weltwirtschaftsregion? Wirtschaftsentwicklung und Politik der "Vier kleinen Tiger" sowie Thailands, Malaysias und Indonesiens, Hamburg 1991, 171 S., DM 28,00

Hans-Peter Foth: Der Kongreß der Philippinen. Ein Beitrag zum Parlamentarismus in der Dritten Welt, Hamburg 1991, 290 S., DM 28,00

Ulrike E. Frings: Rolle und Funktion nichtstaatlicher Organisationen in Indonesien, Hamburg 1991, 181 S., DM 28,00

Andreas Gruschke: Neulanderschließung in Trockengebieten der Volksrepublik China und ihre Bedeutung für die Nahrungsversorgung der chinesischen Bevölkerung, Hamburg 1991, 283 S., DM 28,00

Uwe Herith: Migration und Mobilität in Ostchina, Hamburg 1991, 137 S., DM 24,00

Manfred Pohl: Japan, München 1991, 291 S., DM 22,00

Monika Schädler: Provinzporträts der VR China. Politik, Wirtschaft, Gesellschaft, Hamburg 1991, 384 S., DM 36,00

Gudrun Wacker: Werbung in der VR China (1979-1989). Entwicklung, Theorie, Probleme, Hamburg 1991, 356 S., DM 34,00

Oskar Weggel: Die Geschichte Taiwans vom 17. Jahrhundert bis heute, Köln 1991, 352 S., DM 48,00

Günter Whittome: Taiwan 1947. Der Aufstand gegen die Kuomintang, Hamburg 1991, 253 S., DM 28,00

Wolfgang Bartke: Biographical Dictionary and Analysis of China's Party Leadership 1922-1988, München etc. 1990, 482 S., DM 348,00

Heribert Dieter: Außenwirtschaftsbeziehungen, Verschuldung und strukturelle Anpassung in Australien, Hamburg 1990, 157 S., DM 24,00

Institut für Asienkunde (Hrsg.): Osaka. Porträt einer Wirtschafts- und Kulturmetropole, 2. überarb. u. erw. Auflage, Hamburg 1990, 141 S., DM 21,00

Werner Kraus (Hrsg.): Islamische mystische Bruderschaften im heutigen Indonesien, Hamburg 1990, 205 S., DM 24,00

Andreas Lauffs: Das Arbeitsrecht der Volksrepublik China. Entwicklung und Schwerpunkte, Hamburg 1990, 269 S., DM 32,00

Liu Jen-Kai (Comp.): Ausgewählte Regierungspublikationen der U.S.A. zu Politik, Wirtschaft und Gesellschaft Asiens von 1972-1984, Hamburg 1990, 150 S., DM 18,00

Jürgen Maurer: Das Informations- und Kommunikationswesen in der Volksrepublik China. Institutioneller Rahmen und Ausgestaltung, Hamburg 1990, 150 S., DM 24,00

Eva Nebenführ: Aktuelle Tendenzen der Bevölkerungspolitik auf den Philippinen, Hamburg 1990, 166 S., DM 24,00

Franz Nuscheler: Japans Entwicklungspolitik: Quantitative Superlative und qualitative Defizite, Hamburg 1990, 123 S., DM 21,00

Detlef Rehn: Shanghais Wirtschaft im Wandel: Mit Spitzentechnologien ins 21. Jahrhundert, Hamburg 1990, 201 S., DM 28,00

Jürgen Schröder: Unternehmensbesteuerung in der Volksrepublik China. Ziele, Maßnahmen und Probleme unter besonderer Berücksichtigung ausländischer Unternehmen, Hamburg 1990, 123 S., DM 24,00

Werner Vennewald: Chinesen in Malaysia: Politische Kultur und strategisches Handeln. Eine politischhistorische Analyse der Malaysian Chinese Association, Hamburg 1990, 215 S., DM 28,00

Oskar Weggel: Indochina (Vietnam, Kambodscha, Laos), 2. überarb. Auflage, München 1990, 224 S., DM 19,80

Lutz-Christian Wolff: Der Arbeitsvertrag in der Volksrepublik China nach dem Arbeitsvertragssystem von 1986, Hamburg 1990, 344 S., DM 36,00

Zu beziehen durch:
Institut für Asienkunde
Rothenbaumchaussee 32
W-2000 Hamburg 13
Tel.: (040) 44 30 01
Fax: (040) 410 79 45